U0131639

中国社会科学院近代史研究所史料学研究室 编

李学通 主编

陆征祥往来书简

社会科学文献出版社

SSAP

社会科学文献出版社
SOCIAL SCIENCES ACADEMIC PRESS (CHINA)

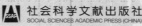

陆征祥晚年读书

子兴同匠道鉴 峨眉拈差久未通信为

歆苏阅

尊意 季隆先居译 勒署先人日记一書

搁搁

吾原为之序 岂外莲

命聊尽绵薄言适病中未能观書为数

旋季隆先代送来

魚赠松竹梅画荣一座 上海啸霞鬢来陵元

托季隆先代为寄序跋谢 想为達

左右也 日人侵我東土我国全国人民憾

恨排害 地方纷纷不安 良有以修养 季元

率来共 饎高谈 天国乘事我等

报

天主麗佑尚祝平善慷以告慰汝候

道履 暮砳为长方人 病缠枯凉

感慈兹良恕滙难请用答

马相伯致陆征祥函

徵生先生左右頃接執事
一電囑特
三函抄呈於下
國會在津自由集會東海初一辭職
赴津暫由內閣維持現狀為右排黎
但本人為未便允兹特欣允注初旨
頃接王承傳自瑞士寄來一

片況在瑞士也歷看汪去陸來之説
王係丹馬代辦
不知好指是否看
只代宸快治名申函毫無所
問也專此布頌
譚福
魏宸組名具
初吉

魏宸组致陆征祥函

刘符诚致陆征祥函

陆征祥致刘符诚函

目　录

整理凡例 ……………………………………………………… i

陆征祥和他的友朋（代序）………………………………… iii

毕桂芳函…………………………………………………… 001

步翼鹏函…………………………………………………… 002

蔡元培函…………………………………………………… 004

致曹锟函…………………………………………………… 006

曹汝霖函…………………………………………………… 007

陈介函……………………………………………………… 010

与陈箓往来函……………………………………………… 014

褚民谊函…………………………………………………… 016

致董康函…………………………………………………… 017

段祺瑞函…………………………………………………… 018

傅秉常函…………………………………………………… 019

与顾维钧往来函电………………………………………… 020

与郭泰祺往来函稿………………………………………… 031

黄郛函……………………………………………………… 033

致黄开文函………………………………………………… 035

金还函…………………………………………………… 036

与金问泗往来函………………………………………… 037

军委会函………………………………………………… 045

与康有为往来函………………………………………… 046

与林森往来函…………………………………………… 051

致刘长清函……………………………………………… 055

刘崇杰函………………………………………………… 061

与刘符诚往来信函……………………………………… 063

刘镜人等函……………………………………………… 493

刘式训函………………………………………………… 498

致刘浚卿函……………………………………………… 500

致陆伯鸿函……………………………………………… 503

致罗文干函……………………………………………… 506

与罗光往来函…………………………………………… 508

陆隐耕函………………………………………………… 571

马相伯函………………………………………………… 574

钱泰函…………………………………………………… 578

瞿常函…………………………………………………… 581

瞿宣治函………………………………………………… 584

致沈瑞麟函……………………………………………… 589

致施肇基函……………………………………………… 591

宋小濂函………………………………………………… 592

致孙德桢函……………………………………………… 593

孙科函…………………………………………………… 602

与田耕莘往来函 ································· 603

唐在复函 ································· 605

与外交部往来函电 ································· 608

与汪荣宝往来函 ································· 612

王昌祉函 ································· 626

王承传函 ································· 631

王宠惠函 ································· 633

王广圻函 ································· 636

与王怀庆往来函 ································· 637

王景岐函 ································· 639

致王文成函稿 ································· 640

王正廷等函电 ································· 642

卫青心函 ································· 644

魏宸组函 ································· 647

吴耀、余翕函 ································· 655

萧师毅函 ································· 658

致许沅函 ································· 659

致夏诒霆函 ································· 660

与谢维麟往来函 ································· 662

徐世昌函 ································· 666

致徐世章函 ································· 667

许同范函 ································· 668

亚尔倍一世国王函 ································· 669

阎锡山函 ································· 671

杨峻林函 ………………………………………… 672

叶恭绰函 ………………………………………… 676

与于斌往来函 …………………………………… 677

于驷兴函 ………………………………………… 680

与张道行往来信函 ……………………………… 681

张充仁函 ………………………………………… 687

致张国淦函 ……………………………………… 688

张群函 …………………………………………… 690

张润波函 ………………………………………… 691

张绍曾函 ………………………………………… 692

与张元济往来函 ………………………………… 694

郑天锡函 ………………………………………… 697

致中华公教青年 ………………………………… 699

周超函 …………………………………………… 702

周自齐函 ………………………………………… 703

朱鹤翔函 ………………………………………… 705

陆征祥通启 ……………………………………… 707

附一　先考云峰府君一字遗嘱 ………………… 712

附二　追念许文肃公 …………………………… 714

附三　许文肃公吃苦二字诀 …………………… 715

附四　明徐文定公灵表 ………………………… 716

附五　孝字章注解 ……………………………… 717

后　记 …………………………………………… 718

整理凡例

一、本书收录陆征祥与各方友朋往来书简 700 余通，主要来源于比利时布鲁日圣安德肋修道院所藏陆征祥档案、中国社会科学院世界宗教研究所藏陆征祥致刘符诚手札，并增补中国历史研究院图书档案馆藏"顾维钧档案"中所存往来书信，以及《本笃会修士陆征祥最近言论集》、罗光著《台北七年述往》等部分旧书刊中所收录的陆征祥往来书信。末尾还附录了陆征祥纪念其父陆云峰、其师许景澄以及徐光启的部分文字。

二、陆征祥本人及其相关文献资料存世数量相当不少，除公文档案史料外，私人日记、与中外各方往来书信也颇为可观。本书所收录的往来书简，仅为陆征祥与中国友朋间的通信，其中多为政治、外交及宗教界的知名人士，尤以与其契弟刘符诚往来手札最多，一般宗教团体或教友的书信等则较少收入。

三、所收书简按人系录，以姓氏字母次序排列。一人多函者，不分往来，一律按时间顺序编号排列，时间无法确定者置于最后。

四、书信中夹杂有外国人名、地名等，以页下注方式标注译文。原信中已标注译文者均仍照录。同一人名、地名，原函中前后译文不同者，均保持原样，望使用中注意。

五、书信中中文人名、地名的异写亦保留原貌。

六、整理工作包括识别、句读、校订、补正等事项。标点根据古籍整理标点通例，结合现行新的标点用法。原文阙失或未能识别者以"□"表示（确知缺几字者，以相应个数"□"表示；不确知缺几字者，用若干"□"表示，同时页下注明）。〔〕内为原错别字今修订者。【】内为原脱漏字今增补者。

七、原件中有一些字的写法与今天通用者不一致，如伸（申）、念（廿）、流（浏）览、购致（置）、措词（辞）、冒（贸）然，等等，为呈现史料原貌，均予保留。

陆征祥和他的友朋（代序）

李学通

陆征祥是清末民初时期中国著名外交家。本书收录的 700 余通书简，都是民国时期他与亲朋故友往来的手札。

一

陆征祥，字子欣、子兴，1871 年 6 月 12 日生于上海，1949 年 1 月 15 日逝世于比利时布鲁日圣安德肋（Saint-André）修道院。因为父母都是基督新教公理宗伦敦传道会的信徒，陆征祥也很早受洗入教，并在 1884 年 13 岁时进入清政府在上海办的外语学校——上海广方言馆学习。1892 年陆征祥被选拔至北京，进入总理各国事务衙门所办的外语学校——京师同文馆，跟随法国教习华必乐（Charles Vapereau）学习法语。由于成绩出众，陆征祥于 1893 年初被派往中国驻俄国使馆担任翻译官。由此直至 1906 年，他都在驻俄使馆任职，并深受驻俄大臣许景澄的教诲和影响，终身视其为师。1906 年，陆征祥出任清政府驻荷兰公使，次年兼任中国出席海牙国际保和会代表。由于他的努力，中国终于实现了在荷属东印度设立领事馆的目标。1911 年武昌起义爆发后，时任驻俄公使的陆征祥，在驻外公使中率先致电清廷，敦促清帝退位。民国成立后，陆征祥受袁世凯之邀回国，出任北京临时政府首任外交总长。此后，他曾两任国务总理（国务卿），四任外交总长，成为民初政界特别是外交界的最重量级人物之一，特别是在外交体制与规范建设以及外交人才培养等方面发挥了重要作用。

北京政府时期，陆征祥不仅以外交总长身份亲历"二十一条"谈判全过程，是中日"民四条约"的签字人，更是第一次世界大战后中国出席巴黎和会代表团的首席代表。在外交努力争取合法权益不果而又未获北京政府明确指示的情况下，他仍毅然选择拒绝在有损中国权益的巴黎和约上签字。回国后，陆征祥于 1920 年 8 月辞去外交总长职，并一度欲脱离外交界。1922 年他再度远赴欧洲，出任驻瑞士公使及中国出席第三届国联大会代表。在比利时籍妻子培德夫人（Berthe Bovy）去世后，陆征祥 1927 年彻底脱离政界、脱离世俗，进入天主教中教规最为严格的本笃会，到比利时布鲁日市郊的圣安德肋修道院隐修。历经多年苦修，陆征祥于 1935 年晋升司铎。

虽然身处异国、隐身修院，但陆征祥始终关心祖国命运。特别是七七卢沟桥事变后，陆征祥身在道院，心系祖国，热心宣传中国抗战事迹，加强中国与欧洲国家特别是梵蒂冈的联系，积极争取西方世界对中国抗战的同情与支持，并在战后获颁抗战胜利勋章。战争中，他也经历了修道院被德军占领等颠沛流离的生活，并于第二次世界大战结束后的 1946 年，获得罗马天主教宗座授予比利时刚城（Gand）圣伯多禄修道院（Saint‐Berthold Monastere）名誉院长的殊荣。抗战胜利后，他一度有回国传教的计划，终因身体虚弱、世事变迁而未果，1949 年初在圣安德肋修道院病逝。

作为外交家的陆征祥，曾长期周旋于欧洲上流社会，洞识国际局势，熟悉外交礼仪，桂冠华服，给人礼节周全、谈吐谦恭、行事低调的印象。"弱国无外交"的名言，更固化了他委曲求全的外交家形象。事实上，在其起伏跌宕的一生中，陆征祥也屡有"出格"之举，令世人"大跌眼镜"。1899年，在俄国圣彼得堡，陆征祥迎娶了一位年长他16岁的比利时贵族小姐。身为清朝官员，光绪三十一年（1905）他竟毅然剪掉辫子，回国述职晋见摄政王之时也只以假辫子应付。最令世人意外的是，在妻子去世后，他毅然脱去外交官的华服，遁入空门，加入教规最为严格的天主教本笃会隐修。

陆征祥是清末民初诸多重要历史事件的亲历者和见证人，晚年虽然隐身宗教，但并未断绝与世俗社会的联系，仍然时刻关心祖国的命运。他丰富而传奇的人生也给世人留下无数的谜团和遐想，自然也吸引着历史研究者关注的目光。然而，或许是受到史料的局限，学界的相关研究成果并不多见，甚至有关陆征祥的生平也存在不少以讹传讹的记述。与友朋往来书简，是陆征祥的"朋友圈"及社会交往活动的真实记录，也是其生平研究不可或缺的基础史料。这些与旧友亲朋的往来书简，无疑为我们理解和研究这位清末民初外交家的内心世界，提供了极好的线索乃至可靠的答案。

二

与郭嵩焘、许景澄等由科举正途出身的官员转入外交界不同，陆征祥在清末以同文馆学生身份进入外交界，此后连续在驻外使馆工作十余年，堪称近代中国第一批职业外交官。民国初年政权鼎革之际，陆征祥已成为外交界元老级人物，不仅是外交总长的不二人选，甚至一度被委以国务总理的重任。他主持建立了外交官考试制度，招聘、选拔一大批有留学经历、熟悉国际形势、了解西方文化的专业人才进入外交界服务，逐渐形成中国第一代职业外交官群体。因此他于民初外交界影响甚深。民初外交界旧雨也是他"朋友圈"中交往最久、交情最深的人，例如被他视为挚爱密友的颜惠庆、顾维钧、曹汝霖、刘符诚，均出自民国外交界。现存陆征祥往来书简中，也以他与清末民初外交界同僚、旧部往来书信数量最多——从陈贻范、刘镜人、刘式训、顾维钧、钱能训、汪荣宝、魏宸组、王景岐、王广圻等公使、总长，到瞿宣治、谢维麟等普通外交官均有涉及。退隐修院之后，陆征祥身在修院，心系祖国。特别是晋升司铎之后，他颇有借宗教身份推动中国与梵蒂冈及西方世界改善关系的意愿，和当时中国驻欧使节钱泰、金问泗、郑天锡，以及谢寿康、吴经熊等也多有互动。他们之间的往来书简，涉及当时政情、外交活动及人事关系，为考察民国外交提供了官方档案以外的另一个视角。

1927 年退隐比利时修道院后，陆征祥与国内天主教团体及相关人物自然也增多了联系，与马相伯、于斌、田耕莘、罗光、张润波以及陆伯鸿、陆隐耕父子等更是交往频繁。不论是 1935年的晋铎仪式，还是 1946 年被罗马教皇授予修道院名誉院长的典礼，都得到国内天主教界团体的强烈呼应，各种祝贺程仪、文电纷至沓来。由于篇幅所限，本书未予过多收录。

陆征祥与清末民初时期政治人物的交往，在往来书简中留有不少痕迹。除与林森、黄郛、张群等人之间的往来书信，本书中收录的几通康有为手札，则记录了康、陆二人颇有戏剧性的交往。

1912年8月18日（旧历七月初六）康有为致函新任国务总理的陆征祥，为其"门人伍宪子"请托求职。康有为在信中极力夸赞伍宪子"沉毅忠诚，海内希觏"，"性良慎密，可托腹心"，拜托陆征祥"进而接之"。伍宪子不久后被聘为袁世凯的总统府顾问，或许正是陆征祥为其幕后运动的结果。由此或可追寻到康有为与袁世凯关系还有不为人知的另一层面向。

1922年，康有为收到陆征祥请为其父母"撰墓志并书"的邀请，虽然表示"生平迂拘，不敢谀墓，所撰故人深知者不过数篇，若写则自先母墓表外，未尝为人书也"，但仍然不仅撰写而且亲书了《清诰赐资政大夫陆公云峰暨德配吴太夫人墓志铭》，还为陆征祥守陵居所亲笔题书"慕庐"二字。康有为还特意表白"生平畏作楷，自殿试后数十年，只有写先庙记、先母墓表，今不能不破格，竭力为尊公撰书"。①"康圣人"为何如此慷慨？康有为在致陆征祥的手札中道出了真情："惟公救我大德，常铭五中，久无以报。"原来清末陆征祥任驻荷兰公使时期，康有为曾赴使馆申请签发赴俄国的护照。陆征祥不仅没有抓捕这名朝廷钦犯，反而明确告知康有为：俄国政府已答应清廷，如果发现康有为赴俄，当即拘捕，引渡中国。他在驻俄使馆任职期间曾亲眼见过这份文件。有此救命之恩，康有为自然得表示："今不能不破格，竭力为尊公撰书，以少酬恩义。"

---

① 王尔敏编《康有为手书真迹》，台北"中研院"近代史研究所，1994，第118~120页。

陆征祥友朋书简中数量最为集中、史料价值最为突出的部分，是他与结拜兄弟刘符诚的往来手札。这批书信始自 1932 年，直至 1948 年 11 月 18 日陆征祥的"最后笔迹"。刘符诚，字荩忱，号黼斋。民国初年曾任北京政府外交部秘书、参事，交通部邮政司长，后出任中法工商银行中方董事，常驻巴黎。刘符诚也是陆征祥修道院生活的捐助人，因此二人往来通信十分频密。这些往来书信详细记录了陆征祥晚年思想、信仰、生活等方方面面的情况，也涉及刘符诚代表银行方面，与重庆国民政府关于中法合作修筑铁路的交涉活动等内容。其中在不少信中陆征祥反复强调"不足为外人道""阅后付丁""付丙"。读者对照阅读，可以对相关史事及陆征祥的言行与思想、心理活动有更全面的了解。例如，清末重要外交家、驻俄公使许景澄对陆征祥思想与行为方式的影响，陆征祥选择加入天主教本笃会的原因，全面抗战爆发后陆征祥忧国忧民之心和争取国际对华同情与援助的活动，以及战后陆征祥的回国设想与相关安排等，陆刘二人往来书札中都有具体记录。据陆征祥介绍，当年许景澄对他的训练培养，不仅是"要准备一个后启的新外交官，以合时代的脑筋思想，应付世界潮流"，甚至"含有秘密革命性质"，"所谈之事……件件系革新，反对顽固派，针砭国内恶习，批评官场之弊病、朝廷之卖官受贿、太监之恶作鬼、太后之儿戏天下等"。1896 年孙中山被清廷驻伦敦使馆诱捕后，许景澄即命陆征祥赶紧研究、推考相关法律问题，甚至有欲令其按"公法及寄居国法律之保障辩护之、营救之"意向。陆征祥也谈及许景澄与美国传教士金楷理（Carl Traugott Kreyer）的关系等清末外交界的故事。据他介绍，"文肃得金楷理之襄助，并研究讨论欧洲各国历史、内政、外

交、军政、财政、法律、宗教等等，得此一博学宏士之帮手，文
肃深引为幸，故名之曰活字典"。而金楷理则常向陆征祥表示：
"许钦差是我的先生，因伊所问窍要处，使我增加兴趣去探究。
我的智识，与许钦差相处以来增进不已，且增加我的读书
味道。"

<h1 style="text-align:center">三</h1>

陆征祥所遗个人资料现大部分保存于其最后安眠之地——比
利时布鲁日市圣安德肋修道院。中国社会科学院近代史研究所海
外珍稀史料征集工程于 2012 年派遣姜涛、黄庆华、赵晓阳、李
学通前往比利时搜集，获得万余页数字化复制本，其中陆征祥所
存各方书信颇具史料价值。此外，中国社会科学院世界宗教研究
所也收藏有陆征祥 1936～1948 年致刘符诚的亲笔手札，内容真
实、私密，记录了他人生最后十余年，包括他在第二次世界大战
时期的生活与思想活动。此次结集出版的陆征祥往来书简，除上
述资料外，又增补了"顾维钧档案"中所存相关资料，以及
《本笃会修士陆征祥最近言论集》、罗光著《台北七年述往》等
书中所收录的陆征祥往来书札，总计 700 余通。同时又附录了陆
征祥纪念其父陆云峰、其师许景澄及徐光启的部分文字，以及往
来手札书影和部分陆征祥的珍稀照片，以便读者对陆征祥及其友
朋有更具体、形象的了解。这些书简对于全面了解清末民初重要
外交家陆征祥的思想与活动、厘清被历史尘埃长期遮蔽的真实面
目、推动相关历史人物及事件的研究都具有珍贵的史料价值。

毕桂芳*函

（1932 年 1 月）

子欣仁兄台鉴：

顷接大柬，敬悉修道精勤，功行立愿，遥聆之余，莫名佩慰。惟云山迢阻，不克躬瞻盛典，歉仄殊深。弟曾会同刘士熙公使暨邵筠农等诸旧友，发电恭贺，先致敬忱，计达台鉴矣。

兹念吾兄名满中西，功垂华国，而一旦竟敝屣尊荣，浮云富贵，则李播之遁身黄冠，留侯之追迹赤松，不得专美于前矣。且以兄之奇资异禀，在人爵则已居宰辅，在天爵则必征神仙，从此脱然无累，万障皆空，浩气与天地同流，真理共身心一致，美哉洋洋乎，乐曷有既，若弟之春蚕自缚者，相去远矣。

弟迩时息影家居，无关世事，兴来作字数行，观书几页，亦颇养心，质之吾兄，当首肯也。临颖神驰，低徊无尽。专此复贺，并颂道祺，即希亮鉴。

弟毕桂芳顿首贺

＊ 毕桂芳，字植忱。北京大兴人。早年卒业同文馆，清末时曾任驻俄公使随员、驻海参崴总领事。民国初年任黑龙江民政长、省长兼署黑龙江督军。

步翼鹏*函

一

(1922 年 6 月 9 日)

总长钧鉴：

六月六日接奉四月二十五日赐函，敬悉福躬健康，潭第清吉，至为快慰。

拙辑《养正诗歌》，谬蒙热心提倡，分赠各藏书楼及东方图书馆，中学西渐，力任沟通，好善之怀，优于天下，中外受赐，匪第鹏一人感激已也。陈安生处已将书寄去，并附函声明承谕代寄赠一部之意。此书曾印就白粉连纸者二十部，较前书略为漂亮，兹寄上二部，祈查收备览。按照预约券办法（较定价减二毛），除已寄九部外，尚剩七十五部，敬候支配。送人清单寄到，即为分致，并代拟赠书函稿一件，敬祈酌改。倘另有赠书办法，亦祈示知，以凭遵办。地址条已收讫。肃复。敬颂钧安。

步翼鹏谨肃

六月九日

---

* 步翼鹏，字翰卿，清末民初提倡养生导引之术，著有《养正诗歌》。

二

（1922 年 6 月 21 日）

总长钧鉴：

十四日肃寄一禀，计已呈览。旋于十五日敬谂简命，荣膺驻节瑞士，闻之不胜欣喜。伏念我总长名高北斗，望重西欧，坛坫久焕，光辉中外，想望丰采。兹复驻星轺于山明水秀之邦，公务饮闲，藉可气吸新鲜，景览佳胜，于政躬极有裨益。以清明之志气，挽浊乱之时局，必能为国家社会造福，鹏敢为中国得人贺，所以欣喜者在此。

朱贯微先生现已任命为院秘书，尚未由崇晋京。陈安生处现有函来，于《养正诗歌》爱如珍宝，并谓宜详请教育部令各书坊刊印，分送各小学校，俾资讽诵，于世道人心极有裨益等语。此意只好俟诸异日耳。谨以附陈。肃此布贺，祗颂钧安。

步翼鹏谨肃

六月二十一日

蔡元培 *函

一

（1935 年 7 月 30 日）

子欣先生大鉴：

　　承颁寄请帖，及徐文定公遗像暨印刷品，均敬收悉。远承记注，无任欣感。即审动定胜常，研览不倦，道心益固，乐境弥宽，至深企祝。专此复谢，诸希蔼照。顺颂台绥。

蔡元培敬启

二四，七，三〇

---

* 蔡元培（1868~1940），字鹤卿，又字孑民。浙江绍兴人。清光绪进士。曾任民国北京政府教育总长、北京大学校长，国民党中央监察委员会主席、中央研究院院长等。

二
（1935 年）

悼亡诗后福音书，八载潜修味道腴。

青史齐名徐上海，绛帷同调马丹徒。

一官久已忘筌置，七命新闻司铎除。

各有尊行互推重，祝公精进荷天衢。

子兴先生在比国圣安太修院荣任七品司铎，赋此奉祝。蔡
元培

三 *

奉手示，敬谂贵体违和，至系。承赐瑞士国旗两方，拜领，
谢谢。赐午餐，尤感谢。敬祝子欣公使健康。

弟蔡元培敬启

内子属笔奉候。

---

* 本函写于蔡元培本人名片上。

致曹锟函[*]

（1924 年）

大总统钧鉴：

敬启者。祥猥以轻庸，谬承丢爱，民国以来渥蒙宠命，迭界重任，虽训言之时锡，仍陨越之堪虞，绠短汲深，时形竭蹶。二十一款之交涉、巴黎和会之失败，一误再误，既负政府委托之重，复失国人属望之殷，追念及此，深用悚疚。辛酉冬，携眷来瑞，本拟游息欧西，藉身韬隐，不意使任重膺，复违初愿。现在惟有奉同馆员，益加黾勉，谨敬从事，对于驻在国稍尽代表之职，对于同仁亦稍尽先觉之义务，以期有补前愆，免贻廑虑。是则区区私衷，敢以上陈钧座者也。此间馆员四人，相处甚得，华仆三人，水土尚服，上下清吉，堪以告慰钧注。兹托子廙总理乘回华之便，带呈合影一纸，敬祈赐存是幸。肃此。祗请钧安。

---

[*] 曹锟（1862~1938），字仲珊，晚年自号乐寿志人。时任中华民国第五任大总统。

曹汝霖[*]函

一

（1928 年 6 月 12 日）

兴老座右：

久违风采，时切遐思。今春劫甫内渡，奉到尊夫人纪念章，并询谂起居无恙，深以为慰。比奉惠书，详述归依教宗，具见毅力宏愿，舍身救人，不胜佩敬。吾国古来大智慧、大英雄，或学贯人天，由入世而研究出世，或功成名就，舍名利而皈依三宝者，不乏其人，公闻之，当亦出之意外而为之悯慨也。

现在政局丕变，定都南京，北京由阎锡山与政治分会维持。各部均南迁，官商失□，不可胜计，从前欠薪更无从说起。惟我公人格久为南中要人所敬仰，况公捐作善举，不为私有，尤为他人所不能。鄙意现值伍梯云、李石曾、王亮畴诸君均联袂游欧，不妨由公将前后情形与伍、王、李诸君一谈，请其向南京政府请托，或可特别办理。尊意以为如何？弟自民九以后迁居津门，绝不预闻政事。甲子合肥再起，弟亦未参政议。上年张氏入京，强邀组

———————

＊ 曹汝霖，字润田，曾任民国北京政府交通总长、外交总长、财政总长等。

阁，更决然谢绝，非鸣高也，实自顾菲才，绝非可以肩此巨任。况军阀之行动举措，实难以满意，此次退出关外，途中遇炸弹，生死不明，则又不禁为之怆然。军阀结果愈演愈惨，天道示人，可以发人猛省，要非有悲悯大愿、舍弃一切之大力不可。儒讲为仁，佛讲普济，与西教博爱之旨如出一贯，可知古今中外其道一也。吾公将来布教全球，万流宗仰，其成就功德岂有涯涘。颂祝无量。

国内情形，年逊一年。方奉手书之时，雨帅尚在北京，然已四面楚歌，知其决难持久，故对于尊属一节，实觉无从启齿。今则北伐告成，奉系率部出关，局面又为一变，国体虽未变更，然五色国旗业已改易青天白日矣。现在南北业已统一，希望从此停止内争，从事建设，则吾民十数年之牺牲，或有收回代价之希望。盖今年来各省因战事影响，交通阻滞，商业凋敝，民间十室九空，困苦情形决非意想所能料到，与我辈当局时代相比，真不啻有霄壤之别。言念及此，为之恻然。我感于让忍二字非何观念，并愿吾公发大精进，成大愿力，得无上道，以方便法为众生忏悔业行，祈祷安乐，本大慈悲，圆大功德，此则尤为俗世老友所馨香祷祝以期待于仁者也。肃此。顺颂修祺。

弟曹汝霖顿首
六月十二日

二

（1928 年 6 月 17 日）

子兴道兄慧鉴：

前承赐圣史，歉为未及。荩臣归国，承惠玉照并询悉起居，热忱毅力，同深钦佩，而一瞻道貌蔼然，想见万念皆空，一心救世，真众生之福星也。中国古来居高位不能行其志，退而皈依佛法，发宏愿为众生造福者不乏其人，人目为遁入空门，无补于世矣。愚则以为，修身治国平天下，世间法也；舍身普渡群生，出世间法也。消极的救世与积极的救世，初无二致，所谓博施济众，必也圣乎，中外立教之本旨其揆一也。我公悲天悯人，勇猛精进，将来之造就，讵有涯涘哉。方今人欲横流，世道日下，生民涂炭，而当国者醉心武力，内争不已，古昔相传之礼让为国、相忍为国之哲训，更无人能记忆。爰将吾公出世修道之苦心及本笃派之教旨，公之《大公报》，非为公宣传，实冀彼居高位者闻风兴矣。

徐菊老、段芝老均住津门，健壮如常。范老上年厄大病，现已回复，周辑老时住大连，谢绝世事。同辈中钱干老早归道山，林长民、范静生复先后辞世，黄陂亦于月前逝世。耆旧凋零，海外闻之，能不为之凄然乎。京津秩序，此次均未破坏，王聘老于青黄不接之时，维持北京治安，尤可佩也。拉杂，复颂善安。

弟曹汝霖顿首

六月十七日

陈介*函

一

（1939 年 3 月 31 日）

欣老法鉴：

久违馨［謦］欬，时系兴居。前过比京，适以修静崇斋，未果趋诣。旋闻阶平兄述及雅意殷勤，并承惠锡名著。芘谋宗国，终始弗渝，洛诵反复，益殷钦仰。曩在部时，所寄微款，聊表寸衷，重劳齿及，殊深悚惭。近正与阶平兄商榷办法，或能稍有所得，略供医药之需。俟有成数，当由阶平兄汇呈左右。先肃申候，敬颂道安。

陈介（章）谨肃

三月三十一日

---

* 陈介（1885~1950），字蔗青，湖南湘乡人。曾任南京国民政府外交次长，时任驻德国大使。

二

（1939 年 4 月 11 日）

（前缺）长者医药之需，已由介除自认伍镑外，并为分向郑荛庭（海牙）法官天锡、谢振叔（驻瑞典）公使维麟、徐道邻（驻义）代办（故又铮先生长公子），集得各伍镑，当汇交阶平大使汇呈左右，略抒敬老尊贤之忱。附闻。顺颂道祺。

陈介谨上

四月十一日

郑君来函附呈台察。又载附徐函一段。

附

郑天锡*函

（1939 年 4 月 6 日）

蔗青我兄阁下：

未聆教言数月，时以为念。顷奉四月三日惠缄，不胜雀跃。

陆公子欣，弟因向从事司法，尚无一面之缘，惟敬老本无认识与否之别，况经尊嘱，尤所乐为。兹如命付上支票乙纸，计五镑，请察收便示复为幸。弟数月来因国际法庭继续开庭，无时不

---

* 郑天锡（1884~1970），号荛庭，广东香山人。曾任民国大理院大法官，时任国际联盟法官，后任驻英大使。

在案牍劳形之中，幸春假开始，稍能休息半月耳。专复。敬颂
道祺。

弟郑天锡顿首
四月六日

三^①

（1940 年 12 月 2 日）

欣老道鉴：

半年来甚以兴居为念。四月前电询比馆，敬悉道躬如恒，甚
慰。顷奉手示，并附大著，爱主敬师，弥任钦感。驻苏大使之易
邵力子君，嘱件已遵代托，祈纾尊念。祗颂道祺。

陈介敬上
十二、二

四

（1941 年 6 月 2 日）

欣老道鉴：

耶稣苦难节前，承寄默思纪念词，并荷于复活节晨代申祈
祷，感幸无既。昨奉赐书，内附南文院长致四川西山分院公函乙
件，适有妥便回渝，已面托带交。邵使内召说，想系讹传。迩来

---

① 陆征祥旁注："相师简明行实，曾呈罗马宗座，承蒙奖励，特将摹本一份奉
赠作念。一二百年后，上智安排，设有为相师提案列为圣品，则此次之上达
圣聪，可为此案埋一伏笔。质诸高明，以为何如？廿九、十二、十。"

道躬兴居若何？默祈主佑，敬颂铎安。

陈介敬上

三十、六、二

五

（1943 年 1 月 8 日）

兴老道鉴：

　　节假间适有罗马之行，昨归，奉读赐柬，辱贺新年，盛意先施，曷胜感幸。近日国际局势变更，益坚我抗战决心。正义和平，当不难待，缅维我公为道为国，老而弥笃，忠爱热忱，敬拜下风。惟祈格外珍护，永资矜式。专肃申谢，敬颂年禧。

陈介谨上

一月八日

与陈篆[*]往来函

一

（1922 年 6 月 26 日）

兴老总长钧鉴：

数月以来，满拟趋候崇阶，辄以事阻，至歉。钧座使瑞，上月已得消息，曾函询劫孚兄已否发表，嗣闻汪使移驻日本，业于上月初三日奉令。顷奉大示，欣悉我公使瑞已于十六日发表，喜慰无似。但瑞士地小，不足回旋，但冀大局奠定，再起东山，则为国造福益无涯矣。

典型在望，尚乞时赐教言，俾资秉式。专复。恭贺任喜，顺叩双安。

陈篆谨上

六月廿六日

---

* 陈篆（1877~1939），字任先，号止室。曾任北京政府外交部次长，时任驻法国公使。

二

（1924 年）

任先仁兄公使台鉴：

献岁以来，维辋祉潭祺两俱康吉为颂。日昨子长兄回瑞，带到见惠法文古书一册，系属百年前旧帙，良可宝贵，拜领之余，曷胜忻谢。

兹有恳者，祥上年曾托上海许交涉员代购红茶一箱，现接许君来函，悉已托侨商叶林斋于十一月间带赴巴黎，以便交由贵馆转寄。如贵馆收有上项箱件，敬烦饬寄瑞京为荷。

又，外交部函嘱觅寄上年土耳其与协约各国新订之条约。兹查悉，该项条约系由 Imprimerie Nationale，Paris① 印行，拟恳尊处就近函索两份寄下，用特一并奉达。费神之处，无任感纫。专此。祗候近安。

---

① 巴黎，国家印刷厂。

褚民谊[*] 函

（1935 年）

子欣先生有道：

不亲矩范，忽忽数年，景仰之忱，与时俱积。恭维道履康泰，兴居多绥，无任颂祷。

谨肃者：民谊等敬备屏条四幅，由民谊亲书《证道序》一篇，奉呈先生，以作纪念，即托比人毕特斯君带上。此物区区，聊志钦仰之忱而已，务乞晒存，无任感祷。专上。敬请道安。

褚民谊（章）敬启

附序文一篇

---

　*　褚民谊（1884~1946），号重行。浙江吴兴人。早年参加辛亥革命，曾任国民党中央监察委员、行政院秘书长。后随汪精卫叛国，1946 年被以汉奸罪处决。

致董康[*]函

（1922 年 5 月）

绥金总长阁下：

　　萧秘书归，接奉惠函，敬悉一一。承嘱咨取关于瑞士财政情形印刷品一节，弟曾面询瑞士国民经济部部长 Schuldfess^①。据云，关于此类书籍，汗牛充栋，请指明所需类形，当为选送等语。旋弟复函询各经济团体，兹据瑞士银行公会复送该行所发刊瑞士经济财政情形一本。察与执事考查情形尚称相宜，特为寄上，以资参考。惟该书系出版于一千九百十九年，颇嫌陈旧，容是新出版，再当陆续奉寄。至 Schuldfess 所陈一节，仍请指明所需类形，并注明为法令章程、表册报告等项，以便继续办理为荷。专复。即颂旅祺。

　＊　董康，字授经、绥金，江苏武进人。时署理北京政府财政部总长。

　①　舒尔德菲斯。

段祺瑞*函

（1912 年□月 29 日）

敬启者：

贵部曾宗鉴一员，去岁调随北洋第一军，转战南北，办理行营交涉事宜。该员明敏精果，刚柔并济，戎马勤劳而资得力。兹阅贵部组织部制，该员素依左右，自己驱策有方。惟该员于鄙人既有相随之谊，即有一日之知，故不能不亟为一言，祈酌予优职，俾得尽其长才，实所切恳，勿责鄙人越俎为幸。该员现充贵部总务二厅秘书（记似编纂）科长，附其略历，希垂鉴不宣。

弟段祺瑞顿首，廿九

附

曾宗鉴，福建闽县人，留学英国，圈桥大学校政治理财科毕业生，历充外务部丞参厅主事、英股一等股员，现充外交部总务厅办事员。

---

* 段祺瑞（1865~1936），字芝泉，时任民国北京政府陆军总长。

傅秉常 函

(1946 年 1 月 2 日)

子兴先生左右：

　　久疏音候，驰念正殷，忽奉赐函，藉悉道履康强，曷胜欣慰。承询北平旧友消息，适近日有友人来自北平，谈及该处未遭破坏，秩序安静，生活亦稍较他处为廉，各友谅均无恙。至邮便，似尚可通，惟需时甚久。经西北利亚至中国之路线，两三月后亦有恢复希望，届时与北平通信当较便耳。晚承乏苏京，瞬将三载，乏善足陈，现奉派出席伦敦联合国第一届大会，日内即将首途。会后如能赴比一行，定当走谒，重亲麈范也。肃复。敬颂道安。

　　　　　　　　　　　　　　　　　　　晚傅秉常谨启

　　　　　　　　　　　　　　　　　　　卅五年一月二日

---

* 傅秉常（1896~1965），广东南海人，时任驻苏大使。

与顾维钧*往来函电

一

(1919 年 3 月 13 日)①

祥多病才疏，不胜繁剧，公等所共见。此次猝然赴瑞，中途辞职，深恐贻误国民委托，公等亦可共谅。顷经魏注使、朱秘书先后来述公等盛意，深为可感，切盼公等以国事为前提，勿以鄙人为念。祥未奉大总统另派替人以前，必返法京一行，余托注使面达。祥。元。

二**

(1936 年 5 月 28 日)

少川大使伟鉴：

我有一个非常冒失又粗俗的私人事情要找您帮忙，尽管我很

---

*　顾维钧（1888~1985），字少川，曾任民国北京政府驻墨西哥、美国、古巴、英国公使，南京国民党政府驻联合国代表，时任驻法国大使。

①　原抄稿写作十四日，应为收到日期。

**　原文为法文，译者为王有佳。

长一段时间都不愿用我不值一提的小事来打扰您。

由于我没有亲人可以求助，我大胆地依赖我们过去的友谊，向您讨一些强身药物和食品的费用，这些是我在康复过程中必须服用的，而可怜的修道士们是买不起的。

照料我的医生不提倡补药；他建议我吃得好，比如鸡肉、小牛肉、芦笋、优质黄油、时令水果等，而修道士们的日常食物则是土豆、扁豆、咸鱼、牛肉罐头等。

在这个冬天，我对寒冷变得更加敏感。我不得不把中国的加棉长袍穿在法袍里，明年冬天要穿两件。目蒙手颤、牙齿脱落，在过去的几个月里，我不得不戴假牙。从那以后，我的腿就虚弱了。简言之，衰老即将到来，因为我要进入中国人所说的六十六岁了。对于体格健壮的人来说，这个岁数并不大，但对我来说却是一个沉重的年龄。正如您所知道的，我亲爱的大使和朋友，我的健康状况一直很差。

请原谅我对您说这些话；我没有权利抱怨我的现状，还有很多人比我更不幸。

我只是在向朋友诉说这些隐情，所以请您保密。不过，我将在不久的将来，即 1936 年 6 月 29 日，在我的祭司圣职仪式上向林森主席发表一份声明，以确保那些希望我返国的朋友不会太失望。我的健康状况使我无法忍受长途旅行的疲劳。

我亲爱的大使，我的朋友，请接受我最深切和最诚挚的歉意和忠心。祗请韬安。

陆征祥启

1936 年 5 月 28 日

三[*]

1936 年 6 月 9 日

少川大使鉴：

非常感谢您对我的呼求迅速而慷慨的反应，不知道如何表达我的感激之情。

我很快就收到您于 6 月 4 日寄出的友好信件和您为了恢复我衰弱的健康而慷慨提供的 2000 法郎。您崇高的友谊令我感到惭愧，我不知道如何偿还这一新的令人感激的债务，尤其是对那些在我过去的职业生涯中一直为我提供宝贵帮助的人。可以追溯到我们亲爱的祖国在总统领导下经历了外交困难时期，我们在外交和国际事务上团结一致。

当我在履行领导对外政策的职责，以及在巴黎和会代表团中的职责时，您以完美干练的能力承担了其中极大的一部分工作。这一点我永远不会忘记，我将永远心怀感激。

今天，我要感谢上帝召唤我在祷告中侍奉他，并在平安中祝福我。他不仅给了我一个和平而安慰的静修，而且给了我一个帮助朋友和国家的方法。在他们指责中国的复兴和重建时，我每天都在耶稣基督的祭坛祈祷。

求上帝将您为我们所做的一切加倍回报给您！亲爱的大使，我的朋友，我永远向您表示深切的感激之情。

陆征祥启

1936 年 6 月 9 日

---

　* 原文为法文，译者为王有佳。

四

（1937 年 10 月 26 日）

少川大使鉴：

前日接比京友人萨吕君 Mr. Ernest Salu 函告，下月一日乃比国盛行之扫墓节，缘彼在辣根墓地 Laeken Bruxelles，代为照顾先室坟墓故耳。窃思我公莅比，适逢此扫墓节，比人上下均甚重视，应否在前王亚尔倍及前后亚斯脱利墓前有所表示致敬之处？偶然想到，叨在至好，用敢渎陈，尚祈大酌是幸。前奉王电暨剪报，谅登记室。附上剪报乙纸，耶稣教会英国 Archevêque de Cantorbery 在 Albert Hall[①] 开会演说拥护中国后，日本同会教友有脱离关系之趋向。日人一出国联，再作出教会之行动，自暴自弃，生存于化外，其愚亦可见矣。可叹可笑。匆匆。祇请韶安。

陆征祥启

廿六、十、廿六

附剪报乙纸，比王、比后像纪念各一件

五

（1937 年 10 月 30 日）

敬启者：

南京首任代牧于野声主教，前月由香港遵空安抵罗马。事毕

---

① 康托贝格大主教在阿尔伯特会堂。

取道瑞士、法、英、比赴美，由美东归。野声主教系罗马宗座一手培植俊才，品学兼优，早为中外所钦佩。此次在京办理后方救护伤兵工作，亲历轰炸区域，目睹战况，届时道经法国，亟愿晋谒崇阶，面陈乙切。如荷拨冗延见，实所深感。用敢一言，先容附上于主教肖像及莅任纪念，哂存是幸。专肃。祗请铎安。

陆征祥拜启
廿六、十、卅

六[*]

（1937 年 11 月 9 日）

欣老道鉴：

本月 3 日九国公约缔约国会议于布鲁塞尔开幕之际，恭奉赐书，维与同仁曷胜感激。

您对我们的关心使我们深受感动，我们由衷地感受到您崇高感情的激励，那对我们而言也成为极为珍贵的鼓舞。

尽管您自愿放弃了应得的荣誉，但我们不会忘记，在我们这个时代，在捍卫祖国利益的外交官中，您占有首要地位。您是最资深的职业外交官，尽管您曾说那应该是您尊敬的老师许文肃公。是您传授给我们您的思想，让我们一定成长为我们应成为的样子。

尊敬的神父阁下，请接受我们最真挚的感激之情。专此奉复。敬颂道安。

顾维钧拜启
布鲁塞尔　1937 年 11 月 9 日

<small>＊　原文为法文，译者王有佳。</small>

七

（1938 年 5 月 15 日）

敬启者：

此次野声主教远来欧美，以公教立场，为被侵受痛祖国略事宣传，以明真相，颇得各国公教界之同情。兹有刊物乙件，特以寄呈台览。如尊处欲添印若干份，函示遵行。现正在校对发印中，每本工料计比币二方三十生丁（售价七方）。匆肃，祗请铒安。

陆征祥拜启

廿七、五、十五

前寄赠令媛刊件，谅承转致为念。祥识

八

（1938 年 5 月 17 日）

少川大使伟鉴：

本院良友 Mr. Antoine Allard，比京贵族子弟，品学兼优，专攻美术，前年来院为祥写真，笔法古雅，南文院长赞美鼓励。附上摄影两纸，哂存作念。现伊携眷在法旅行，少作勾留，久闻公名，亟愿乘机晋谒，以伸景仰之私，嘱祥介绍。如荷拨冗延见，感同身受。亚君家庭与比王室及外交团均有关系，且品性高尚，不求虚誉，诚青年中特出之才，公教信徒也。

另有法文信寄彼。专肃接洽，祗请铒安。

陆征祥拜启

廿七、五、十七

　　再，亚君夫人义大利籍，亟愿拜识。夫人盖久闻盛名而心向往之矣。祥又及

九

（1938 年 5 月 24 日）

欣老道鉴：

　　连接本月十五日、十七日两示并惠贻尊影照片及野声主教作品等印件奉悉，感谢。野声主教以公教立场为国际宣传，其精神效果深足企佩。所印刊物拟请费神代订五百本应需公燫昆山比币一千一百五十佛郎寄当如数汇奉。承介亚君及夫人顷同内子邀来馆中茶叙，其人温文高雅，良青年逸才也。前蒙赐小女件已转交云并此申谢。敬颂道安。顾○○谨上

十

（1938 年 6 月 29 日）

少川大使伟鉴：

　　顷接比都发行所寄来账单两件，内有寄费单，计比币九十四方三十生丁，为前次通信未想到之款，尚祈鉴谅。支票经写该发行所名下，以免转折，何如？原单附下，当由彼签明付讫，再为奉上存案。兵灾中又添水患，苦上加苦。十字苦架，公教中视为开生灭死、永享天福之独一路径，我国俗谚亦有"吃得苦中苦，方为人上人"之句，或者天将拯我国于水深火热中而为上国耶。

专此。祇请轺安。

陆征祥拜启

廿七、六、廿九

（附单二纸）

一一

（1938 年 7 月 5 日）

欣老道鉴：

六月廿九日惠函奉悉。国内兵水浩劫，亘古罕见，我公悲悯为怀，此情可知。承示"吃得苦中苦，方为人上人"之句，良足箴规，尤征仁勇，钦企之至。附来账单，兹照购汇票，连同原单随函奉上，敬祈查收转交，并令签据寄下。琐渎清神，尚乞亮察为幸。此复。敬颂道安。

顾〇〇

附汇票一纸，单二件

一二

（1938 年 11 月 15 日）

欣老道鉴：

奉九日赐书，敬悉道履清休为慰。辱寄祷文等件，均已展读，谢谢。又承转潘君之书，亦奉到，当另函谢。至前承惠诒《民国统一完成十周【年】纪念【册】》多份，除已分送此间人士外，尚余有百份，遵嘱奉璧，另包寄上，祈察收为幸。专此奉复。敬颂道安。

顾维钧拜启

十一月十五日

一三

（1939 年 10 月 9 日）

少川大使伟鉴：

昨由阶平大使转到十月二日手教暨与教廷往来函抄稿，拜读之下，曷胜钦佩，当即面呈南文院长。今晨南院长面缴来件。据伊看法，教廷复函予我国以完满答复，顾大使初与教廷正式交涉，得此 véritable succè①，既见教廷对华好意，复证顾大使外交声誉实为欣贺等语。入秋以来，潮气逼人，贱体时受天时不正之影响，所幸寐食照常，堪以告慰锦注耳。

附赠比约十二肖像、纪念两种各三纸，望分赠夫人、令媛各一纸。专复。祗请辀安。

陆征祥拜启

廿八、十、九

一四

（1939 年 11 月 15 日）

少川大使伟鉴：

昨由驻比大使馆转到谅山来电，惊悉相师于四日仙逝。老成

---

① 真正的成功。

凋谢，曷胜痛悼。除电唁并献祭三十台外，特以奉闻。祇请
韶安。

陆征祥拜启

廿八、十一、十五

再，追亡弥撒乃本院祈祷中重要部分，每台弥撒比币十方，
凡亲友以献祭代献花俗礼者，随时来函征求并以附及。

附列马宅地址：Madame Ma Mission Catholique laugson

一五

（1945 年）

少川大使爱鉴：

久未奉候，积想万斛，每晨献祭中未尝忘怀并代祈祷。遥想
政体安康，公私顺遂为慰以颂。

祥马齿徒增，七十有四，入院苦修，十有七稔，亦达玄奘留
印研究佛学之年期。所苦目蒙手颤，腿软步艰，衰态相寻，无可
奈何，幸赖食寐二事尚能支持，堪以告慰远注耳。

南文院长 Mon pere dom Neve 拟于一四［九］四五年赴华，
巡视四川分院，倘天假以年，当可进随同行。生还祖国，目睹中
兴之盛，为此生万想不到之快事，非上知安排，曷克臻此哉！

兹奉赠 Fatima 圣母显迹传一册，哂存作念。报传蒋主席近
著 *Le destin de Chine*［*Destin de la Chine*］① 一书，闻英京有译本，
如荷代购一册，挂号寄下，俾得拜读为快。书价若干，便中示

---

① 即《中国之命运》。

知，以便奉趋。如有中文本，一并借阅尤感。匆匆。祗请韬安。

比都日报登载吾公赴美，恭贺四国公议，研究国际安全问题，结果如何？念念。驻美大使是否儒堂先生？示知尤感。又及

一六[*]

（1946 年 5 月 12 日）

兴老道鉴：

奉三月十七日手翰，欣谂勋履康胜，慰如所愿，诸宜珍摄，尤所企祷。惠贻尊著，浣诵之下，仰维功昭寰宇，道贯人神，亲炙素承，弥殷向往，已交内子珍存。嘱转马国务卿及杜总统女公子各一册，亦经遵命分致。知关锦注，敬以复闻。顺颂道安。

顾维钧（章）再拜

五月十二日

内子附候并谢

与郭泰祺*往来函稿

一

（1935 年 6 月 19 日）

子兴先生道席：

顷悉先生潜修证道，圣职荣颁。祺亟欲前来观礼道贺，无奈廿八、廿九两日均有宿约，加之华北危急，此间职务繁重，未克离去。专布贺意，并致歉忱。敬颂道安不尽。

郭泰祺谨启

廿四，六，十九

二

（1936 年 12 月 14 日）

复初大使伟鉴：

国事急矣危矣，势必演成第二西班牙。端倪已见，亟应唤起全国民众、中央当局、社会领袖，不为□党所诱禁，有负先总理

---

* 郭泰祺，字保元，号复初，湖北广济人。时任驻英国大使，后任外交部长。

四十年致力革命之苦衷，而破坏先哲千苦万死中成立之民国。附上忠告国民稿件乙纸，尚祈我公分神，妥为斟酌，或有发表之必要，以提醒全国，不为共化所诱，不出靠人之下策。民国幸甚，东亚幸甚，世界幸甚。专肃。祇请韬安，并颂/年禧，恭祝/健康。

陆征祥拜启

廿五、十二、十四

三

（1938 年 11 月 16 日）

子欣先生道席：

国难日深，坛坫劳形，遂致音敬久疏，乃承锡以真理，佩感何已。正义和平虽一时为黩武者所摧残，然真理不灭，终有获伸之一日。英美对远东时局近颇有合作趋向，本月七日为长江航权商业等问题，已约法同时向日抗议，不久或将进一步采取经济报复步骤。果能实现，顽寇或又稍有警悟也。

前所赠之《民国统一完成十周年纪念册》均已分赠友人，手边未有一本存留，无以副雅嘱，歉甚歉甚。不一一。敬颂道安。

郭泰祺谨启

廿七，十一，十六

黄郛*函

一

（1935年7月8日）

子欣先生有道：

昨奉华柬，敬审荣擢司铎，典礼崇隆，化及全欧，遐迩信仰，不独精传教统，亦增吾国之光，远企裔云，无任颂祝。

郛夙恙缠绵，未能到部，时艰蒿目，揽辔空劳，可胜慨叹。病体衰颓，又嗟道远，不克趋诣，尤深歉疚，还乞鉴原是幸。专此驰贺大喜，敬颂道安不儩。

黄郛敬启

七月八日

---

* 黄郛（1880~1936），字膺白，浙江绍兴人，曾任北京政府外交总长，南京国民政府外交部长、行政院驻平政务整理委员会委员长等。

二

（1935 年 11 月 16 日）

子欣先生大鉴：

　　十月二十一日惠书奉悉。前以荣晋司铎，敬致贺词，乃辱齿芬，益深佩仰。吾国古代政教本为一贯，故风化与治绩并称，咸臻上理。《大学》明德亲民，止于至善，即此意也。厥后政教渐漓，世风日替，治乱相错，以迄于今。承示卓见，至佩荩筹。惟此事由中央主持，容当相机进言，藉副盛意。专此布复。顺颂道祺。

　　　　　　　　　　　　　　　　弟黄郛（章）拜启

　　　　　　　　　　　　　　　　十一月十六日

致黄开文[*]函

（1924 年 3 月 28 日）

锡臣仁兄先生大鉴：

久违风度，时切翘思，比维荣问休嘉，鼎祐莆禄，定符远颂。

祥奉使瑞士，瞬又经年，孱躯幸尚粗安，堪以告慰。惟内人年来多病，去秋割治，日见奏效，现已渐就痊愈，可望无虞矣。上年先墓迁京，三阅周岁，祥本拟回国祭扫，□经电由部中呈奉准假，正在预备东渡，而内人忽病，以致未克成行。当时曾请义大利雕刻名家罗马玉利君，代摹古孝字救亲铜像一座，并印有铜像影片多张，以为纪念。兹特邮赠铜像影片一枚，藉达念忱。另附影片一纸，拟请台端代呈主座赐存。

再，先人迁葬时，曾蒙历任总统各题四字于墓堂旁壁，藉以壮观。如蒙便中代恳主座亦赐题数字，先墓益增光采，尤深荣幸。用将历任总统所题之字另纸抄出，并备二笺，一并附上，敬祈察酌办理。费神之处，莫名感谢。专此奉恳，祗颂台安，惟照不一。

---

[*] 黄开文，字锡臣，广东蕉岭人。早年就读福建船政学堂、北洋电报学堂。曾任北京电报局总办、汉口电报局总办等。时任总统府大礼官。

金还[*]函

（□年□月 13 日）

子兴先生台鉴：

　　国际法会筹画精详，热心扶植，深堪钦服。两次茶会，还以在津，未能亲聆伟论，歉仄万状。季直先生溯行时，嘱送尊处二千元，为国际法会购书之用。兹特用呈，请查收并赐收条为祷。敬颂道祉。

金还敬白
十三

　　附洋元支票二张计二千元

---

　　* 金还（1860~?），字仍珠，浙江绍兴人。民国初年众议院议员，曾任财政部次长、中国银行总裁。

与金问泗[*]往来函

一

（1938 年 11 月 17 日）

兴老司铎尊鉴：

昨奉手教并祷文四纸，欣审尊躬健好，至慰下怀。承示我公悉心研究我主救世工作，一面朝夕虔祷，以求祖国早日解除苦厄，恢复正义之和平，大德慈心，甚甚盛盛。我国抗战年余，领土虽失，精神益奋，即以此间侨民而论，从事救国工作，毁家纾难，成绩可观，初不以粤汉之沦落而稍馁其气。吾公闻之，度必欣然。

又尊函询及《民国统一完成十周年纪念册》。此间查无余本，甚为抱歉。驻鹿埠主教 Goosens① 君已由袁领事往拜晤谈。伊对我国甚为关怀，而于驻和侨民倘有困难问题发生，并欲自任排难解纷之责，极可钦佩。知注附及。专肃。敬请道安。

金问泗谨启

廿七、十一、十七

---

* 金问泗（1892~1968），号纯孺，浙江嘉兴人。曾任国民政府外交部第一司司长、农矿部秘书、实业部参事等职，时任驻荷兰公使。

① 古森斯。

二

（1944 年）

纯孺大使伟鉴：

比都来报称，星轺于十八日莅比，廿晨谒外部，准备递书，当在日内，公忙可知。夫人想必同来，敬念敬念。驻华比大使 Mr. Debrana de Fuffer 起程赴华在迩，谅可晤面。此君乃公教信徒，与本院南文院长相知有年，人品高尚，对我祖国感情甚好，月初来院辞行，并索法文回忆录携带。此书于二三月内方可出版，不得已现有者系初改本，即将赠之。回忆录法文系对本院修士之四次演讲汇集而成，承蒙南文院长准许发刊，俟出版后当即奉赠一读，但未知内中有语病否，甚以为虑。此次出院居住，实出意料之外，既经力请演讲中华与公教情形，情不可辞，草草做稿。由同伴爱德华修【士】润饰后，出马演讲，颇得比人之欢迎，所幸贱躯尚能耐劳，对付了事。然眼蒙手颤、腿软便速诸症，乃年岁关系，惟有逆来顺受之一法耳。匆匆奉布，不尽一一。祗请轺祉，并贺任喜。夫人前叩安。

三

（1944 年 11 月 26 日）

欣老前辈赐鉴：

前日曾肃呈寸缄，旋奉尊函，敬审道履康强，私衷稍慰。惟承示"近觉眼蒙手颤，腿软便速诸症，自应时进维他命诸品，以资调补"，行箧中携有小瓶，已嘱洋员托人带呈。倘公试服觉尚有效，敬候尊示，当于英京设法多寄。泗原为公之旧属，一切请勿客气。

尊著回忆录欲先读为快，以公之道德文章，中外人士瞻仰素深，此书一出，必然纸贵，可为预祝先贺者也。新派驻华比使，泗业与晤谈四次，谈及我公，尤深敬仰。伊现定明日飞往伦敦，小住四五日，即当飞华就任。泗本拟即日趋谒我公，乃以候觐摄政（已于上星期五入觐），兼之会晤往还，又招集侨商、学生详询战中艰苦情形，朝夕纷纷，即星期日亦未得抽身而往，抱歉之至。现当回英待命。盖泗此时暂兼驻五国，战后是否仍回海牙原任，抑当调往他处服务，须听候政府决定也。

内人在英，未至比京，承注附陈。专肃。敬叩尊安。

旧属后学金问泗谨启

三十三年十一月廿六日比京旅次①

四

（1945 年 5 月 11 日）

欣老司铎尊鉴：

前贵院修士某君抵英，转送公之大著作，敬读之余，益深佩仰。顷奉尊缄，备悉比境各城市先睹为快情状，洛阳纸贵，早在私料之中。犹忆当年邹鲁先生以司马光拟公，其祝颂诗有"中原久已无君实，异域犹应识寇公"之句，良非虚誉。

泗此间诸事尚难次第摆脱。驻荷新使为董霖，已于上月下旬

---

① 旁注：十二月一日到。

苣英，正待和后接见呈递国书云。专肃。敬请道安。

后学金问泗谨上

卅四、五、十一日

五

（1946 年 2 月 26 日）

兴老司铎前辈尊鉴：

　　顷奉赐缄，敬审道履安祥，慰如所企。承示杞忧一节，同具此感。此次在伦敦凡所见闻，深觉人类幸福与世界和平，尚有赖于各方种种努力。吾国北疆问题固甚严重，然此特世界问题之一端耳。尊见以为何如？前奉函嘱带呈本国代表团照相，惟截至泗离英回比之日，迄未送来，只好且俟异日矣。

　　又尊嘱汇款瑞郎五百方一节，自当遵办。尊处美金款前部电说二千元，嗣仅汇到一千元，经迳电外部查询，俟得复查明确数后，再奉闻不误。剪报一纸谨邮奉。专函谨复，顺候尊安。

后学旧属金问泗谨启

卅五、二、廿六

六

（1946 年 3 月 5 日）

兴老司铎前辈尊鉴：

　　顷奉手示，欣审道躬康泰，慰如所祝。尊款确数若干，自泗回比，特电黄会计长查询后，尚未得复。尊处所拟上主席函稿

（原件附还乞收），是否待查明确数后再发，仍请卓裁。兹饬馆员将关于该款之来往电文及银行汇款单先行抄奉察核，俟抄齐即交邮可耳。

又田枢机主教（已另上洋文函）约于月之廿六日来比，本馆拟稍尽招待之意，彼时我公及南文主教若能光临，最所欣盼，当再恭邀。敬请尊安。

后学旧属金问泗谨启
卅五、三、五日

再，刘苾忱兄款正由巴黎中法银行办理外汇手续中。

七

（1946 年 8 月 10 日）

暮春初夏，看青青旷野晴光满树，帝佑善人征上寿。正值七旬添五，每谓先师许公遗训，若黄钟仙吕，典型犹在，从头细为余语。久矣寺舍藏身，天阍托命。

卧绿荫深处，此日玄都颁异数，佳话传今超古，明道文章，回澜心事，诏旧时僚侣，晨祈夕祷，神州早歇金鼓。

右调寄百字令，恭呈子兴院长尊鉴，敬祝为国为道珍重。

后学旧属金问泗谨呈
民国三十五年八月十日

八

（1947 年 1 月 11 日）

兴老前辈院长尊鉴：

正欲修函肃候，适奉手教，欣审道躬健好，良慰下怀。承示吴经熊兄精译圣咏本。吴君闻初入耶稣教，嗣改天主教，现继次彭兄之后出任驻教廷公使，闻正偕其夫人挈子女十三人放洋履新，将来吾公往罗马时自必晤面也。刘符诚先生已到巴黎，送转小包二件，当已入尊收无误。昨有南京比籍传教士裴效远 Palmers 来馆晤谈，询悉于总主教二三月间可到罗马，惟以时间匆忙，不拟来比。近日贵堂尚不觉太冷否？诸惟珍重。专泐奉复，敬请道安。

内人附笔候安。

后学金问泗谨手启

卅六、一、十一晚

附

致刘符诚函

（1947 年 1 月 11 日）

荩忱先生惠鉴：

尊片读悉。台从到法，俟气候稍暖来比，甚为欢迎。兴老去冬本欲前往罗马，以有小恙未果成行，现亦拟春暖乃往一游。有今秋回国之说，似尚未确定，稍暇当趋谒晤谈。尊寄小包两件已遵转寄去矣。敬颂旅祺。

弟金问泗谨启
卅六、一、十一日

九

（1948 年 10 月 8 日）

兴老院长前辈尊鉴：

前奉尊复，敬审福躬现已喜占勿药，至为欣慰。并承赐照片五张，均足留存纪念，极感雅怀。惟拙作字劣文芜，殊无价值，直恐有污佳品耳。此间近来来往熟友颇多，新交亦有，惜皆住一二日前往他处，过境之客不肯久留，然得把臂以游，促膝以谈，亦一乐也。专此奉复，谨布谢忱。顺候道安。

旧属金问泗谨手启
卅七、十、八日

十

（1948 年 11 月 8 日）

兴老院长前辈尊鉴：

上星期偕陈筱文兄驱车趋谒，欣承颜色，亲聆雅教，快慰万分。别后又已数日，比维道躬健胜为颂为祝。入冬伏乞格外珍卫，如需维他命等补品，候示遵办，并请开列种类及需数为盼。迭惠印刷品，均已一一收到，感谢之至。

兹以检点旧件，觅得与我公在修道院同摄照片一纸，是两年前泗夫妇率同两小儿趋谒时所拍者，忘其月日。此片似颇好，特以寄奉尊存。国内局势日益严重，殊深忧念，特肃布意，敬请道安。

内人嘱笔附候安。

旧属后学金问泗谨手启
卅七、十一、八

一一

（1949 年 1 月 12 日）

兴老院长赐鉴：

比京行前趋谒长者，欣承训诲，并审道躬健胜，欢喜无量。前奉尊缄，以事繁尚稽函复。兹又接诵除夕前三日手札，敬审一是。献岁以来，敬维杖履增强为祝。承嘱助款，谨当遵命电令纯伯兄拨付。厚意至为心感，谨当为家严及全宅虔致谢忱。惟少公及阶兄处，拟请公径与分别函洽何如？会务匆忙，敬候道安。

后学金问泗谨手启
卅八年一、十二日①

---

① 旁注：十九日到。

军委会函

（1934 年 12 月 6 日）

奉委座发下台函一件，为比国本笃会修士院院长 Monseigneur
Nève 来华，可否约见，所请创设修院之事，应否与该院长商谈等
由。奉批："可"等因。奉此，相应函达查照。此致
本笃会修士陆征祥先生

国民政府军事委员会委员长南昌行营第二厅启

十二、六

与康有为[*]往来函

一

（1912 年 8 月 18 日）

子兴总揆阁下：

　　昨邮尺书，想达典签。承电虑问，备仰雅量。顷瓜分之说腾布，蒙藏自立，乱象遍伏，危乎岌岌，远生隐忧。

　　门人伍生宪子，名文琛，沉毅忠诚，海内希觏，今在北京《国民报》，甚熟党人，而极敬仰执事，愿效忠于左右，性良慎密，可托腹心。仆有以告之言径面达。公吐哺振发，进而接之，必有补于执事。见伍生如见仆也。敬问兴居，为国自爱。

有为再拜

七月六日

---

* 康有为，字广厦，清末思想家、政治家。

二

（1922 年 2 月 17 日）

慕庐老弟：

献业发春，伏惟万福。前沪行，惟谈承许往欧，过沪再同相见，预拟衔杯为忆，并与嫂夫人及侄女握手欢见。顷奉贺柬，乃在瑞士发，行旌已在山水佳处，以高似情。惟慕庐二字刻在柬中，贺柬递于万里，孝子思亲之孺慕、良友不忘故人之遐思于一柬见之，令老夫执柬高叹而远思不任也。

吕顺与郅那画之湖波，莽不离峰巅之积雪，皆旧游之地，或旧怀人，我男如何。

敬颂春禧，并问潭安，书不尽意。

有为再拜

正月二日

三

（1922 年 5 月 12 日）

惠书并尊公石刻及各件属书者，皆收谨悉。属为尊公撰墓志并书，发挥盛德，深愧才下。惟生平迂拘，不敢谀墓，所撰故人深知者不过数篇，若写则自先母墓表外，未尝为人书也。惟公救我大德，常铭五中，久无以报，且公拳拳于父师，纯孝忠厚之盛德令人起敬。虽老眼多花，生平畏作楷，自殿试后数十年，只有写先庙记、先母墓表，今不能不破格，竭力为尊公撰书，以少酬恩义。孝者报也，此亦报也。今即撰成呈正，定望即酌定寄还，以便写正。

罗村在意北柳街诺湖畔耶，风景至佳，丙午曾游之，犹在梦寐。当时亦曾相宅，与公同意。今奉洛交哄，战云惨凄，执事乃能超然世表，优游湖山，左顾孺人，右弄稚女，从容看读，其乐何量。礼立侄女，慧而好学，既兼通五国之文，尚能在远不忘故国，所作书深入鲁公之室，他日何可量。承示琐琐，用中国仆及爱女伴厨买菜，想见执事笃念故国，教家俭勤，与公一生温良恭俭忠厚之德相表里。其敬小慎微，真得稼书先生之遗教，而见许文肃公知人之明也。瞻企喜跃不任。汗漫游余，幸以罗村宅居拓影见示，俾如相见。

吾杭州西湖营别墅，自湖滨至一天山巅，上下卅亩，竹木交荫，俯瞰全湖，望公他日归而同游乐。瑞士吾曾欲买宅，五游而极乐之，有佳花木，望以见贻，俾种之以为纪念。此园名一天，中为人天庐，山巅曰别有天，室曰开天天，堂曰天游台，曰寥天一。今日阅奉直战报竣作此书，吾两人亦在天国而为天人矣。

曾文正号涤生，功德崇高，公其有所慕耶？畜德养晦，优游待时。敬问涤生老弟万福。

夫人及礼立侄均候。

有为谨启

四月十六日

四

（1924 年 3 月 21 日）

长素先生阁下：

　　前奉到赐寄先墓志铭，文辞淳古，书法劲逎，拜领之余，殁存均感。从此先人志行得随椽［椽］笔以传，尤深荣幸。当经特电奉谢，托由许君秋帆转致，谅邀台鉴。祥孱躯近尚粗适，惟内人年来多病，去秋割治之后，又患痿痹之症，幸熊城颇多专门医家，延请诊治，日见奏效，刻已逐渐平复，可望无虞，差堪告抒远注。

　　兹因驻和王劼孚公使不日假归，祥已托其乘便带奉瑞士雪景及花景三幅，聊代鲜花之献。用先函达，届时该件送到，敬祈哂纳为幸。专此奉候，祗请道安。

五

　　涤生使相老弟，谢事居瑞士，撰联属书，其孝慈好德，情见乎词矣。

　　　　慕亲涤生过期已寡
　　　　刑妻育女善与人同

　　　　　　　　　　　　　康有为游存叟

六

行年五十感蹉跎，罪恶还愁蝟集多。

子职有亏难自解，欲求寡过镜新磨。

子兴使相自撰诗，属书。何克己之切也。康有为

与林森[*]往来函

一^①

（1934 年 10 月 17 日）

主席钧览：

　　窃祥晚年慕道入院潜修，刻苦习经，专诚事主。叨蒙罗马宗座嘉勉，本院院长栽植，八载濡染，稍窥教理，遂订今夏晋授铎品。惟祥衰朽残年，心余力绌，经祭勤劳，宿疾时作，加以严斋期内，属守戒律，精神身体均形损弱，医生虑其贻危，力劝休养，停止课读，不得已乃恳请院长缓行铎礼。商酌未果，适奉鸿文，渥承奖励，感奋益增。刻下院长东行，观光祖国，西归之期约在明春，是以晋铎典礼，亦即展至来年。一俟日期确定，当再专柬奉闻，用副钧座关垂。专肃申谢，祗请勋安。

本笃会修士陆征祥谨肃

二十三，十，十七

＊　林森（1868~1943），福建闽侯人，曾任南京临时政府参议院议长、国民党第一届中央执行委员，1931~1943 年任国民政府主席。

①　此函原名《上主席书》，初刊于《上智编译馆馆刊》第二卷第二期。原编者注：此为十三年前陆公上已故林主席书，抗战时珍藏于重庆山洞国民政府档案处，吾友鲍百钟先生录存，今为刊登于此，亦以见当年陆公谋国敬教之诚也。方豪谨识

敬再启者：

本院院长近得参事会同意及罗马宗座批准，远赴东亚，观光祖国，调查教务现状，视察西山分院，并拟与朝野名流交换意见，促进公教事业。已于十月十二日由马赛启程，计十一月十九日可抵上海，留华时间约四五月。同行者本院修士二人，一系意大利籍，曾充本院教授，兼教务长六年，深通希辣丁①英法文字；一系我国华侨，华名杨安然。杨君进院早祥六月，精通拉西英法德马来文字，攻读哲学、神学，成绩斐然，超越侪辈，业于去年晋授铎品，今夏复在鲁文大学考得政治外交博士学位，著有中日交涉论文，欧美政界，传诵一时。二修士随从院长前往四川，或襄理分院院务，或兼办教区教育专业。至于院长一行行程，拟先由上海瞻仰首都，晋谒汪院长，展仪先总理陵墓，道经山东，礼孔林、登泰山，至北平谒蔡宁主教，接洽教务。有暇或北游长城、明陵诸胜迹，继到安国晤孙主教，参观雷鸣远司铎所创真福院。最后寻平汉路南下，取道汉口、重庆，直赴南充，视察四川分院。归程由广州东渡日本西返。此院长东游路程之大略也。

祥查比国本笃修院共有三处：一、马莱德左修院，二、凯撒山修院，三、安得列修院。所谓比国本笃修士会者，即由此三院合组而成，其中二院兼办学校，惟安得烈又从事比属刚果及我国四川分院教务。本院修士国籍凡十五，人数亦较他院为多。院长注重国外布教事务，此次东行目的，即在扩充分院，调查日后添设分院地点也。按我国地广人众，每省至少能容三修院，组成修士会一所，以内地十八省而论，即可有省修士会十八所、修院五

---

① 原文如此。——整理者注

十四，故本笃修会前途，我国最有发展希望。祥意国人倘肯接受院长宏愿，大可乘此良机，与彼磋商。至其入手办法，可于京、沪、平、津诸处，由地方政府或地方绅商，供给地基，建筑工费地方及本院双方分担，人才由本会培植。如此进行，四处修院廿年之内，即可成立矣。刻下本院已有华籍修士二人，他日蒙圣召而入院潜修者，当不乏人。依本笃会制，修院满十二者，院长总领其事，即成独立机关，不受他院管辖，是则教虽西来，人皆国产，将于教育、慈善、文化事业，亦不无裨补也。至论国内传教事业根基远在三百年前，其间思想冲突，进行阻碍，所谓教案、教难者，罄竹难书，寝至庚子拳乱，惨烈遂达极点，试读吾国近世辱国丧权交涉史，殆无一不与教务有关，诚可痛也！祥幼从先师许文肃公，学习外交，每谈教案，辄相咨嗟。其时国人蒙昧，朝廷失策，时而痛恶洋教，严令禁止；时而投鼠忌器，口之生畏。实皆政府驾御无方，庸人自扰也。窃谓世界潮流，日趋大同，公教传布，将遍全球，无论任何国家，此后断无禁绝之道。吾国际此，宜采开明政策，勿蹈满清覆辙，与其拒斥以招乱，勿宁欢迎而妙用。盖拒斥则国交日纷，欢迎则教俗咸安。此中利害，妇孺可晓，固无待繁征博引而解说也。昔者清廷放弃主权，先师尝槌心，布教亦主权之一，曷可久假外人而不及早收回耶？本院院长有鉴于此，拟立多数修院，为我收回布教主权于无形，其博爱精神，有足多者！尚望国人及时利用，勿失良机，是为盼祷。祥尤有进者：历观欧洲英、法、意、比、奥等国王室梓宫皆在教堂或修院墓窟之内，既隆祭祷，且易守护，良法美意，存殁均安。我国历代陵寝则大不同，迷信风水，择地偏僻，人迹罕至，祭扫废绝，一若人天相隔，因义永断者。政府任其坍颓，国人视同废墟，于是盗棺伐墓之事，日有所闻，此不但后进有愧于先哲，亦实文明国家之奇耻也！

窃谓欲保陵墓，莫若于其近旁设立修院，山崖水曲，正修院之佳地；守护祭扫，亦修士之天职。国家省保管巨费，而得坐镇妥人，计之两全，孰有过于此者乎？惟修院虽多，似以本笃会为最合宜，此非祥为本笃会士，故为左阿之论，缘圣本笃创会宗旨，即在祈祷及工作两大事业也。此祥一见之愚，未识有无是处，更不知此种委托，院长肯否接肥，尚祈裁酌，面征院长意见。如双方皆可采纳，则总理陵旁似宜先创一所，既崇元勋，且壮观瞻，达意厥后逐渐推广，遍及历代诸陵，庶几四千年来，先圣先贤祠墓，不致长埋蔓草，时虑盗劫也。祥虽远游日久，国情隔膜，然于西方良法善政，蓄意深远，为我祖制所不及者，未尝不自忘其愚，悉心研究，以求有裨于祖国，今既有所见，不敢缄默，谨陈刍言，伏祈垂察。征祥再肃。

二

（1934 年 11 月 23 日）

子兴先生大鉴：

接展台函，备聆一谊。执事潜心哲理，参行精严，引企高怀，至为钦佩。承示贵院院长将来华考察，行旌所莅，自当饬由地方主管机关妥为照料。世局方新，权谋竞骛，所冀天心仁爱，消弭战机，俾吾国逐渐图强，有复兴之机会。此则私衷所昕夕祷祝者耳。专复。顺颂道祺。

林森（章）拜启

十一月廿三日

致刘长清函

一①

（1928 年）

长清随侍陆前总理征祥十有余年，平时受其训育感化，恩同再造。去年陆公入道院，长清始返国。今春接奉陆公长幅手谕，展诵不忍释手。窃思陆公入修道院，为中国名公巨卿所仅有之事，其原委外间多不深知，即长清亦仅接此手谕后始得了然。其中所言，于世道人心大有关系。

刘长清志

长清阅悉：

接汝二月一日来禀，欣悉一切。（下略）本院两神父，汝亦前去拜谒，甚慰甚慰。回想在熊城时，我常与汝说，昔年许文肃公教训我如何为官，数十年来，我未尝顷刻忘也。文肃公教我三件事，我今转告汝，汝亦可转告家中人。第一件为做个中国孝

---

① 原编者按："刘君长清，因陆征祥修士之祈祷，于斌、牛若望二位大司铎之教导启发，已于本年（民国二十四年）四月二十八日，信仰天主教，乘比国安德肋本笃会（即陆修士潜修之院）南文大院长来华视察之便，求亲为付洗，取名本笃云。"此件原收录于《本笃会修士陆征祥最近言论集》。

子。孝字是中国立国、立家之本。舜五十而慕，孔子称为大孝，在二十四孝中，舜列第一。太太病中，我曾将二十四孝之画本，装置镜眶［框］，悬在梯口，天天上下楼梯，总须经过此画，触目会心，便觉孝道确为仁爱发端，是为百行之原。常讲二十四孝故事，汝与苏嫣固常亲闻亲见之矣，想汝犹记忆也。文肃公常诫我曰：汝在外国，一举一动，关系全国之人；汝做好事，人即说中国人做好事；汝做坏事人即说中国人做坏事。望汝首先当竭力做一中国孝子。我肃然对曰：征祥不幸，八岁丧母，抱恨终天，未由孝养。现在家父在天津，征祥在俄国，远隔千里，敢闻有可以尽孝之道乎？文肃公曰：古人有刻木事亲之先例，汝亦可照样，悬母亲喜容，亦是孝；汝父亲远在天津，汝可常常写信寄钱，寄纪念物，亦是孝；有朋友回国，可托其道经天津，代汝陈情问安，亦是孝；将来汝做了钦差大臣，为祖先请封表，扬先德，亦是孝。外国人只知道中国人吸鸦片，不知道中国人有孝子，汝可做给他们看看。现在汝所交的外国朋友，如比利时、荷兰、波斯、法国、英国、美国、德国，各使馆的参赞随员诸人，亦可得一个中国孝子做朋友，岂不甚好耶？第二件为做个仁义丈夫。文肃公语我曰：汝已在欧娶妻，于夫妇之道不可不十分讲求，叫汝妻知中国丈夫可敬可爱，可为人做榜样，叫汝外国亲戚、外国朋友知陆某敬爱其妻，令人佩服。且人必说陆某如何敬爱其妻，必说是中国人如何敬爱其妻。即如佣仆见汝居家之道，亦必要说中国人如何。将来无论有无子女，纳妾一事，万不可为。盖纳妾之事，致国人亦不甚取。湘乡文正公尤以纳妾为忌，盖于家道极有妨碍，流弊甚多。尚有一语为汝告者，不可谓为不祥之语，人生一世，晚节为重，因为山九仞，功亏一篑，为最可惜。古人最讲保全晚节。昔年曾文正公之九弟做两江总督，最后数年，政绩不如文正者，亦以此耳！吾之为汝计者，正为汝最后之一步。吾意如汝捐馆在先，汝夫人必能体汝之心，成汝之志。倘汝夫人先汝而谢世，汝不妨依照欧西高流社会办法，入院修道。如何准备，汝宜随时先为留意。欧洲修道院创始于一千五六百年前，凡德、法、英、义等国文化，均由修道院修士为之灌输渐渍，缘欧洲文明，根本宗教，无宗教即无文化。我国一日能吸收欧洲宗教之教理，即得其文化之真髓矣。吾固愿汝夫妇偕老，子妇满堂，不必经此最后之一途径，但为晚节虑，亦不可认为不祥之事，而不预为之计也。第三件决定终身做外交官。文肃公曰：做外交官要有外交官资格、外交官学识、外【交】官经验。学识可在学堂预备，至资格与经验，则须在外阅历。汝从师研究公法，此即学识之预备；汝每日伴我出门应事接物，此即资格与经验之预备。现时外国团体所熟识之友，即他日汝做钦差大臣同时出任大臣之外交官。故外交官友各国之友，友天下之友，无论至法至美，到彼都有汝之熟友，此即汝之资格。至办事经验，当在有事可办之使馆，始能有所增进，必不畏难推诿，始能多知事之波折。譬如驻俄使馆为汝增长经验之地，最好汝即留俄办事，或五年或十年，愈久愈好。办事多经验亦多，不怕办难事，愈办愈有味道。汝能一步一步的前进，则汝为中国之正途外交官矣，虽终其身可也。内政非汝所长，可不必贸然加入，即或有人敦劝，总宜以不敏谢之。以上三件事，虽历数十年，我未尝一日或忘。今我细心检点，虽未能尽如文肃公所期，尚未甚违训意。所以日夜兢兢不敢或懈者，惟此修道之一事，欲有以副文肃公之望而慰其灵耳。我于正月十四日午后四时，已正式由院长举行洗足礼，归修士学习班学习。盖以三个月，不过为候补班，今始得升补耳。来此六月，诸病皆消，精神忽健，故能写长幅信，将我所得于文肃公者，详细告汝，盼汝先做一乡一村之孝子。汝既有住屋，宜为先人先谋一妥当住屋，即墓地也。我意乡间坟地，洁净为第一，墓前只须立一对碑石，设一小石桌，四周以小柏树围护，如俗所谓松墙之类，即此已足（下略）。院长加我圣名，译曰：天士比德。精神心思，较前倍觉健适，惟想念旧友，不无云山悬隔之感。此信可送邵筠农先生一阅，因我作此长信时，想念筠农先生及方甫明先生，均为文肃公之老朋友。我感念文肃公一切，渠两位知之甚悉，故可送渠两位一阅，以共同想念文肃耳。此外并可至西城呈钱师母一阅为要。

值兹乱世，老成潜藏，新说方张，举国鼎沸，诸无足虑，惟此教育不讲，坐视废坠，实为国家前途致命之伤。我在院中，天天为当局祈祷，翼其得有能力，根本觉悟，抑制意气，爱众亲仁，信任老成，注重教育，以培国家立命之源。天天为国民祈祷，兼其得有能力，深明利害，仁爱和平，安于义命，万勿附乱，以维持世道人心于不敝，而固国家生命之本。天天为我亲友祈祷，翼其得有能力，以维持世道人心为己任，阐发道德之精义，正己化人，由近及远，渐推渐广，而为国家养命之助。天天为汝及家祈祷，翼汝及汝家得有能力，敦睦和爱，同心同德，勤做事，少说话，本孔子入则孝、出则悌、泛爱众、而亲仁、敏于事而慎于言之训，以兴家业，而为亲友邻里之模范，共成为好国民。余容下次再告，及候近好。

旧主祥手泐

一①

（1937 年 1 月 3 日）

长清阅悉：

接汝十二月四日来信，欣悉一切。南院长贺片已转呈。予自患肺炎症以来，精神迄今尚未复元，现在专心休息静养，宽免一切进堂经课，食品规定清单，作工时刻严加限制，御寒衣装加厚，食品加良，每两月由医士探视尿道，化验便质，以防糖质，并侦探他种病状，免生枝长。凡此防患方法，皆上主所赐，自当加诚祈祷，加倍感谢。目下眼中发现黑花，写字时东横西歪，不能不用格纸。手颤不能自主，毛笔作字，不成字体。齿落三枚，其他摇动，且常常作痛。腿软，升降楼梯颇觉吃力，晚间更甚。痔疮日间作痛，用药治疗，不用割治，恐体气支持不住，反生他症。小便频数，夜起少则三四次，多则四五次，颇为所苦。好在饮食照常，白日亦能睡寐。早上在躺椅上睡寐半小时，午后亦然，晚饭后即入卧室休息。照此定程做去，精力稍稍恢复，当不致另生他病。感冒伤风总不脱体，亦是一件苦事。以上种种情形，都是年岁的关系，无了［可］奈何，亦无药可以治疗。国内友人，如非知己者不能体贴领会，外人如施格来博士者，更不能谅解。按目前光景，天天起床，三餐都到食堂用饭。每日伏案一小时，走动半小时，自己铺床，写字看报每日一小时，多写眼

---

① 原标题为《陆征祥司铎致刘长清先生函述近况》，收录于《圣教杂志》第26 卷第 4 期（1937 年）。

花即停，伏案腰背作痛亦即停。总自己当心注意，不过劳，不冒风寒，亦不操心。据医士面告，寿数本系天主恩宠，能再活过一二十年亦本可逆知，知念以告，望代我多多祈祷。

国内各界所办各事，都有进步之处，此最可喜安心之事。从前许先生所望之事，慢慢都能照办，足见先哲实有先见之明。至于患难、困苦、忧虑，人间总是不免，只有天堂上可享平安无缺之福。照目前国势，一步一步的上进，自能不久与列强对立并驾。一切已上了轨道，只要不发生意外祸变，当不致中途而废。此次蒋张间之冲突，现已平和了结，可喜可贺。国民舆论，现已坚固成立，将来办事人的好坏都有公论，其他教育、实业、财政、军政、外交、内政，都有发展，处处能合时代。所谓因时制宜，与时代并进，做人亦是如此，立国更要合时。前清处处落后，变成一落伍的国家、落伍的民族，莫怪外人的轻看欺侮。所谓先自欺，先自侮耳。

南京本笃会分院一事，我甚关心，但我并无为自己安身而设，实为本笃会产生中华之第二根据地。其第一根据地在四川顺庆教区。兹附去《分院创立记》十册，以备阅览（另封寄上）及分送。《言论集》分送友人，甚好甚感。惜我不长笔墨，且我先师许先生注重实行，"说一句，做一句"，"不要但说不做，又不要说一句做半句"，望汝注意实行。于主教一番美意，感谢不尽。现闻马公相伯迁居首都，帮助主教传扬圣教，可喜可钦。九八老人，爱国热烈，后辈青年，必能追随后尘，奋起无疑。此信连写两次，无力再写李科长信，望便中或寄或送李宅，呈科长一阅。科长来信已拜悉，容二三日再作复。此问近好，并祝全家健康，赵明谦全家在念。

　　　　　　　　　　　　　　　　　旧主征祥手泐

　　　　　　　　　　　　　　　　　廿六、一、三

刘崇杰[*]函

一

（1922 年 7 月 4 日）

兴老总长尊鉴：

同洲异地，未获趋候起居，每企榰辉，曷胜驰系。此间地僻，一切信息不灵，昨得任先公使来书，始悉我公重有驻节瑞士之托，敦槃表望，忭颂良殷。

杰抵日逾，碌碌逾年，所差堪以奉慰者，馆内外事，一皆谨守平居矩诲，幸免贻羞。唯是国中多故，财竭民疲，在外者尤难以赤手支撑，后顾至可虑耳。日国习惯，使团必于夏季离开日京。对外体面所在，杰亦随例定于日内移居 Saint Jean de Luz^①，取其地邻日境，有事往返较称便也。

书不尽言，溽暑唯百凡珍重，幸甚。专此。敬申贺悃，肃请勋安。

夫人坤福。

刘崇杰 谨启

七月四日

---

* 刘崇杰，字子楷，曾任外交部参事，驻日斯巴尼亚（西班牙）兼驻葡萄牙、驻德国公使等。

① 卢斯的圣约翰。

二

（1935 年 6 月 17 日）

子兴先生阁下：

　　前奉复示，敬悉道履胜恒，为慰无量。本月廿九日荣升大典，本拟恭往参列，藉亲矩训，适以馆务交替在即，国事重陷困难，百冗丛集，恨难分身，只得遥伸贺悃，尚乞鉴纳为幸。在欧同人，由复使及杰联名发起，谨具贺屏全堂，略表微意，已托刘荩忱兄在平代制，转恳南主教带呈，计登左右。杰前年勉应中枢之嘱，重役欧土，时思趋领教言，徒以事繁，未能如愿，深自怅歉。南风有便，务望不吝训诲，何幸如之。专此。奉贺升喜。

刘崇杰拜上

廿四年六月十七日

三

（1935 年 6 月 20 日）

兴老先生赐鉴：

　　此次荣升大典，杰极思应召参列，前日函发后，正又掮挡一切，冀可离柏两三日，仍得赴比。乃此间中德学生联欢会亦定于六月廿九日午请宴，杰非出席不可，因此夙愿竟不能偿，抱歉万分，尚望谅察为荷。专颂道祺。

刘崇杰拜上六月廿日

与刘符诚[*]往来信函

一

(1933 年 5 月 14 日)

荩忱:

十二月由专科【医生】处回院,得读吾弟十一日书,欣悉一是。润老关爱,有加无已,可感之至。见寄三百方,当作三千看。守贫修士何以报答于万一,惟有早〔朝〕夕为润老全家暨曹氏先人虔心祈祷耳。附上谢片一纸,能函时附去为感。目前邮费无缺,望弟代存,俟费乏时再恳汇下。

兹有奉告者,此次专科【医生】面称:"神父病已痊愈,无须诊治。惟年迈,且身居修士地位,生活简单,敝人深表关切,区区手术,或可维持贵体康健,心所乐为,仍望每两月前来探视尿道一次,不作病人看,聊表友谊,希增贵体之安宁耳。"回院报告院长及爱铎等,切甚欣慰。奉告吾弟,定为同声感谢上主也。神学课业与爱铎重行开讲,倘宽以时日,当可有望,则吾弟

---

* 刘符诚,字荩忱,曾任外交部参事、交通部邮政司司长,后作为南京财政部代表,任巴黎中法工商银行董事。

暨旧同仁一番盛情谅不致辜负，而小兄蒙上主最后恩宠，得此结项，聊答国人期望，亦所乐自振作，以观后效。匆匆先布，祗问近安。

廿二、五、十四

二

（1933 年 5 月 18 日）

荩忱老弟：

窃念日祸，自马关订约以来，早应卧薪尝胆，雪此国耻，不但健忘，且不自振作，【做】第二日本。前清顽固，民国内讧，一误再误，言之痛心。小兄民元到京，晋谒项城，面陈先师许文肃公叮嘱告诫，培植外交人材，以备不虞之需，渥承赞许。当即要求征用全权，说明任何方面交条荐人一概不理，倘公府交条，当一律看等语。项城一再鼓励，且说办事应当如是。项城始终维持，小兄稍竟先师未竟之志，十年中将部中同仁外放，以增经验。小兄何功之有，今日思之而稍可自慰者，倘当时用人稍徇私意，今日结果恐难臻此。今日效忠祖国者寥寥数人耳。倘当时无此不满人意之改组，今日何由取材对外耶。前日驻东京比大使 Boron Je Basson puerro 偕夫人来院畅谈。此君原先授［受］聘充我顾问，嗣以欧战胜［谤］犹，未克签订合同，介绍狄谷欢者前来也。现彼在假中，或到巴黎过少川公使。特先奉告，以资接洽耳。

廿二、五、十八晚

三

（1934 年 11 月 26 日）

子兴如兄手足：

昨晚归来，欣幸万分。圣节晚之弥撒，堂皇庄严，精诚通天，家人等均得未曾睹。而弟等在院中一再叨扰，得爱铎神父四处奔走，弟心实觉歉仄，而内子尤为感荷。至对吾兄赐予我等之新生命，及精神上之安慰，真万词莫尽，叨在手足情深，亦无须言谢矣。

承嘱告知船名事，特开列于下，祈查阅。行色匆匆，不尽一一。敬颂道安。

如小弟石甦叩

廿三、十一、廿六

爱铎神父前祈代候并谢。

再，飞邮用纸已于今早寄上，纸百张，封五十个。船名Chenonceaux。

四

（1935 年 5 月 25 日）①

苾忱老弟爱鉴：

月之十九日接五日详信及贺屏文抄稿一件，欣悉一切。总

---

① 此函原载《本笃会修士陆征祥最近言论集》，原名《致刘苾忱先生函》。

之，此次南文院长观光祖邦，吾弟忽有东归机会，在平在津，既尽东道之谊，复任舌人之劳。院长有八页之长信，详述种切，伊之快乐，伊之感谢，对吾弟尤特别表示。现已离华在途，预计六月十四五可抵比都。诸凡顺利之进行，显明文定公在天主前转祷之力，四［故］此行之托付文定公，最为稳妥。

吾弟来信有"事事作到，有时且出希望之外"等语，足以证明文定之转祷，上主之俯允祈祷，小如贝大夫之自愿招待，大如王叔鲁之热心赞助。小兄业将托付文定佑庇一节，拟一法文小启，由飞邮寄恳于斌神父，交宠光通信社通告全国。兹附上抄稿一纸，以资接洽。连日写三千多字之长信寄刘本笃，四千多字之长信寄锡之兄，倘吾弟愿得悉两信之内容，向本笃、锡之索阅一过可也。国内各方面欢迎招待院长之处，心感之余，尚拟设法一伸谢悃，惟目下专心练习弥撒，只能候晋铎后乘机一办矣。请帖格式已寄徐神父，吾弟到沪，即可接头。

说到写两长信之动机，实为"新生活"字所发动。吾弟来信说，领洗后即获得一新生活，本笃来信，亦有再造新生活的话头；且国内年来由蒋委员长发起提倡的新生活运动，不知不觉中，将小兄四十三年前（现年六十四，以二十一岁到俄，计得四十三年）所受文肃公的革新训练种种经过情形，一一的重现于记忆中。盖文肃之训练，大纲宗旨，要准备一个后启的新外交官，以合时代的脑筋思想，应付世界潮流。其苦心孤诣，令人至死感激不忘之处，当为吾弟述及。盖当时文肃之训练，实含有秘密革命性质，故对本馆同仁亦严守秘密。每次沈凤铭武弁——文肃一手训练成功，民元充汉阳无烟火药局提调，因验"炸品可疑礼品"尽职被炸而殁，与文肃同一为公捐躯——来召说"钦差请陆老爷谈天"。我师生二人每日所谈之事，完全共守秘密——并非有约，心会而已——缘所谈之事，件件系革新，反对顽固派，针砭国内恶习，批评官场之弊病、朝廷之卖官受贿、太监之恶作鬼、太后之儿戏天下等；其致〔至〕说到我辈出洋人员，三年期满，以"重洋远涉，不避艰险"八个大字，骗到一个军功保举，叫你想一想，做官的人尚有天良耶？此文肃说的话头，令小兄恶之，深恶之而自知警惕。当时文肃深以出洋之人，除积钱升官外不办一事；说到采风问俗，研究语言、文字、彼邦制度学说等等，不加批评吐骂已算是好的。那能将文肃教我，学习外国礼仪、起居、饮食、穿衣、走路、住屋，种种参考西人习尚而引用之。此等训练，倘我师告彼等知之，试问我两人在官场尚有立足地耶！故我两人之革新谈话，只好密存在心怀中，未敢有所外表。

小兄当时出门拜客赴宴会，带外国眼镜（想不到今日，外人以可笑的眼镜而自用矣），用白硬领、白袖口（以洁净领子及袖口）、白手帕，穿外国靴等，已受同人轻看，而告诉文肃。文肃不得不加以解释，亦未敢力辩，免伤顽固同仁之感情。总之，我两人一面对付外人，求全外人之看法，一面对付同仁，免触同仁的顾忌。此系内外对付之难处。其苦处，在一面听外人之轻薄批评，一面受同仁的恶声待遇。关系文肃之背后言论，"惟外人之命是听"的话头；对小兄之当面态度，表示翻译本非我人之同侪齐辈。故文肃当时本身有对内对外，恐措置适〔失〕宜的左右顾虑。作文肃门人者，有被内外夹攻，忍声吞气的包容承受。此种状况，一言难尽。

追念文肃劝解之言，为弟告之，更足证文肃仁人君子之胸怀矣。其言如下："你的难受处，我都明了。我有一法，可使难受处一变而乐为与人方便处。刻下馆内会说洋话的，就是你与巴翻译两人，自钦使以至华仆、华厨，都要使唤你们两人，你当以我们作家人父兄看，你为我们传译，即与我们一个方便处，所谓开一方便之门。你作如是看，习成自然，将来做到钦差，亦可为政府的高等翻译呢。"

文肃的训练，既含秘密革命性质，必然连带含有冒险牺牲的成分在内，故文肃常以死字作谈话资料，以养成我的牺牲性，常问小兄怕死否？又说我人怕死，连死字不用亦不说，避讳之不暇；西人则不然，且以问人愿意得何样的死，或在睡寐中，或在病症中，或在海面行旅中，或在军营战阵中。我愿死在疆场，惜我不是武人耳！故小兄早知，庚子年文肃被逮，从容就义之态度，并劝袁公"不必多说"的话，因袁临刑有痛骂监斩官之愤慨，亦忠勇之气慨也。可发一叹。

小兄现说的训练性质及连带成分，并非当时之秘密行动，师生之间签有条件的。如中山总理在海外与同志之［立］盟之举，然我两人之领理会，同切救国之心，实与中山总理与同志立盟之举同一坚决，同一勇赴，同一冒险；其不同之点，一在暗中吃苦，一在明中死斗耳。一八九六年（光绪廿二年十月）十月十二日报传孙文失踪一节，文肃以事关国际公法，孙文系国事犯，应得所在国法律之保障，即以此交涉案，嘱小兄用心研究，并作口头报告，以觇进步。文肃办事，先以调查先例为入手，故令先向金参赞楷理探讨存案先例，次按公法，评论我国龚使诱禁一国事犯于使馆，有无充分之理由；末预判决此案之结果（所惜者，当时与金参赞会同准备之法文说帖散失，而金君亦已作故）。

此事饶有趣味，因其结果与小兄写出之说帖，无甚相差。文肃当时颇怪龚使，有功各［名］尽其大热心之语，并诫小兄将来充任钦使时，万勿做第二龚使。拟［似］文肃逆料，小兄充任钦使时，亡命国外者不只孙文一人已耳。自此交涉案发生后，师生之间多加一讨论题目，即古今革命之由来。文肃嘱小兄函申友，购阅黄梨洲所著《夷民待访录》①（此书现存鲁文藏书楼）读之。

说到革命风潮，俄国为最烈之试验场。革命方面之无君党，政府方面之秘密警察，取缔愈严，暗杀愈烈，内政大臣几无一善终者，驻波兰之总督亦屡被刺客之加害，安重根之案，不一而足。亡命国外者、被充西伯利亚者、监禁消灭者，不知其数。此种惨烈痛史，令人不忍卒读。文肃身历其地，凡皇室莅临之场，国宾如钦使被邀在场，亦常在危险场中周旋代表。此景此情，诚可叹可笑。

文肃闻悉我国亦出了一革命人物，不禁心为之喜（喜国是之有希望），嗣闻被诱软禁在使署，亦无怪文肃之赶紧令小兄研究推考，若欲小兄按拟公法及寄居国法律之保障辩护之、营救之者。吁，文肃之爱才如命有如是者。当时金楷理先生亦说外行外交官做外行事，被人家笑笑罢了。文肃训练中，善用随时发现之事实加以深切之讨论，其眼光远大、计划的周密，令人感觉在经验中，一则得享用之益，一则得避免之功。文肃说，打仗有外攻内应，革命不可少此两要点。亡命在外的人，希望有外援之兵，亦希望有内应的人，将来革命成功之日，内应的人不必是要与亡

_____

①　即《明夷待访录》。

命在外的认识结盟，只要宗旨相同。此独一的宗旨就是"望国家上进到世界文明各国之团体中"。故文肃对于国际公会去[讨]论外交、政治、美术、科学、法律、医药等等，凡国际通行的公会，务必设法加入。

当时俄京适开国际铁道公会，本馆通知俄政府，特派罗臻禄参赞充政府代表，陆某充代表秘书，随同赴会。文肃一再勉励，嘱小兄在此会中将其组织秘书厅、分股委员会，选举会长、名誉会长、秘书长、分股会长、副会长、秘书厅秘书等等，开会演说、各分股讨论进行手续，如何质问，如可[何]答复，如何提出修正案。总之，凡开始至终了，会内之大纲、细节，一一留心注意，得一国际公会印像在胸臆中。小兄得此机会，识认公会，后来随同杨子通铁[钦]使赴第一次保和会，又本身充专使赴第二次保和会，不致手忙脚乱、措置失当者，得文肃指教于铁道公会结果也。

文肃善用随时发现之事实作训练之资料，即如上述之事。按文肃训练中所注意的三大部分，故引用的证据事实可分为已过、未来及现前的三时期。在已过时期中引用各事实，莫非教小兄不忘本，保存本来面目。文肃所谓保存国粹，在现前时期中，引用各事实，要教小兄求进步，吸收欧化精华。文肃所谓因时制宜，在未来时期中引用已过及现前各事实，莫非教小兄实行。法国俗语"防胜于治"Prévenir vaut mieux que guérir。凡一病之来，能预防在前，胜于治愈在后，文肃所谓未雨绸缪。其预防之法，别无神妙之法，惟依据已过及现时期之事实，揣测未来之可能可有之事实，孔子所谓虽百世可知也。文肃对于第三时期的可能可有之事实，特然说出两事，告小兄免生疑虑："如你不信我言，异日发现出来的事实必然证明，则你不信而自信矣。"所逆料说出的两事，一为洋翰林 Docteur en droits，eslette［en lettre］法学博士、文学博士；一为欧洲大战。在文肃眼光里看出来，求学的中国学生，年增月盛，学问猛进，必然得到翰林之深造。出售火器枪炮于世界各国的德国，早晚终要与法人决死战。文肃说这两件事"你能目见，我则见不到矣……"吾弟以为如何？

文肃所说因时制宜，换言之，吸收欧化的精华，但其精华的所在，实有难探之处。我国吸收欧化之经过程序，亦饶有趣味，且有研究之价值。文肃所说过的，在国内有翻译格致、化学等书籍，开设学堂，学习英、法、德文字，福建有船政局，上海有制造局，北洋创办海陆军等等维新事业。文肃在德国倭平购订铁甲枪炮，实为钦差任内的大宗职务，故有《各国师船表》①之著述。文肃办事，脚踏实地，且喜探究奥理，旁有德人金博士楷理，专任采办军械军舰之参赞。文肃得金楷理之襄助，并研究讨论欧洲各国历史、内政、外交、军政、财政、法律、宗教等等，得此一博学宏士之帮手，文肃深引为幸，故名之曰活字典。盖金先生既通德、英、法、辣丁文字，到俄后学习俄文，不到一年工夫，能看俄文书。且终日手不释卷的看书，积书数千卷，凡有入款，除预算动用外，悉数购书。此人书癖，然真能读书。本院的施伯来博士，小兄见之颇有金博士的手不释卷看书的好习气，性情与世不甚相容，亦是一相同之点。故文肃之能认识欧化，实金参赞活字典之贡献。能善用此活字典，乃文肃虚心若谷，爱才礼士之古风，能使金先生罄告其所知，而其所未知者，日往藏书楼

---

① 即许景澄著《外国师船图表》——整理者注

搜求来贡献。故金楷理常向小兄说，许钦差是我的先生，因伊所问窍要处，使我增加兴趣去探究。我的智识，与许钦差相处以来增进不已，且增加我的读书味道。

文肃时代，我国吸收欧化，可说在武器军装上面。国内的各学堂，所读的书，除文字之外，略及算学。胡馨吾学友所得算学举人，一时传为笑谈；同文馆丁韪良校长，有《万国公法》之译后，已有研究之端倪，格致化学，亦有极少数人究心及之。当时文肃与金楷理研究吸收欧化之根本办法，在改良全国教育为入手，一面由政府选择聪颖子弟，留学欧美，注重在司法，缘我法律严酷，不合时宜，兼派海陆军学生出洋学习，以重国防。

文肃有所条陈，大半贡献于李文忠、张忠［文］襄，缘有师生之谊；中央方面应办，照公例出牍。临时发生交涉外，在俄论俄，在德论德之条陈。在德方面，小兄不甚接洽。在俄方面，如西北边界图、和田金矿图及说帖等等无关国内修明内政的重要条陈，惟在训练中曾将贡献重要条陈及我国应追随日本修明内政的步骤，时常提及大纲；在派员考察政治、实行宪政、改订法律、地方行政，凡各步骤，大致一一施行。故小兄在海外，接待来欧考察专使，亦算目击我国吸收欧化上实有进步，由军器武装上，进到考察政治、法律、实业等等。所惜考察后并未切实进行，挂一空招牌而欺国人，毫无实益，且更加外人之轻视，窥伺机会，实行其帝国主义的侵吞计划。究其所以然之故，是令病人办事，终无成功，终必失败。此文肃平日谈话中，最痛苦处，最忧虑处。

西人始称土耳其为东方病人，继又称我为远东病人。文肃说："我国确然是一个病人国；'读书人有读书人的毛病；乡下人有乡下人的毛病；做官做商的亦各有毛病'。总之，自皇上至小百姓，无人无毛病，谓之病人国，并非过言。看看四面，弊病百出；做做事体，无一功成。岂不可叹可痛耶！"要存在现在群雄相争的时代，必要有健全的群众。不然，终为他人的牺牲品——现在国内的弊病，外人看的清清楚楚，无法掩饰。金楷理屡屡向我言之。我就常常问金先生，你看中国人的毛病，精神不振、懦弱无胆、怕担责任、贪吃懒做、家庭无秩序、社会无章程、国家虽有法律而视若虚文。如此杂乱无张［章］、麻木不仁的民众，将用何法以振作之，觉悟之，更新之？金先生说："钦差不要着急，自然有法子，就是吸收欧洲文化的精神的骨髓——宗教——我不是传教师，不是劝钦差进教，亦不是劝中国人入教。说到宗教有两派，即天主教与耶稣教。我虽是耶稣教人，我劝中国人采取天主教：（一）天主教有一领袖的教皇；（二）耶稣教是从天主教分出来的一枝，根本是天主教。我在中国居住了二十多年，我所做的是翻书工作，余暇就是看书。中国天主教之输入在三百年前，当时有利玛窦、南怀仁、汤若望，耶稣会传教士。中国信从者有徐光启、杨廷筠、李之藻等——都是有学问道德的人。可惜后来发生排教风潮，没有继续下去。中国有佛教、回回教。日本吸收欧化，没有采用宗数，可是大大的整顿了本国的佛教，中国亦可照日本的办法。我想日本有开国一系的天皇在上，加一整顿好的佛教，足可维持人心；我为中国想，既要吸收欧化，不妨整个的吸收过来。因天主教徒的精神，有三百年致命圣人的鲜血作肥料养成功的。欧洲现在发达的程度，一天高一天，就是有百折不回、至死不变的精神，天天的在里面进取发动的原因。"

　　文肃听了这番话，长吁短叹的向小兄说："你知道金先生有医治我国毛病的好法子，惟所开的方剂恰恰不对胃口，这帖药万万不能领受的，且我亦说不出说不上的。中国与外国通商以来，难办的交涉就是教案：天津的教案，曾文正公办不好，还是李中堂办了的。新近长江一带焚毁教堂，南昌的教案闹的很糟。然金先生的一番热心忠诚，真是可感可佩。他的学问品格是高尚出众；他的阅历经验，游历欧美而久居中国亦是最难得。可惜时候未到，只我存在心中，静候时机，你当紧记之可也。"

　　小兄目下的感觉，不独本身亲爱［受］公教博爱精神之好处，凡各国传教士在公教所办的学校、医院、慈善事业，都给予国家、社会、家庭盛大的益处。我国近年国人亦渐渐承认、赞许传教士工作的真心诚意。罗马宗座方面，欧战中，英、法、意三国的态度改变方针：英派遣使臣驻华［梵］蒂冈，法表示接近，意亦表示联络。大战后，意政府领袖解决久悬未结之交涉焦点，罗马宗座从此恢复独立国主权体制，声威日增，有蒸蒸日上之势。其间虽有俄、德、墨西哥、西班牙之发生教难，然此等教难之长落，实为上主之安排停当，我人莫测上主之意旨，只有逆来顺受已耳。

　　回顾国内，由蒋委员长发起提倡的新生活运动，且有其宋夫人鼓励国内传教士的工作事业，有令彼等共同合作的嘱托，显示我国人了解认识此等工作确是有利无害的，诚意协助祖国的，毫无他种意义的。翘企前途，无限希望，特将金先生的前说追忆写出，转告老弟紧记之，注意熟思之，顺机利用之，或者欧化之骨髓将随其皮、肉、骨尽量灌入祖国，以振兴之耶！小兄翘首企望之不暇也。

　　文肃所引用的法文俗语："防胜于治"（Prévenir Vaut mieux

que guérir）藏有二层意见：一、依据我国过去的事实，自洪杨革命后，并目前闭关自守，自生化外的顽固办法，势必激动革命风潮不止；二、细察东邻的维新自强，明治天皇的英明远眺，政府人民的上下一致，势必建造一个强盛、来执东亚的牛耳的国家不止……文肃前引古时之事实，小兄亦写不胜写，亦不必多写，吾弟有此二层的意思，均切我人本身的痛痒，亦可想见预防的好处、治愈的苦处。明治天皇的英明，自然作预防，以顺世界潮流，以偿国人的渴望。预防的工作，结果就是强盛的日本，与英、美、法、意四国并驾齐驱，世界空前的和平公会第五位留给日本。我国不明世界大势的朝廷的政府的民众，自然将此地位奉送罢了。幸有一人，受上主之默启，开我国空前的根本革命、医国方针。此次我国的革命，实可谓病入膏肓，非割治无复活的希望，虽有二三柱石的忠诚大臣，尽力补救将亡之国命，无能有济于事。数耶？运耶？天命不与常，依据文肃之揣测，必曰："自取之也。逆天者亡，顺天者存。古训昭昭，殆当局者昏，尚何言哉！尚何言哉！"明治作预防计划，跻日本于五强之列；我国徒然走治愈的路，坠落国家，与"赤匪"并称，放弃二十余年之宝贵光阴，迄今尚无恢复元气之效果，徒呼奈何！

　　小兄前说写与锡之兄、本笃家人长信之动机，出发点在新生活三字耳。文肃前有孝字的一字诀，后有吃苦第二字诀，现蒋委员长提倡的新生活叫他三字诀。吾弟以为何如？小兄近接徐神父寄到正中书局出版的二角五分钱《新生活运动》小本子，细细读过一遍二遍三遍，实得我心，小兄绝对赞成；所苦的年逾六旬，暮气已深，未克能造得到高度履行的实益。盖实行此运动，获益者先是本人本身，故名叫新生活，即如死者复活，病者复元，弱者反强，试问世上无论在何民族，试问国内无论老少贤愚，那有不愿得此再生之良剂耶？

小兄细读在南昌行营扩大纪念周蒋委员长讲新生活运动要义，在南昌市民大会讲力行新生活，又在行营纪念周讲新生活之意义与目的，又讲新生活运动之中心准则。——且此四讲，蒋委员长的苦口婆心、爱国爱民的热诚，表显无遗。所谓爱之切、责之深、言之痛，无怪全国的响应如岁旱之望云霓也。倘全国民众谅解国内领袖的苦心孤诣，切实遵守实行，可说不出十年，成效可著，坠头伤气、萎靡不振的中国病夫，一变而为精神勃勃、勇气充足健全的丈夫。读书也可，耕田也可，做工也可，做官做商亦无不可：做一事，成一事；学一样，像一样；走一步，进一步；说一句，做一句；百废俱举，无美不备，内政修明，声誉日隆，全国上下，一心一德，团结合作，善自为之耳。倘勇猛前进、力改前愆，今日种种如今日死，明日种种如明日生，有则改之，无则加勉，改过自新，履行十年，尚知十年之非。履行廿年，尚知廿年之非；履行卅年，尚知卅年之非。递之改之，无自限，无止境，由建［健］全之丈夫，进而为品学兼优的完人；由病夫国，一变而为健人国；再一变而为完人国，亦可称谓模范国。（附上文肃之双树国［图］，小兄已改为祝望来日，未识文气通否，为预贺之图，弟意如何？）

小兄愚见，我国固有之文化在仁政王道，不尚武力。孟子说："王欲行仁政，可以挞秦楚之坚甲利兵。"[①] 王道本为中山总理所称颂而深愿见诸实行，为世界各国倡。值此科学发明日新月

---

① 原文为"王如施仁政于民……以挞秦楚之坚甲利兵矣"。——编者注

异的时代，令人反有慨叹：一则曰世界出规［轨］；再则曰经济恐慌，失业饿腹。然则利用科学，反得科学的害，用之不得其道耳，即以霸易王耳，即尚武力武器，嗜杀人为政策耳。

我国固有文化在尚王道，行仁政，不嗜杀人。小兄愚见，在训政时期与宪政时期交替之间，认定王道为民国建国要素，亦即保存我国四五千年的根本国粹，亦即不失我民族本来的面目，亦即不忘本之表示于世界。细细想想，尚武尚霸之流弊，至今日而极，物极必反，时不远矣。小兄亲莅海牙两次保和会，可惜各国政府欲借保和之名以准备战争，或藉以缓冲，此种把戏实令人齿寒。在会中所遇报界代表及社会上主张和平主义者却不乏人，足见各国民众均表情于尚王道，行仁政，不嗜杀人主义者。小兄在会中谈话时，即以我国素来的和平主义，兵器化为农器，四郊多垒，士大夫之耻等古事，略为宣传，深得彼中之同情，并表惊讶钦佩之忱。倘欲保存此固有的本色的文化，即不参加列国武装和平之列，亦不加入帝国主义之列，故我国大可不必将公民之血汗，消耗于帝国主义略地杀人的过度武装、军事预算项下。

我国固有文化，既是王道、仁政，不嗜杀人。三民主义即根本于王道，此系中山总理生时向我人三令五申的不二宗旨。依据新生活运动之训练，发生出来三民主义的新中国，自然而然的，发明一种——新潮流、新主义、新政策，不但造福于我国人民，且可造福于世界人民。此种新潮流，系安居乐业的新潮流；平和主义，是我国的立国立人的新主义；不侵略，不杀人，是我人的新政策。故我国的教育，就是包含这两种意义的教育。我国的军事计划，就是保卫领土民众的军事计划。行古时的寓兵于农也可，寓兵于工也可；寓兵于商士，亦无不可。总之，其目的物不是侵略，不是杀人，确是自卫，确是保民。倘能将三民主义的新中国切切实实发显出来，可驾出华盛顿陵墓、明治陵墓，不必说那波仑陵墓之上的，岂是紫金山之陵墓耶！

小兄看来，我国有天与的资格，引导我人，协助我人。（一）酷爱和平，是我人的天性，俗语"好人不当兵"之偏见，可以证明。（二）我国虽历代君主，然让贤之举亦数见于历史，且这四五千年无贵族之阶级，此乃最可宝贵的资格。缘帝国主义，名曰贵族主义亦可，我国无贵族（此种主义的产生物），自然此种主义确难发生出来。（三）我国领土之广阔甲于世界各国。其利处，不会生生民繁滋无容足地；其害处，不会自己保卫发达，反生他人吞割之欲望。据其之资格以告吾弟，未识小兄看的不差否耶？

少读书如小兄者，当作笑话说说则可；当作正经话头看，则似不可也？这几天内，我二人各一方，无由把晤，作此纸上谈天说笑，以待面晤耳。写此长信时，不加思索，并无腹稿，亦无时光，细细思索，随便写出，断断续续，不能连贯亦多，词不达意处，好在吾弟知我有素，半解半猜，亦可得思念远人我的自述也。

说到自述一节，小兄尚有一感想见告。徐神父前三年来信，劝小兄援照张季植〔直〕先生先例，作一自传流传后人，可惜小兄无可传的事。在幼稚时代，依靠父母为生活；出洋当差，依据文肃的训练，作事作人；入院后，依据本院的规章为生活。复之后，徐神父将此数语，登入公教杂志。小兄前数年在报纸上见到。前同文馆同学周子仪先生，临终前有自挽一联。欧洲人中，亦有自挽，自作墓碑铭语等举动，故将此层不知不觉中记在心中。前次《北京晚报》访员顾凯君，得院长的许可，来院访问，面索亲笔纪念。小兄忽然想起周子仪兄的自挽，故我自加一

"考语"。兹将许文肃调我出洋学习的考语，一并录上，以贡一餐［粲］。出洋考语，陆征祥"攻苦法文，读书颇多"八大字。小兄一生的出路起点，就是这八个大字。"清代罪人，民国赘疣"——上面八个大字，就是我一生的终点。

文肃向来注重考语说："考语总须切合本人的本来面目，不可过誉。"小兄自加的八个大字，亦不敢自己过誉，亦不必过于自谦，总要说得与事实不相背离，始可成为考语。前四字对清代说的。前清末叶种种弊政，小兄亦是政府的一份子，毫无补拔善策，自不能不分任一部分的责任，谓之罪人，并不过甚其词。后四字对民国说的，对外有二十一条、巴黎和会的糊涂帐，对内有项城复壁［辟］的糊涂帐。将来最后受审判时，尚须交付此二帐，目前但求无过。取"赘疣"二字之意义：疣之为病，割治无致命伤；留之，病者虽有不雅观之累坠，然亦不致有害病者之生命，即所谓可无之东西耳。

为弟一说明白，藉见世上做人难。先天了［潦］倒困苦至于极点，故常说的话，就是"天下莫如吃饭难"的自解自怜的话头。文肃处境外交责任至于极点，瓜分中国第一胶州、第二大连旅顺的让地条约，皆由文肃驻在国政府作俑，中央及各省都归咎于驻使，汪凤藻有同样的责备，故常说"天下莫如做人难"的话头，自叹自笑。文肃本非圣人，有的时候说"反不如做动物植物，无知无觉"。因伊肩背上的责任实在重大。小兄即以文肃所心羡的八字"鞠躬尽瘁，死而后已"随时进之，文肃即转闷为喜，鼓掌不已的说：我两人当以此八字互相警惕！

回想当时外交焦点，适在俄德，杨通使拳匪后三省条约之致命伤，迄今思之可叹可悲！胶州湾在德交涉，小兄未曾传译；大连旅顺、三省条约，小兄充当舌人，增长经验不少，亦是文肃代我预备二十一条对付手续。尝过这种高压手段，不致临时失措慌忙，亦我国外交官应有的经历，无论事之难易，有利有害，此中国际的态度、手续、步骤，似亦不可忽视也。让地条约，确系文肃的致命伤。许、杨二使的尽忠报国，小兄所目击，然国人的横加弹劾诽谤，办事上亦有幸有不幸，也可发一叹！

附上祈祷小启，致顾凯君纪念译法文一纸，又惕今祝来双树图二纸、爱铎信乙件，察入是幸。祇请日安，并祝公私顺遂！

小兄征祥手泐廿四、五、廿五

五

（1935 年 11 月 22 日）

子兴如兄手足：

日前寄上小册子二十份，谅蒙收到。圣女像片须函醴泉谷地方购买，明日可到，到后即寄上。弟前函所云事忙之故，并非昼夜忙碌之谓，乃办公时间内不抽暇外出耳。弟之办公时间亦即铺店开门时间，若出银行后去买物，即值甫［铺］店关门时，故有稍候之声明，承兄体谅，示以吸空气、换脑筋，至感。弟对吾兄所赐书信及交办事件，读之视之，均感亟大兴趣。若兄多予一事作，即可多换一次脑筋，故弟对于不能亲为择配泰山碑字，颇为失望（笑话）。至吸空气一层，弟亦亲为日常课程，每日必有一点多钟之步行，以活动筋骨，惟巴黎空气太恶劣耳。至弟所说事忙之故，乃因行中发生更换总经理之事，弟对此主要问题应向中国各方面报告，故尽数日工夫，完了此事。行中若无重大问题发生，弟亦无多事。至弟个人地位与行中更动无关，不受任何影响。其继任人，亦与弟友善，可请释怀。颂南兄处有吾兄代为之谋，赠送华物，实为劳园增光不少。得吾兄与之通询，伊之寂寥当打破许多也。匆匆。敬颂道安。

如弟有诚叩

廿四年十一月廿二日

六

（1935 年 12 月 26 日）

子兴如兄手足：

数日来未作书问候，康健何似？日前得爱铎神父函，知兄已能作弥撒矣，欣甚慰甚。惟似嫌过早，望毋再过劳为盼。承嘱代觅显微镜一事，弟因日来有时忙有时忘，拟于今日去购，购妥即行寄上。弟意平常看书仍以常眼镜为便，如兄之眼镜光力不浅，可换一较深之号，如兄处不便掉换，可将眼镜或镜力号码寄下，弟可照原有之号码光力加进一级购买，或兄在比境购买所须之款由弟汇上亦可，均祈酌示办理。

廿四日晚，弟同妻女均去参与夜间之弥撒，并领圣体。Madeleine 教堂之冬节弥撒虽称赞一时，然弟等对于去年在道院所视之弥撒，实有最深刻之良好印象，他处不能抹煞也。祈将此意代告爱铎神父为感。专上。敬颂痊安，并贺年禧。

如小弟符诚叩

廿四年十二月廿六日

七

（1935 年 12 月 27 日）

子兴如兄手足：

读圣诞日赐书，知兄已连次上祭，不觉疲倦，甚慰。弟意总以免除日日上祭，或间一日一祭，或间二日一祭，不必候其倦乏再行停祭，盖一感倦乏，恐病即随之而来矣。然乎圣诞日弟领圣体时，心中亦曾记忆吾兄及爱铎神父，以及道院种种。此后年年是日当永为纪念。承寄经石峪字及泰山图景，一俟收到，当分别留选，先此谢谢。昨日寻觅显微镜，至一专售此物之店，遍视各具，无此尊样。较大者有之，其把不能折叠。店人云，折把之意欲其物之体积小也，故无较大者。弟视各样中，有长方形者，其放大力称强，体积较大，惟非折把，愿否一试？祈同昨日信眼镜问题一并示悉遵办。此上。敬颂道安。

如小弟符诚叩
廿四年十二月廿七日

八

（1936 年 1 月 6 日）

子兴如兄手足：

昨在街遇一小贩，专售显微镜，其中有折把者，镜心尚宽大，故购一具，另行寄上，祈查收应用。石峪拓字至今未到，恐有遗失，未识能否向邮局追查？

颜大使已离巴黎，赴西班牙游历，计需十余日，返法后再去英。骏公并约弟同往伦敦一游，借以参观中国美术展览。此次展览诚为世界空前之举，为吾国艺术上之一页光荣史。惜政事不修，外患日迫，政治未能与美术媲美耳。刘子楷公使游行至 Cannes，①因其女公子忽染疾，致稽留旅舍中，未能到巴，殊属憾事。

自本月一日起，内子同小女及少川女公子同去瑞士休假驻地名 Montreux。据小女来函言，天气寒暖无常，雨雪不定，颇为扫兴。弟已去函慰藉之。该地本为冬季日光最多之地，今忽阴雨，是为天意不可测之处。专上。敬颂道安。

如小弟 符诚叩
廿五年一月六日

九

（1936 年 1 月 13 日）

子兴如兄手足：

自去年年底三十日起直至今日，半月以来，无日不在酬应中。先是王亮畴与颜大使，颜行后数日，胡公使味道②来此。前日刘子楷公使偕其子女三人亦来此。其女公子病已痊可，在巴小住二日，于昨晚回柏林，稍事结束，即于十七日赴奥京新任。今早王、胡二公亦去伦敦。胡去伦敦专为参观博览会，王公另有事务。

---

① 法国戛纳。
② 原文如此。——整理者注

　　近与亮畴谈及国事，不胜愧愤。蒋近主政，颇思联胡（汉民）合作，而胡亦坚约亮畴舍其国际上之地位而为国努力，王亦首肯，故有辞却国际法庭判事之势，且事在必行，是不可不谓王公为国牺牲其个人之利益。王公拟于二月七号乘法船回国，虽尚未确定，谅不致有大变更。骏仁大使拟于十七日早车由西班牙回法京，即换车去英伦，并约弟同往。弟本有去英参观国艺博览会之意，今既有同伴，当提前去英。吾兄前有爱铎神父有去英二星期参观博览会之言，祈将其居英之期间及住址早日示知，如得便，可图一良聚也。

　　牙膏又购就白皮者（粉膏）一种两筒，另邮寄上，祈查收。弟所用者为黄皮（白膏）之一种，白膏沫多不伤齿，牙医曾嘱用此类，吾兄如将来不喜粉膏之时，可换用此种。

　　兹收到乡仙一函，嘱寄吾兄一阅，特附上。函中"为而"系赵之别号，"而为"系弟之别名，均为二人通信随意拾用之字，对外不用者也。"进斋"亦系赵之斋名。其他"游子"指其子赵武而言，"大媒"指弟言。"吉期已过"云云，系指赵武在沪结婚事。缘去年弟在沪时，因曾受乡仙之托，为其子武觅一终身伴侣。弟识王稚虹（名守善，前驻朝鲜总领事）兄之长女，人甚勤仆［朴］，通英法文，在沪一公司做事。稚虹为曹润田兄之妹丈，曹、王二宅均托弟为王大小姐物色佳婿，故弟于离沪返法前一日匆匆为赵、王两家介绍。今居然成事实，是诚弟初意不料。赵武于成婚后即偕新娘返法省亲，谅月底月初可到。明乎此，可以了然乡仙信中初段所言之事实矣。

　　内子与小女及顾小姐均于前晚由瑞士返法。居瑞十日，雨雪皆有，日光亦时一见，不如往年之晴冷也。近来欧洲雨水之多为未常有，谅比境亦不能独免。尊体有无感觉不便之处，望珍摄为是。专上。敬颂道安。

如小弟 符诚叩

廿五年一月十三日

十

（1936 年 1 月 16 日）

子兴如兄手足：

十一、十二、十五三函及联额拓本三张均收到，谢谢。

兄之睡时，延至二时即醒一次，是虚弱之征，然此点可以休养补之。忆弟前四年由华返法途中，在船上病卧十余日，到巴后赴名医处诊视，言无大症，且无病症可言，只须将养二月，若能在山上休息更佳。故弟去山上半月后，已觉精神恢复，但较之已往总觉不如，弟亦以为老之将至，无可如何矣。延至前冬受洗前，陡觉精力增加，凡饮食、睡眠、运动、劳碌均与前不同。去春在华半载以及今日，均觉无劳动之可畏，是不止恢复，且较前为胜。以弟之年，稍患眚疾，尚须二年之休养而得复健康，足见吾兄须于休养上，应有较长久之时期也。弟意若于明春或明夏，觅一山上或海边空气佳胜之地点，静息一二月，或不无小补，未识兄意云何？兄如有意，先须与医士商量，以昭慎重。

承询棉袍一事，弟无此物。因弟喜行动，觉短衣利于行，即居家亦着一厚呢 Veste d'appartement①，至腿部虽冷，弟亦不感觉

---

① 居家外套。

痛苦。但吾兄既须着教衣，内加棉袍，实属便当。尚不知目前吾兄所着者为棉袍抑绵袍？必须系绵，方能制寒也，如兄需此物，弟可函锡之兄代办一件，何如？

嘱面交颜大使之书与函均收到，晤时即代交。弟亦收到《宗教与文化》一书，谢谢。《生辰书》到英后，当择数种寄上，以便选择。爱铎神父去英在廿七日，与弟相差十日（弟准明早同颜大使赴英），恐未能住英如是之久。弟意只有一星期，多则不能矣，失之交臂，可惜可惜。顷接韩生儒林来片，言于二月底可回比并趋谒台端，想兄处亦当有伊之消息也。专上。敬颂道安。

如小弟 符诚叩

廿五年一月十六日

一一

（1936 年 1 月 17 日）

莘忱老弟爱鉴：

连日夜睡继续进步，每三钟醒一次，小便后再熟睡。每夜醒三次，三次小解。饮食照常，免守斋，每日午餐用肉。

比境天气忽晴忽雨，嗣后注意寒暖，在此养病期间，当不致另生枝节。现穿中国棉袍在修士黑衣内，颇觉舒适，鞋用本国冬季绒毡鞋，亦甚温暖宽舒。总之，凡紧束之衫裤袜鞋，血流为之阻滞，便觉不适。现已函托锡之兄，在国内饬成衣【店】做黑布面黑绸里棉袍寄比，当常年穿用。好在小兄终年在院内，出外旅行极少，中国鞋黑绒面亦可常用。细思紧束贴身的衫裤，用在赛跑运动时间最为相宜，平日安坐时间，老年人血流不畅，则宽大衫裤相宜，且多空气流通。质诸老弟，以为何如？匆匆，奉告近状，以慰爱注。专此。袛请双绥。

小兄征祥手泐

廿五、一、十七

一二

（1936 年 1 月 31 日）

子兴如兄手足：

　　奉昨日手书，敬悉锡兄处存款除买棉袍等物外，结存暂存弟处，留在国内不外汇。弟思此款若留在锡之手中，存放中国银行生息，可得七八厘，若存在敝银行储蓄账上，只有三厘半之年息，且此款久存锡之手，若无急用而转移弟处，易生误会。弟意最好由锡兄向中国方面之坚实银行处存，存期少则六个月，多则一年，即使有用款之时，亦可候到期取息后再行提用。设兄必以暂存弟处为便，即请锡兄将此款交上海中法银行陆兴记（Lou sin kee）账上收存为是（可由北平中法银行转交），统祈酌之。

　　弟在英所购赠之明信片及后来写信所用者，系择其最精美者用之，未将全部购买，是寄兄之种类，至此已告竭。此外所有均系重复者，奈何奈何。专上。敬颂道安。

如小弟　符诚叩

廿五年一月卅一日

一三

（1936 年 2 月 4 日）

子兴如兄手足：

　　顷接二日华笺，欣悉展会信片得受道院内外人士之欢迎，兹将弟手存六张寄上，分送何人祈兄支配为是。坚振礼节，既蒙兄赞同，当便中直告爱铎神父。弟对冈主教感情素洽，在平时彼此多有来往，将来若由彼手行坚振之礼，亦可谓一奇缘也。

　　款项事当照尊嘱存储蓄账上，由弟手经理。日内函锡之时，弟亦告知之，承示南院长①近不用咖啡而用茶，甚幸。不知南院长所嗜者为何种茶叶，红茶、绿茶，抑香片茶？弟甚愿一闻之。

　　关于个人卫生一节，由仆服侍之习惯最不适宜。若常居中国，或居外国而富于财，可不改此习惯，否则时感不便。弟近日亦将受人服侍之习惯大加删减，因家中妻女事事均躬亲，弟亦遂不得不有时自尽其力，工作后并不感何苦处，而颇得乐处，想兄亦同有此感想也。专上。敬颂道安。

如小弟　符诚叩

廿五、二、四

（边注：冈主教已否升受红衣主教之职，请便中示悉。）

　　再，近由锡兄寄来照片三张，弟自留其二，兹寄上一张，不知兄处已有此否？祈查收。附信片六张。

---

　　①　即圣安德肋修道院院长南文。

一四

（1936 年 2 月 11 日）

子兴如兄手足：

顷奉十日惠书，敬悉南文院长日内有赴罗马之行，并蒙允为介绍晋谒宗座及请刚主教赐予坚振典礼，吾兄筹画周密，至为铭感，惟目前机缘不巧，无法利用之。因李石曾先生于上月三十日到巴黎，对银行方面接洽之事既繁且要。银行本为中法教育文化事业之来源，而石曾复为中法各事之第一要人。伊对行内事完全委托，当伊居法期间，弟实有不能稍离之必要，是赴罗马之期只可俟诸异日，未知吾兄允我否？弟意拟不直接向南文院长声明，拟请吾兄便中代为告知，似较为不露痕迹，诸希鉴谅。

日前收到五日来函，亦因匆忙未复为歉。承示利用英伦赛品，藉作宣传，请郭大使斟酌采纳一节，弟意此事若能实行，定得好评。因以美术品赠人，无论其人懂否爱否，决不至得反感。惟郭大使个人决不愿为此事出力出资，而政府方面之拮据，较诸个人更为穷困。以弟测之，此意虽佳而巨款难筹，成功之希望甚少。

关于绿茶一事，弟处存一二盒，拟便中赠与南文院长饮用。将来或得便带去（或托人，或自己），或寄与朱使转交，稍暇即办。专此。敬颂道安。

如小弟 符诚叩

廿五年二月十一日

一五

（1936 年 2 月 14 日）

子兴如兄手足：

　　顷奉十二日赐书，承谅解目前不能离法情势，并兄代为函告南文院长，至为欣感。日前与王亮畴博士谈及英伦美术展览，并在弟宅看及出版各种信片。王博士当言在英虽参观展会，未曾顾及购买纪念片，应再托人代买，弟即托其就便代买两套。嗣王博士知此两套中有一套系拟赠吾兄者，王博士表示云托买之两套明信片不必付价，价均由其一人出。

　　即将一份送赠吾兄，一份送赠小弟。小弟当向王博士代为致谢。兹随函将此英展纪念片五十七张挂号寄上，祈查收。王君已于昨晚由法去西班牙之巴色漏那海口，搭乘法船回国，吾兄可不急急致谢矣。此次所得纪念片，有着色者数张，均为弟前所未见，今共得之，共赏之，当亦有同乐也。专上。敬颂道安。

　　　　　　　　　　　　　　　　　　如小弟　符诚叩

　　　　　　　　　　　　　　　　　　廿五年二月十四日

一六

（1936 年 2 月 17 日）

子兴如兄手足：

　　昨日奉到赐下之《晋铎纪念专刊》并另赠石曾一册，晤时当代递交，谢谢。刊中所印各照均清晰可爱，其文字之特点，为对于中国之屏联匾帐等等专名词，均为之大批输入法文中，并加以解释。此后用识法文之人民，当得许多新名词。

英伦艺展明信片一包收到否？前函中之五十七张，实系五十三张之误。专上。敬颂道安。

如小弟 符诚叩

廿五年二月十七日

一七
（1936 年 2 月 22 日）

子兴如兄手足：

奉十五日、十八日两笺，读悉。已收到英展画片，其数目确为五【十】三抑为五【十】四，弟实记忆不清矣。石曾兄亦有去英之意，惟此公在法事业太多，终日四处奔走，能否成行，尚须俟诸异日。朱凤千公使若能赴英一行，定当获益不少。

盖今冬宴会间《中国美术之评论》定为最时髦之资料，弟以为即无此谈料，关系吾国外交人员，均当对于祖国之物质国粹有相当之认识，且在外研求中国美术，有时且较国内为便。盖各国博物院中亟多中国古物，即私人之收藏亦至丰富，尤以英、法各大国为最。近日萧亮功代办对于中国古瓷虽无认识，已能注意，尝谓中国古物他国使馆均有佳品陈设，惟中国使馆无之，殊觉赧颜云云，是亦足见认识与收藏为一必须之事矣。

日前萧代办云，接部令，驻法国大使馆之参事派郭则范充任，亮功调驻土耳其大使馆之参事。亮功对此事颇形失望。盖年来伊对于馆务之维持颇费心思，公私（颜）方面亟尽调和，结果不得大使之谅解，殊为忠于事、忠于人者所寒心也。弟视宦海无是非、无赏罚，是中国沦亡之大病。

南文院长三月二日到法后，弟当约与一晤。爱铎神父在英能居三星期之久，眼福不浅，羡甚羡甚。祈代致敬意。专上。敬颂道安。

如小弟　符诚叩

廿五年二月廿二日

（边注：眼眠二字相仿佛，有时将眼福书成眠福，是又多一种福气矣，一笑。）

一八

（1936 年 2 月 28 日）

子兴如兄手足：

奉廿四日手书及腿套、膝套，拟日内稍暇即为购办作货样寄上，迟迟之处，尚希毋责。承示斋期内作补赎工夫，经与内子商酌，均尚感俗务太多，心意未十分坚定，不敢作虚与委蛇之应允，俟精神纯洁时再谈。惟星【期】五不用肉食之规，前在国内及现居法时均常行之，但不坚准耳，今当遵守明示，按期实行，以表示微意。

亮功处已将尊意代达。伊云对于赴土之事并不反对，惟盼先能准假三月，返国料理私事，然后再赴新任云云。

日前接韩君①一长函，对于比校秘书大不满意。兹将原函附

---

①　即韩儒林，时在比利时留学。

上一览，以资接洽。弟对此长函已有复信寄出，大概意思为告以秘书为按照章程奉行公事之人，章程中给兄者为学费，并非旅费，秘书请向学校接洽可否移用，是正当办法。至博士论文之提出，亦系前者陆神父代为请求允许，吾兄赴法时，其函中曾声明，将来在法所得之成绩，即提出比大学，作为比大学之成绩。其成绩谓何？即博士论文也。秘书现提此事，亦系根据从前成案，是秘书向兄所要求之二点，均为照章办事，并无吹毛求疵之处。惟今应采之办法，尊夫人函中既有任兄赴瑞士工作之议，兄当应允。到瑞士之后，一面工作，一面写论文，一年之后，两事均可作完矣。但学校方面总以先行当面接洽一明白办法为是。设兄定不欲提出论文，学校亦无可如何，不过将来留比官费生或稍受影响。陆神父对学校方面再有请托时，或失其信用而已，诸希酌之云云。

此乃复函中大概意思，谅兄看毕原函，当更容易明了弟函之意。未识吾兄对弟复函意见如何？弟总觉吾国少年遇事只知有己，不知有人，不管章程及一切约信，凡有不便于己者，即视为不对，以韩君之明白，亦不能免当局者迷之讥。弟直言之旨，一则为"是非"主持公道，再则为韩君谋利益，其听否，任之可也。

近来石曾兄因接洽之事甚多，要求在行中得一办公室。行中一时无闲地，故弟暂将其安置在弟办公室中，同桌办公。有此便利，而弟之工夫，大半均用之于应付一人。好在此为短期，以后当有闲隙之时也。匆上。敬颂道安。

如小弟 符诚叩

廿五年二月廿八日

一九

（1936 年 3 月 5 日）

子兴如兄手足：

《言论集》一册已收到，昨晚当即遵嘱将长函之原稿及印稿对照详读一遍。读后综计文字之错落颠倒及句读行款之乱点割裂，共约百处之多，致此一篇呕心吐血之文，真意不彰、精神不贯，局外人诵读之定有格格不入、莫名所以之苦处。最可惜者，为尊函中伸说"孝"字之一段，计有四页之多，而竟割舍未刊，弟读后详索错舛之由来，已得其原委，特为我兄详言之。

当弟在平接此长函后，复接吾兄一函，嘱将长函中言孝之一段，设法于晋铎之日发表于报端，以告国人，藉示提倡。弟遂根据此意，向于斌神父说明，请其指示以登何报为宜，伊当允交《益世报》照登。弟遂将此函中言孝之数页，交其抄录一份送诸报馆，届期果然登出。嗣后于斌神父复言此项长函，陆公之心血不少，可否见示全豹，以快眼福，并拟录一全稿存诸案牍，以备后来参考之用。弟以此函文字无秘密不可告人之处，且于神父热心兄事（有时太热），至可钦佩，断无拒绝其请之理。弟是时已将兄之长函及屏文装订成册，故将此函送交于神父照抄，此乃于神父得以不怪我二人预先闻问，而能公布我二人来往间一长函之原由也。至其割舍孝字一段之理由，亦系因其第一次抄此函时，已将此段抄下，至第二次抄全部时，抄者为省力计，即不再重抄此孝字一段之文。及至付印时，或者原经手人未细心查看，或者已交换新手，无人记忆已往之事，对此长函更无一人有耐心再细为研究核校一下，是以印出后错谬百出。是主持者、抄写者、印字者均犯粗心怠事之毛病，然遗误读者非浅鲜也。弟之揣测原委如此。

为今之计，惟有速函于斌神父，请其停止发售此集，并于函中说明集中错误太多之话，随即将弟校正之本寄出，请其照本改正，并应告其乘机将其他文字再切实校正一次。（古之校书者，名为校雠，其勘一错字，如杀一仇敌，可见做此事者之认真。今之校书者，只可称为校友，一笑）然后再出版问世，未知兄意云何？至嘱查"有无失言之处"，弟觉并无失言处，尚祈释念。原册俟再校一次后即行寄上，盼此册将来仍归于弟方好。专上。敬颂道安。

如小弟　符诚叩

廿五年三月五日

二〇

（1936 年 3 月 9 日）

子兴如兄手足：

七日赐函及魏、袁两君与南文院长三函均阅，悉吾兄已函于斌神父，并只请加表更正，甚是。《言论集》改正之本已随函后寄上，想今已蒙查收。弟所改正者，均照尊函原文校核，冀以保存原函词气与意义，且因此函之规局为我二人闲谈，并非问世之文，似不宜再加修饰润色，只求不为蛇添足已可矣。未知兄意云何？或将弟寄上校对之本，先交注使一阅，亦可祈酌。

三函附还。《益世报》因集已寄上，弟处无用，特另封寄还。或"孝"字一段，未登在天津之《益世报》，而登在北平之《益世报》或《晨报》，亦未可知。弟虽剪下，可惜未带来，但确记其曾登于报端也。可再专函于斌神父，特提此孝字一节，务请其添入。未知兄意云何？南文院长允于明日来舍用午饭，余容另陈。专肃。敬颂道安。

如小弟　符诚叩
廿五年三月九日

二一

（1936 年 3 月 14 日）

子兴如兄手足：

日来稍忙，未得作书。读八日华笺及剪报，敬悉种种。"今人失望于将来的主人翁，办事粗心忽略如是"，弟对此言实表同情。弟视吾国今日之国事民情，均在恍惚飘摇之境，事无大小，先无预备，后无研究，有时且不问是非、颠倒黑白，处之粗心大意，无尺寸之远见，只顾目前得过、口头得快，至其结果如何险恶危殆，不暇虑及，是于粗率中又加以苟安之性。闲中尝思国人之性，就其短处言之，可以五字括之，即"穷滑贪小诈"。社会之基础立于此等质料上，故一遇狂风暴雨，感有崩溃之势。一国之兴亡，岂一朝一夕之故哉？独惜吾公教中人，有时亦犯些小毛病，奈何奈何？

尊函言孝之四页，容日抄出一份寄上，至将来应否印行文肃"孝"字一字诀之小册子，容详思后再谈。至云言论集，题目太大……七零八落，无言论集之可称云云，虽不尽然，究其中有非自己之言论，且亦有数文无须刊行。吾兄明于自察，弟亦不敢一意恭维，是彼此所见相同。不过于神父此举亦系染有时髦病。伊见党中要人刻印《言论集》者甚多，故亦欲于公教中择一人，专以刊其言论。此种好强之心，甚可钦佩。但要人之《言论集》，多空无一物，人多以"纸灾"讥之，是《言论集》其名虽新，而其味甚臭。今吾人窃附于纸灾之后，已属不幸，而内容姑不问其优劣，即此满篇讹错、读之不解之文，其何以问世乎？是弟对于设法延宕，使之不得问世更赞同矣。顾弟仍有再进一步之办法，即请兄函知于神父，将己意明白宣布。言此次出版之《言论集》，若无刷印之错，事已办成，当不敢过问，现查得其错如此之多，若竟令其流传人间，与公教及个人之名誉均有关系，势须收回改正。既须收回，不妨乘机暂缓出版，俾得多搜材料，改良内容，是为一全两得之办法云云。兄意云何？专上。敬颂道安。

如小弟 符诚叩

廿五年三月十四日

二二

（1936 年 3 月 18 日）

子兴如兄手足：

兹送上孝字函稿一段，又剪报一份，祈查收。石曾兄不日离法，事稍忙，容再详函。今日惟望兄于斋期内毋过严厉遵守，致耐健康，是祝是嘱。专上。敬颂道安。

如小弟 符诚叩

廿五年三月十八日

附二件①

二三

（1936 年 3 月 19 日）

子兴如兄手足：

昨上一函及抄件，谅均蒙收到。今早行中会议席上讨论行务时，大家以为弟有回国之必要。因在国内谈判事体进行不大顺利，故有此提议，行期且急促。三月三十一日为本行开股东会之期，开会后即须成行。是于此二星期内，须将诸事料理就绪，以便起身，是亦可谓仓卒矣。吾兄对国内有何应办事体，祈早之思及告知。

弟亟欲于行前晋谒握别，惟是否有暇往比一行，现尚难定，倘于尊处无碍，弟拟乘本月廿八、廿九星期六、日之便，抽暇前往。目前亦只可视此意见为希望，不能即定，诸凡须视公事上能否接洽妥协为定。

前接艾铎神父一函，约弟等赴道院迎耶稣难日大节。弟正拟发函答复辞谢（信稿昨日起书），今日忽发生回国之事，弟拟不发此函，请兄代达一切为感。

再，弟此行须经美国，因在纽约尚有事体办理。匆上。敬颂道安。

如小弟 符诚叩

廿五年三月十九日

---

① 原函缺。

二四

（1936 年 3 月 24 日）

子兴如兄手足：

接奉本月十九日、廿日及廿一日三函，聆悉种切（三函均于月之廿二日同时收到）。吾兄爱我之深，忧喜与共，故彼此所见默多相合之点，尤以行中见委办事一层，尊论深为恰切。弟向来即主张遇事应精诚以赴，成败不必预计，个人利益尤不可参合其间。大凡能利人之事，必能利己，大处有利，小处亦必有利。且弟对于国界一点，亦不主张太分晰。无论何国外交，能得两利之法最妙，否则终不能久维和平。弟之主见如斯，行中同仁对弟亦以恳挚之态度出之，是以八年以来信用日增，此点堪为我兄告慰者。

此次回国之举突如其来，实弟初料所不及，且期限迫切，而应行商讨之事件及研究之案卷亦至繁杂，每日孜孜无稍闲暇。此外加以私人酬酢及通询，亦须顾及，并且有意外之意外。昨日赴牙医处检视，盖弟一生最感麻烦费钱者为牙痛，每年必须补治二三次不等。昨日牙医新发现坏牙须补者三处，其一处尤须施大工作，以便保全之。弟现订行期为四月四日中午离巴黎，连星期合计之不过十日，须日日修治一次方可，否则二三日后恐生毛病。有此公私交迫之情形，弟意拟于行前不去比国晋谒，未识我兄能允我否？俟将来回法时再行晋谒，并可从容多住数日，以便倾谈。至兄处所有委办事件均祈函告。若必须面谈，弟可觅一妥速行程，俾一日间可以来回，不在道院过夜。弟现处之境如是，不敢不据实以告，尚望示悉，俾得遵循，并望恕我率真。

弟前接锡之兄来函，言在平闲居无事，生活无着（此节如锡兄未言及，即作为不知），拟去沪，在交通银行方面觅一事体，未曾言及已否成功，不知兄处有何消息否？关于吾兄所言，欲行刊印《孝》字小册以诱掖青年一节。弟拜思之后，亟以为是，亟佩吾兄奖掖后进之努力。惟如何进行，弟一时尚未筹及，或此后函商办理亦可，统祈详酌。

廿一日尊函中所言家人分别苦痛一节，至为真确，尤以内子处境为然。内子每次对弟一人回国深感痛苦，盖欲阻止，而有以私害公之诮；欲同行，而妨碍小女学业进行。无两全之策，而只有自己悲痛。此境惟我兄能了解也。文肃《时文册》随函另寄。专肃。敬颂道安。

如弟　符诚叩

廿五年三月廿四日

二五

（1936 年 3 月 28 日）

子兴如兄手足：

回国之事，近因筹备上未能妥洽，致行期亦不能大定。前谈四月四日离法之期，不能十分作准，大约下星期一二可以拟定。然事机多变，实不敢多为预言，现可为上告者，为行期不定，而弟终须一行，一俟订有准期时，当即函达。匆上。敬颂道安。

如小弟　符诚叩

廿五年三月廿八日

二六

（1936 年 3 月 29 日）

子兴如兄手足：

廿五六八日三函均收到，除作货样寄下之小书匣及石戳等件尚未收到外，余如孝子摄影四份，孝字章三枚，一字诀、二字诀小册各一件及黑皮记事簿一册，亦均收到，弟及甥等当分为享受，特此谢谢。

孝字小册应如何印刷，俟到沪与友人商酌后再定。所嘱刻各印章，亦须与刻家商办，既须将十字及 pax 字加入章内，亦须不伤大雅，请释念。匆复。敬颂道安。

如小弟 符诚叩

廿五、三、廿九

前寄文肃公《时文册》收到否？

二七

（1936 年 3 月 31 日）

子兴如兄手足：

印章二块及小书盒均收到，弟之行期现复形急转，若非四月四日由美转，即四月九日乘义船过红海返沪，一俟订准，再将船名、日期等奉闻。先此布复。敬颂道安。

如小弟 符诚叩

廿五年三月卅一日

二八①

（1936 年 4 月 17 日）

子兴如兄手足：

在米朗参观圣堂，叹未曾有因购圣堂图画一册寄上，谅已蒙收到。此堂建筑，远观体透玲珑，似甚孱弱，然一经登临，逐处详视，方知其坚固非常。每层均有梯缘，全工完全以石与铁为之，即房顶亦以方石铺砌。攀缘［援］而升，直至最高之圣母像下，计石像之数，大小有三千三百，而箭锋有百数。凡有雕刻之处，有花样均不同。据云此堂宏敞，较罗马之圣伯禄教堂为逊，但华丽过之。弟等在堂内既得享眼福，亦得虔心作祈祷，诚欣幸也。

此外尚参观其他教堂三处，又米朗之博物院名 Palai Brerra②者，亦甚富丽，其亦画之史事，均为教中圣迹。中有一像为弟等所不解。按画中人物有三，中立者为圣伯禄，其两旁二人未注明为谁，而圣伯禄之头上有似中国厨刀一柄，入头少许，其面色不现有何惊恐之色，究不知其意云何。此外又参观公墓，亦为各国所不经见，盖花岗石之建筑大小千百计。又星期六之晚，曾赴Scala③大戏院观剧。其音乐及戏剧，与巴黎相较互有短长，而建筑之宏丽，似远不及法京者，但其座位之整列，秩序之齐肃，又较巴黎者为优。

---

① 此函为明信片。
② 布雷拉美术馆。
③ 斯卡拉歌剧院。

意国自墨首相执【政】以来，不啻予意人一新灵魂、新精神，人人奋发，事事整饬，真是复兴气象。米朗之博物院亦为弟等所称赏，其可宝贵之名画固多，而其院址之富、布置之优，均较英法者为优。在米朗所得印象甚佳，但至□时大雨不止，随将物事安顿妥帖后，即伴送妻女至车站。伊等拟先至 Sainte-Wagsce① 海边小住，然后再去 Lugano② 湖边，以俟学期到时再行回法。弟在船上甚适意，祈勿念，余另谈。敬颂道安。

如小弟 符诚叩

廿五、四、十七 寄自波赛义

二九

（1936 年 5 月 7 日）

子兴如兄手足：

自离义登轮后曾上一片，谅蒙入收。嗣以途中平静，无可记述，故未续寄函片。且因在船上时，日常生活每日照行，无特别事，故是亦使我懒于握管之理由。

现以明日到沪。追思以往，尚有可告慰者一事，即此次在船遇一同国人名凌宪扬者，系一留美生，现有特别公干赴德，公毕回国，故得相遇。此公年岁尚轻，而性情亟敦厚老成，且喜运动，对于船上游戏事均能之，弟亦素嗜此，惟久不弹此调矣。今以凌君之耸容［怂恿］，故与之联合对西人比赛，其中最难而最

---

① 圣沃兹采。

② 瑞士卢加诺。

劳之一戏为船［桌］上网球 Desk Tennis。① 弟等以一星期之奋斗，结果居然得列第一，弟且得一奖品。其英德之少年均以此游戏为苦，战后每汗流夹［浃］背，多时不已，而弟于战后居然不觉其太劳，是以弟对于素日锻炼身体之工作，尚不为无效，此为弟所自豪而堪为吾兄告慰者也。弟过新加坡时，曾晤刁公使成章兄，伊之打球习惯仍不少懈，每日非网球即哥而夫球，故伊之身体虽瘦小而健强实甚。

弟在船上看一书名 L'Homme cet inconnu，著作者名 Carrel，② 系一法籍科学家，专在美国工作，其一生工作为在化验室试验种种关于人之生理及性理之研究，其所言人身之构造，较之世界尤复杂而尤具条理。伊对老年人亟重视，并云少不如老，故老年人不应具有退休享福之心理。君本有多年之经验学识，毅然前进，其成效必较少年人为优。至其他发他人未发之言论甚多，即据此一点观之，不啻予弟一新法，以渡此老境。弟之肯以努力打球者，此书亦大有功焉。

承赐《一字诀》等之小册子及蒋院长之新生活小册子，均评阅矣。《一字诀》等，俟到沪晤徐神父再商谈如何即行。其蒋之新生活演说虽然明澈有理，可惜实行太迟。若在四十年前许文肃提倡时即大家做起，定有以应付今日之日本压迫。船已到吴淞，不能再书，祈谅此拉杂文字。敬颂道安。

如小弟 符诚叩

廿五年五月七日 船上

---

① 即乒乓球。

② 《陌生的人》，1935 年出版的畅销书，作者亚历克西斯·卡雷尔（Alexis Carrel）。

三〇

（1936 年 5 月 27 日）

子兴如兄手足：

十八日去南京以前，曾寄一信与兄，店中有自备信箱，系一长筒，由二十二层楼直通至下层，每层客人均可直接寄信。弟住在八层，写完信后，即扔在长筒内不再过问矣，但弟寄与林季璋兄两次信，均未蒙其收到，弟始向店中质问长筒信箱有无不灵之时。经店人查考，始知其不通，储信多件无法拽出，乃以锤捣之，以钩钩之，致将弟寄兄之信弄得破碎不堪，兹原封寄上，以博一粲。

弟自到沪即忙，尚须忙至夏天。承寄之与陆伯鸿兄来往信均阅悉，一俟抽暇往谒，询明南京新购地之住址，得便即去代为查看，尚望假以时日为盼。徐神父亦尚未往谒。

承寄之生辰簿三册赠与外甥及甥女者亦已收到，先代一谢。吾兄对伊等如此鼓励，真感同身受也。弟在沪起居饮食均甚合宜，身体亦不感何不便，祈释念。专上。敬颂道安。

如小弟　符诚叩

廿五年五月廿七日

三一

（1936 年 6 月 5 日）

子兴如兄手足：

自到沪后，日有所事，故与兄通询较少，此为最不安者。昨早又有银行一代表法人来沪，此后事务当益多矣。惟通询时虽少，而对于嘱办之事已陆续赶办。"耶稣圣心"印章已刻好，兹寄上印样一纸，祈查阅，与原样实无大出入也。季璋兄昨日携来花片十盒、画轴大小多件（因事忙出门，未与之深谈，只收其交件而已），尚未一一细看，故难言实数。其他印章亦在工作中。

承示南京购得地段之事，因弟未得暇与陆伯鸿君接头，且手中无照相机，复加以目前每去南京一次，较在沪尤忙，故未去查勘。如不急急，准于回法前一往。夏间妻女来华，可将照相机带来，将来即一同到南京游览，并看地照相，均有余暇矣，未识太迟否？

弟到沪后，曾具简短之函二件寄上，未知收到否？弟近发见饭店中最新式之信箱，由十八层楼上可直送至下层，已不灵便。弟到沪后，每有信件即付此箱内，以后得知其不灵，遗失信件多封，而退还者亦有数封。前曾附上一封，谅已收到矣。

上海目前阴多雨少且不太热，真湿和适宜。据云不日黄梅将临，谈之令人生畏。但弟意测之，吾人旧式居房狭隘卑污，一遇连绵多日之雨，霉气自生，故人人畏之，若外人所筑之高厦，即雨多亦无若大之霉矣。日来事虽纷忙，而身体殊佳，祈释注。专上。敬颂道安。

如小弟　符诚叩
廿五年六月五日

（边注：右章"黼斋启事"，黼斋为弟最近之斋名，黼与斧同，黄帝十二之章内有黼，取其黑白分明有决断之意，且与弟名音相近，故取之。）

三二

（1936 年 6 月 30 日）

子兴如兄手足：

久未作书，至以为念，遥惟康强逢吉，为颂为祷。前接尊函，知南京地方已经陆伯鸿君之努力，觅有地段，为筑本笃道院之用。嗣遇陆隐耕，谈及此事，知杨安然神父已到南京办理新院一切进行事宜。惜陆隐耕君未将杨神父之住址告知，恐此次未能乘便往访。弟此次来京仍系因公事，且有法同事同来，大约住一二日即行返沪。至在沪住至何时，现亦不知。

近接金龄小女来函，言考试已毕，并均已考取，大约七月中可以乘船回国，到沪当在八月中。彼时看弟之事体如何，若能同眷一同回平小住，实所欣盼，惟须视公事如何耳。锡之兄至今未见面，弟到沪时，值其有四川之行。近接来信，有不日回沪之言，谅不久可在沪聚首。

上海天气日益暑热及潮湿，且弟之牙痛不时发作，故无事时不喜多出，见人绝少，消息自亦不多，再加以私争日烈，国亡在即，同仁谈略殊少乐欢之事。即以此次骏仁大使回国之事论，弟以为其病由于精神上之痛苦而来占多成分。当今年初在欧晤面时，其精力强旺，毫无病态，但自游历西班牙后，即感有不适，及至本月中在沪晤面，见其形容憔悴，夜不能眠，饮食步履均感不便，是以过沪并未进京，只遣秘书晋谒外部告病假，现已去青岛休养矣。外人论之，定以劳碌等等为理由，但弟以为骏仁为争中日事，在国际大卖气力，而所争之成绩为国亡日速，有心人岂堪座［坐］睹此破碎山河？其日不能食，夜不成寐，岂有他故哉？弟之所以不愿谈国事者，实亦感精神上之痛苦太大。

今日在京候见张铁道部长，抽暇与我兄作片刻谈，以慰人怀。惓念之意，望恕我懒惰为盼。刻章尚未竣事，因甫家所出之样不合，故又托季璋兄代撰字体后，再找人照刻，再有数日可以竣工矣。专上，不尽——。敬颂道安。

如小弟　符诚叩
廿五年六月三十日

三三

（1936 年 7 月 10 日）

子兴如兄手足：

正驰想间，奉六月二十三日惠书及介绍施格来博士与南洋侨胞之函。弟闻施博士来平教授印度史，亟表赞同。盖吾东中国、南印度两古而且大之文明国家，实彼此不相认识。中国虽自晋唐以来即接受佛教，亦只就宗教一门稍加攻读，而对于印度之文化、习俗、政治、性格等多所迷蒙，今得施博士主讲此课，可谓为中印精神上之沟通使者，深盼其过沪时得倾谈也。

今日复接金龄函，此为伊考试后第一次得暇写信，信长有八页之多，详述考试东方语言学校时之严重局面及试题之困难，读之令弟叹息今昔之不同，其难处殊出弟意料之外。幸而考取，实不能不归功于此女之苦干也。

关于图章一事，尚未完全竣功。弟因季璋兄近来目力锐退，写画均大吃力，而刻章尤甚，故弟将兄等各章托其觅人代刻，酌为出资。及至交样时，弟嫌其字体太俗，未为采用。复恳季璋只为篆字，交由刻章者代刻。前者刻就拿来时，见施格来博士章内亦加一十字及 pax 字，现复令其修正。兹将南文院长、爱德华印及陆征祥印，均带十字及 pax 字之三章样本，附上一阅，以快先睹，俟施章改正后，再同时去做盒配印泥，以完其事。再，施博士现即来华，应否将此章面代吾兄送上，抑须一同他章均带至比国，祈便时示知。

弟在沪应办之事一时尚难结束，故眷属亦有来华之意，惟行期尚不得知，回法时恐须在秋冬之间。行中所派同仁确系预定计画，前函匆促，忘却注明。承示曾文正克金陵之往事，弟到平时，定将文正家书取出一读之，是亦日后面谈之一资料。日来上海天气炎热异常，弟亟盼眷属早到，得以同去休夏。至上海霉气一节，弟尚不感此痛苦，因细思之，觉洋楼建设既高且爽，较之吾人旧式建筑自易加仿，是亦为西人"以人力胜天然"之处，兄意为然否？专复。敬颂道安。

如小弟 符诚叩
廿五年七月十日

爱铎神父前祈代致候。

三四

（1936 年 8 月 9 日）

子兴如兄手足：

接奉六月十五日及七月十七日两次惠书，及七月十一日惠书与圣本笃圣牌三副及其说明，铭感无似。圣本礼瞻礼日，承献弥撒一台于先父母，实令生者亡者同深感激。圣牌自当遵嘱，交家人设法嵌入平宅各门，以资得受保佑。

内子与小女因弟住华之期无定，不欲稍住即回，所以末后决定不来华，下次得机再回来。弟对此决议颇感怏怏，然弟实不敢预定时间也。骏使到沪住十余日，弟只晤一面，现居青岛。昨遇其侄女，云骏老之病已痊，嘱为探视，为国抑为家之病实无从入手，至嘱毋以有用之精神、宝贵之时光，贡献于盗跖之邻邦一层，请释怀。以弟之粗识大义、薄于名利之人，决不至出此。日来经手事，甚感棘手，而天气又溽热难堪，吾兄之不悦此土，良有以也，而弟之潦草一书，亦可归罪于同节矣。敬颂道安。

如小弟 符诚叩

廿五年八月九日

三五

（1936 年 8 月 30 日）

子兴如兄手足：

接奉七月廿六八两次惠书及孝子救亲扩大像片等八件，又哭亲及南海墓铭二件，均经一一拜领拜读。吾兄谆谆以孝忠相劝勉，直欲以文肃衣钵加赐于微渺，惟弟驽骀，对于前贤懿行，心多向往而力行之功不著。今兄教以哭亲修墓之美德，弟亦惟有遵嘱力行而已，其成功之程度，当不能与兄所期者副万一也。

弟此次归国，因行务棘手，滞留在沪，倏已四月，此后尚须多住一二月。将来事毕，定当北去，扫墓时定代致敬。至墓地上之树木，至今未栽，一因地土新填，不宜栽植；二因水源稀少，灌溉不易；三因土匪未绝，偷伐堪虞。去年合葬时，地方上警局曾派八名警察驰往照料，而弟之车上亦加警跟随。弟向不惯此威仪，拒之不果，挥之不去，屡听其言危险危险而已，故后遂听之。

今日不知天津之西郊犹似去年之不安否也，当此七八两月溽暑中，居沪实感熏蒸，月中时曾奉友约，赴莫干山小住四日，为时虽短而跑路至多，并换得大量新鲜空气，深感兴趣，特寄上二片，以公同乐。在山时日日外出，无暇作书，延至今日始得报告，祈谅之。内子近来电，因不知弟在华勾留之日期长短，已决定不返国矣。弟对于南京亦未暇一游。匆上，余另谈。敬颂道安。

如小弟 符诚叩
廿五年八月三十日

再，前承寄赠小册子四种，原拟印出后分赠青年，嗣经查明各件有不能付印者，故只择要，将《论孝》《一字诀》之小册子付诸石印，复以此册系由兄用洋墨水所书，石印不能，必须用中国墨描过后方能印出。此项描墨工作由林季璋兄担任，故得印行此册，然字迹间脱离本相不少矣。印成千册，托徐神父分送。特另邮寄上十册作念。子兴如兄。

弟 诚又及
廿五、八、卅

三六

（1936 年 9 月 9 日）

子兴如兄手足：

接奉八月十七日赐书及此前后纪念片十份，谢谢。俟当陆续分赠同仁。承嘱刻各章均已办讫，盒亦做成，统俟返法后面交。前寄样本只有印章一方，且系椭圆形，现又添刻方印二方，一与院长，一与爱铎神父，另将作样之象牙章刻上四字，以为吾兄盖用，其文为"真主兀元"，是亦季璋兄拟文撰书交人照刻者，附呈一样，以飨先睹之快。施君印章当随带来比面交。

弟返法之期至今言之尚为未定。因此次职务重要，接洽需时，而中国及欧洲之政局如炎夏天气，晴雨无常，是以办事间常常发生变动，初则本以为九月可以回法者，今则恐十月中矣，然准期实不能知也。今夏在沪过活，七八两暑热之月，亦无甚不便处。惟暑气至今未退，且因事未完，南京亦未去，陆伯鸿君处亦未往访，盖弟曾许陆隐耕君事完后往访一谈也。

国内政局，两广合作可望办到，惟前途之光明，完全在中央处置如何。国人厌于内争而悚于外侮，处处盼望能独立，实为公众所同。外交方面，英美各强均愿协助中国建设，惟日军阀横行无忌，国人恨之刺骨，故四川之祸外，又有北海殴死日人之传闻，常此骚扰，前途堪忧虑。近闻沪与巴黎间航空邮递十日可达，兹特试之，望将收到此函之日期记下并示知为盼。专上。敬颂道安。

如小弟　符诚叩

廿五年九月九日午后三点①

---

①　旁注：九月廿二日到院。

三七

（1936 年 9 月 27 日）

子兴如兄手足：

前于奉到比后纪念片后，复接慕庐横匾缩影十幅，谢谢。施格来博士已于上星期六到沪，在弟处便饭，并面将刻章交其收存，并向其声明此乃吾兄赠送之物，今代送上，并未先得同意，不过为免邮寄麻烦计，故强自作主云云，祈兄谅之。

弟近数日来为磋商成渝铁路向法借款事奔走之，忙得未曾有【暇】，幸于昨日下午七【点】钟诸事说妥，成立协定。弟来华四个月又十八日之工作告一段落，日内尚有与法大使接洽之事，须回北平面商。在平小住三四日即须回沪，大约在十月十五日在沪诸事即办竣矣，是十月底或十一月初即可回法。在此候船期间，拟再往北平一行，休息十日，再返沪登轮。日来忙碌异常，无暇作长谈，把晤匪遥，不尽一一，祈谅之。敬颂道安。

如小弟 符诚叩

廿五年九月廿七日

三八

（1936 年 10 月 20 日）

荩忱老弟爱鉴：

前奉寸笺，猥以琐事奉渎，不安之至。兹又有续恳者，附上细珠宝针一件，脱线失落细珠一排，计七八枚，在瑞士、在比都首饰楼配补无法，留存书箱内十余年。

现有比友 Delvaux① 君，系小兄院内至友之一（共有二友，其二即施格来），其子约年内结婚。此针彼爱之如至宝，倘能配补完全赠之，彼必十分喜欢也。倘能令铺加换以坚实铁线，则一劳永逸矣。敢以奉恳。祇请程安。

如小兄 征祥手泐

廿五、十、廿

附宝针乙件

三九

（1936 年 11 月 3 日）

荩忱老弟爱鉴：

前奉九月廿七日手书，欣悉一是，曾复数行，免致挂念。

读十月十日《政闻报》，欣悉弟驾偕同事 Mr François② 乘飞艇于四日抵平，八日回沪，不久复行来平云云，适与前信所告无异，大约我弟休息之愿当可实行。小兄屡以琐事奉渎，又以介绍施博士一节奉恳，是则休息之中加出麻烦，望弟酌夺进行，万勿拘泥，尤为盼企。

此次□□③在平受祝圣典礼，在京受各界欢迎，欢腾鼓舞，实为空前之盛举，政教合作庶几近乎。未知老弟有所表示否？念念。盖□□④之才识、学问、道德，实系罗玛宗座一手培植成

---

① 德尔沃。
② 弗朗索瓦先生。
③ 原函此处被裁去数字，应为于斌之名。——整理者注
④ 原函此处被裁去数字。——整理者注

功也。

月来中日交涉异常紧张，与小兄商议"廿一条"时有过之者。中央要人处之镇静，可喜可佩。报界作政府后盾，尤为特色，足证日后舆论之成就当无限量，为之额手称贺。我弟在国内目睹较为亲切，来院面谈，必有一番愉快，对外人方面必可多一证人，外人之隔阂误会，当可消除于无形中也。

施博士到平不久，即往栅栏视察先墓，可感之至。此人见地确有古人胸怀，高尚之风可谓三代以上人也。北平纱灯折［拆］卸装配异常玲珑，且有妆饰缝［毯］子，颇为西人喜欢，未识老弟在行李中能否携带一二，中号者以赠南文院长冈城宅中悬用，亦足引人注意我国陈品。小兄拟托购致中号一盏，备送医士宅中悬挂，尚祈分神一办，尤为感祷。专肃。祗请程安。

如小兄 征祥手泐

廿五、十一、三

四〇

（1936 年 11 月 4 日）

子兴如兄手足：

不作书已近月余，而想念之忱，实无日或已。承惠之画片、祷启、慕庐横额以及各书皆如期收到，即四月中寄于义地支内瓦之函亦收到矣。弟以事忙及奔走之故，致未按期答复，罪我谅我，均听大裁。

弟自夏间与施格来博士在沪聚首后，时有南京之行，每次均偕同同事前往，既有伴人，复有事办，直无暇顾及他事。俟又去北平一次，其情势亦相同，故除与一二至友晤谈及料理公事外，亦匆促中即行返沪，教中各友好均未往访。锡之兄曾晤及，并蒙告以为兄代做之棉袍等件已做好，嘱弟带比，但行时匆匆，未蒙交下，谅于弟离沪返法前必能收到也。今承来函提及，当再与之函商，将应须各件均备齐带比为是。徐神父处所印之比前王函亦已印齐（云二千份）交到，并将款付清，当一并带比，祈释念。

上月中曾去四川一次，虽为拜谒当局，亦势所必须之事，同行者有同事法人两名及中国建设银公司代表一人。成都仅住二日，重庆亦住二日，而沿路耽搁近三日。弟未到成都前，即托人打听西山本笃会分院住址，不意到后询之中法人，均无知者，且云重庆只有南山，并无西山之名称。直至第二日午饭时，始有一人知此住址，名为唐家坨观音山修道院，若欲往谒，非尽一日之长不能往返。弟闻之，惟有惋惜而已。此机一失，不知何日能再到重庆。川省外表虽云平静，而旅行者仍以在日中为便，无人敢冒险夜行，至其人民苦状，实为他处所无。附呈小照二页，以供同乐。

由川归来，忙碌为向来所未有。成立一路约，其事务之难、文字之繁，为他约所不轻见，再加以当事者双方皆锱铢必较，谨小慎微，致一月以来同仁均染小疾，其疲惫可想而见矣。自昨日起，文字均已理清，二三日后又须赴南京一行。至此约何时签定，非俟行政会议通过不可。

弟在沪稽留日久，归心如箭，现已觅得三船，以便速归。第一船为 Grieseman 德船，即弟乘此来沪者，离沪期为本月十八日；第二船义籍Conte Rosso①，本月廿八日离沪；第三为法船，十二月十二日离沪。公事何时了结，即乘其最近之船起身。

　　至到平之事，或须再去一次，惟时间上长短不知，未卜能否有暇与施博士一会。至开茶会为之介绍友人一节，一则须弟居平之时间稍久，二则须有友人可介绍。以弟上次（即十月三日至十日之间）居平时观察之，平地已大不如去岁，同仁均离平他徙，留者有限，因政局变迁之故也。是介绍友人一层只可相机办理。至应交胡太太之短笺，当亲自送呈，如有不便或不遇时，再托锡之代交亦可。南京修道院事，弟以为已无问题，今读惠书，知杨安然神父已返重庆，殊深诧异。容当走访陆伯鸿先生一谈。于斌主教尚未晤及，下次到京若稍得暇，亦当走访晋贺。今日为西比利亚邮递期，不再多赘，以便寄发。诸俟续陈或面罄。匆复。敬颂道安。

如小弟　符诚叩
廿五年十一月四日灯下

四一

（1936 年 11 月 9 日）

子兴如兄手足：

　　段执政逝世约有五六日矣。彼时弟终日忙碌，今日午后始得抽暇往吊，并代兄吊唁，书名于册。弟拟于日后托林季璋兄代为

---

① 红色伯爵号。

撰书挽联二副，为吾二人各送一份之用。弟知吾兄对段执政感情素洽，对弟之越俎当不致见责也。经手之事复杂已亟，一时尚不能结束，明日又须赴南京与铁道部磋商，一切大约须有四五日。工作同行者有法籍同事二人、打字者一人，恐到京后无多余暇料理弟之私事。

弟前订有本月十八日开往欧洲德船上之舱位，现已取消，因知决赶不及。廿八日尚有往欧之义船，能否赶上，须视政府方面对于合同通过之早晚。若赶不上义船，则须候至十二月十二日，方有合式之法船。奈何奈何。承寄嘱修理之钿珠宝针一支，已收到，当为觅人修整，带回无误。专上。敬颂道安。

如小弟 符诚叩

廿五年十一月九日灯下

四二

（1936 年 11 月 17 日）

子兴如兄手足：

段执政逝世，因事忙，未暇报告（前函略已言及），想已在电中得悉矣。日前弟往吊唁时，曾为签名并代表吊唁，现与林季璋兄商订，拟为吾兄撰一挽联送去，以志兄与执政之关系。前者晋铎时，执政且有亲书屏条送上，今报以联，亦礼尚往来之意。此事本应先得同意再办，惟道路阻长，势难循常轨，祈谅之。联文俟送到后，再行抄录奉阅。

弟事繁杂已亟，至今尚无签约准期，弟之返法期已改为十二月十二日，乘由沪开行法船，名杜美总统号者，起行到法当在明年一月十三日矣。前日由南京返沪，在京住约一星期，每日除与铁道部部长及司员开会外，亦无暇顾及他事，会后赶即回沪。今明日拟抽空赴平一行，大约只能住二三日，料理私事毕，即行返沪，以便再从事工作，结束一切。

昨徐神父处交来《新时代百科全书》二厚册，又《新时代常识文典》一册，统当带法奉上。近接小女来函，言内子患风湿，颇感痛苦。内子在家勤于操作，不辞劳苦，此病或亦因劳所致，故拟带一女仆去法，现在物色中，能否觅得一合式者，实不敢必。匆匆。不尽一一。敬颂道安。

如小弟 符诚叩

廿五年十一月十七日

再，前接一来函，言及棉衣等事，弟当函询锡之兄已否备妥，现得回信云，均已照函备齐。此处所指之函，乃吾兄之函，若得暇到平，当可一并带来奉上。知注特闻。再颂道安。

如小弟 符诚再叩同日

四三

（1936 年 11 月 22 日）

荩忱我弟爱鉴：

接十一月四日灯下缮写来信，欣悉弟驾四川成都，访游杜甫草堂、昭烈帝墓，快慰之至。我国胜迹多看一处，多增加爱国心一分，倘能全览国内古迹，此人之热烈爱国可想而知。承寄相片，阅之恍与弟同游同历其地，且欣且感。来书告知三船期，最后者在十二月十二日，倘国内公事拖延，此信尚可达览。

□□□□①辰之感言，读之令人敬仰钦佩，其报国思亲之诚忱，溢于言表。引出孙总理"忠孝仁爱，信义和平"八字。而孝道尤为总理遗教所特重，可知中国立国之道，自来皆以孝为本，惟孝莫大于尊亲云云。所见与先师文肃相同，而所说的话恍若两人同心同德、同口一声，尤为惊异。

我弟此次为我添印文肃《一字诀》，将来或可流传后人，亦未可知，则文肃之一番苦心当不至隐没无闻，文肃亦必感谢于地下也。匆匆。祗请旅安。

> 如小兄 征祥手泐
>
> 廿五、十一、廿二 弥撒后

《一字诀》曾否代赠令外甥男女？念念。祥又及

四四
（1936 年 11 月 29 日）

荩忱爱弟如握：

接十一月九日灯下惠书，今日接北平《政闻报》十一月七日发刊者，藉悉□□②日逝世，享寿七十二，老成凋谢，为之痛悼。报载□□③政府赠国葬礼，生荣死哀，为伊后人稍为慰藉，□□④有知，必含笑于九泉。小兄已晋铎品，为之躬亲祈祷，早登

---

① 此处被裁去约四字。——整理者注
② 原函此处被裁去数字，应为段祺瑞之名及去世时间。——整理者注
③ 原函此处被裁去数字，应为"国民"。——整理者注
④ 原函此处被裁去数字，应为"段芝泉"。——整理者注

天国，谅公之幽灵必赞许小兄入院之举动，而同声感谢上主之安排矣。

盖小兄出世救世，世人难能明察，死后顿然察知，祈祷之功，亡人感受，在炼狱中如火中甘霖。段公为人正直无私，一如先师文肃公之忠实仁厚，上主必赐以荣冠，而早引入天国，故祈祷之功效，亡人获益最多而最亲切。小兄凡遇追亡瞻礼日，必为老先伯（父母）祈祷，职是故耳。

此信到达，恐吾弟公毕离华，万一合同铁道部未即签字，亦许行期再为延搁，亦未可知。缘小兄昔年在俄签订《东清铁道合同》，经过情形，千变万化，不知经过无数曲折而始告成，足证办事之难，成事之更难矣。匆匆。祗请行安。

如小兄　征祥手泐
廿五、十一、廿九

四五

（1936 年 12 月 4 日）

子兴如兄手足：

公事纠缠，行期一再展缓，且京沪之间奔走频仍，是均为初料所不及也。现希望能乘本月廿三日之德船或廿六日之法船，但无论如何，到法当在明年一二月中。

前日因公又赴南京一次，计住二日一夜。昨日午后抽出一点钟，往谒于斌主教，其客室内满壁辉煌，均为庆祝晋级主教之文字。惜弟近在咫尺而四处奔驰，对于此种盛典，事前既无闻知，临时亦无表示，殊觉歉然。谈话中，于主教深以吾兄之健强为

念，并询及归国日期。弟当将去年在道院与南文院长及兄谈话情形为之详述，并告以：目前所采之方式以应付各方者，为陆神父归国之事，原则上无问题，惟以病体衰弱，不禁跋涉重洋之劳，何时归国，当以恢复健康为前提云云。于主教闻之亦以为然，并云：余等所希望者，为陆神父之健康，不必其身临京都而可望分院成立。余（于主教口谓）以南京主教之地位言之，当尽其全力以辅促本笃分院成立于南京。是时杨安然神父亦参加谈话，盖弟闻其在堂，故请其出见。于主教并云，前月因久盼吾兄归国而寂无消息，曾拟由教中同人上书，想请吾兄回国，今得弟之解释，始了然一切，始幸前者未曾冒昧渎请为是。

至于目前买地建房成立分院一事，因有前购之地，既不得建房之许可，复不得注册归教堂执掌，只得弃置不用。约一月以前，陆伯鸿先生到南京时，曾商定一办法，拟委托一教外人出名购地，将来对于建房、注册等事可免去麻烦不少，并望诸事能于明春定夺。杨安然神父在京暂住，亦可得接洽之便，以备将来工作上无隔阂之弊。弟因昨晚须回沪，未能多谈，握别时约定下次到京时再往谒谈。弟前接兄函，似告知杨安然神父有回重庆之说，今在京晤谈，实深庆幸。

前上一函，曾告知由林季璋兄代撰挽联一副以挽段执政，今将联文录下及弟之挽联一并录呈一阅：

一别隔重瀛，我修行，公修行，肩袒顶削，各有夙缘，岂因晚年异道不相谋，遽舍我便幽冥永隔。　芝泉先生千古。

八次同内阁，公总理，我总理，声应气求，无分彼此，同忆当日决心以参战，端赖公与世界大同。　陆征祥敬挽。

不流血五族共和，有功清室，有功民国。　芝泉执政千古。

忽回头三昧俱得，半生武穆，半生弥陀。　刘符诚敬挽。

　　二联均为季璋手笔，言佛事虽有过夸处，但其对字之工，堪称绝妙，"隔""同"两字，两次对用而不见痕迹，可谓无缝天衣，详录以博吾兄一粲。弟回国事现又展至月底，俟确定后再行奉闻。附剪报一段，以代笔谈。匆上。敬颂道安。

如小弟　符诚叩

廿五年十二月四日

　　附剪报：《驻波兰公使张歆海免职，内定魏宸组继任·章守默任驻南非总领》

　　【南京三日下午十一时发专电】驻波兰公使张歆海因故免职，馆务暂由谭葆瑜代理，外部并已内定魏宸组继任，俟波政府答复同意，即正式任命。

　　【南京三日中央社电】外部近派该部国际司帮办兼侨务科长章守默为驻南非约翰斯堡总领事，所遗国际司帮办职务，派该司护照科长凌其翰兼，侨务科长一职，派最近返国之驻英大使馆三等秘书李铁铮继任。

四六

（1936 年 12 月 12 日）

子兴如兄手足：

　　接奉十一月廿二日赐书，欣悉康健日增，为祝为慰。日前由季璋兄传来消息，马老夫子将于明日迁移南京居住。据知其内幕者言，此事发端于南京某公，以为得此奇货，可以联络政界，而主其事之成功者，实为相老之媳。弟初闻此信，大不以老人迁地为良，曾托季璋进言劝阻。惟此事之成，除相老不计外，有数人能得大利，故以老人为牺牲。此事与弟本为风马牛，但心之谓危未敢默然。试问以九七大龄能否受此车马之劳、冬晨之寒，以及习惯之变更、饮食之改换，日后恐大家定有追悔不及之处。昨日报载于右任与之同居，是于亦为受人愚弄之一。于得其虚名，他人得实利，老叟遭其殃。弟思虑如是，但盼其不确也。

弟之行期，现可算定规矣，准乘本月廿三日由沪开行赴法之法船 d'rntagnan，约明年一月廿四日到巴黎，行期距今尚有十二日，而诸事之纷集益甚。十六七两日仍须赴南京一行，举行签约手续，结束一切。此后行期若无变更，当不再发信问候，统俟到法后，抽暇往谒面叙。专肃，不尽一一。敬颂道安。

如小弟　符诚叩
廿五年十二月十二日

四七

（1936 年 12 月 17 日）

子兴如兄手足：

成渝路约明日可签字，如无阻碍，午后即可算成功，弟亦可返法矣。现已订妥法船 d'antigua，准本月廿三日启程，约一月廿三四日可到马赛。同行者有锡之世兄李永福伯言，伊系北平剧曲学校副校长兼教务主任。该校系李石曾兄与程砚秋创办。明年巴黎赛会，程砚秋已被约率领校生来法表演。伯言先行来法，一则为预备明年之事，二则多习法文，以备应用。此外同行者尚有弟雇用之女仆一人，盖日来法国仆役问题复杂已甚，内子实有戒心，嘱为雇用华仆或较为得力。

前日张学良拘蒋一事，想已于报章上见之。国民中对蒋大表好感，营救之电纷向西安拍发，其结果如何，现尚难窥测。此事起因远在数月前，"赤匪"被围已有三月，而围"匪"之张军（即东北军）并不与"匪"交战，反与"匪"接近，是东北军之受俄诱，已无可讳言。此种情节当然有人报告与蒋，故前者国府有命，调东北军一部份赴闽防边。东北军知其见疑也，遂思行"要君"之政。张匪①曾数电蒋，请其亲自来陕处理军务，伊之能力薄弱，无法辖制，迟恐生变。蒋为绥东北事，曾至山西、河南等处视察军队，张并飞至洛阳，亲邀蒋公赴陕。蒋至陕，先住西安近郊华清池温泉地方，订翌日召集军官训话。但事前张率多人谒蒋，言他们都来了，你对他们说罢。而所谓"他们"者，即将蒋之卫队缴械，拥蒋他去，而蒋之大小侍从将官，亦均被拘禁矣。昨晚消息最坏，有四川独立之谣，现已证明不确，并知各省均拥护中央。此为最近之消息及其内容，至将来此事发展至何地步，实难预言。草上，以代面谈。敬颂道安。

> 如小弟 符诚叩
> 廿五年十二月十七日 航空

---

① "匪""张匪""赤匪"引号为整理者所加。后同。

四八

（1937 年 1 月 5 日）

黼斋老弟爱鉴：

读十二月十二日手书，藉悉十六七仍须晋京举行签押手续。距〔讵〕料十三日报传张学良突然率部叛变，未知弟之行期能否实行，签押手续有无变更？现探得所搭之船预定正月廿一日行抵波赛，特将爱铎贺信附上，俾弟早些读知。又附上谢柬、纪念各一份。偎以去冬忽患肺炎，几致不起，此项谢柬一再延搁，十分抱歉。

年来气体不甚舒适，虽无枝节横生，宽免一切进堂经课，专心休息静养，与院内二三养病修士同病相怜，同此情况，南文院长以及爱铎目下当可体帖谅解。说到脸色嫩红，两颊未见削瘦，仍若旧观，可慰可喜。盖病容易惹人烦闷，自己照镜，亦受感触而自馁矣，知念奉告。弟来院证实，亦主思之一，惟有日颂主名，感谢而已。

相老业于前月十二日到京，同行作伴有于院长。闻到站迎接有冯玉祥、李烈钧、张继、于主教千余人之多，此乃九七老人快心之事。小兄前闻移居之信，与我弟来信所虑相同。嗣思老人生平所受激刺过多，所谓"哑子吃苦瓜，与你说不得"，小兄闻知一二。此老聪明，学问、道德、品格，无一不高人一等，而处处屈居人下，倘非道德、学问高人一等，凡身受此种高压手段者，早已气死，尚能活到九七岁数耶？小兄以我之心度老人之心，以我之身体贴老人之身。民国廿五年十二月十二日，乃九七老人扬眉吐气之日。一见首都新气像，毕生忧闷悉排脱，从此久居本地界，永别高压得新生。可为老人称贺不置矣。

今晨奉航空信，计发于上海，十二月十七日，达到之日在正月五日，共计十八日之久长，与走悉毕利毫无便宜，所费邮资九角，实不上算。此次同行有百［伯］言兄，可喜之至，或者能同来比小住一二日，更妙不可言。爱铎既识乃父，复识肖予，小兄亦得认识写作俱佳的新青年，既读其信，复识其人，渴盼之亟，望弟携同前来，当扫榻以待也。女仆问题得此妙美解决，为之快慰。

承示张学良拘蒋之把戏，可惊可叹！"要君"之政，谈何容易。张巨头之名乃"学良"二字，学诸葛武侯乎？不得而知也。小兄所为张巨头惜者，未［如］得一良师如许文肃公者，则其前程发展稳固，实无限量。现伊自毁、自限、自叩、失态，可惜可叹。得一良师，终身享用不尽。小兄在院，远隔重洋，且离国足足十五年，对此事之始末，并对英王婚事、退位之结局，逆料两把戏之终了。日与爱铎谈论揣测，如示诸掌，文肃先师之所赐也，日后思之更足多矣。

此信原拟寄波赛，我弟来信有廿三四可抵马赛之说，则前后日期相差太远，乃改寄马赛，虽廿余日之久，待较为稳妥，免失洪桥。我弟到巴黎后，应好作休息，来比可不急急，物件可由慢车寄至使馆，转交敝处。一俟行务、私事了［料］理清楚，再作来比良晤之计。

现小兄晨六七时在小圣堂做弥撒，其余进堂经课宽免，终日或在书室阅报、写信，或在卧室躺椅休息，并告。祇请程安。

如小兄 征祥手泐

廿六、一、五

百［伯］言兄问好，晕船吾念之。夫人、金龄请安问好。恕不另启。祥又及

四九

（1937 年 1 月 12 日）

黼斋老弟爱鉴：

再过十二天，计可到达巴黎，可得家庭团集之乐，羡贺之至。兹奉上专刊纪念各件，浏览之余，值得保存。附去致伯言世兄邮片，面致为感。

今由朱凤使处索得《中华日报》。将近十年不见日报之面，加以西安事变，更加兴趣，所苦字码过细，看一小时，眼蒙垂泪，不得不停止矣，奈何。

前信托将带来杂件由慢车寄使馆，免弟来时过税关麻烦，尚祈酌夺行之。匆匆。祗请旅安。

> 如小兄 征祥手泐
>
> 廿六、一、十二 灯下

五〇

（1937 年 1 月 20 日）

黼斋爱弟如握：

今晨接奉哥伦布飞邮来信，计算一月六日发，廿日到达，连用十四日时间。虽不甚迅速，然于廿三日前赶送一信，亦只飞邮一条航路耳。我弟途中饮食起居按步［部］就班，仿佛在维希

温泉养病人的日程办法，快慰之至。此准月之一切调匀，虽无温泉饮泉、坐汤之调补，亦可算一月之大补剂也。

小兄自弟驾东渡后，体气日就衰微，发现目蒙、手颤、腿肿、便速、腰痛、痔疮、齿落，夜间起床少则三次，多则五次，颇为所苦。凡上述各种病痛，均系年岁的关系，无法治疗，惟有设法防生枝节，以免意外之一法耳。幸得本城善勃赫专科（Le Professeccr Sebrechts）异常关切，居间接洽，为小兄规划一预防枝节横生的进行程序，换言之，即避免多病养老的方案。前未为弟在函中详告，免得挂念担心，公务忙碌之中增加心神不安，况无危险性之枝节发生，故从未一一奉闻。现将规定程序列叙如下：

改良食品，添穿暖衣，停止进堂经课，书室加添暖炉，限制工作时间，禁止接见外客（凡来客谈话过多，过分客气，不知不觉中受寒感冒，且不能多坐，男客可在书室接见，女客会晤室暖度不够等等）。凡此各节，均经善博士开单规定，均经南文院长通融默许照办。但所有特别用费，因院内各修士的供给本有限制，加以感受经济恐慌，势难开支，亦系实情。南文院长示意向亲友募助，亦可变通默允，故小兄近数月来，曾向外交界旧同仁函告实情，颇承各友特别关爱，济以巨款。如少川大使二千方、石孙公使之千方、凤千公使每两月之二百方等。近由石孙公使之好意，径函部中，声请每年津贴五六千方，朱使又加以吹嘘，事或有望。以上各节，我弟对我旧日同仁，以及素来关爱熟人，倘探询近情，似未便隐而不告，且人之寿数、生死大事，知己好友本可开诚直谈，以示关切，而资策励。先师许文肃公颇以旧日官场避讳"死"字之不通，而无道理之可说，深不为然。小兄本无此种小见解，反觉此次准备办法引以为一件幸事，实乃上主之特思，而加以佑庇，质诸我弟，必以为然也。

近由朱使寄示《中华日报》，每五日一寄，藉悉我弟奉派充巴黎文化博览会委员，随同□□①办理中国赛品事宜，无任欣慰。又读悉成渝铁道合同成立情形，我弟躬亲其事，为国为民造福无穷，羡羡贺贺。现接日报，至十二月廿三日止，国内各方□□②纪元，前途大可乐观。

承示伯言兄为注使调用，为之雀跃。此种机会可遇而不可求，贺贺。顷交邮寄赠前比王棉织遗像，我弟配框悬诸书室，一代英雄，足资鼓舞而作圭臬也。又寄赠伯言兄《静心斋日记》册六本，又《晋文斋日记》册二本备用。匆匆拉杂。祗请双绥。

如小兄 征祥手泐

廿六、一、廿 灯下

前函托将带下各物先由慢车寄朱使提取转交，仍望照办。来比一节，从容函商，不急急也。

五一

（1937 年 2 月 5 日）

黼斋老弟爱鉴：

正思念间，接读月之四日手书，藉悉一是。我弟连日为博览会奔走，所谓贤者多劳。凡事能于难望之中生出希望，卒至成功，较诸于有希望中反致失望，全视办事之人措置何如耳。

---

① 原函此处被裁去数字。——整理者注
② 原函此处被裁去数字。——整理者注

　　小兄一生之事，无乙件不在难望之中，即如最后晋铎一层，本无希望，亦不作妄想，卒至叨光主佑，登台献祭。以此推测，我弟目前担任之事，未必终无希望，故小兄于午后，业将在比独立百年纪念博览会刊布旧目录一册，寄奉参考。政府不愿参加，私人团体财力有限，倘能办到相当之陈列程度、陈列地位，反觉有味。事事仰仗政府，小兄素来不甚为然。国民能力，太觉扫地，牺牲勇气，太觉落伍。我弟能于无法之中想出办法，逆知不成功而找出补救之法，小兄在此一星期中，当为特别代祷。

　　马赛寄件尚未到，此间亦通知朱公使。前挂号寄赠前比王棉织遗像（作货样寄的），未知递达否，念念。

　　近体无特别枝节，不是牙痛，就是腰酸，不良行走；不是眼花，就是手颤、便多。都是晚年侣伴，脱不了体。只要无危险性发现，就算晚年健康；只要处处留心，不忘记本岁面目，当可稳度岁月，直到我主召归预定之年月日及最后之一刻耳。先父享寿六十六，会祖本笃六十三，曾文正公六十二，先师遇害之年五十六岁。年岁之修短，归天之迟早，无足计较，质诸我弟，当有同样看法也。匆匆。祇请双绥。

如小兄　征祥手泐
廿六、二、五 灯下

　　伯言世兄惠片，谢谢。初次出洋，本地水土、饮食、寒暖留意认识之为要。祥又及

五二

（1937 年 2 月 10 日）

黼斋老弟爱鉴：

昨奉二月七日手札，藉悉吾弟日来奔走博览会事，尚少希望。诚如尊论，巧妇难为无米之炊，但谋事在人，成事在天，吾弟尽人力，亦可以走奔各方面接洽，困难详情，报告国内主办部。法语所谓 Nul n'est Tenu à l'impossible,[①] 即地主国方面亦见吾弟周旋其间，煞费心力，当可见谅而赞叹吾弟办事实心实力，而更加钦佩矣。

本院全体修士自本日（圣灰瞻礼日）起入封斋期内，做补赎功夫。此四十天内与外间绝少往来，如非必要事件，通信接洽耳。小兄与我弟通信自作例外看，一则有接洽事件，一则有通情关系。盖自得朱凤使按期见寄《中华日报》以来，复与国内各方面接触，生出无限之感想，亟愿与我弟随时随事互换意见，养病中之快心事也。

先说看报一层，小兄承文肃训练，看报作为每日晨点必不可缺，且认定一报为终生晨点。文肃教我作一杯咖啡看，故自廿三岁起，定看《巴黎时报》"Le Temps"[②]（乃金楷理代为选择，亦得文肃认可）。未识我弟有一终生吃惯及合口味之报纸否？此事似不可忽视。又国内报纸亦须选定有价值而合意者，永常订看，

---

① 不要强人所难。
② 《巴黎时报》，现称《时报》。

文肃亦称之曰"终生伴侣"，且看报好习惯，我们不能一日间断也。文肃盼望一天国内马车夫、洋车夫（现当加上汽车夫）候客时，一如巴黎之马车夫等，手执一报读之，未识我弟此次在上海，曾见此好现象否？或者识字车夫尚未出世耶？一笑。

今晨圣灰瞻礼，全体修士进堂受领圣灰，司铎（南院长）以灰加我头顶，口念经文：Souviens-toi，homme，que tu es poussière，et que tu retourneràs en poussière，① 意义深远，令人不望〔忘〕本来面目。

小兄养病中最难之点，就是不忘本生年岁，平日往往好胜之心当前，未克节制一切，致惹起病痛。所谓天下本无病，庸人自造之。亦可这样说，非过言也。

马赛寄件承关心查询，感感。匆复。祗请双绥。

如小兄 征祥手启
廿六、二、十

奉上圣祭名片二纸，伯言兄留一纸作念。

前日寄上比京博览会旧目录，又 *China Press*② 比国特刊各一册，谅达览。祥又及

五三

（1937 年 2 月 13 日）

黼斋老弟爱鉴：

顷奉十二日五纸谈心详信，披诵之下，恍若把晤，快快慰

---

① 人们啊，要记住，你既是尘土，终将归于尘土。
② 《中国新闻》。

慰。老弟全家有看书爱书癖，何等幸福，何等快乐，贺贺羡羡。

小兄爱书，惜少年读书太少，根底太浅，不能看深奥之书。昔年劫孚公使面赠《庄子》全部，适在先室病故后第二个月，用意可感。然现存书室，不克明了，倘我弟欲读，当即寄奉。

顷由朱使交寄包卷均到，书卷五件，毫无损伤。惟竹包有小锁，朱使未将锁匙寄下，或我弟未将此匙随函寄致？除函询比京外，特专函奉询。匆匆。祗请双绥。

如小兄 征祥拜启

廿六、二、十三 午后

五四

（1937 年 2 月 17 日）

黼斋老弟如握：

今晨奉到十五日午后发挂号信，内附藤皮箱内各件数目清单一纸、小匙一把。当即开视，按单检收，毫无错误，且装包甚妥，经此铁道运送，亦无丝毫擦损，尤见我弟办事精细，巨细躬亲，且感且佩。照单检收，煞费整日时光。小兄如是麻烦老弟，中心实感不安，既费心神，复费钱财，实不敢以空言道谢，只有求主降福，代偿此心债耳。宫灯、印章（南院长及爱铎）暂为保存，俟弟日后来院，作亲自带来面赠两位作纪念可也。

今晨同一邮便，接到王石孙、朱凤千两公使手书，及南京外交部陈介次长复信（复两使之函）。此次请求津贴，系由石使发起，凤使从旁加力，故次长复之函措词微有不同。复前者有以颁发国币，事有未易，而敬老尊贤，义所应为，特寄奉五千比币，聊佐医药之需云云。复后者但说尊老敬贤，义所应为等语。此次得此结果，借重两使之力，而次长措词亦甚大方而表关切，令人心感难喻。细读复石使函"颁发国币，事有未易"八字，设问今日小兄尚在世间，不独医药无资，且衣、食、居三问题无着，则坠落尘世，无家可归之状况，思之令人寒心。

致南院长之苦衷，小兄亦深知其难。譬如杨安然神父，两亲弟一表弟，来院居住、求学，资助种种用费，在院长虽未出一言，然同院修士中责言颇多，小兄亦颇觉难以为情。爱铎偏护杨修士，亦犯众怨，故小兄除每日前往读经书、讲修道外，余下琐事不与爱铎谈及，免伊向院长出力辩护，多生枝节而碍感情。我弟来院，亦作不知其事。此乃南院长一番好意，已面嘱小兄径与本院支应神父接洽进行，亦且不愿多人知道，以开先例而破坏纪律也。在小兄，但求主佑，维持现状，并盼院内收入渐渐回复旧观，只要支应神父手下宽裕，彼不表示为难之处，小兄方面亦可随时微露依靠亲友总难久持之苦衷。致部长津贴一层，实未便使院内闻知也。

兹附赠前比王亲笔书发刊小启一纸。又新印章样，又廿六年前印章十三枚，用新印色印出，一贡［供］我弟饭后玩赏，并与夫人、令媛、伯言兄作饭后杂谈耳。专此。祇请双绥。

> 如小兄 征祥手泐
> 廿六、二、十七，比前王三周年纪念日

五五

（1937 年 2 月 19 日）

黼斋老弟爱鉴：

今午接奉十八日手书，欣悉起居安康为慰。持斋期内，来客较稀，倘我弟得暇驾临，迎宾馆空房亦多，为休息计，胜于平时，并无不便之处。小兄目下进堂、经课，一概宽免，在书室谈话，温度足够，遇机决定日期函示为盼。爱铎处亦已接洽，伯言兄同来亦无不便。院长与爱铎均已认识锡兄，且甚欢迎也。

连日安置藤皮箱内寄到各件，一一妥为存放，以便要用时即可找见。六方宫灯及纱灯，拟候我弟驾到来时动手装配；花片石印画足敷数年送人之用；《新识文典》《新百科全书》匆匆翻阅一过，见得国内进步，快慰之至。

比王石印亲笔信虽赶不上十七日三周前寄出，拟补寄各处，亦多一与各友通问机会。竹布大褂、白绒裤褂、黑棉袍，日内亦拟试穿。珠针一枚，于复活节改赠比京友人之夫人。因萨吕君Mr. Salu 此次为发行前比王铜章，始终坚执认助千方巨数（顷间寄上画报一份，该铜章已发刊），致大小印章既雅且美，可爱之至。磁缸印色亦较玻璃缸好看，锦匣亦相配，谅院长、爱铎得之必喜欢而珍藏之也。

现下小兄修养办法，各方面均认为相当，青年修士颇表关切殷勤，口虽不说，均已心领神会。所缺者，乃书屋躺椅问题。我弟此来，面向院长一提，当可一言而决，毫无难处。然此事非借

重外来亲友之一言，而院内之人势难启口请求也。匆匆拉杂。祇
请双绥。

如小兄 征祥手泐
廿六、二、十九

五六①

（1937 年 2 月 23 日）

今晨奉到廿一日手书，我弟定廿五日早离法，下午到院，甚
好甚好，欢迎欢迎。在院稍稍休息。

朱公使努力恢复昔年中比旧交，宫廷、社会、民间为之改
观。知念附及。匆复。祇请黼斋老弟日安。

如小兄 征祥手泐
廿三午

五七

（1937 年 3 月 1 日）

黼斋我弟如握：

三日畅叙，快慰之至，此境此情，不可多得，永志勿忘矣。

昨晨曾将老弟拟携眷赴罗玛过复活节面陈，南院长十分表
情，嘱小兄径函刚总主教。教廷办事手续繁夥，似应事前通知，
方为妥贴。兹将函稿先为寄上，如荷同意，示复即发。倘我弟有

---

① 此函为明信片。

损益之处，即在原稿上改正掷还，万勿客气。一面发递，弟处亦可接洽去信矣。

承指示写遗训一事，好极好极。昨晚今晨已拟定程序，已得题目数事如下："木鱼""俄都车站跪请圣安""李文忠充加冕专使订密约""俄主优礼文忠""外国供事""俄太子游日遇刺客""俄太子冬宫陈赛游华纪念品""奉命使和俄主亲赠勋章""无辫钦使过法莅和""中西联婚""国际周旋得贤内助""辛亥革命电请逊位""外交任内立四忠祠""遵训尽孝立陆公墓""先师预言入院修道""国联秘书面送牛乳""拒绝签字国人表情""和会事葳携眷东归"等题目。由弟指示一法，题目遂随笔而来。

现先看《饮冰室丛著》，文墨新颖，亦合我弟所说的雅俗共赏。倘能有恒进行，当可出一使人要看而不讨厌的轶史，乃我弟所赐也。匆匆。祗请双绥。

如小兄 征祥手泐

廿六、三、一，灯下

五八

（1937 年 3 月 6 日）

顷发一函致朱爽斋兄，托伊便中在刘大使处代弟先容，以便晋谒认识。吾弟到大使馆先见朱英君等秘书。我国驻外大使均系伟大人物，多认识、多接近，良有益也。匆匆。祗请黼弟行安。

如小兄 征祥手泐

廿六、三、六

五九

（1937 年 3 月 8 日）

矞斋老弟爱鉴：

连奉三日、七日惠书，领悉一是。弟驾偕夫人、金龄于十二三日离法赴义，闻之欣慰。

罗玛教廷办事手续甚繁且缓，不若他处办公之迅速，晋见宗座更费手续，现拜托刚主教代为声请，亦非一二星期不办。愚见一到罗玛，必须先行通知刚主教，并告以留罗玛日期，至下月某日起程回法，俾彼斟酌进行。宗座现在病中，接见主教神父限于有事面奏，故过客如我弟者，恐经医士劝阻。惟将小兄思慕之私乘机上达，确是一个绝好机会，或者宗座眷念中华及我二人对公教之热诚，特别批定数分钟之接见，亦未可知，未可必也。

罗怀君此次由丹马与王念祖兄对调，是否现又调赴罗玛，尚祈示知。在罗玛大使馆旧人有朱英，号爽斋，未识我弟熟识否？即不熟识，彼必愿代收信件转交也。小兄前赴罗玛晋见宗座，即经朱君分神办理，以唐使名义进行，然已费四日工夫矣。

巴黎书铺收据两纸拜收，谢谢。留院法币五百佛郎，兑汇比币约八百佛郎，躺椅、电炉外，尚购得电枕一具 Coussin électrique，[①]治腰痛之用，异常有效。我弟此来耗费太巨，受赐多多，感谢不尽。

勒赛夫人列品圣案进行颇顺利，但上主宠赐灵迹二三件，实非世人所能为力，惟有虔诚祈求之一法耳。勒赛夫人虽不获得特

---

① 电枕。

异灵迹，倘我弟有心愿祈求，口诵列品诵，久之，必可赖夫人之转求于上主之前而获得也。小兄以募捐、赠书资告弟，即埋此根缘也。法文函稿附上，因此间已备有正副本，该函明晨签发不误。又前在米郎寄到大教堂纪念本一大册，甚感甚感。

院内修士照规未便收受有价值物品，倘我弟日后有所赐搋，万不可购致值钱刊品。缘未克收受，归诸藏书处，既未克随时浏览，复徒增藏书楼不入品之刊物，殊可惜也。敢以直告，以免花费而未得实益故耳。匆匆。祗请双绥，并祝优游永城，天公作美，并为代祷。

如小兄 征祥手泐

廿六、三、八 灯下

晋见宗座男用 habit①，一切礼节请教刚公。游览永城，亦请刚公派人引导，既省时光，复节费用，望注意为要。祥又及

六〇

（1937 年 3 月 9 日）

繡斋老弟爱鉴：

今晨寄上一函，当可先此达览。窃念我人在世，本有人性及超性观念 point de vie naturel et point de vue surnaturel②，凡作一事，就有此两种分别。我弟此次携眷游览永城，向刚总主教请求坚振典礼，有机晋谒宗座，表面动机出于游览名胜，内骨动机出

---

① 着装。

② 即人性观念及超性观念。

于超性观念，求心神之快慰，多于博眼福之扩大，佩佩慰慰。

永城局面宏敞，地上有公教胜迹，地下有殉难墓穴，无人引导，势难于有限时间游览最要古迹，此不得不求刚公指示者一也。刚公于传信部虽居秘书长之地位，实则一切部务全归伊手，此不得不求刚公从早准备坚振日期、礼节者二也。赴罗玛朝圣者，请求晋谒宗座，都半于出发以前已有接洽，即如南文院长本年十月拟赴罗玛晋谒宗座，现已有信向主管机关请求接洽，此不得不早见刚公有所接洽者三也。有此三者，我弟到达以前，即可函告到罗准日，请刚公订定晋谒日期、时刻、地点。夫人、金龄伴同前往，亦须提及，俾彼于计划中亦可想到。倘夫人、金龄有同进华［梵］蒂岗［冈］同谒机会，应穿服装亦须向刚公探询明白，不得不作万一之备也。

附上爱铎短信，我弟阅之即可知。小兄入院之前，赠呈宗座纪念二件：一勋章三座——中华宝光嘉禾章，Ordre de St. Lazare et St. Maurice d'Italie et、Ordre de la Legion d'Honneur de France；①一五龙烛台一对。爱铎所见即此二件。倘我弟愿一观为快，亦须探询刚总主教在前，不然临时寻觅，多费时光，且陈列物件时有迁移，来前未知确处，到处瞎摸，终不得见，亦觉小小失望。"凡事预则立，不预则废"，无【论】小事大事，其例一也。先师文肃说，外交官头头是道，即此"预"字之力耳。

小兄在院，未克伴同前往永城以广眼界，以饱眼福，实为憾事，然心神祈祷，偕与同往矣。凡旅行顺利，身体安康，晋谒宗座，机会发现，晋见刘大使，认识大使馆人员，所遇意外机缘，得到甚多愉快等等。

---

① 意大利圣拉撒路和圣莫里斯勋章以及法国荣誉军团勋章。

　　勒赛夫人承贤夫妇、金龄姑娘慷慨捐助，必在天主前代求降福。专此。祗请程安，并祝优游凯旋。

如小兄 征祥手泐

廿六、三、九

附爱铎短简一纸。

六一

（1937 年 3 月 10 日）

　　顷奉九日书，欣悉弟驾赴罗不至愆期，慰慰。回忆一九二五年晋谒时，服装系用 Habit noir①，用白领结，不佩勋章，高帽一层不甚清楚，似宜带在手下为妥。倘我弟购致小本纪念，多购二三种，不必过多。晋见刚公，愈早愈妙。

　　祗请黼斋老弟程安，并祝一路天公作美。

如小兄 征祥手泐

廿六、三、十午

六二

（1937 年 3 月 11 日）

黼斋老弟爱鉴：

　　Tous les chemins mènent à Rome，② 天下何路不到达罗玛？文

---

　　①　黑色服装。
　　②　条条大道通罗马。

肃所说头头是道，无路不通之谓乎，可深长思矣。罗玛乃登天之路、入室之门，小兄心神偕往，愉快不减。于贤夫妇、金龄世妹此行之影响，于个人、社会、国家，有不可思议、不可以言语形容者在，贺贺羡羡。

　　读九日来书，承厚爱询及委办之事。吁！弟之爱小兄，何其厚且笃耶！小兄希望获得二事久矣，敢为弟告，并以转述于刚公尤感。其一乃刚公平日带［戴］用之旧小帽，洋名 Calotte，紫红色；其二乃宗座带［戴］用之旧小帽，白色。一为驻华第一任宗座代表，亲陪六位华籍主教前赴永城，面受圣父亲手祝圣，此系祖国传教史破天荒之盛举。二为比［庇］护十一世传教宗座，中华慈父，开祖国传教史新纪元，力主国籍主教神职班之神圣元首。小兄有此心愿久矣，既承垂询，敢以奉告。望将上陈两节转致刚公，如能办到，喜出望外。不独生前珍藏在院，且拟身后遗赠首都主教公署，垂诸久远。区区心愿，当蒙上主鉴其肺腑之感，默示玉成。于此行日日圣祭中加诚祈求，并为我弟阖第祈求，存者、亡者祈求，心神、肉体祈求，【祈求】上主降福于无涯涘。专此奉恳。祇请程安，并祝福星高照。

　　　　　　　　　　　　如小兄 征祥手泐
　　　　　　　　　　　　廿六、三、十一午前

　　倘有为难之处，即可请在罗玛神职班成衣店，购致一红一白小围帽带下亦可也。祥又及

　　或者老弟向铺购一红一白小 Calottes，面呈主教一带［戴］，其白者托主教带请宗座一带［戴］足矣。为念。又及

六三①

（1937 年 3 月 11 日）

　　爱铎说，晋见宗座，女装黑色长袖高领袍，头带〔戴〕黑纱。谅在永城必有包办成衣店。一切望请问刚主教，必能合式，且能速办也。此上。黼斋老弟行安。

小兄　祥手泐

廿六、三、十一

　　报传宗座圣躬日有起色。祥又及

六四

（1937 年 3 月 16 日）

黼斋老弟爱鉴：

　　连日候弟一片，以永城客店地址见告。

　　昨接留罗传信部大学华文教授罗光修士来信，今午复信，请伊向刚主教探询吾弟永城客店地址，以便邀请前往参观。大校新厦乃当今教宗所创办、扩充者，不可不认识之地点，盖与华生前途有密切之关系故也。

　　又，刘大使似不能不去请安，无论认识与否，我国代表驻在之地，到一到，礼也，未识弟意以为何如？此二点前信忘记提

---

　　①　此函为明信片。

及，特补叙，尚祈察夺是幸。匆匆。即请程安。

如小兄 征祥手泐

廿六、三、十六

六五①

（1937 年 3 月 16 日）

请沈祖同参赞转刘荩忱先生：

顷发一函致朱爽斋兄，托伊便中在刘大使处代弟先容，以便晋谒认识。吾弟到大使馆，先见朱英君（二等秘书）。我国驻外大使，均系伟大人物，多识认、多接近，良有益也。匆匆。祇请黼弟行安。

如小兄 征祥手泐

廿六、三、十六

六六

（1937 年 3 月 18 日）

黼斋老弟如握：

连日候信颇殷，今晨得十五日夜由永城发画片两纸，并悉弟偕②安抵罗玛，次早即与刚公由电话订晤，即日开始游览，慰慰。惠寄两片，得之宝贵，感感谢谢。

---

① 此函为明信片。

② 原文如此。

屈指计算，义比路程较远，通讯约须三日。兹有奉告二事，开列如左：

一、驻罗大使馆似不可不去，礼也。小兄已函托朱爽斋兄在刘大使处代为先容，望由电话先向爽兄接洽，前往拜谒，以伸景仰大使之私，亦联络之一道也。

二、中华留学传信部大学修士约五十多位，教授系罗光神父。小兄亦已函告罗神父，邀弟前往参观。大学新厦乃宗座扩大的，亦系宗座表显爱护中华之证据。晋见刘大使时，请代为南文院长致意，并为小兄致候请安。对传大各修士，亦望致意致念为祷。

我国驻外大使、公使，既系祖国代表，复系同邦同胞，无论旧日认识或向未识面，过门不入，似乎缺礼，亦太露不关切之膜[漠]视。望弟实行团结合作的精神，万勿过分拘泥，且于无意中过门拜谒，遇事时有一面之交，颇可得小小方便。人情世故，我弟经验较小兄半生作客外邦者多多矣，毋庸赘述。匆匆。祗请游安，并祝坚振神益。

如小兄　征祥手泐

廿六、三、十八

倘有坚振纪念，望多留数份。老弟受洗纪念，此次乘机送传大廿四份，朱、刘两份，以示联络耳。祥又及

六七

（1937 年 3 月 20 日）

黼斋老弟爱鉴：

连接十六日及灯下惠寄五片，欣悉我弟于十六早九钟举行

坚振礼，夫人、令嫒外，有杨神父参加。按坚振为长养、成就奉教人的信德，坚固其心、加增神力，作耶稣的忠徒，在诱惑艰难之中，能勇敢明证耶稣是真天主。我弟领此坚振礼，于信德上更加一层坚固，可喜可贺，将来升堂入室，成圣成贤之第二步也。

南文院长面嘱，觅一罗玛游览之熟悉引导，即前本院驻罗玛坐办 Dom Placide de Meester①，业由爱铎函告接洽。倘弟由那波里及西西里回罗后，当可接洽会面。

致小兄勋章，有便一看，并无必要也。致紫、白小圆帽，便中购买二顶作念。所说由刚公及宗座亲自戴过一层，偶然想到，随笔奉告，未便以此小节麻烦忙碌如刚公、宗座二人也。刘大使及传信部大学似可抽暇参观及过访一回。我弟精神充足，夫人、令嫒亦健步好游，最足可喜。盖游览之有益身心、学识者，较诸书籍、画幅有过之无不及，且于肉体之健康，实一剂补药也，羡羡。

郭大使处业将 Saoudamot，Kussnach，② 即和、瑞的两个国际并纪念先例函告，俾大使于新建添一层楼之计划上可以考量加入。致将中山纪念室改建小教堂一节，恐不甚妥，故未提及，并以附闻。匆匆。祇请程安。

小兄　征祥手泐

廿六、三、廿

---

① 多姆·普拉西德大师。
② 萨尔达莫特、库斯纳赫。

六八

（1937 年 3 月 22 日）

黼斋老弟爱鉴：

连月天公作美，料想南方当有春光明眉〔媚〕景象，遥祝优游胜地，胸怀快乐，且有夫人、金龄作陪，此境此情，人生艳福莫过于此。身虽未偕，而心神早往左右，同享饱看山水之快矣。

小兄恰遵南院长在议事厅之勖勉，将此大斋最后之七日专做默想，体味耶稣受苦难之工作，搁置一切阅报、通信、看无关我主苦难之书籍，俾得多少的神益，以供年内之神粮。想起刚公授弟坚振礼节，当有一字据为证，倘我弟辞别约晤时，似当面索留念，有备日后之用。小兄前在俄都受坚振礼，曾得一证书，且系主教亲笔签署，亦一极好纪念。想此次礼节简单，坚振纪念谅作罢矣。偶然想到证书，特以奉闻，望酌索是幸。专肃。祇请行安。

　　　　　　　　　　　　小兄 征祥手泐

　　　　　　　　　　　　廿六、三、廿二

马窦《圣经》大旨：耶稣为大祭司，以自身供牺牲，备受艰难痛楚，作救赎世界罪恶之代价。其最后之仁慈、之决心、之毅力、之忍耐、之奋斗精神，千古惟有一基多！祥又录奉

六九

（1937 年 4 月 5 日）

黼斋老弟爱鉴：

连接各信件、邮片、纪念册，又圣本笃圣迹相片十六张又像

照，均一一照收，毫无遗失损伤。由罗玛寄来红、紫圆帽二顶，亦早收到。此次我弟畅游胜地，心神快乐，形体困惫，两者受益不浅，可够整年受用，快慰之至。夫人、令嫒在洛桑稍事休息数日还法，甚好甚好。

此次吾弟赐寄各件都当保存，凡院内有人前往各地游览者，可先借看赏览，作为先导。致本笃圣迹十六张，拟向出版家接洽，得其允许，翻刊圣本笃中文行实内，以引起看官趣味，但未知前途能否允准耳，当一试之。

注使来信，亦以启程日期见告，并拟来院面谈国内近情。伯言兄能先来比都，届时可偕随注使来院小作勾留。爱铎一再以注使、伯言来院住宿均当免费，既承一再申明，自应受领，不客气矣。兹附上致装订书面店短信，望加法邮票 1.50 一佛郎五十生丁，贴邮交寄为祷。

又，润老寄来支票正副二纸，兹先将副本寄上，是否要用法国税票，或比国税票？计 0.30 生丁，加 "Payez l'ordre de Mr. Liou Fou Tcheng, 47 rue de Sevres, Paris"①，望示知照办。该款如何分配，下次去信奉告办理。匆匆。祗请日安。

如兄 征祥手泐
廿六、四、五 灯下

此间检出条约、公法旧书数本，俟伯言兄来院面赠作念，以作参考，当不嫌太旧也。特先接洽。祥又及

坚振纪念，谢谢，当加入每日弥撒书内，永以为念。赐件均多谢不尽。祥又及

---

① 请支付刘符诚先生，巴黎塞弗尔街 47 号。

七〇

（1937 年 4 月 7 日）

黼斋老弟爱鉴：

昨奉寸笺，附上支票副本，当可先达。今午接奉少川大使来函，附下致亮畴部长函稿乙件，兹特寄上台阅，以见少川大使办事精细审慎，前后措词大方得体，可佩可感。小兄津贴事小，顾使才识事大，洵足独当一面，撑持外交大局，为我国得人庆。石使致陈次长函，惜当时未曾录一底稿留寄台阅，甚为惜之。

小兄恰遵先师遗训，不续娶妻室，以残躯事主，为提昔日同部僚友之精神，并可随时随事相互琢磨。故小兄随时将所得感想默思写出，发刊寄送，以通情谊、以表关切、以资勖勉。十年以来，送出刊件成一卷宗，每日三省中，传而不习，谋而不忠，交而不信？扪心自问，差堪自慰。为我弟直告，不可为他人道也。函稿阅后掷还。祇请双绥。

如兄 征祥手泐

廿六、四、七 灯下

七一

（1937 年 4 月 8 日）

黼斋老弟爱鉴：

顷间奉到七日手示，领悉一是。伯言世兄来比一层甚好，但未知注使行踪，不如稍候，何如？见注使接洽到任日期，来院小住系附带闲事耳，尚祈酌夺。

　　附上支票正本，照签署名并加日期，未识合格否？望分神存交 A Roblot① 六百方，J. de Giogord② 四百方，为勒赛夫人列品赠书之用。小兄深信勒夫人之默佑。自先室病中，以至入院修道，经过种种难关，依靠圣婴德肋撒及勒赛夫人阴［荫］庇之力居多，且受勒赛神父之委托，赠送此种善书，与我国积阴德之意相同。小兄默祷勒赛夫人阴［荫］庇我弟全家暨润老全家，聊表感忱耳。匆匆。祗请双绥。

小兄　征祥手泐

廿六、四、八 灯下

　　附支票、书铺地址三纸。

七二

（1937 年 4 月 16 日）

黼斋老弟爱鉴：

　　奉十二日手书，藉悉千方支票正张、二书店地址，又剪报二纸，均邀弟览。少川函稿措词恳切大方，予小兄以十足面子，读之汗颜，其关切之处，更为感念不尽矣。

　　伯言前日午后来院，昨日午后三钟车回比京。注使有感冒，避风数日，当可痊复。窃思伯言世兄海外重逢，事非偶然。盖小兄十年在院，每遇青年之来院访问者，亟愿将昔年文肃之《训练

---

① 罗布洛。
② 吉戈尔。

大纲》托付继续履行，俾先哲之六年苦心，不致一旦付诸东流。小兄无后人可以托付，不得不求一可托付之青年。于有朋之后启中，伯言来欧情形殊出意外，嗣悉为注使调用，喜出望外，特将乱纸旧书中之《公法会通》、《万国公法》（丁韪良译）、《平时国际公法》（高桥作卫著，中文）、《战事国际公法》（同上，日文）、巴黎签字之《奥国和约》、《中外条约汇纂》等十余种有关外交官普通智识者，另加《曾文正公全集》、《八贤手札》、《三忠手札》、《欧西礼俗》（法文）四种有关处事接物必读刊物，于前昨两日当面转赠，并将文肃训练中要旨面授。伯言接受时深表感触，足证锡之家规纯正、训诲有加、根底坚固。此次随注使之后，加以经验一二十年，造诣既深，不难出任独当一面之使命。

小兄为文肃得此少俊，引为平生幸事，临别前复劝以尽孝道，并将昔年小兄对先父如何通安禀、如何祝寿、如何拜年、如何寄剪报博老人喜笑，一一告知，并于每月薪俸内节省二十元孝敬老人作零用，于每年终（每月节省百元）汇寄千元，孝敬老人新年酬应亲友、添置新衣之用。伯言一一细听，当可采纳实行。又告以既为诸妹弟之长，当将此区区尽孝之道函告弟辈，通安禀、祝寿、拜年、报告学堂工作，以慰老人，以博老人喜欢，力为提倡在前，俾弟妹照样。尽孝当以曾文正为圭臬，读伊家书，一一仿行，共成为完人，以扬名显亲，增光祖国。为在家做孝子，在国做忠仆，在社会做良民，方不负老人之苦心奔走，数十年来撑挂门户之担心积劳矣。为吾弟述之，不可为外人道也。匆匆。祇请双绥。

如小兄 征祥手泐

廿六、四、十六

正封函间，接奉十四日手示及两书店收据，谢谢。流通善书为百善之旨，盖善书感化之力，不限于一方一时故耳。小兄自幼目见先父日送耶稣教福音善书，所积阴功阴德，小兄今日用之不尽者，先父所赐。润老及我弟慨助各款，充流通勒赛夫人善书之助，俾邀天庥，以答感情厚意，聊表感忱，一举两得耳。我弟仆仆风尘，辛劳为念。夫人、令媛倘能同行，长途有伴，且此行恐需长期耽搁，一如去年，左右有人作伴，亦劳顿中之慰藉，不可少也。奉托之件，容续函闻。匆匆。再颂日祉。

如小兄 征祥又启

同日

七三

（1937 年 4 月 17 日）

黼斋老弟爱鉴：

连日部署行装，商议携眷同行，或仍单独东归，布置一切，忙碌可知。兹有两事须与我弟接洽，到申晤季璋，或在平遇见刘杰，我两人说话不致矛盾。

季璋三月六日飞邮来信，托由飞航快信保荐于王部长，调伊回部办事。小兄前在部中，从未保荐人员，他部交来条子，一概拒绝，曾与项城约法三章，用人之权，因此保全。现已出世修道十年之久，忽改常度，非但于季兄无益，且将一身操守一旦放弃，于人于己，有害无益。当即详复，并请季兄格外原谅。天下莫如做人难，于此可见一斑。为弟述之，以资接洽。

刘杰君来信，嘱介绍于我弟，得一银行差事，迄今尚未去复。

日内拟去信，告以银行连年辞退行员，势难照办，深为抱歉。特先奉告，以资接头。致伯言世兄，小兄虽有一番意思，将文肃训练要言不烦的传授对方，能否谦谦恭恭的接受，毫无把握。盖小兄于文肃生前，从未敢依靠文肃之地位稍自夸张。当时无人知道小兄乃文肃亲信弟子，俟其遇害以后，方敢说出文肃如何提拔、如何训练、如何爱护。所敢说明者，特为文肃声明昭雪，非为自己增加身价。此中出入，非他人所能知也，并以附及。专此。祇请行安。

如小兄　征祥手泐

廿六、四、十七 晚

季璋兄原函附上，阅后付之丙丁可也。祥又及

七四①

（1937 年 4 月 19 日）

连日部署行装，头绪复杂，为弟稍稍悬系。好在老弟办事精细，有条不乱，反为自慰。

兹有特嘱者，此次长途中，似应将 Paul Praseg 之 *l'église et les États*② 一书，不可不卒读毕业。此系重进外交途之文凭，亦即得用之拷［敲］门砖、不可少之介绍人也。匆匆。祇请黼弟程安，夫人、金龄问好。

如小兄　征祥手泐

廿六、四、十九

---

① 此件为明信片。
② 保罗·帕雷之《公教与国家》。

七五

（1937 年 5 月 2 日）

黼斋老弟爱鉴：

正望函间，接廿五日由波赛发出邮片，欣悉各信均达。夫人、令媛同行，长途有伴，慰慰。我弟行程中工作、游戏均有定时，佩佩。对季璋量力为助，仁爱为怀，谅季兄必知感。

回想一九三一年拜相老为老师，曾约季兄为同门弟子，一出钦佩大老之诚，一为季兄略加身价。当时万想不到相老为中央要人聘为党部、政府委员。倘季兄始终做一高足弟子，前次相老专车进京，于院长外，同车陪送者必有季兄。只要相老一句话，无办不到的事。所惜者前后情形大相径庭，小兄一番代谋之忠诚苦心付诸东流，深为季兄叹息不置。其故系季兄始终未能谅解函约同入相老门下之意。人生在世，相亲相爱如父子、兄弟、朋友，然彼此未能谅解，终必不能持久其情爱，故谅解实乃情爱之关键也。compréhension et incompréhension[1] 一乃幸福之介绍并连结，一乃失望之起点及鸟散之缘因。质诸我弟，以为然否？

兹附赠文肃《替身说法人》，俾我弟虽未亲炙文肃，亦可感受伊言行之感化，望弟受领伊爱才如命之血诚，作伊的私淑弟子为祷。《家训本》请转托季兄代觅单行本十册（袖珍小册）寄下，以便转送旧友，略作宣传品。匆匆。祇请双绥。

---

[1]　理解与误解。

金龄问好。

如小兄 征祥手泐

廿六、五、二

现用信纸、紫色铅笔写信，可省目力，且可□稿，一举两得。祥又及

七六

（1937 年 5 月 20 日）

黼斋老弟爱鉴：

前奉寸笺，当可先后递到。季璋兄与小兄一登相老门下，身价十倍，此系上主默启我二人先觉先拜老师，倘今日晋拜，人必说我二人有所贪图。质诸我弟，当同声感谢上主不置。

小兄新立三省堂名，另纸录奉。前在外交界，每日三省者：为同仁谋忠乎？交朋友信乎？传习乎？现改：为主谋忠乎？交结主信乎？主之心传习乎？故取一日三省之意，立为三省堂。嗣后或有友人交款存放，即用三省堂陆堂名作银行存款人，但为主谋广扬公教之用，有人乐助，即主之默启，非我人劝募之力。盖天下莫如要钱难，小兄加此经验，望爱弟于经济方面特别加意，为夫人、令媛预为计划。曾文正公不愿子弟底颜求人，留二万金遗交子弟，然亦放手用去，于家信中提及，深以为憾。小兄今日偶然想到，特以奉告，望三致意是祷。（小兄四十岁写有遗嘱，至五十六岁先室逝世，本身入院，作为废纸，然不可不备也。）

中比使馆升格，系小兄生前的希望，今果实现，乃一快心事。我弟在银行办事，为计亦甚得，未免大才小用。小兄有此感

觉，故深盼重入外交部。但事之能否成功，所谓谋事在人，成事在天。小兄当为加诚祈祷。然于人力方面，望弟尽力进行，倘欲小兄进言之处，于相当时机密函示知，当勉效棉［绵］力，且为我弟尽力，实所乐为，且引为主启也。

三省堂纪念已托南京张一麒君代印三百份，印费、纸料费由伊函告我弟（三省堂小启另纸录上）清还为祷。此君即恳中法银行登广告于《大沪晚报》的青年。小兄看伊所请尚在情理中，故敢面托老弟便中说法，代银行费一笔广告费耳。

前谈翻译《公教与国家》"*L'église et l'état*"，恐非一年工夫不办。目下老弟业已读过此书，可算毕业（倘未看完，仍须完毕），可向巴黎购致一册，装订成书，加以题词，寄赠王部长作纪念。亮畴先生讲求学问，且必乐读此书，望我弟从早办理。值此中央百废俱举，公教条约实为目前应研究准备之重要问题也。匆匆。祇请双绥。

金龄问好。

如小兄 征祥手泐

廿六、五、廿

七七

（1937 年 7 月 1 日）

黼斋老弟爱鉴：

六月卅日接奉六月十三日端阳节挂号手书两件，展读之余，欣悉此次我两人计划，虽隔重洋，如在一室，细读之后，更觉心心相印，我二人之相爱相谅。小兄出世之前，惟有先室一人，入院之后，惟遇我弟一人矣。

兹将此间与朱凤使面洽各节列左，以资接洽。凤使廿七日偕周伯符兄及大世兄文元来院，作竟日之谈，倾心畅叙，快慰难以言喻，海外得之，尤为难能。小兄惟有感谢上主宠赐特恩，加诚祈祷，并求主佑庇，俾所洽各节顺利进行，以达实现成功耳。

我弟久离外交，办理银行事亦已十余年，为公为私，未可谓之失策，究有大才小用之嫌；且离部情形，凤使当时深悉内容，事有不平，似应补救。此系祥个人意见，并非受托而倾泄之也。

媚媚来信，据称储蓄会营业日见衰落，裁人减薪，恐不久当被裁撤等情。紫老作故后，伊以小兄作父看，小兄亦爱之如亲女儿。业将原信寄交凤使，请伊到部密示亮畴部长，设法位置，并念紫老生平操守、为国尽忠，名正言顺。值此中央以敬老尊贤之口号，罗致马老夫子，亦以此口号，畀小兄之津贴，谅对于外交前辈如紫老者，有以慰其忠魂也。

论到国联办事，小兄前在瑞士任内略有经验。按目前失业人充满各地，谋国联地位者，必更拥挤，恐请少川大使出而介绍，尚难有把握，胡使恐难为力，不若在本国机关设法，较可有几分把握。目前似应候凤使吹嘘之结果，暂当静候。凤使定七月十六日离比归国，小兄托带陆公墓黑大理石十字架一具 en granit noir suédois①，到沪面交我弟之手，以便带往北平，安置墓堂作纪念。想凤使回国，中央重视，毫无疑义，莅沪之日，往码头欢迎者当必不少，我弟大可趁此机会，参加欢迎之列，并可接收十字

---

① 瑞典黑色大理石。

箱件，一举两得，免朱使多一代送麻烦。倘箱件笨重，一时未易取得，亦可接洽，由公司行径送弟店。总之，趁此机会，加入欢迎，重与外交界人接触，出于无意之中，借十字架之光，何如？尚祈酌之为要。

凤使留沪时，望函告媚媚，前往请安，并面恳代谋退步位置。此不可少之周旋，礼应如是，既合人情，复示诚恳，依依不舍之苦衷，亦不得不稍稍流露于言表词色间也。

兹将日来发出通启、默思纪念、徐文定遗像、《许文肃遗训》小册子、先父母先师先室纪念全份，奉赠老弟及金龄、桂龄、锡龄及峻林，又送夫人《修道十年纪念》、比后书签各一，□□①日挂号寄出。遗训小册子三处都有，题词林世兄惠存浏览，蒋世兄同、汪世妹同。按照以上发出通启，适与我弟以入院十年问题与蒋公一函之意亦不约而同。此等处处巧合、处处契合，非上主默示授意，曷克臻此。俗云：谋事在人，成事在天。我既尽力协谋，现应同声祈祷，求主成之。附上张一麒君来信三四两页，我弟阅之，即可接洽。小兄曾给伊弟一信，令伊晋谒我弟，面陈详情。如有高压偏枯之处，当可代为设法改正补救。故小兄已微露其意，倘专心一面之词，但见人之薄待，而不量自力之不足，亦惟有听之娓辞以答之耳。如何之处，酌之为要。

另封附上《九十六次国联行政院议事录》，呈送□□□②小启一纸。又拜马老夫子对联中堂邮片二件，又三省堂纪念三件，

---

① 原函此处被裁去数字。——整理者注
② 原函此处被裁去数字。——整理者注

晒存留念。小兄一生做事，大小各节，莫不仰体先师"存心用意"，即存爱人之心、用于人有益之意。加此小启，印此邮片，一为爱顾使，二为爱季璋兄，意在言外，无庸赘述。三省堂纪念，自惕自励起见，深恐事主不忠、不信、不习主训，质诸老弟，谅表同情也。

书至此，眼花手颤，时已九钟半，越过规定安睡时间矣。专此奉复。即问近好，并颂健康。

> 如小兄 征祥手启
>
> 廿六、七、一，二日交邮

附函二纸

黼斋老弟爱鉴：

兹有张君一麒 Mr. Ygnace Zesang Y. Lin 在中法银行供职十有二年。乃兄石漱来信，据称叠［迭］闻弟驾莅沪，亟愿乘机晋谒，以伸景仰之私，特以一言介绍。如荷拨冗延见，并赐教之处，曷胜盼祷。专此。祗请旅安，并祝健康。

> 如小兄 陆征祥手启（章）
>
> 廿六、七、一

七八

（1937 年 7 月 13 日）

黼斋老弟爱鉴：

月之三［二］日，奉上挂号信，详告刘媚媚之事，及我弟重进外交部两事，均已面恳朱凤使，向亮畴部长密商。凤使月之十六日离比回国，我弟在申，于凤使留申未晋京前，能谋面或到埠头欢迎回国，并能嘱媚媚前往请安，以尽礼节。

屈指前信，恐为北平事变扩大，未能按期达览，特摘要奉告，以资接洽。华北事变，我方恐难容忍，势必出于抗御。日方准备已久，早晚终要暴〔爆〕发，瞻望前途，深为焦虑。北平戒严，夫人、令媛，陷在危境，未识能及早来沪否？

日来比报纷传消息，疑信参半，远隔重洋，真相难明，惟有求主佑庇，转危为安，化大为小耳。匆匆，不尽欲言。祇请旅安。

小兄 征祥手泐

廿六、七、十三

七九

（1937 年 7 月□日）

黼斋老弟爱鉴：

连日消息，异常紧张，小兄所过虑者，夫人、令媛之陷在危境，未知能乘机搭车南下否？望弟竭力设法，约同银行熟人，脱此虎口，既免悬系，复得彼此商议进行各事。

我弟复进外交一节，目前情形大变，尚祈格外郑重考量。小兄愚见，银行现成地位，十年办事，均相契合，且战事一开，所缺者银钱"Le nerf de la guerre"①，吾兄在银行，必能多多出力，较诸在外交方面之帮忙，似较实在。

附上瑞典黑大理石十字架相片一纸，望弟暂存银行，一俟战

---

① 战争之力量，意指银钱。

事平定，再行托人带平，万勿急急。匆匆。祗请日安。

如小兄 征祥手泐①

前星期寄上飞邮信乙件，未识能按期达到否？

八〇

（1937 年 7 月 27 日）

繗斋老弟爱鉴：

朱凤使搭德公司"Gneisenau"②东归，廿二日船到折努阿，抵申日期，报章必有揭晓，我弟当能采知无疑。前上飞函，当可先后递到，此乃第三函。

值此人心浮动、仆役难当之时代，我弟当注意男女仆二人，忠实可靠者，厚给工薪，以自己人看待，准备日后永久跟随服事，亦作为留遗后人之遗产，何如？

倘有夫人认识之修院或他教会，平日往来联络，日久作为家庭看。一旦遇到危急之际，亦可作留遗后人之□□□□□③何如？偶然想到，敢以奉告，尚祈大酌留意。夫人、令媛早到申□□□□④策。此请程安。

如小兄 征祥手泐

廿六、七、廿七

---

① 旁红笔注"20.7.37"，似为收信日期。

② "德奈森瑙号"。

③ 此处数字浸洇，无法辨识。

④ 此处数字浸洇，无法辨识。

八一

（1937 年 8 月 8 日）

黼斋老弟爱鉴：

连上飞邮，谅可先后达览。报传消息，甚为紧张。小兄所过虑者，夫人与令媛住平之危险。倘能南下与弟同处，或先行回法预备论文。逆料银行事务，或因战事暂停进行，或者老弟亦可同回巴黎。值此乱世，我弟暂在银行服务，金龄从容预备论文，夫人住法，偕同我弟安住巴黎，团聚一堂，实为难得之境遇，亦上天所特别赏赐也。

中日战事，早晚难免，早发晚发，在我被动地位固无所计较。早发早了，晚发晚了，终以死中求生，不以幸免求生。死尸如山岭，血流若江河，牺牲愈多，人格愈高，民族存亡，在此一举。前清末叶之污败积习，非以民众鲜血不够洗涤。民国肇始之封建思想，非此千年奇祸不够改变。病入骨髓，非用猛药不够医治。

新生活运动确系一剂治病良方、治国要药。小兄深恐言者谆谆，听者藐藐。庐山茗叙，在领袖苦心训话，听者能否力行尚无把握。非有天翻地覆之凶灾，仇敌杀人火焚之惨暴不够策励。小兄不以此次之战事为祸端，认为救星，全在我人之利用之善用耳。叨在至好，又是知己，用敢直陈，以罄四十余年之积愫云尔。祇请双绥。

如小兄　征祥手泐

廿六、八、八①

金龄问好。

---

① 旁注：九月廿七日收。

八二

（1937 年 8 月 11 日）

子兴如兄手足：

前后接飞函三件，兹逐答如下。其前接各平常函，已在七月廿五日函中作复矣。

惠示朱凤使回国及往迎迓一事，弟得便必去，且已探明德船到沪在本月十四日。刘媚媚处，当为之约定晤谈日期。凤使所带之黑石十字架，弟当代为保管，俟得机带平，安置慕庐内，请释念。至弟之改途一事，现当倥偬之际，自谈不到，而弟对已成之局亦决不轻易放弃，尤盼勿劳过虑。惟媚媚之事，倘因中日风云而受阻滞，是诚可惜矣。盼不至此。与凤使晤谈时，当探其究竟。内子与小女早已到沪，说来成为笑话。当七月七日北平发生芦沟桥案时，内子初尚不以为意，至十五日弟已三电催行。内子接电后，始出外探听消息，而友人均促其行，但小女以在平得一中文好教习、能念中国书计，尚不愿行。但由十五日至十八日沪上所得平方消息亟为乐观，和平可望，且知宋与日人讲和已有具体办法，故弟于十八日复电内子，告以消息转佳，毋须来沪。发电在下午二时，约计之六时准可收到。而内子等已于四时登车，未能接到此电。日后云，彼时若接此电，定不成行。孰知内子到沪后，平津战事日趋激烈，至今日视之，其得免为瓮中之鳖，亦万幸矣。念自平津陷后，信息不通者已多日，今早始得津行本月二日所发之函件。接报纸所载，北平陷落，城内无战争，至今有江朝宗出为治安维持会会长，主事者有日本顾问多名。英美兵士帮同警察维持城内治安，城门每日早晚开启两次，兵士不分中日，不准入城，但居民已无外出之可能，因城内实较城外为平安。□□南交通，铁路日开一次，火车、电信、邮件检查亟严，至今不知已否通达。但天津方面远不如是之安宁，日人之烧杀轰炸不分兵民，而平民及学校与官舍遭殃尤甚，其无家可归、饥寒待赈者数万人。日人横暴若此，适足以增我敌忾［忾］同仇之心，故和战至今未决。然街谈巷议，均以抵抗为号召，诚然此次事变确为中国存亡之关键，战败固亡，屈服亦亡，盖日人之计画不止在吞食北五省，实欲变中国为一保护国。自廿一条至今，其每次外交所提出之条件均此类也。幸此次兵心亟固，人人有不怕死之气，以机关枪、手榴弹之武器，而与飞机大炮相抗争，不可谓无人之不勇也。将来若果有大战，果归失败，是决非兵士之不武，实为将帅之不才，试述一事以实之。河北省在《塘沽协定》后为中国最难治理之一省，因外交棘手也。以如是重镇而委之于宋氏，宋氏当如何励精图治，但其每次到津，即终夜雀战，其无心肝已可概见。主座曾以高射炮五十尊及技师若干人赠之，使备万一，宋氏纳其炮而却其人，曰吾自有人能运用此炮也。及至此次战事发生，日本大队飞机掷弹如雨，无一高射炮以应之。至平津失陷，而此可贵之五十尊高射炮尚鼾睡于军库中。此虽过去之事，足见吾人缺少头脑清楚、常识充足之将才，更不必谈其高上者矣。弟在沪早有赴汉之预备，因中日事亦暂行搁置。沪上尚平安，妻女均好。专此。同叩道安。

如小弟符诚叩

廿六年八月十一日航空信

八三

（1937 年 8 月 17 日）

黼斋老弟爱鉴：

连日报传日本空军轰炸上海，Cathory Hotel① 上层被毁，深为系念，我弟必受惊恐。初以夫人、令媛能设法南下会聚上海为得计，现悉客店被击，反以住平为稳妥。远隔重洋，谣言四起，难得真相。战事扩大，一日数变，令人东望，寝食不安。小兄每晨祈祷，求主降福，俾我弟早得回法机会。既非政府公务员，尤不是军人有保卫御敌之责，不如早回巴黎，令媛得继续预备论文，夫人亦能安心居住，团聚一起，度此千年奇祸之日，衷心虽不能无过虑之处，身形尚能免受虚惊，亦不幸中之幸事。

小兄在院十年之中，常以不得国内消息为幸事，盖每得远东电讯，非灾即乱，非祸即变，非内讧即外患，奈何奈何！虽然我人在世日在苦斗中，不能因此而取消极态度，反可增益我人之所不能。故此次严重国难，大足奋发我全国抵抗之决心，坚持到底，在死中求一条活路。天不亡中国，终有最后之胜利，存亡固在此关头，复兴亦在此一举。我人完全信任中央执政诸公，决一死守，日人自取灭亡之期当不远矣！临颖神往，诸惟珍卫。小兄近体尚适，勿念。即问近好。

如小兄 征祥手泐

廿六、八、十七

---

① 华懋饭店。

夫人、令嫒均此问好。

屈指凤千公使抵申当在月之十一二日，适遇事变，一切均无可谈，只能静候事平，再作计议。国事如是，个人私计只好置诸度外矣。奈何奈何！

祥又及

八四

（1937 年 8 月 20 日）

子兴如兄手足：

十一月上一航空函后，至八日又一星期过去矣。而沪战之南北及摧残之情形，实有不可以形容者。计闸北、江湾、浦东、南市等区，每日夜炮火轰炸，难民流离窜入租界者岂止十万分。然兵民抗敌情怀至为激昂，牺牲虽如此巨大，而勇往直前之心实从来所未有。今日《大公报》论文谓，此次抗日为中华民族在历史上最有光荣之一页，在合全民族而对外，此次实为第一次。是言诚为明透。上海之战事前数日主于人民有险，因空中战争，流弹四飞。其最不幸者为本月十日之空中战，是为第二日空战。人民对此种战事尚不知其危险，举皆仰首笑视，甚至鼓掌叫好。不意在下午四时，弟与法同事在外滩即黄浦滩花园散步，窥视日本军舰时，忽而舰上高射炮见中国机来袭，连连轰击者三次。每次园中游人均伏地以避之，弟与法人尚直立而不以为意，忽而哄［轰］然一声，震耳欲聋，赶即出园，觅车回寓。公园门首与南京路口相距不过百五十码，车至该路口时，见有炸死巡捕一名，仰卧地上。路中汽车大发其火，所有

Lithmy Hotel 与 Pala Hotel 之门窗玻璃均为震碎，房顶且有损坏。弟见此情形，赶叫车夫绕道回寓。讵行过西藏路大世界时，难民拥挤，闲人辐辏，各车均不能快行。正在此堵塞初开，弟车过去不及百码时，砰然一声，炸弹坠落于人丛中，计毁车十数辆，人死及千名，南京路亦死有数百名。弟与法友亲历此二险而得无恙，当感谢天主及我兄代祷之力。经此一场险事后，英法租界出向交战国抗议，不得在租界内有战斗行为。英美两国且将妇孺遣返至香港、菲列宾等处，以待平定。目前上海只有枪炮之战，而不见飞机之战矣。但日本飞机来者日多，而中国方面亦处处防范抵抗，不稍示弱。据今日报纸计算，各处毁坏敌机共有五十架之多（日本消息，我方飞机被毁者有八十架之多）。至陆战上，日本亦大感棘手。吾人之顽强抗战，震惊日本，计日本现有之军队约三万人，处处受窘，难以得胜，现又调六万人来沪助战。现行于浦淞之日本战舰大小共有三十二艘，每日夜续战不已，炮声火光惊人不安于睡，而民房之烧毁，不可以数计。市面之上，数日来各路电车均停开，各商店均闭户停止交易。今日已稍呈活动气象，惟街上闲人及难民甚多。此次与上次沪战不同之点，为民间组织救济及捐助等事较为热烈，盖众人皆知此战实为中国存亡所关，战期愈久愈利，纵不能灭日，亦不能不胜。置吾人胜，日本尚可立国，若吾人败，则即为日本吞食矣。此外，在北方吾人又收复□都，察绥方面亦有胜利，南口依然在握，若再有进步，不难直捣平津。青岛方面，现虽在商谈中，恐终亦不免一战。战线延长，由北至南，幸当局早有防范，处处均足应付敌人，且有以胜之。是此大战之第一幕，吾人已占上筹矣。较之每次见敌即逃，真如两国。从此吾人识有国家，识有民族，是皆日本之赐也。

　　今早接到八月二日第四次航空函，谢谢。已有电复上，以慰远念。弟与妻女同居于国际饭店，一切尚适，惟诸须稍受限制。公事方面，一切无从进行，不日当电巴黎，询问行止。朱凤千公使所乘之德船，承示知，应于本月十四日到沪。然十三、十四正陆战及空战最列之日，且知外轮到沪多在杨树浦北方停留，而该地初为日本战事根据地，现已被中国兵击退，但无论如何，是日该轮不能停在该地，且行人尤难通过，故未去迎船。至十五日，弟到轮船公司探询。据云 Gacirurme 船确于十四日到沪，惟因战不能入吴淞口，已将在沪应卸之人、货载去日本，俟回沪后再看战事情形，再商卸人卸货办法。是朱公使将来能否在沪登岸，抑回香港登岸，绕道回沪，均不得预定，容后再行报告。

　　内子到沪后，曾去访问道姑 Sanit Wagonberg。据云今年九月九日伊八十二岁矣。其精神充足，仍可管理院事，但已改任别管院之职。天津有战事时，家人等均移居英租界友人处数日，现已安然回家矣。杨峻林外甥于六月中调沪行办事，故未受津乱之险。惟锡龄甥女之南开大学已焚毁于炮火中，桂龄之清华大学亦无形沦没。二人均欠一年学期而未卒业，是诚可惜之事。日后赴何处求学，因至今沪津交通未立，邮电不便，未能切商，均须俟之大局平定后再说。北平方面，自内子离开后，音信毫无，乱象固无，而人民之自由实已丧失，锡之兄等亦不知其消息。今日报载，北平人民有独立之运动，是又一幕傀儡剧之开场。吴佩孚将军因不受日人利用，有被看视之说，是亦在意中。日来上海租界无飞机作战，颇安静，请释远念。专上。敬颂道安，并祈恕草。

内子、小女均嘱问候。

如小弟符诚叩

廿六年八月廿日

八五

(1937 年 8 月 23 日)

黼斋老弟爱鉴：

月之廿日，接奉十九日自上海来电云：Famille ensemble Shanghai sains et saufs Liou Fou Tchang。① 快慰难以言喻。盖自七月七日起，心心念念所惦记者，夫人、金龄居平之危险，故三去飞邮，嘱弟早日设法接伊等来沪者，亦即此事。

廿一日接到七月廿五日五页详信，欣悉老弟早已见到北平吃紧情形，数电催请夫人来申，业于廿日偕金龄安抵申江，同居国际饭店。我两人虽远隔重洋，所见所料相同，尤觉快慰。现盼我弟早日偕眷离华回法，每日圣祭中代为虔祷。诸惟心照不宣。即问双绥。

金龄问好。

如小兄 征祥手泐

廿六、八、廿三

日方实力虽充足，我方有置死不降之正气，终得最后胜利也，完全依靠上主，信任政府。祥又及

---

① 除刘符诚，全家齐聚上海，安然无恙。

八六

（1937 年 8 月 31 日）

黼斋老弟爱鉴：

月之廿九日，奉到十一日航空信，计算行程十八日，较走悉毕利亚不见快，奈何。信长两页千余字，捧诵再三，快慰之至。

日军轰炸上海，自十三晨开始，故信内未提只字。天津徐东海居英界，岳菊如、方明甫、徐端甫、颜骏人均居英界，当少危险。曹润老居日界，较危。令府亲戚居义界，未知有信否？平安否？念念。

近接伯言信，永发堕机陨命，可为锡之兄痛悼。为国捐躯，死得其所。先师文肃愿死于战场，后竟被逮斩首，实副其所望，所惜不在战场而在菜市耳，为之痛心。

上海被轰后，日日盼望老弟、夫人、金龄早日离沪，惦记者在此，祈祷者在此，不安者亦在此。余容心照不宣。此请潭安。

如小兄 征祥手泐

廿六、八、卅一

再，能赴滇，由滇回法最妙。甚盼。祥又及

八七

（1937 年 9 月 12 日）

黼斋老弟爱鉴：

月之八日，南文院长银庆典礼，一切设备甚为壮观。王亮畴

部长远赠古诗匾额，配框悬挂大客厅。我弟面赠纱灯两盏，左右
配挂，且雅且美，来宾称赞不置。兹将剪报两纸、纪念三件飞邮
寄上，俾我弟及夫人、令媛早睹为快。

现在上海方面军事扩大，北方战事有进无退，势必全国被炸
被攻，奈何奈何。日人横暴，至斯之极，我主仁慈，必当佑庇祖
国。但我主以正义赏罚，对此强暴亦必有以警戒之也。

我弟向南文院长电贺一节，已函嘱伯言世兄照办矣。特以奉
告，以慰远念。早离上海为妥，望顺机行之为祷。此请双绥。

金龄问好。

如小兄 征祥手泐

廿六、九、十二

八八

（1937 年 10 月 14 日）

子兴如兄手足：

接奉九月十二日赐书，藉稔起居多吉，至慰。南文院长银发
典礼，幸我兄早筹预备，得于去年送些微物，否则定会届时忘
却，并此间战事不停，烦恼之事触目即是，实无心忆及他项。北
方战事，民心虽激昂，兵心虽坚固，而主将昏衰，致屡失要塞。
今日消息，太原方面稍有胜算。南方抗战虽猛，而敌之破坏反甚
矣。飞机日日降临，惟穷人受殃为大。今晓之战事为二月以来所
未有，凶猛无比。弟居在国际饭店第十楼，四周均在目前，四面
枪炮之声震人耳鼓。此时中国飞机来战，日方之高射炮、探照
灯，声光相应。目前妻女等似均已习惯，不思躲避如初到之时

矣。此次战事虽然如此之酷烈，吾人亦不能不牺牲一切，抗战到胜利之日，如无胜利，即须亡国，此无可讳言者也。近来美国观念趋向转善，于我方有利，深盼英法等国明了日之野心，联合抵制，则我之胜利必可得矣。报载九国公约会议将在比京举行，时兄处消息当较为多而且快。

　　弟之经手事，并未因战事而停顿，故不能遽离沪返法，好在弟对枪炮声尚不甚经心。现所不便者，为妻女等由平来沪时，未作长期居留之打算，以为短期内战事可了，仍可回平度其清闲之岁月，专心于汉文，但三月以来，前途茫茫，战事决非亦决不应早日结束。惟天气日渐寒冷，所有御寒衣物均留置北平，而目前平沪之交通异常不便，火车早已不通，只有英轮可以乘坐，由沪至津，亦须七日至十日之期。船且不能至津埠，只可至塘沽，由塘沽换乘小轮至津。在塘沽换船时，日人即来船检查，由津至平火车上之检查尤为严厉，无站无之，尤以由平至津至塘沽之日人检查为更酷，盖日人对于离平者，较对去平者注意为大。为救急计，惟有用时零碎添补而已。此外锡龄、桂龄二人之学业亦成问题。锡在南开大学，桂在清华大学，均可于明年夏季卒业。今日祸横来，校舍为墟，清华虽未遭劫，而亦经关闭。前者本有转长沙就学之议，现经详考，终觉危险尚多。内子主张弟等返法时，将伊二人带赴法国或英国留学，如是则伊等学业定必有益，而弟之担负及内子之劳虑当更加重矣。幸内子乐为，当无可疑矣。匆书，余另陈。敬颂道安。

　　内子及金龄小女嘱笔问候。

如小弟　符诚叩

廿六年十月十四日

八九

（1937 年 11 月 12 日）

黼斋老弟爱鉴：

连接九月十六日信、九月廿七日十页长信、十月十四日二页（每页廿二行，每行卅字）详信，一二读悉，同时又接金龄九月廿三日来信，附来救护被伤民人相片两纸。

回环诵读，战况如在目前，令人且叹且伤且哭。日人强暴，至斯之极，诚如金龄信内所说如下："On the peut，vaiment trop déplorer la folie qui semble s'étre empaiée du Japon et le pouose a vouloir conquérir la Chine entière"① 小兄细读此信，见理透彻、措词佳妙、情意恳挚、思虑周到，诚词林佳品，当珍重藏之。

我弟既聘季璋为师，讲解汉文，兼教书画，金龄又嗜祖国文学，将来成就远大。小兄前日致书季璋，有刘氏将出一曹大家一语，非过夸也，但望此语之实现于我弟族中耳。夫人玉体日趋佳尚，可喜可贺。我国俗彦［谚］曰："多难兴国"，非虚语也。

兹有恳者，小兄内表兄许朝元，号秉臣，前京沪铁路总局站长，现已乞退，食养老金，人品古派，在局服务数十年如一日，为中外同事所钦佩。兹伊外孙拟来比留学，以求深造，甚佩可嘉。附上伊来信末页，以资接洽，并附去致伊一信，望台阅接洽，并望格外帮忙。小兄虽在院十年，留学界事不甚明白，我弟前年为韩儒林君始终成全，一切情形，谅当记忆，可否约许表兄

---

① 吾诚不可沉浸于日人之强暴中过于悲恸，此将给日人机会征服整个中国。

面洽一切，如荷拨冗指教并协助，实同身受也。许君仁厚老成，可交之友也。

九国会议略有停顿，义、德、日三国联合，并在地中海义、德军舰有示威行动，前途殊未可乐观。惟我方上下决心死守到底，此乃上主佑庇之发显处，大可信仰坚定。此点光明照耀于无形，谓之正气，谓之天佑，谓之圣宠，均无不可也。小兄十年在院之期望，祈祷之虔诚，实出至诚，至诚动天，或不无小补耶。未敢自许，叨在手足，敢以密闻耳。秘之以观后效。

目花手颤，未克多书，一切心照。此请双绥。

金龄问好。此间全院健康，爱铎倾心帮忙，天赐之良友也。

小兄　征祥手泐

廿六、十一、十二

付信一页。①

九〇

（1937 年 12 月 29 日）

黼斋老弟爱鉴：

叠〔迭〕奉详信，感谢之至。我国遭此奇祸异灾，相伯老人当有预觉而先知。致小兄方面，以自身的经历，此笔贻误国事之大账，早晚总要清算。贻误国事，前清老臣既不能辞其咎，民国要人复不克卸其责，全国民众终不能完全委诸于领袖人物之肩背上，而不自认其贪懒自弃之一部分的责任。值此清算总账之

---

① 原文如此。——整理者注

日，尚有不觉悟之辈，背国助敌，为虎作伥者，尚何言哉！尚何言哉！

小兄于此笔大账上欠负不轻，于前清账上、民国账上、国民份子的账上，都负有重大的欠缺。既承竹筼先师之训练指导，复许先室以残身献事上主，藉以作补赎工夫，减轻我一身对世界、对祖国、对民众之罪恶账目，迄今思之，实出上主宠召之恩。小兄目蒿时难，更感主恩于无穷期矣！惟此笔血账何日算清结束，尚难逆料，惟主命是听耳。

兹附上芦沟桥起事日之感触，作一法文的警告同胞，简略数行，聊表我爱国爱民的微意耳。我国的 l'Yser① 究在何省？我国的 Libre② 何日实现？救此垂亡之祖国耶？小兄一身经验，自呱呱落地后迄至今日，无日无年不作在 l'Yser 之想，先父母的了[潦]倒困苦，不异乎 l'Yser 之困苦。我弟平生无此经验，可喜可贺可羡。此次赴港，船中所遇的当局人物，谅无一人尝遇此种困苦，亦可艳羡也。值此努力时间，少作空言高论，何如？匆匆。祇请双绥，并祝健康。

廿六、十二、廿九

Mes hommages à Madame et mes amitiés à Mademoiselle Edette. ③

---

① 伊塞，位于法、比交界，法国大革命中设立的一个省。

② 自由。

③ 向夫人和爱黛尔小姐问好。

九一

（1937 年 12 月 31 日）

黼斋老弟爱鉴：

连日肃奉寸笺，附上年片多份，恳托加贴邮票交递，谅可先后达览。今晨报载上海卅日电，详述陆伯鸿宗兄遇害情形，读之令人心悲神伤。南文院长当即揭示堂右，敦请全院修士特别求主加恩，宠赐殉教荣冠，早登天国，以享永福。陆氏子孙，信德坚振，上主恩赏当无穷尽，可吊可贺。寄上致陆氏年片，倘未发出，望代截留作废可也。值此乱世，良莠不齐，鼎鼎盛名，众目监视，招祸被害，实意中事。异日流芳贻臭，自有公论，天道至公，不我欺也。

小兄日夜加诚祈祷者，求主默佑当局要人避免惨祸。伯鸿宗兄无日不在祈祷中，竟被我主召回天国，天机难测，殊令人叹惜不置矣。我弟香港事毕回沪，是否由沪搭舟回法，便中示知，以慰挂念。

国内老人爱国热诚，莫过相老。东邻元老仅存西园寺，报传病重，未知确否。老成凋谢，令人嗟吁。按远东惯例，临终遗言，必有忠告之语。此老忠良可知，昭和或可获得最后忠谏，时局或有转机，未可知也。叨在手足情深，藉以直陈心望，并求默启此老。东亚幸甚，祖国幸甚。匆匆。祗请双绥。

金龄问好。

如小兄 陆征祥手泐

廿六、十二除夕①

----

① 旁注："廿七、二、十七香港收。"

九二

（1938 年 1 月 10 日）

黼斋老弟爱鉴：

十二月五日香港 Peninsula Hôtel ①来信，一月八日到达，计程三十四日。我弟在港约两月勾留，此次复信，未知在港在沪达览矣。

承示上海、香港详情，以及外交同仁散居避难各节，读之不胜感触浩叹之至。际此祖国存亡一发之间，惟有各尽各力，或间接或直接努力，聊表一分爱国之忱耳。兹附上□□□②《圣诞通启》一大张，刊诸《巴黎十字报》者，又捐款小启一纸，比国除少数同情日方者外，可算全国表示关切之情。

小兄曾一度赴使馆午餐，得与顾、郭、钱、程四大使晤面，同席有蒋百里君、胡世泽公使□□□，海外得此良晤，亦可望不可遇之机会，快慰难以言喻。

近来目力、脑力颇觉干枯，构思为难，动笔又懒，故少上书问候，歉甚歉甚。我弟来书有七页之长，精神振作，溢于言表，可喜可贺。匆匆。先奉数行以慰远念耳。祇请日安。

如小兄 征祥手泐

廿七、一、十

于主教通启、捐启阅后付丁。

---

① 半岛饭店。
② 此处被裁去数字。

九三

（1938 年 1 月 12 日）

《诸葛忠武侯评传》，王缁尘撰。

一

　　凡一民族，必有一优越之特质，然后才能争生存世界，否则在太古邻国相望、不相往来之时代，尚得度其优游之岁月。及至与其他强大之民族之相遇，势必归于自然淘汰之境域，此生物之公例，自古迄今，未有能违避者也。故如美洲之红种、澳洲之土人，在数百年前，何尝不芸芸总总，盛极一时，而今则何如矣！

　　今日抄奉一页，以代面晤。此上黼斋弟，并祝日安。

如小兄 征祥手泐

廿七、一、十二

九四

（1938 年 1 月 14 日）

　　窃思我中华之民族，初则不过繁殖于黄河流域，而东则有淮徐诸夷，南则有荆苗等蛮，西有戎狄，北有猃狁。当时我民族四面受敌围攻，岌岌不可终日；而我民族卒能应付拒逐，或使之同化于我，合而为一，以迄于今，尚巍然为世界唯一之大民族者，此无他，即有一优越之特质故耳！夫此特质，散之则在各幺匿，而合之则在拓都，此亦社会学之公例，无可非议者也。

连日阴雨，构思为苦，续抄评传数行，以代面晤，日后拟手抄曹大家著作以饷金龄侄女，何如？此请黼斋我弟日安。

如小兄 征祥手泐

廿七、一、十四

九五

（1938 年 1 月 17 日）

此特质之散在幺匿者，无论多寡，每个幺匿体中，总占有若干之成份。其成份多者，则其人之智识也特高，道德亦特厚，遂为此民族之代表，又遂为此民族之群众所信仰、所崇奉，传之百世而靡有止境，而此民族，亦益以繁殖而昌盛，此自然之理也。

此代表之所以受人信仰、受人崇奉者，即由上所述优越之特质，占其多数之成份之故。吾人今欲将此特质之代表锡以一名，是即一般人所称之"人格"二字是已。

续抄数行以饷我弟。人格可增可减，全在本人之努力以验其升降。何如？兹颂健康。

如小兄 慕庐手泐

廿七、一、十七①

---

①　旁注：二、十四收，香港。此页以前之文未收到，想入封时忘却装入。诚注。

九六

（1938 年 1 月 18 日）

　　具此人格之人，其蓄于内者，为智识与道德；其见于外者，则为政治与武功；而流传于后世者，则藉文字。故文字最要之因素，即记载此人格者之历史也；此历史之效用，所以为不可没也。

　　吾读中国数千年历史，在秦以前，足以代表我民族者为孔子；而秦以后，则为诸葛孔明而已。是二人者，于《中庸》所称之智、仁、勇之三达德，皆完全无阙，而又皆生于衰乱之世，栖栖皇皇［遑遑］，不曾一日得其宁息，且复不得见树事功于当世，而千载以下之人，读二人之言行，想望其人格，总无不生高山仰止、景行行止之心焉！此吾读孔明遗书而所以不能已于言者也。

抄录前八行，以表思弟之殷，并颂加餐。

如小兄　慕庐手泐

廿七、一、十八

九七

（1938 年 1 月 21 日）

黼斋我弟爱鉴：

　　两日未得暇，抄写数行字以代面晤，渴念之至。细思王缁尘君所说人格之成份有多有少，占有多数之成份者，遂为一民族之代表，传之百世而糜［靡］有止境；然占有少数之成份者，或得传之十世而不泯灭乎。

日来特将刘氏、陆氏二家之支派，在《王云五字典》、《辞源》及《中国名人大辞典》三书内略检历代人物，占有多多少少人格之成份者札记一二，以觇二氏盛衰之沿革，饶有趣味。查刘姓大族甲于他族，现得刘氏大人物三十人内，属皇族者八人、学者十一人、宦官九人、仙家二人，共计三十人。兹先奉告。余续布。此请日安。

如小兄　慕庐手泐

廿七、一、廿一

附上"吃苦"邮片两纸，盖自六年七月七日起，迄至今日，可谓过苦日子矣。小兄十年苦修，不敢谓苦，现反觉甘矣。祥识

九八

（1938 年 1 月 24 日）

黼斋我弟爱鉴：

近日报传上海又有暗杀杨某之案，据称此案与刺陆伯鸿宗兄之事同一原因云云，未知确否。上海似不宜久居，夫人、姑娘暂住则可，久居恐非所宜，尚祈安筹办法，至祷。

日来查考陆氏宗族，学者九人，宦官三人，计十二人，远不及刘氏宗族之昌盛。既有创国之君，复有成仙之侣，倘在民国出一女才，实意中事，不能算了不得的光荣。小兄对于女学向来十分注意，日来构思为苦，翻书抄书较易为之，但未知我弟与金龄

侄女不以迂腐见笑否？此请日安。

如小兄　慕庐手泐

廿七、一、廿四

九九

（1938 年 1 月 26 日）

黼斋老弟爱鉴：

昔年从役森都，习闻《女训》之重要，竹笘先师尝以"万化出于闺门"之语，不烦三令五申，嘱小兄公余之暇，补读古圣先哲教女遗籍，故平日留心《女诫》《女训》《女论语》《女孝经》各书，搜集书架，惜未拜读过目，深以有负先师遗训。

数月以来，执笔构思，往往思索许久，思路不通，欲以院课述告，或以战情详陈，或以身心自修，或以起居饮食之琐屑略述一二，以代面晤。思久神倦，弃笔叹曰："友朋通信，每以性懒互规，而我非性懒，思路不通，今欲通此思路，惟有以古人之思路为先导，引出我之思路耶？"故有手抄《武侯评传》、曹大家著作之拟，但未知我弟暨金龄侄女不以陈腐、不以老生常谭而厌闻否？此请日安。

如小兄　慕庐手泐

廿七、一、廿六

一〇〇

（1938 年 1 月 26 日）

子兴如兄手足：

上年十二月到香港时，曾于是月五日寄上一笺，嗣以公务繁重，久未作书。至十二月廿九日即来越南河内地方，每遇一节，如圣诞节、元旦节，或移居，即思驰书奉告奉贺，终以时间难得，徒存此心，今到此将及月矣。日前奉到赐寄纪念照片多张及大札一通，诵览之下，如获拱璧（此信系十一月十二日发，一月廿二日收，计期七十日，可谓长矣）。今日稍暇，特与我兄作一长谈，以罄积愫。

弟此次来河内，仍为中法合作事业，以种种需要，有即时沟通桂越交通之必要。国内敌踪遍地，直无一清净地可作谈话之用，是以同仁均来此。谈判已大见进步，不久即成立一合同，以为建筑由越南至南宁铁路之根据。条文拟妥后，弟尚拟随同铁道当局飞往桂林，与地方当局一谈，然后再回越南，由越仍回港，由港再回沪，由沪携同眷属回法。在回法之前，能否同去北平一览，有厚望焉，不敢必也。弟等若照此程单实行，到法之期，当在春节左右。

承奖小女，至为感激与慰藉。盖自平沪开战以来，两处战场均经身历，年幼心厚，其感愤之深，时露于外。其咏卢沟桥云："严城落日闭门，强敌深夜逞兵。翌晨桥芦染血，何时沟水还清。"（因记忆不清，故有涂改，祈谅之）至沪战期间，金龄对其海外师友各致长信一封，以表示吾人之立场、日敌之强暴。其与宝来先生（Francis Bovey）之书长至廿余页，以其能在法国政界、报界宣传也。宝君答书亦有读其书不觉其泪流于面之语，是与吾兄所谓读之令人且噫且伤且哭，如出一辙。此女之天资既聪颖，复得严母名师以督责训导，是以年及成人而知识已立。有女如此，人皆爱之，以其为弟之女也。故弟爱之益深，每得其一信，有时长至十数页至廿页，上至国家大政，下至家务琐细，无不言之成理，读之至感兴趣，是即弟一生最心喜之事。今承兄言及，故弟亦乘机一罄衷曲，若非在知己如兄之前，弟决不敢有此自誉之论，谅兄亦当不我责。

凤千公使自返国后，迄无直接消息。日前接伊由沪寄下一函，言曾到国际饭店访晤，始悉弟在香港，约弟于返沪后一谈，以便将十字架交下。弟拟日后予一回信。今在河内谈路事，交通（铁道部已并于交通部）部长张公权先生亦来此，于谈话中探知伊已成立一湘桂铁路公司，并已派凤千为差事，将来在河内办理路事人中之一当为凤千兄，缘张、朱二人系至友也。前者弟本欲入外交界，现外交界之人反入铁路界，是又事由天定之一例乎。

驻河内之总领事为许君念曾，弟到此始知许君为老同事许同范君之世兄。此次许总领事对弟等之招待颇为恳挚，惟人过忠实而已。刘士熙公使之第三公子名家驹者，为驻海防办事之副领事。一班后起之秀，海外遇之，实不胜愉快。令亲许秉臣先生，现既不能遵嘱当面接洽伊之外孙来比留学事，弟拟先将尊函代为寄沪，声明将来俟弟回沪时再行约谈，谅兄亦以为然。

自上海陷落，一切政府机关均行关闭，有裁撤者，有移动者。香港之地一变而为上海之尾闾，政财两界要人及机关均来港。每一出门，即有旧雨相遇，计外交方面所遇者，有陈任先、刘子楷、王子琪、王麟阁诸同仁，是又避乱中之一慰情之事。

河内地方在越南为最热之地，惟冬季较冷，而且阴雨连绵。但弟等到此，虽值阴雨之节，而天气晴和，一反常例，为减去旅况苦处不少。至旅馆方面，设备亟腐旧，即与沪港比，亦难并列。纸罄矣，墨干矣，容再续谈。望诸多珍摄。敬颂道安。

如小弟 符诚叩

廿七年一月廿六日

洗凭照亦至为注意，实有保存及贻留之价值。此事虽早经忆及，迄未得面恳，现当成行之前，顾及后事之时，专函奉恳，谅吾兄与院长以及爱德华神父处，均愿予弟以满意也。无任翘企之至。再颂子兴如兄手足大安。

爱德华神父前祈代候，想伊之汉文，定有大多进步，预贺预贺。

一〇一

（1938 年 1 月 29 日）

孔子人格之全部，具载于《论语》，发挥赞扬之者，则有七十子后学，以及子思、孟轲、荀卿、杨［扬］雄、韩愈，并其他经师大儒之文字。至濂、洛、关、闽出；复以《论》、《孟》、《学》、《庸》，定为功令必读之书，故孔子之人格，凡识之无者，类能知之。

至孔明之人格，人之知之者，仅凭民间流行之《三国演义》，且三虚七实，不可尽信，其所记者又多属于机智巧取之末，于其堂堂之人格，不及十分之三四。至陈寿之《三国志》，则读者既鲜，而复语焉不详，今幸有孔明三十六世孙诸葛羲基所纂辑之《诸葛忠武侯集》二十二卷，于孔明之平生行事，以及片言只字，无不网罗于其中，由是而孔明全部之人格，遂如日月经天，江河行地，与孔子足以后先相辉映，而为我整个民族之代表者，亦于是乎在！惟原书颇繁，读者未必即能见其精要。不佞于孔明，既为生平所信仰之人，今获此书，遂遍求其结晶之所在，故特述此一编，以为读是集者之先导；即不读全集，而仅读是编，于孔明人格之荦荦大端，亦已无不腾跃于心脑间矣！此实不佞区区之微意焉。

先师竹筼公喜读《三国志》，惜未询悉所读者系何本。《三国志》乎？《三国演义》乎？先师公余之下读之，为消遣解闷，谅必系《演义》，未敢必也。我弟于孔子、孔明二人当有所轻重乎？抄奉二页，以慰渴思耳。此请双绥，并祝令〔金〕龄侄女加餐，饱读群书。

如小兄　慕庐手泐

廿七、一、廿九

一〇二

（1938 年 2 月 2 日）

夫吾所谓孔明人格足与孔子后先相辉映者，何也？盖因其所具智、仁、勇之三德同，以故律己处世，亦无不同也。孔子曰："用之则行，舍之则藏。"此圣哲之进退，大抵然也。夫圣哲者，以忧天悯人，视民之饥溺犹己之饥溺为怀抱者也。所以"以道易天下"者，此物此志耳。而孟子亦曰："穷则独善其身，达则兼善天下。"即"用行""舍藏"意耳！故世不我用，惟有"独善其身"而已！孔子欲以其道易天下，故孜孜矻矻，奔波劳碌，数十年置身于道途之间，虽屡受困厄而无怨悔，晨门语子路曰："是知其不可而为之钦！"而孔明之对后主自白曰："臣鞠躬尽瘁，死而后已，至于成败利钝，非臣之明所能逆睹也。"二者相较，有以异乎？无以异乎？此孔明与孔子相同者一也。

两日未抄奉数行书，思念殷殷，盖手抄数行，心向往之。恍与晤面一室，促膝谈心耳。

伯鸿宗兄被刺殒命，报传屡屡，始终怀疑，欲唁欲吊，而终不发者，疑信参半耳。爱之切，疑之深，耳闻恶［噩］耗，心坚疑之。留此疑，所以稍慰此心。昔俄主尼果赖被害，伊母始终不信，疑字之能慰藉人心者，如斯乎！一叹。此上繡弟，并请日安。

如小兄 慕庐手泐

廿七、二、二

一〇三

（1938 年 2 月 3 日）

繡斋我弟爱鉴：

此单页的按日通信，先室得之在先，盖长编通信。先室擅长单页日日通信，小兄之表情渴思之谓乎？今日抄示数行，我弟读之必表同情也。

女教乃根本问题，岂可忽视乎？家乃国之本，女乃家之本，故齐家为治国之本，教女为齐家之本，本立则家齐，家立则国治。先师竹筼公所云："万化出于闺门。"陈文恭公云："王化始于闺门，家人利在女贞。"异口同声，若合符节，今世忽之，可不惧乎？此上。并祝加餐。

如小兄　慕庐
廿七、二、三

上海危地，避之为是，望早谋之。祥又及

日来遍觅旧书破纸中，得《女诫》《女训》《女论语》，而缺《女孝经》，或者此书送入鲁文藏书楼，未可知也。可喜者，觅得《陈文恭公教女遗规》一书，读之，深得我心，《遗规》序云："天下无不可教之人，亦无可以不教之人，而岂独遗于女子也！"又云："夫在家为女，出嫁为妇，生子为母。有贤女，然后有贤妇；有贤妇，然后有贤母；有贤母，然后有贤子孙。王化始于闺门，家人利在女贞。女教之所系盖綦重矣。"

金龄贤侄女清赏。

慕庐抄寄
廿七、二、三

一〇四

（1938 年 2 月 10 日）

黼斋我弟爱鉴：

月之八日，接河内发出一月廿六日八页长信，读之恍若把晤一室，快慰之至。连日发比前王四周年追悼函及追悼纪念，有日不暇给之势，兹附刊件两纸、纪念三纸，分赠夫人、金龄为感。

此次伯鸿宗兄被害，现得各处详细情形，为之痛悼，然小兄之心仍以不信为慰藉，老年人借此作自慰自解之一法，亦可怜矣。瑞典黑大理石十字苦架，我弟接收后，敢恳面赠隐耕世兄，并代为面唁面慰，至祷至恳。致此苦架之陈列何处，容想出相当地点，再行奉告。

金龄贤侄女之聪慧绝顶，我弟不我告而我能测知之，乃上主之默启，非小兄之能察隐识昧也。可发一笑，亦可惊而可惧焉。刘陆二氏之关系乃前定耶？主之安排耶？先此奉复，后容续布臆。此上，并祝加餐。

> 如小兄 慕庐手泐
>
> 廿七、二、十日

北平之行深心为虑，尚祈审慎考虑，勿入虎口，至祷至祷。祥又及

一〇五

（1938 年 2 月 11 日）

黼斋我弟爱鉴：

黑色苦架转赠隐耕世兄，小兄之意拟请嵌入新普育堂之圣堂内之地板内，缘本院修士赴华，必到此堂上祭，未识隐耕世兄能同意允许否？尚祈面商为祷。另拟一小铜碑题词，刻成嵌在圣堂墙上，以志纪念，未识合式否？题词望托季璋兄改正，又祷。

伯鸿宗兄之丧，与公教进行关系不可以言语形容，上主安

排，固非我人所能揣测。小兄完全信任主旨，不独隐耕世兄继续尽力伊先君一切事业，且有青年中之优秀份子，分任合作，以竟先哲未竟之志也。匆匆奉肯。祗请日安。

如小兄　慕庐手泐

廿七、二、十一

附上题词稿一纸，求季璋兄斧正，又感。祥又及

再，北平之行投入虎口，总觉不妥，尚祈郑重出之。至祷至祷。

一〇六

（1938 年 2 月 12 日）

黼斋老弟爱鉴：

陆伯鸿宗兄之丧，在公教方面的观念感想，独具超性达观，即有与日方共同担任维持市面秩序之嫌疑，亦地方绅董应负之责，毫无烦言。惟华方青年，不顾大局，智识浅鲜，任意加以奸商某某字样，读之令人不平。

值此乱世，"明哲保身"四字，实不易做到，孔明于《出师表》内亦曰："苟全性命于乱世。"小兄为前总统菊人公，曹、颜、施、唐、熊诸同部同阁诸公担心祈求者，即此区区四字耳。

我弟处境，超出寻常，与前国际法庭亮畴先生的地位相同，但仍以"慎言慎行"四字为度过此乱世之不二法门，谨守为祷。我弟一日不离国土，小兄一日不能安心也。此上，顺颂日安。

夫人、金龄均此问好。

如小兄　慕庐

廿七、二、十二

一〇七

（1938 年 2 月 13 日）

黼斋我弟爱鉴：

先君云峰公常说："天下莫如做人难。"值此乱世，此言实验。今读纽约寄来《民气报》，内有苏州老文学家张一麔氏投井自杀；又有新会冈州中学高材生杨炳超愤寇自杀。国内做傀儡、做汉奸，代外人统治本国人，大有人在，或为利禄，或为迫逼，或为免地方糜烂，囿于地方观念，忘却国家立场，一上台后，身不自由，任人利用，沾染汉奸傀儡丑名，虽抉［决］西江之水，难以洗清自白，可不慎哉！可不慎哉！总观以上各节，可测度我国良莠不齐，合时代之人物过少，教育缺点尚多，惩前毖后，未为晚也。此上。祗请日安。

如小兄 慕庐手泐

廿七、二、十三

一〇八

（1938 年 2 月 14 日）

黼斋老弟爱鉴：

前信所说"误国殃民"的总算账，四十年前竹篔先师的过虑，今固实现，可叹可惊。先师面嘱密［秘］密的预备总算账时合用应付的人材。小兄自荷兰到北京，又到森都，又到熊城，无处无时莫不用心预备此项人材，除外交部内各同仁外，到一使馆，必留用熟手，凡有学生之来见者，莫不注意，探询课程及其志向。

民国廿七年来，直到总算账时，在对外方面，大致尚无贻误陨越之处，外交界内的公使，十之七八，尚系预备计划内的人。我弟虽离外交，确系计划内的一份子，现为国计民生效劳，总算账时的确合用人材，聊以自慰。可为弟告，不可为外人道也。倘军事、财政、交通、司法、教育，种种方面，都有预备工作及人材，今日局面，当不致如是失败涂地。弟意何如？此请日安。

如小兄　慕庐手泐

廿七、二、十四

一〇九

（1938 年 2 月 16 日）

黼斋老弟爱鉴：

连日《民气报》评论汉奸傀儡，溥仪难逃记者之指摘。忽然忆及一九一九年在巴黎和会，公余之暇，曾与先室详细讨论，为溥仪谋一个人、国家两益之计划，并与法外部 Pichon[①] 非正式面商，设法劝溥仪来法留学，优加接待招〔照〕拂办法。一面备置大本照相纪念册，曾将巴黎及附近宫殿、园池等大号相片，择优购致，订成一册，带至北京，面请世中堂转呈退帝，并将区区计划并法外部长表示欢迎密商一节详陈之，恳托转奏，倘能引动退帝一游巴黎兴致，则留学一节不言而喻矣。世续颇示难色，

---

①　法国外交部长毕盛。

蹰躇至再，婉词答曰：陆专使所陈一节，臣下未便转陈，深为抱歉。巴黎风景图册，当为谨敬面呈，特先奉谢等语。小兄区区忠诚计划，付诸一叹耳。世君今日有知，谅必同声追悔叹惜也。

嗣悉政治学会地基由小兄面托朱启钤内长，商请世中堂设法拨给旧库一所，以建藏书楼。世中堂竭力周旋其间，并面告朱内长，以陆外长此请必当办到云云。或者以巴黎图册挽到门神库地址，未可知也。今午偶然追念及此，笔以奉告，以代面晤耳。

连日发出比前王四周纪念等，计百三十余份。又女修院八处，函托祈求亚尔倍前王，在天主前面求默助祖国得到最后胜利。此请日安。

如小兄 慕庐手泐

廿七、二、十六

（1938 年 2 月 17 日）

黼斋老弟爱鉴：

值此世界出轨，群英争雄，俄德意皆系暴发户，而当局者，均一代豪杰，每阅报纸，钩党之祸、暗杀之案，不可枚举。凡报纸所载者，虽未可尽以为事实，助同类而攻异己之祸，可想而知，昏乱黑暗，达于极点。以上三国，有志之士纷纷隐遁异邦，以避小人之祸，凡年老有节之士，不克远遁，尚能见机而保其身者几乎。

俄友葛诺发（审计院顾问），伊妻有一子系前夫所出，留学德国，毕业回俄谋事。此举葛君颇赞同而行，初有信札往返，现无只字久矣，伊妻深悔而痛之。即此一端，可见乱世做人之难矣。举以告我弟，以代面晤耳。此请日安。

如小兄　慕庐手泐

廿七、二、十七

比前王四周年追悼日。

一一一

（1938 年 2 月 19 日）

黼斋老弟爱鉴：

晨接到二月十日《民气报》，内有"熊希龄死后之毛彦文"一节，读之令人心酸。回想我弟与聘老有旧交，小兄亦承聘老垂青下交，在平曾识伊前夫人，且曾参与童子军之操演，极佩聘老之人格。老成凋谢，为之痛惜。日前报传，日人有拉拢唐少川出来担任上海市政府之领袖，唐已辞谢云云。值此乱世，日人亦诡计百出，处世之难，更可想见。天津徐、曹诸公之处境，亦可测知，日在危城中，奈何奈何！

我弟北上计划，再四考虑，终觉未妥，然未敢固执坚劝中止，尚祈酌量环境之空气，审慎行之，倘无特别重要原因，能免则免，较为妥贴耳。此请日安。

如小兄　征祥手泐

廿七、二、十九

一一二

（1938 年 2 月 20 日）

黼斋老弟爱鉴：

回溯先师竹篔公四十年前之老话，曰："扬名显亲，扩大门户。"合时制宜，应说"扬中国之名，显中国之亲（近如孔孟，远如尧舜禹汤王等）"；又说："倘陆氏无后，毫无关系，但求中国之存在耳。"

此次我国所争者，生存耳，独立耳；我国所宣传者，不出公义和平，中山所说的王道耳。宣传工作，有平时、临时之别。平时宣传，按竹篔公之意，驻外使领各馆，乃作宣传的无上地点；临时宣传，确在国际公会、有力报纸、散布刊物等等。然临时宣传，远不如平时宣传之效力，且有临时抱佛脚之嫌云云。拉杂奉告，尊意以为何如？此请日安。

如小兄 征祥手泐

廿七、二、廿

二月一日《政闻政［报］》载，润老有充北方政府高等顾问之命令。小兄远离祖国，未识内情。润老此次重出，有何影响，便中示知尤感。未知确否，念念。祥又及

一一三

（1938 年 2 月 21 日）

黼斋老弟爱鉴：

今晨各报满载 Hitler 三钟的长演讲，中间对外交方面，与我有关

系者两端：一承认满洲伪国；二疑我无实力防止"赤化"，并疑我抗敌非自我之决心，受他人之劝言，云云。此演讲之重要性，谅各国均甚注意。报传本年五月九日，Hitler 将赴义答拜 Moussolini。欧局复杂，难明真相，偶然阅报，固难窥其内容，即老于专心研究欧局者，恐亦为之迷糊。我弟在国内报纸，当可读知祖国报界（如《大公报》等）之评论，承认满洲伪国，郑重宣言，当有作用也。匆匆。祇请日安。

如小兄 征祥手泐
廿七、二、廿一

一一四

（1938 年 2 月 21 日）

子兴如兄手足：

　　承寄去年除夕日之函，及本年一月十五、十七、十八寄与小女金龄之件，及义国账单二纸，以及照片一封（如天字、吃苦字、孝子图，松树中堂、篆文对联等）共三十件，均于寓居河内时收到。惟尊函中所云之贺年片，不知是否即指照片而言。分送人名单亦未收到，故至今各照犹存弟手中，以后当俟机分赠同仁。义国账单一二日内得便即汇款清还，祈勿念。抄与金龄之曹大家世系亦已寄沪，谅金龄拜读之下定有所感动，惟嫌比拟奖诱太过耳。

　　伯鸿公之遭难，弟早已闻之，惟以兄与之关念至切，故不欲早告以淆清梦。但今日文明飞进之世界，尚有何大事而可不令人知之者乎。以伯公素日之行为言之，此次之遭难可谓天理难测，但以沪地沦陷后之活动言之，又似多少有不知避乱之嫌。据沪友当时谈及，均以伯公本不欲在政治方面有所活动，徒以其子隐耕热心权势，拟乘他人袖手之顷，取得第一把交椅，虽依异族以为生，亦可以煊赫一时，且可以保持其素昔经营之公私事业。以前者言之似为权势，以后者言之似为公教，是非虽未可遽定，然出非其时，猛于进取，疏于防范，不顾一切，挺［铤］而走险，实有以招之。究其实际，确为公教中失一先锋健将，是乃最可痛惜之事也。

闻徐家汇某神父得伯公被难之消息，曾放声大哭，是又可见教中人倚赖之重矣，惟祝其早登天国而已。马老先生有移居重庆之传说，但尚无确实消息，容当续告。至西园寺最后忠谏于时局，或有转机之希望，恐于事实上不若是之易易也。

盖今日之日本完全在军人监视统制鞭挞之下，吾人不能称日本人为奴隶者，以其在其本国人指使之下而已。究其实，早有一般以不赞成侵掠中国之人无处可发挥其政见，甚至于置之监狱之中，而报纸所载世人得知者，惟上下一致侵夺中国，而吾敢断其上自天皇下至民众，定有若干明达之士，而不以侵掠为然因而受累者。兹将今日港上英文报新闻二则剪下奉阅，于字里行间，定可得窥见日本军人跋扈之一班［斑］。新闻上既云天皇之病大痊矣，何以复须赴别宫静养，且此休养之事，不出于医士之提议，而出于海陆军参谋及首相之提议，是诚大惑不解者。吾人惟有静观后事，以证前因。

现沪上发现一种秘密组织，专以攻击附日之徒，自伯公后，被暗杀者已有五人之多。承询弟之行踪，现可报告者为回法尚无定期，缘广西铁路现虽议有大纲，而中法双方仍有数要点未能同意，必须此事签定合同完全成功，弟方有返法之可能。前在河内住居一月，现已返港，在此仍须继续函电商洽，俟诸事商定，似须赴汉口一行，以签合同。将来此事办完后，弟拟先回上海接眷。彼时是否即行返法，抑先去平，仍待与内子商酌也。凤千有信来言，黑十字架已存在伊之沪寓，俟弟到时即交出。弟到沪时必将此事一为料理。香港住址仍住半岛饭店，通信处仍以汇理银行为妥。匆上。敬颂道安。

如小弟　符诚叩

廿七年二月廿一日

一一五

（1938 年 2 月 22 日）

黼斋老弟爱鉴：

昨今两日，院内两报 *La Libre Belgique* et *Le Vingtième Siècle*① 竟无只字谈及中日战事，满载 Hitler 演讲之影响，及英外部 Eden② 之辞职，及英下院前外部与英首相之舌战，两事之重要性，可以想见测度。我国政府将有训令，饬驻德大使抗议德之承认满洲伪国。

兹附上致陆隐耕世兄唁函，望我弟与墨色十字架同时面交，尤为感祷。伯鸿宗兄之被狙，与先师竹筼公之被逮，前后相隔三十七年，成小兄生平终身憾事，一为师，一为友，将日日在圣祭中，追念追祷矣。此请日安。

如小兄　征祥手泐

廿七、二、廿二

---

①　《自由比利时日报》及《二十世纪报》。

②　艾登。

喑函露封，阅后面交是祷。

附上竹筼公纪念，烦面送隐耕世兄，倘有伯鸿宗兄纪念，见赐百 100 份，以便分赠比友尤感。祥又及

一一六

（1938 年 2 月 23 日）

黼斋老弟爱鉴：

今日（二月廿三日）午后二时，在里耳 Lille 公教大学公开考试，本院爱德华神父被请参预监考官之列，高思谦神父是午在考场，辩护论文论题乃"儒教与社会及政治之关系"。里耳公教大学校长，以考试此论文苦无专家监考，函约小兄前往参预，嗣以体力未克远行，加以冬季之潮寒，更难外出，辞之。惟函内介绍爱铎克胜此任，竟得前途之同意，函邀爱铎担任监考之职。论文稿约二百余页，经爱铎煞费苦心，前后校阅，尚无大毛病。特以奉告。明后日，候爱铎回院，报告结果，再行续布。此请日安。

如小兄 征祥手泐

廿七、二、廿三

再，今日各报仍乏中日战事消息，足见欧局变化之重要性矣。祥又及

昨上挂号信内，附致隐耕世兄喑函，望阅后面交为祷。祥又及

一一七

（1938 年 2 月 24 日）

黼斋老弟爱鉴：

昨晨爱铎面述里耳 Lille 监视考试经过详情，深为快慰。十年苦修，私心所奢望者，恢复利玛窦、南怀仁、汤若望三大传教士之传教心法。其法惟何？以学问为钓鱼之饵也。近六七十年来之赴华传教士，放弃学问之饵，利用金钱、包办诉讼、诱掖愚民，种种办法，用为钓鱼之饵。结果，公教信徒悉在民间，社会方面仅有罕见，政界中可谓绝无矣。甚为惜之。盖非教之咎，取法不善耳。反之，耶稣教会之盛兴，政界社会士大夫中，处处有耶稣教信友。盖耶稣教传教士，曾沿袭利、南、汤三大传教士之心法，以学问为饵耳。私心切望恢复此心法于公教界者，十年有矣。一旦目睹成绩，其快慰有不可以言语描写者。其成绩何在？在爱铎利耳之一行耳。

爱铎热心中国，盖有年矣。为我国辩护，用心苦矣。蒙主暗示，近三年来攻读中文，饱阅《十三经》译本（英、法、德译本），苦心研究中国历史、地理、宗教、学派、美术、音乐等中国古今文化，积学三年，得此监考中国孔教论文之监考官，沿袭利、南、汤三大传教士之心法，自爱铎始，并由本笃会修士为沿袭人。非上主安排，曷克臻此哉？为我弟告并望代为表扬，以重开风气，公教前途实有赖焉。此请日安。

如小兄　征祥手泐

廿七、二、廿四

便中函贺南院长及爱铎，以示钦佩，并使公教界有人继续沿袭此心法于今世纪耳。祥又及

再者，Reprendre et continuer la tradition des grands missionnaires Matteo Ricci, Adam Schall et Ferdinand Verbiest des XVI et XVII siècles 谈何容易，今果起始实现，est une ambition qu'on doit tenter de réaliser. D'une manière inattendue, la participation du Roi, Père D. Edouard Veal au Jury pour la soutenance d'une thèse sur le confuciusme ne constitue−t−il pas un modeste commencement de cette réalisation tant ouvriée? [1]传教工作，忽现于辩护论文之大庭广座中，尚未前见。查本笃会，欧人普通称为"Ordre des savants"[2]，继续前哲心法，非本笃会，其谁属耶？更足见上主之安排默启也，无疑矣。祥再识。

一一八

（1938 年 2 月 26 日）

黼斋老弟爱鉴：

自三月二日圣灰瞻礼日起，转入封斋期内。在此严斋期（四十日）内，按照会规，定止通信、见客，终日缄默。同院修士，改过自新，勉作补赎，格外求主仁慈，垂怜赦罪，准备到复活瞻礼日，与我主耶稣一齐复活。在此准备期内，更加热心爱

---

① 传承 16、17 世纪伟大传教士利玛窦、汤若望和南怀仁之教义是应实现之志向，然而谈何容易。国王和爱铎意外地加入一场儒学的博士论文答辩委员会，这难道不是实现此志的良好开端吗？

② 哲人级。

主、事主、敬主，以便得主复活之恩。故四十日严斋，即取法前耶稣于讲道之先，在旷野所守的四十日严斋，亦即每［梅］瑟赴西乃山前所守的四十日严斋，又亦即厄利亚先知赴何烈山前，所守的四十日严斋。

值此期内，当为世界、祖国、同胞、亲友特别祈祷，俾和平早日恢复，民族前途转入顺利途径，并为亡者特别祈祷，俾忠魂早登天国，以享永福。倘无重要须告事项，拟守此斋禁，专心补赎愆尤，获得复活节之恩耳。匆匆。祇请日安。

如小兄 征祥手泐
廿七、二、廿六

深望我弟略做补赎工作，尤盼。

一一九

（1938 年 3 月 2 日）

子兴如兄手足：

前承函委代付米朗雕刻商店账单二纸，计共六十六利耳，业经于日前买妥汇票，附函寄去意国。兹将去函抄件奉上一份，以资接洽。

弟事进行仍感迟缓，下星期内或须赴汉口一行，大约勾留不过二三日，以后仍返香港，以待巴黎消息。至于国内战事，报纸上尽多好消息，而实际上实不能乐观。失地日益加大，失业者日益加多，即各机关所遣散之人员，已不知凡几。香港日所见之旧同僚甚【多】，苦乐均有。所谓乐者亦不过比较稍好耳。港地尚安谧，日人尚稍知收敛其锋芒，后来之事实难预测，大概吃亏者惟吾骄弱之民族。匆上不一，余另陈。敬颂道安。

如小弟　诚叩

廿七年三月二日

一二〇

（1938 年 3 月 27 日）

子兴如兄手足：

自三月二日以后，即未与兄作书，计至今日已有廿五日之久，想吾兄一定等候消息不至而悬念，果尔则弟之罪深矣。兹当具一详函，报告一切，以补前愆。

前自河内归后，初时稍闲，数日后复形忙碌。忽焉有汉口一行之议，遂订于三月九日乘飞机前往。港汉飞行仅需四点半钟之时间。若乘火车，须先乘港粤车，后换粤汉车，而需时或三五日或十七八日不等，全视乎敌机轰炸铁路之情形。若时运不佳，或须〔恰〕遇见敌机袭击，是乘飞机反变成必要之需。幸弟乘机尚不大晕，是亦聊足自慰。忆从前弟与内子约不单独乘飞机，彼时李石曾兄即曰：此约毫无价值，将来遇必需时，谁能守此乎？弟今日始信环境之主使力为大也。

本月九日之飞机因天气风寒不能飞，遂改为十日。计是日早五钟起床，六钟起行，七钟起飞，至十一钟有半时已到汉口矣。是日汉口大雪初停，阴云未散，地下雪深尺余，寒气侵肤，令人瑟缩，而弟将所有之绒衣、大氅均加于身上，尚不觉有温暖之气。言及客寓时，其上等者均经住满，仅得一次等者，屋中生一火炉，且只此一屋，须与法友分用，再加以店中无伙食，每日三餐均须赴外边饮食，即早点亦如是。幸弟素日生活虽以享用舒适为旨，然能受些苦处，而不以为苦，故居此避难之京都，不感何不便。每日工作颇多，以为三四日即可办结，不意一再展期，直住至半月之久，而日日开会、打电、译电、拜客、谈话、争论、等候，种种事项纠缠不清。来时本以小住为目的，所携用品自感不齐，客店即属因陋就简，可谓"要什么无什么"，故对于写信一事直不敢想。晚间有时九时即睡，如是者十五日。

日前即廿五日始乘机飞回香港。诸事虽未告竣，大致已无问题，在港专候巴黎电示签约，大概四月内总可了结一切矣。弟回港第一快事，即接得各方来信，盖弟在汉口不只不能写信，且不能收信，是以所有信件均在香港候我。所得吾兄之信，计共十四封，中有去年十二月三十日所发贺年片六张，今年之函十三封，计一月廿一、廿四、廿六、廿九等日者四封，二月二日、三日、十日、十一日、十二三四六七等日共九封。尊函中所告各事，弟最所感激者，为劝阻去平之一事。吾兄所见，亟为有理，虎口之内，实属凶多吉少，故弟决不去平，请兄放心可也。顺便即将弟新得平中消息与弟有关者，为兄一言。

现时上海敝行行长巴尔君亦在香港，前日弟到港，伊曾去接，并转交一电与弟。此电系北平敝行行长发与弟者，电中言："日昨有王曾思君（即吾人之老友）询问史家胡同君之住宅。余当告以以刘君之在敝行职责言，余有责保护该宅。王君言，新任北京市市长余晋龢君，愿出资二百元一月租赁该房，请电询刘君是否愿租。将来刘君无论何时需用，准如期交还。现时北京日人到处搜寻空房，君意云何，请速电复。"弟接此电后，反复寻思，夜不成寐，若不允出租，定有意外之事发生；若允出租，该屋亦恐无收回之望。且宅中一生纪念，均集于此，何堪任此辈蹂躏。而居中奔走，成全其事以邀功卖好于此辈者，即为吾之同学、同僚三十年之老友，思之思之，而终不得一美策。翌早即廿六日到公事房时，巴尔君即询弟应如何答复该电，答言未出，伊继云：愿否由吾出名复电？弟当答云：是即余之要求，请君出名，予以保障。巴君当拟一电文与北平行长云："刘君为本行董事，在沪行尚有透支，以其房产为抵押。该员史家胡同之房，本行有权保管，无论何人，不能租用。请于必需时，贵行长移居该房之内为是。"弟见此电文，心中甚快，电末复加入一句："如有意外，请挽大使馆出而维持。"弟向不主张外人出为保护，但今日为对付日人计，又何所疑焉。现弟已决定不去平，静观数年再作计议。

尊函中第二点弟所感激者，为吾兄之鼓励小女金龄，为之抄书，为之择读，弟之感激，有同身受。但此项工作，弟以为太苦我兄，太劳我兄，最好吾兄欲其读何书，予一书名，弟即为之备置何书。将来总有读此书之机会，而每一读及，当然纪念指教读此书之人，如是可免吾兄抄写之劳。盼兄容纳此请，弟与金龄均心安矣。

再，尊函中有一段言抄书译书容易，作书甚苦之话，弟对此亦有意见。译书之难，严又陵先生已言过，必须作到切、达、雅三字，方能谓之译书，弟对此一者亦未能，遑论三者哉。至抄书之事，更觉拘束，惟有作书反觉自由。至文笔畅涩，是习惯上问题，能多写自然能快能通。但作书有一要点，必须作者对于题中有全豹在胸，方能层出不穷，否则枝之、节之、断之、续之，则不得谓为作书矣。

弟自接吾兄若干信件后，深感吾兄愿作日日谈心之快事。本此意旨，弟有一建议，此后既不必抄书，亦不必作书，凡此拘束心神之工作皆抛开，取一活泼精神之工作，且亦不必拘定，每日兴致到来，即握管一挥。弟在外闻见较多，写挥当然容易，吾兄深居道院，何以得挥写之材料乎？弟之建议，即为请写纪念，如吾兄喜谈许文肃，即将文肃之事言现于眼前者，书出以示弟；如兄喜谈袁项城，即将项城之言行现于笔下者书出。如是则有感即书，无感即止，书出之文字如何，亦不必计较，好在此为吾二人之事，非对外之事。今弟先将愿告吾兄之事，拉杂一书，以为跳加官。（跳加官，中国剧场习惯，角色愈好，出演愈迟，其最先出演者，即为丞坏之脚色）中国人国可亡而面子不可不要，剧团主人为顾全穷戏子之面子计，而想出跳加官之一幕。此幕用一老角色，穿一红袍，带一天官面具，手持笏板，在台上漫舞回旋三匝后，对于挂出之"指日高升"之立匾，指而笑之以收场，随即去其面具，出而谢赏。盖此"指日高升"四字，乃祝主人升官之意，故主人喜而赏之。若无主人，即无赏可谢。若在剧园演唱，即为恭祝大家。总之，此剧真意为双管齐下，一方既为祝贺他方，又为第一幕，以下接演之角色，不至取得演头戏之名而作最坏之角色矣。其实演加官者，而非演头戏乎。弟今以演跳加官自比，即先演者为坏角色而已。是亦一谦逊之词也，一笑。

弟在汉口借得一书，名《近世人物志》，中有一段，叙述陆润庠凤石太保命名之义。缘凤公之父曾为学官，其所居之官舍中有一石，其形如凤，陆在官学得一子，故名润庠。庠即学宫也；

凤石者，有石似凤也。凡在该地当学官者，无论前后任，得子女者，必以凤字为名，是亦一习俗也。

居汉口时，公事虽忙，私事乐事亦不少。弟之乐事，并非跳舞看戏，乃寻找古物、书画、瓷铜等物。一日，居然为弟寻得古玩甫［铺］一家，其字画亦不少，且铺中人四出搜罗，以供识者。弟店中每早八点，铺中人持画三五张来看，合则讲价，不合则不留。弟购品中最得意者有三件。（一）为何绍基子贞所书汉隶屏四条。何子贞之书法，据南通张季直先生言，为唐以前之妙品，唐以后无人能及。此言乃指其所书隶字而言，今弟得其隶书四条，可谓大幸。（二）为梁鼎芬所书册页十二开。梁之字体，据人言乃脱胎于黄鲁直之菊花诗体，而弟以为颇似宋徽宗之书法。是梁之书法可谓学黄体，今弟得其册页，亦一幸事。（三）为铁保尚书之手卷。铁为满洲正黄旗人，中乾隆壬辰？进士，工书法。此卷所书，为十七帖一派之体，是又一幸事。弟近来对中国书法颇感兴趣，记得幼时在学房，先生教写颜柳等字，颇懵懂，后遇陈蔗国教写唐碑，罗瘿公教写魏碑，始感写字之美。然根柢已坏，终不能写成一家，惟对于看字之眼力尚有把握。弟书至此，已不能多书，因此次航空信甚多，尚有其他公事待书待发，以便早日到达欧洲。专上。敬颂道安。

　　如小弟 符诚叩 廿七年三月廿七日书，廿九日发航空

　　再，接沪信云，周赞尧兄在沪中疯［风］，七日不起，（三月六七日故去？）已作古矣。身后亟其萧条。可叹！

一二一

（1938 年 3 月 31 日）

子兴如兄手足：

在汉口时，阅《近世人物史〔志〕》，中有一段言翁文恭（同龢）公，日记中有言及当时朝野反对同文馆者甚多，曾有人拟数联以调之，特录左以供一粲：

（一）鬼计本多端，使小朝廷设同文之馆；军机无远略，诱佳子弟拜异教为师。

（二）未同而言，斯文将丧。

（三）孔门弟子，鬼谷先生。

五十年间时局变至如此地步，可见从前守旧者之愚钝，更足知今日之守旧者之昏愦更甚。专此。颂道安。

如小弟　符诚叩
廿七年三月卅一日灯下

兹有一惨事报告：周赞尧兄于二月廿六日早间尚如常，忽然中疯〔风〕，移送医院，医治无效，延至三月六日逝世。身后亟其萧条，所有医药及衣衾棺椁等费，暂由心畬与伯文两兄帮同担任。现拟向同仁募捐数千元，以为养生送死之费，吁，惨矣！其北平之房，亦拟托锡之兄为之出卖。赞尧近数年来亟其窘困，一反其从前北京外交部时代之舒适“怡然”，至中日开战时起，处境更恶劣，不意遽遭此变，同仁均为之惋惜。特此报告子兴如兄。

如小弟　符诚再叩
廿七年三月卅一日灯下

一二二

（1938 年 4 月 1 日）

黼斋老弟爱鉴：

顷奉由香港发三月二日惠书，附致米朗商店函稿乙件拜悉，感谢，并悉行事进行仍感迟缓，尚有汉口之行。年来奔走，由法东渡，由沪而港，而河内，辛劳为念。惟此辛劳，对国对民两有裨益，不独为战时救急需要，且为战后预谋复兴基础，为公为私，毫无遗憾耳，羡羡佩佩。

窃念我弟目前地位及工作，均系上主安排，非人力、人智所能预料而预谋者也，一切审慎进行。小兄近体安适，堪告慰远念。专此奉复，祗颂加餐。

如小兄 陆征祥手泐

廿七、四、一日

附复活节贺片三纸，恳转寄夫人、金龄为祷。祥又及

一二三

（1938 年 4 月 21 日）

子兴如兄手足：

自上月卅一日奉上一函后，在此四月中接到尊函不少，计有二月十九至廿六日共七函，致陆隐耕之唁函亦已收到，当暂留弟手，一俟回沪，再行捡同黑石十字架代为送去。惟弟事麻烦处太多，因之拖延不定者累月，作书之暇亦颇不易得，望兄谅我迟复

之处。但今日有一好消息见告，即广西铁路合同已于昨日议妥签订。此种借款购料合同，完全为营业性质，决无政治意味，有之亦为中越合作防备第三者侵略，然此亦精神上之谅解，而无文字之表示。故弟目前专事收束一切，现订之计画为：拟乘本月廿七日法船赴沪料理公私各事，事竣后即携眷来港，北平之行决计取消，请纾廑念。返港当在五月十日左右，彼时弟仍不能返法，因银行中尚有一要事委办。此乃银行本身添招新股之事，宋子文先生关切此事，且亦坚留弟居中完成之。是弟之回法全视乎行事了结之迟速，大约至多不出两个月也。惟内子与小女候弟返法之心甚切，而又不愿单独成行，是为可惜耳。

兹将吾兄各函所提各事有可答之点者，分答如下：

熊秉三先生之死猝然发生，至为可怜，然是亦死中之一好事，无疾病之纠缠与痛苦，为人生最后之一快事。弟与熊秉老亦有相知之缘，当弟留学归国时，承兄调入外交部，彼时弟识一法友，为组织中法实业银行之中坚人物，弟亦躬与其事，事成后弟未得分文报酬，而法友亦被挤于外。于是法友约弟帮同组织一中法农业地产银行，事已成矣，草约已签矣，欧战亦正大兴。法友不畏战事，决然返国召集资本，不幸中途被德之潜水艇炸轰，船沉人亡。得丧法友名 Bouchard。当在一九十二年谈商中法实业银行事时，弟曾与秉老晤谈数次。弟彼时与王鸿猷君交善，王在熊前竭力为弟表扬，熊秉老遂在袁项城面前保荐经济人才二人：一王鸿猷，二刘〇〇。一日忽蒙大总统传见，弟即按时随班进见，同时被召者有四人。项城出时五人围坐一桌，逐一问话。弟最末，其余三人议论滔滔，大夸其已往之事功。弟乃初出茅庐之士，既无事功，亦无议论，只有问必答而已。其结果为交财政部任用，嘱弟往财政部晤周学熙总长。而弟对周处，亦未央人先容，只到财政部递一名片，此后亦无下文。是此一段保案，即此烟消。弟彼时对此种种莫名其妙，心中惟想仍在外交部为得，至少大家谈话可以明白，无须奔走钻营，官之大小，听之可也。事后思之，此事予吾一大认识：（一）俗云：朝里有人好作官，弟出身平常，家无读书作官之人，致有此好机会白白错过；（二）生性不喜逢迎奔走，只将直道而行，实事求是，一生虽无大发展，而亦不至困顿无聊，足见奔走者不尽成功。弟每忆及此事，必追念熊秉老之善意，今为吾兄言之，愿兄为其灵魂予以祈祷。

华南北成立伪政府，大肆招揽人才。伪人偏重资格，尤以南京政府及国民党之资格为超等。唐少川先生之资格当然合此条件，而究其实际，亦系伪人传出伪消息，唐少老决不愿为其傀儡。至润田方面，亦为伪方最希望之人才。据可靠消息，北方初退时，日人迫之再三而不得其允许，日人遂云："吾人均为老年人，当能谅解君之苦心，惟少年派恐不能了之。将来若有误会，殊为可惜。"润田兄当答云："吾之身披卖国贼之名已有年矣，百计而不得自白，设一旦被日人暗杀，则此卖国贼之名不洗而自去，是为馨香祝祷之事。"日人此后遂不复来言。

陈任先为南京伪外交部长已千真万真矣。伊托人挽锡之出任参事、司长，任择一缺，锡之以老辞。伊挽子琪出任交际司长，子琪要求次长，贱于此者不干。此批生意亦未谈妥。传云外交部长乃一美缺，每月薪水一千二百元，交际津贴二千日元。部中组织一仿从前北京外交部之模范，惟既无人员，又无事务，部署亦无定址，现任先住上海新亚饭店，侍卫环立，日以麻雀为消遣，仅此即可月得三千六百元之报酬。吁，汉奸大可为也！

闻萧亮功兄在土耳其时与同仁不合，经同仁控其账目不清，而部中遂不满意。但弟以为亮功之短处在其小，至言其账目不清，弟不敢信也。是亦宦海中之冤缘也！

此次台儿湾［庄］战事之胜利，闻有德顾问从中设计布置。弟对此消息颇明德人作事上下呼应灵通为当。当希特拉大与日"满"要好时，德顾问亦出全力以助中国，如此则双方皆收良果，中日均不到对德不满意，是真可羡之外交。

承嘱以复活节能作休祷 retraite 功为善，弟认为应当之事。但弟此次复活节正在终日工作之际，计四日假期，同仁均无休息。弟只于复活星期之早去教堂一次而已。由今日起作结束工作，大小事纷集，恕不多陈。敬颂道安。

> 如小弟　符诚叩
> 廿七年四月廿一日

一二四

（1938 年 6 月 14 日）

黼斋老弟爱鉴：

复活节后天时不正，忽雨忽晴，寒暖一日三变，真令人难于对付天公矣，奈何奈何。□□□①教小兄早以比国梅西爱枢机主教心许之矣。兹特附上剪报乙件。然则以梅枢机推许野声主教者，不独小兄一人已耳。又附上比前王宣言摘句邮片乙件，则亚细亚之亚尔倍亦将复见于远东矣。拭目俟之，当不远矣。

---

①　此处被裁去数字。

东邻强横已达极点，以军人充外长，统一军政，集中武力，作最后之努力，足证东日将暮，已走上末路矣。承示国内工作，于国计民生有绝大的关系，交通系一国的命脉，中山总理全国铁道计划惜未实行。救亡之道不外乎此，我弟竟中山未竟之志，羡羡贺贺。凤使由外交转入交通，更见交通之于国计民生的重要性。外交部未确定养老金之前，望弟勿作冯妇，小兄前者之赞同，正想在战事中有所活动，以便利政府，此时已失，亦冥冥者之示意于我二人也。

兹有恳者，小兄去年面托天津义品公司友人 Monsieur Gustave Volchaert[1] 回天津后，前往北平，面呈北堂满主教前比王铜像乙方，加刻年月日，以作记念。现据伏君来信，刻字费十二元，业已代付云云。此债可否老弟代价？感荷不尽矣，并请设法径汇天津，以省手续，何如？屡屡以债务恳请代偿，不安之至，尚祈鉴谅是幸。夫人、金龄常在念中，赵、杨世兄妹亦代为祈祷。专此奉恳。祗请双绥。

如小兄 征祥手泐
廿七、六、十四

附件二纸

<h1 style="text-align:center">一二五</h1>

（1938 年 6 月 26 日）

子兴如兄手足：

不通音问倏已二月矣。维起居益吉，为颂为祷。弟于五月初间事毕，曾去沪上接眷，到港后即继以办理银行改组事二月有

---

[1]　古斯塔夫·沃尔卡厄先生。

余，又已事竣，现拟于七月七日乘 Athos Ⅱ^①法船返法，约八月三日到马赛。

此次来华有十五个月之久，内子之身体大受病缠，而国家之命运，尤为亘古以来未有之艰绝。惟弟一身在此患难中，既感拙拙，又多"侥幸"、幸运，是不得不谓得主之厚，惟工作较前加多，责任加重，是不无惴惴者。盖经此改组后，华方推弟任总经理一职，将来须在中法双方办事奔走，将益见频矣。种种当面罄。兹附照片五张，在弟之窗中拍取者，香港之风景真感美丽之至。匆上不尽，敬颂道安。

如小弟 符诚叩
廿七、六、廿六 航空

内子、小女均此嘱书代候。

一二六

（1938 年 8 月 15 日）

子兴如兄手足：

六月廿六日曾上航空函一件，告知七月七日携眷返法各节，谅均邀鉴及，但此项计画仍未能实行。缘自六月下旬起，在华各事务已告一段落，本可回法，不意子文部长有聘访越南之计画，嘱弟展缓返法，陪伊先行聘越。弟对此职务当然无词可以拒绝，遂与内子约，请其携同小女先行返法，而弟何时聘越毕，即何时返法。经商讨再三，始行确定，现内子、小女已于本月四日抵巴

---

① 阿索斯二号。

黎矣。

弟等访越之期，原定乘船于七月廿九日到西贡，由西贡再赴越督休夏处达拉山 Dalat 访问。此山为越南名胜之地，但越督以出巡在即，不能久候，故弟等提前来越，且改乘欧亚飞机一架，以利遄行。计所定行程如下：七月廿四日由香港乘早六点之飞机飞昆明，下午二点到，昆明政府招待午宴。即日下午四点飞河内，到时六点，下榻旅馆。河内中国总领事许念曾招待晚饭。翌早廿五日七点半，乘原机由河内飞西贡，下午二点到，由西贡巡抚 gouverneur 招待午宴。宴罢换乘汽车六辆赴达拉山，即日下午九点到。计同行者原九人，居达拉山四日，会晤总督三次，一切招待均由越督担任。廿九日早始乘汽车返西贡，在西贡住总督府。子文部长于三十日携同一行人等赴 angkor① 游览。弟一人在督署，住至卅一日晚始行上船。是此次返法，方为确定。

弟此次在国内勾留，计有十四个月之久，对于个人经手事件，可称一切顺利，惟国事日非，奈何奈何。弟乘 Jean Salendel②，准八月廿四日到马赛，后直赴巴黎，余事当于到巴后函告。专上。敬颂道安。

爱德华神父均此致候

如小弟 符诚叩

廿七年八月十五日 航空信寄日支十地

---

① 吴哥。

② 圣瓦伦特。

一二七

（1938 年 8 月 26 日）

黼斋老弟爱鉴：

月之廿三接奉越南寄来航空信，藉悉弟驾改缓情形，夫人、金龄先回巴黎各节，慰慰。前寄马赛公司行转信乙件，内有耶稣铜章三枚，未识递达无误否？念念。此章颇有历史价值，刊有小本，说明来源，俟来比面赠。

读我弟前信，欣悉行务进行顺利，惟国事日非云云。我人但求本身职务可告无亏，已属不易，要望处处稳妥，事事得手，难如登天矣。国事当有转危为安之希望，但期之远近，势难逆料，我辈惟有一心仰主，默祝心祷耳。匆匆先复。祇请双绥。

金龄问好。

如小兄　征祥手启

廿七、八、廿六灯下

一二八

（1938 年 8 月 28 日）

子兴如兄手足：

归途中曾上航空函一件，谅蒙收到。弟于廿四日到巴，承寄马赛二信及纪念牌，均收到，谢谢。

昨日复接一函，足见关念。弟现订于下星期六日即九月三日①早，乘车赴比晋谒，星期日返法，在道院勾留一日夜。公务丛集，势难久留。如彼此在期前无改约之函电，即算作准。敬颂道安。

如小弟 符诚叩
廿七、八、廿八，巴黎

一二九

（1938 年 8 月 30 日）

黼斋老弟爱鉴：

项间奉廿八日手书，欣悉弟驾安抵巴黎。前寄马赛信件及纪念章等均到，慰慰。九月三日恭候我弟，爱铎闻之喜形于色，惟于公忙之中抽闲前来，未免加忙，好在欧西行旅交通便利，或作 Weekend 看，何如？匆复，以表欢迎。祗请日安。

如小兄 征祥手启
廿七、八、卅午后

夫人前请安，金龄问好。

一三〇*

（1938 年 8 月 31 日）

昨奉寸笺，谅可先此登览。想到前次我弟带来航空信纸、信

---

① 原文如此。——整理者注
* 此为明信片。

封，甚为得用，南院长时来索取。倘我弟能带一二份来面送，物
虽微而意可感，尚祈大酌，如有不便，可作罢论。此请黼斋老弟
日安。

如小兄　征祥手启

廿七、八、卅一

一三一

（1938 年 9 月 4 日）

黼斋老弟爱鉴：

昨今畅叙，快慰难以言喻，虽未克躬送回法，心神偕弟同
往矣。明日夫人往见医士，深盼获得国手对症方案，尤所切
祷。悬测此种症候不在用药，而在静养，饮食调和，起居有
时，节劳力，要行之久，持之恒，必有效果。质诸我弟，以为
何如？

小兄适由中年进入晚年，未敢以老自许，亦不愿老之意，处
处留心，刻刻注意者，提起精神向上，不使下坠，寻快乐心境，
以祈祷追随我主之后。尚望我弟勤务、卫生相互并行，至祷至
盼。匆匆布臆。祗请旅安。

如小兄　征祥手启

廿七、九、四灯下

一三二

（1938 年 9 月 17 日）

子兴如兄手足：

道院归来，快慰无似，惟终日埋头书案，虽得余暇，既未函谢招待，复感迟复大札，尚希鉴原。金龄小女接到惠赐之书后，一二小时即行阅毕，可羡。返法后初次握管，专候起居，余容另肃。敬颂道安。

如小弟 符诚叩

廿七年九月十七日

一三三

（1938 年 9 月 28 日）

黼斋老弟爱鉴：

今晨院内修士起启赴前线充救护工作者廿六人，比国已下动员令，谅法国亦必动员全国。兹寄上维希客店店主介绍片，又维希医士介绍片，以备我弟作备而不用之小计划，何如？倘我弟能抽暇前往调查，或一人前往，或偕夫人、金龄前往，尚祈大酌进行。兹将愚见奉告如下：

一、巴黎当系敌军必轰之要点，亟应远避。

二、维希坐汤饮泉之名胜地，小兄曾两次前往休养，一次在1899【年】，二次在 1919【年】。两次均携眷前往，第二次曾携礼立及石孙公使同去。该店虽系中等栈房，饮食招待甚为周到，1914 年战事未曾殃及维希，谅或能在彼得一清静避难地点。

三、医士亦系多年熟人，虽非名医，人甚老实可靠。倘我弟已有更好计划，则维希之行可作罢论。

总之，巴黎焦点，亟宜早日离开他适。我弟为行务所牵，不得不冒险居留，夫人、金龄早离为是。匆匆。祗请旅安。

如小兄　征祥手启

廿七、九、廿八

夫人、金龄、女仆三人居住该店，远避焦点，心神安适，必甚相宜也。祥又及

附相片四纸，爱铎寄赠。

一三四

（1938 年 10 月 1 日）

子兴如兄手足：

顷奉廿八日惠书，拜读之下，感荷无似，我兄关怀之切，筹虑之周，真无以逾矣。幸时局好转，至少数月内或不至再生问题。

承赐介绍维希地方之店主及医士之片当保留，以备不虞。当紧张之日，弟亦虑及巴黎不能视为安居之所，惟苦思而不得一合宜之避难所。末后，弟想及赵颂南兄之乡村，距离法京只有卅五公里，既无工厂，亦无官署，有小客店一家，足可栖止，但内子始终未予同意，幸现时已不需用矣。

日前接李伯言来函，言注东公使奉调回国，石荪调波兰，

在征求同意中。波馆同仁均知石公不能共事，均思他调，就中尤以王念祖及一曾姓者为势在必走之列，伯言亦惶惶不自安。弟当告以千万不可回国，人不逐我，我不必求走。如万不得已而须离职，第一须将回国川资领到，领后可赴贵道院暂居，食住费应照章缴纳。但居院时必须埋头苦干，将法文弄明白，藉以等待时机。将来一二月内，弟须返国，明夏或可回法。彼时若无地位，弟可约伯言在弟处帮忙。是为代筹之大要，不识兄意云何？闻注使景况亦不甚佳，缘多年坐耗之故。承赐《泛美维持和平条约》一册已收到，谢谢，当备暇时流览。

季璋兄来函，言代译之《教廷公约》已译有百页，再有数月可以竣事。届时当先呈我兄一阅，并祈予序言。驻节教廷之计画虽变更，而此译事必须照原意作成也。爱德华神父所赠之照片四纸，感谢万分，弟视之如亲道范。艺术家之技能，真非吾俗人所能料及。专复。敬颂道安。

如小弟　符诚叩
廿七年十月一日

爱德华神父处，祈代谢代候。接津行通知，比工程司之十二元已代付讫矣。

一三五

（1938 年 10 月 4 日）

黼斋老弟爱鉴：

接奉十月一日惠书，欣悉一是。赵颂南兄别庄离巴黎既近，来往更便，我弟亦已想到，甚好甚妥。但夫人未予同意，足证伉俪情切。先室平日于离别一事，亦最难予以同意，同一故耳。

承示注使内召，闻之快慰。注使擅长策划，胸有成竹，且有胆识，非驻外小国足发展伊之才略也。伯言乞我弟为伊筹划一节，小兄绝对赞同，惟来院居住一节，面商代理院长，未得同意，嘱代告我弟，务祈鉴谅。缘院内迎宾馆专为神职班避静之用，偶有修士亲友前来勾留，亦不过一二星期。杨安然一弟一表弟来院避暑，实视同无家可归，颇有流落之苦，院内特发慈悲，作为例外。倘伯言兄欲来稍事休息，勾留一二星期，当可得代理院长同意，且可免费也。

《泛美维持和平条约》一册，系最后一本，我弟留念，暇时读之，窥见罗斯福胸中怀抱，令人钦佩。《教廷公约》一书译竣，亟愿拜读，并代作序言，亦所乐为。教廷驻使一节，早晚终须实行，此书可先作引导先锋，亦快事也。

回想日俄战事前，罗斯福居间调停。此次中日战争虽未宣战，事实存在，议和手续势所难免，倘由后罗斯福出场调停，亦天造地设之绝好机缘及难得的和事郎也。质诸我弟，以为可能否？英能从旁作友好之劝告，并介绍罗氏作调停人，必可得双方之同意，则国日战争，当可于捷克与德国的交涉案同时告一结束。世界幸甚，民国幸甚。小兄已加入祈祷中，望弟代祷尤感。匆匆奉复。祗请双绥。

金龄问好。

如兄 征祥手启
廿七、十、四

一三六

（1938 年 10 月 8 日）

子兴如兄手足：

伯言之事，本属为之预备之一法，今承函示道院只可暂居，以资休息。当谨记忆并已转告伯言矣，望其能以永留彼馆，不致生何意外事是幸。

注使调回，闻与波兰承认"满洲国"不无因果。诚哉，中国官场之难处也。弟现准备下月初旬或下月内回中国，日期下星期内可定。欧洲大局幸目前稍安，奔走虽不能免，而内顾之忧可减少万千。余容另肃。专此。敬颂道安。

如小弟 符诚叩

廿七年十月八日

一三七

（1938 年 10 月 13 日）

黼斋老弟爱鉴：

奉十月八日手书，藉悉不久又将拔［跋］涉海洋，风尘辛劳，羡羡佩佩。承示注使调回内容，此系意中事，亦外交一途不可逃免之影响，小兄一生能避免之，非人力也，乃天命也。前盼弟重入外交，为国增光，固所切望，然不幸而遇与波兰认伪满同一的问题发生，则与注使受同样的影响，故屡以"国计民生"四字诱弟，未知尚记忆否？

另包寄上送宋前部长《本笃沿革小史》一册，内夹文肃

《一字诀》小册子，送伊世兄妹，望便中面交，并代请安。前年在比都晤面，宋君迄今未忘于怀也。另纸附上书名，可否恳弟代购一册，并嘱铺中用红绒布装订，以寄桂林，赠马老夫子，预祝百岁之用。小兄去信，拟告老人作我两人名义之小纪念品，何如？值此全国焦土，人民涂炭，未便铺张，以此书作纪念，且望老人多活十年、廿年、卅年、四十年以至百六十九年（四十四页统计表），必可得老人欢心而鼓舞，提精振神也。屡次扰弟，不安之至，小兄实未敢以弟久作后方粮台，尚祈鉴谅是幸，统容面谢。专复。祗请双绥。金龄问好。

如小兄 征祥手启

廿七、十、十三

前次吾弟回法，陪同夫人就医，未承示及一二，谅医士甚满足，无口碑也。附件阅后掷还，不急急也。祥又及

金龄读书一目十行，今日见之矣，喜出望外，老弟于女胜得一子，贺贺。

一三八

（1938 年 10 月 16 日）

子兴如兄手足：

十三日尊函及《本笃传》一册均已收到，弟抵港时当代为送交前途执收。宋公无子，有小女三人，并闻承委购买法文《长生秘诀》一书，自愿尊办。当于行前办妥，携至香港再寄，以作我两人之祝品，请即先行具函告知。兹附还信一件，剪报一纸。海外记者诸事不求甚解，记载多似是而非，好在对兄表示同

情，可感可感。

弟此次返港，又当约有六个月之勾留，如读《唐人谈话》
得一联云："中郎有女堪传业（蔡邕之女文姬博学，善音乐），
伯道无儿能保家。"此联弟不敢比拟，然实获我心，录呈知己，
以为谈助。

如小弟 诚再颂道安

附二件

廿七、十、十六

一三九

（1938 年 11 月 2 日）

黼斋吾弟爱鉴：

奉十月十六日惠书，承示夫人近体佳像及金龄每星期课程，
快慰之至。"古之学者为己，今之学者为人"，金龄侄女当之无
愧矣。小兄所放心者，老弟于忙碌之中读诗，安神寄心，最为难
能而最可钦佩，养身养心两得之矣。

粤广、武汉之失陷，与我弟行期有加速或延缓之影响否？船
期确定搭何国公司船以及船名，便中示知为盼。《长生秘诀》一
书，拟加一小注，夹在书之首页，兹将拟稿附上，尚祈分神酌夺
斧正寄下，以便缮写加入为祷。

俄国顾问葛诺发君与小兄多年旧交，五年以来，每届年终，
伊寄赠比币千方，又由汉口茶叶公司寄送红茶四匣，成为惯例。
小兄即以茶匣面赠院长，以千方购致邮票，历蒙南院长面允办
理。此次我军退出武汉，谅葛君年终之举势必停止，因伊积资于

公司股分居多。数年来此间邮资以宣扬公教刊物加倍，故已向比京友人借得千方，购买邮票，说明年前归还，故不得不告贷于我弟，以清此债，不致失信于比友。小兄已有我弟来比时留下之二百方，如荷慨汇比京友人八百方，凑成千方，于年前归清，则感谢不尽矣。既承厚爱，敢以作无厌之请，尚祈格外鉴谅是幸。专此。祗请日安。

如小兄　征祥手启
廿七、十一、二

附上拟稿乙件，去岁葛君汇款通知乙纸，阅后付丁可也。祥又及

另封寄上呈宋部长刊物一封，望便中面致尤感。祥又及

一四○

（1938 年 11 月 8 日）

蘊斋老弟爱鉴：

昨接比京友人信，欣悉我弟慨助比币千方，且感且惭，难以言喻，感弟恩爱，惭兄无厌。值此国难严重，个人生活困难之时，弟之用度有增，小兄未能体谅而反以加益之，扪心自问实有愧，尚祈格外原宥。

南文院长自今夏为小兄特立一流水账于本院，意隐示可取消院外账目，昨已函告比友，清算结账。此意由弟慷慨成全之，亦弟之赐也，感感谢谢。专此奉谢。祗请双绥。

如小兄　征祥手泐
廿七、十一、八灯下

一四一

（1938 年 11 月 15 日）

子兴如兄手足：

行前在巴黎奉到八日灯下赐书，知汇款以［已］寄到，而吾兄之感谢及无厌等语，使弟益感不安，望勿介介为盼。且此次汇款实出弟之本意。在未接吾兄函告以前，弟曾对内子云：拟于行前寄比千万，以为邮资，否则余不在法时，若陆神父有所需用，恐无处可告，内子亦以为然。主意虽定，因事忙且距行期尚有时间，故未即办。不意在此待办期间，吾兄之函已到，与弟意正相吻合，此正所谓两地有同心也。

此次旅行途中，天气异常晴和，波浪不兴，水平如镜，惟日趋暑热云。船中旅客以法人为多，其中亦有一二相识，就中尤有不少神父与道姑。且有主教一人，惜其名不在旅客名单中，但接谈后，知其为坎拿大人，现回奉天原任。其人颇爽直，颇有美国人之气概。

行前在法京，曾接林季璋兄一函，言伊今年六十寿辰，受同仁谆劝，曾为作寿之举。教中人送寿屏二画，徐神父曾代兄送一份礼，弟亦有人代送一份礼，均系张充仁所作之□。季璋兄若果以作寿为一乐事，亦是可羡之至。盖弟日下实不知有何事可以为乐也。无已，惟有驱逐倭寇于境外，是真为乐事矣。专上。敬颂道安。

弟 诚叩

廿七年十一月十五日 发自波萨义

爱德华神父前祈代候。

一四二

(1938 年 11 月 22 日)

黼斋老弟爱鉴:

连接巴黎十一月七日、波萨义飞邮十一月十五日两信，欣悉此行海波不扬，顺风东渡，快慰快慰。

年终千方之请求，一因归还比都友人，以结束伊处流水账；二因葛诺发之每年赠款，亦拟先函致谢，并请停止。盖交情虽深，受之究觉不安于心，我弟代为想到，既有同心，更证爱我之无微不至，但不知何以报答。上主收我入院，佑助晋升铎品。每日登台献祭中，以我之祈祷，求主降福我弟全家，聊表感忱。铎品出诸主恩，降福亦出主赐，谓主代我报酬，非过言也。故弟之补助，受者小兄，报者上主也。

委办婚洗凭证，爱铎已拟定草稿，因双方生辰月日似有笔误之处，兹特另纸附上，以便核对寄还，即可缮正寄上。中航机桂林号被炸，副司机系子楷兄之亲弟。近接崇佺副司机遇险身死详情，及崇佑先生（长兄）追述亡弟生平，一家忠节，令人钦佩不置。小兄曾去函致唁，同时恳托子楷兄代订香港《大公报》一年，分五日或七日一寄。兹将子楷兄香港地址列下：香港巴丙顿道九号。倘我弟有便前往访问，并恳代询《大公报》定阅所费若干，望弟代还，如未代办，即托老弟代订一年。为免订双份，询明再订，较为妥帖。

又，小兄入院已有十二个年头，除每日经课外，悉心研究我主救世工作。被钉十字架受难之期口，乃救世工作之结晶也。苦难犹醉机，耶稣犹葡萄。葡萄藉醉机化发芬芳佳酿，耶稣以苦难完成救世工作，垂训后世，俾后人有所遵循而则效之。又于受难之前立祈祷，善长以教我人自卑自抑，恰恭恰敬，求主俯允所祷，藉得扶助慰藉。

兹附上国际和平祈祷会祷文一纸，哂存作念。余容续闻。即请日安。

如小兄 征祥手启
廿七、十一、廿二

一四三

（1938 年 11 月 26 日）

子兴如兄阁下：

本月十一日由马萨起身后，至今已过三埠，沿路风平浪静，天气和暖，即过红海时，亦无大热，再过二星期，即可到香港，旅行终止矣。弟虽久历征途，对此欧亚旅行，虽不感痛苦，终觉费时太长，尤其是一人旅行。加以时局关系，同行人中尤不敢多攀谈，是以有时稍感寂寞，幸携带书籍不少，终日以读书为课。

自小女欲行撰一汉文题目之"论文"后，弟对于汉文亦不能不有相当之预备，以为之助。现所拟定之题目为王维，故弟对于唐朝事故多所流览。今日读史，与童年所读之史，真有天渊之别，非史事不同，实吾人之心理、眼光随经历时事而改变。觉今日吾人所处之境遇、所缺之工能，盖自千百年来已昭示于吾人矣，已成为一种司空见惯之事。殊不知今日所遇之敌，已非千百

年前之民族，吾人以千年前之手段，以应付今日之进化，其不亡何待。弟虽有此感想，对于小女尚不敢公然发表。然小女每对其母言中国之学问，听之虽似有可观，而实际上殊不如人言之甚。目前对此事大有进退维谷之势。弟以赴华公干为急，对此论文事尚无何确定之主张，将来公毕回法再说。盖小女对于西洋文明史稍有研究，如希腊、罗马各名家之学说尚知一二，其对于汉学亦有所研究，比拟之下，当然有所可否。目前仍嘱其继续前进，以待弟回法决定。海行多暇，敢布区区，未知吾兄有何指示。敬颂道安。

如弟　符诚叩

廿七年十一月廿六日，哥伦布发

　　再次过波萨义时，未知曾否将寄赵颂南君之信，误封入尊函中。如有之，请费神将赵颂南信直接寄法为盼，颂南之住址列于后面。此谢。

一四四

（1938 年 12 月 6 日）

黼斋我弟爱鉴：

　　昨奉十一月廿六日哥伦布发手书，欣悉沿途海面镜平，亦无酷热，慰慰。屈指到港之日，即在目前，船中饱读史书，以作消遣尤慰。所谓友古人之友，有百利而无一弊者是也。

　　承示敌方民族之变迁，诚然以吾陈旧之手段，应付进化之兵器，势难制胜，亦系确论。然师出无名，古有明诫，众怒难犯，史证不爽。虽有坚甲利兵，尚须正其名而得世界同情，谓之王师，庶几近矣。反之，惟有自取败亡耳。直质老弟，以为何如？我弟感想，小兄深知其隐，作我两人谈心，无恶不说，无隐不告，存诸心可也。

金龄论文以王维为题，小兄不知其详，容日内在《辞源》及《中国名人字典》翻阅考之。前由波萨义来信，并无致颂南兄信。《中国公教呼声》一书，现出有英文译版，交邮寄赠两册。其一仍请转呈□□□。①

小兄平日注意祖国人物，性喜与之通问联络，宗旨在集思广益、增进识见，以彼此有益为本，并无私人希冀存其间也。我弟知我有素，敢且告之，故前途之接受，并有答复或无答复，既不计较，亦不介意，例如石曾先生之先例。故我弟对前方，亦无须稍露恢复之意思或神色也。

我弟欧亚奔走，风尘劳顿，加以时局之关心，小兄于季璋以作寿为乐事数语中，窥见弟之隐衷，实得小兄之同心而同以为乐事。此希望实现时，我两人之雀跃之手舞足蹈，真将不知老之将至矣，或竟有"三月不知肉味"之慨矣。可先发一笑，何如？

前函寄上生辰日期互相对换一节，望纠正见示，以便缮发证书。匆匆拉杂。祗请日安。

如小兄　征祥手泐
廿七、十二、六

---

① 　此处被裁去数字。

一四五

（1938 年 12 月 8 日）

子兴如兄手足：

八月早安抵香港，即行奉到十一月廿二惠赐航空大札，读之感愧。感兄为我全家祈福之恳挚，愧者因千方琐事，累劳齿及，似觉闻之不安，望兄以后对此类事，勿介于怀是盼。

承示婚洗凭证，因生辰月日有笔误之处，复嘱为订正。弟以 date officielle① 为误，仍应照弟所开列华文之纸为正。盖弟家中沿旧习惯，每年均以生辰为庆祝之日，其他如婚期等，均不重视，且弟生辰为光绪辛巳年八月三十日丑时，以中西合历考之，即为一八八一年十月十三日，故弟自婚后，即以阳历十月十三日为准，而不用阴历之八月三十日矣。是此日为弟之生辰毫无疑义。其错误之处，定在从前记录时偶有笔误，又可断言者也。祈照弟之汉文单内年月日填写婚洗证为是。兹将二条原本寄还，以备应用。

刘子凯兄处已由电话询问，伊已代订《大公报》半年，弟已声明代付报资，俟晤面时再清算。祈勿念，行装甫卸，恕不一一，余当另陈。专上。敬颂道安。

> 如小弟　符诚叩
> 廿七、十二、八 灯下
> 航空函寄自香港半岛饭店

爱德华神父处祈代候。

---

① 官方正式日期。

一四六

（1939 年 1 月 5 日）

子兴如兄手足：

十二月六日赐书早收到矣。承示尊函中并无赵颂南之函，至感。弟发信后恐有误封之事，故一询及，幸未误封。昨日颂南兄亦有函，告收到弟之信矣。弟于短期旅沪后复回港，现拟于后日，即本月七日赴河内。现法国飞机每星期飞行于河内、香港之间一次。由河内弟即飞昆明，在彼小住一日，再飞重庆，晋谒交通当局商谈铁路事项，并谒财政当局报告银行事项。在渝拟不多住，少则三四日，多则一星期即行返港，盖一切工作仍须在香港预备也。弟之回港期约在十九、廿日左右。弟在港寓居半岛饭店，在短期旅行时间，亦保留房间，因系包月制，较比按日计算实省费也。

近来世界政局日趋新途，英美对日有放弃含忍主义，而为抗争政策，而日本更于近卫辞职组织新阁，更欲积极排除欧美在华利益，如是颇于中国前途发生大变化，恐中国惟一希望或即在此。汪精卫之倒戈，受尽国人唾骂，而一无利益，可为立足不稳者戒。汪氏以革命元勋而作此媚日举动，可见其素日之东倒西歪已成习惯。古人云"文人无行"，汪氏亦一会作文章而不会作事之人也，其亲信类皆鸡鸣狗盗之徒，是以其常受肖小之包围。区区私意，敢贡诸兄前，是为吾二人之私言。匆上不尽。敬颂道安。

如小弟 诚叩

廿八年一月五日

附《大公报》订报收据，以备查阅。

一四七

（1939 年 1 月 11 日）

黼斋老弟爱鉴：

前日接到十二月廿六日于沪航途中手书，欣悉一是。承示谒见宋夫人及面交宋公小纪念品等各节，感感。

宋公加入中法工商银行，为该行前途贺。战后中外合作，为复兴计，系必经阶段，合作逾紧，复兴逾速而坚固。汪精卫之行动，为之叹息。

兹奉上证书二纸，察收见复为祷。匆匆。祗请近安，并贺年禧。

　　　　　　　　如小兄　征祥手启

　　　　　　　　廿八、一、十一

《百岁秘诀》乙书，业由金龄寄到，装潢美丽，必得老人快乐也。祥又及

一四八

（1939 年 2 月 15 日）

子兴如兄手足：

自上月十九日飞回香港后，百事匆忙，更觉时光倏逝，急如流水。一月以来，未能握管，至以为念。吾兄得主特宠，定能康健日增也，祝甚祷甚。

弟在渝时间仅有四日，其中开会酬酢，日有数起，且有一日（十五日），为避日机之轰炸而消耗大半。在港友人谈及是日轰炸情形，真有色变之象，而身当其冲者，因逃避及时，反不觉其

危险之大，但事后思之，不禁惴惴也。弟在港应办之事已告一段落，但距结束之期尚远。

弟拟于三月一日赴沪一行，视查沪行业务，在沪勾留久暂，尚不敢定。吾兄如有函件，请寄香港法国银行大楼二楼十二号。此乃弟之办公处，有常人住此，殊便于转递函件。

日来中日战事无何变动，海南岛之失守，亦早在意料中。汪精卫闻现尚在河内，本拟出洋，先伊要求外交护照，政府只允予以游历护照，稽延至今，恐此游历护照亦未能到手，想政府不欲其远离，致生枝节。

日前突来惊人之消息，为圣父升天之事，助华之人又弱一个，是真吾人之大不幸也。明日此地天主堂予一特别弥撒，专为圣父祈祷，当前往参加。委交宋子文先生之英文书早已面交。宋公嘱为代谢，并询问吾兄之起居。弟亦收到此书一册，一并致谢。匆上，余不尽。敬颂道安。

如小弟 符诚叩
廿八年二月十五日

香港皇后道法国银行大楼十二号房 French Bank Building Room 12. Queen's Road HongKong。此处为银行办公处，无论弟在港在沪，均有人居此，故请将尊件寄此处为便，要件不可寄沪，以免日人检查。

一四九

（1939 年 2 月 23 日）

子兴如兄手足：

顷奉一月十一日惠书暨证书二纸，铭感无似。内子得此证书，当能满意，定增感快。弟常思中西心理不同之处，半由于教育，半由于习俗。中国之所谓礼法者，即欧亚之民刑二法。惟中国之礼近于繁、法近于苛，均难于实行，故上下越犯，别寻自由（礼法与习俗不尽相合），及其亟也，一无轨道可寻。西人立法多由习俗染成，故法与俗合而为一，诸事皆在轨道中。由是可知，弟与内子有时意见纷歧，多由各人之生性 mentalité 不同。以弟之久已从事欧西生活之人，而尚不能完全服化欧俗，可见中国采取新法之难也。即皮毛之事，亦作不到，遑论其精神。弟发此论，因内子视承赐下之证书，较弟为重也。

日来沪上暗杀之事屡发不已，就中要人为陈任先与李伟侯。李之详情不知，陈之事报纸详载，兹将剪报附上，阅之可得其一二。似此结局，真真值不得，谓其自取其祸不为过言。

日前伯言来函，告以石孙公使在波京种种不满意之处，如怕见友邦公使，怕与人来往，及取省钱主义等等。国难当前，外交正宜努力之秋，岂可专盈余计？以吾人认为学识高尚者犹若是，呜呼！中国外交之日趋下流。

弟在港诸事已办有头绪，三月一日拟去上海一月左右，仍回香港。如蒙赐函，请仍寄香港为便。专上，并谢。敬颂道安。

如小弟　符诚叩
廿八年二月二十三日

爱德华神父前祈代候并谢。

一五〇

（1939 年 2 月 27 日）

子兴如兄手足：

今早晤颜骏老（来港参加红十字会，小住数日，云即回沪），谈及任先在沪被刺事，较各报登载者为确，特录出，以供一览。

当任先欲行返沪前，其家人去电，切嘱不可来沪。伊不听，带有保镖者十数人而回。其寓在愚园路，即越界筑路之区，门前素无警岗。伊恃有带来之卫队，及宅中原有保镖者三人，故竟无不安之象。是日适值新年，罗怡元夫妇往他处访友，路过其门，见室中灯光闪烁，疑及任先或已归乎，遂扣门入室，果见任先一人在室休息，躺于大椅之上，而怡元座于上首处，其夫人坐于下方。家中人等聚于傍室，为新年之嬉"赶老羊"。任先言，杭州市长何某（其人已被刺殒命）真愚笨之至，身为市长而无保镖者以为之护，故遭狙击，余此来带有十数人，可以安心出入。正言至此，忽屋门大开，见有二人，一人守门，一人向前，头带洋毡帽，身着长衫，其袖长而且肥。只见其向陈举手即开枪，声三响，放枪后安然而去。陈带来之保镖者既不在场，而原有之保镖三人亦只剩其二，且此二人亦于事后随此长衫者而去。彼时怡元夫妇惊恐无以言状，怡元且至因惊便血。被击者之死即在立刻，大殓之日无人临吊，出殡之日无人送丧，甚至报馆亦不为之登讣闻，是足可为当汉奸者戒矣。

明晚准去沪，草草上书，余容另叙。敬颂道安。

如小弟　诚叩

廿八年二月廿七日

一五一

（1939 年 3 月 29 日）

子兴如兄手足：

三月廿七日接奉三月十四日由航空惠寄之大札，敬悉起居安吉为慰。所需宣传之费，当日即由汇理汇上比币二千方。吾兄为国效忠，是亦弟应为协助者也。叨在知心，幸勿客气，愿谅弟之未早见及。此汇款系由航邮寄上，谅即可收到。

弟前去沪，本拟住至一个月再返港，不意半途中港中友人电催速返。现拟再行赴沪一次，今晚起身，拟于四月十日赶回香港。在港住至五月十一日，搭乘法船 Relin Rimd 返法。行色匆匆，恕不一一。敬颂道安。

如小弟　符诚叩

廿八年三月廿九日书，留卅一日发

一五二

（1939 年 4 月 10 日）

黼斋老弟爱鉴：

四月四日接到巴黎汇理银行函，藉悉老弟慨助宣传费二千比币，心感难以言喻。值此抗战进入第二阶段，最后胜利不□，似宜稍尽棉力，加紧宣传。购致刊物及邮费为数颇巨，目下得此巨款，足够本年费，深盼战事年内结束。

小兄上相老贺词中，亦有"希望我师'不还我河山不止'之呼声，百岁年内实现，以作永久纪念"。四月八日国内《益世报》庆祝相老百岁大寿，日内发出通知十七封，又附入冯副委员长寄来相老丝织肖像。钱大使有贺电，小兄附名电贺。相老住谅山法文地址：

Ma Liang，Mission Catholique，Lang-son，Indochine①。

欧局紧张，战事难免，老弟定五月十一日搭船□法，为之大慰。缘一旦有事，老弟在家可有办法耳。目昏不克多写。顺问近好，并祝风顺。

如小兄 征祥手泐

廿八、四、十

□指明年三月八日，适逢我【师】百岁大庆，远隔重洋，未克飞桂林祝嘏。兹乘刘荩忱谱弟回国之便，带呈法文《延年益寿妙术》一书，伏乞□【哂】存，以作荩弟与祥预祝小品纪念。每日圣祭中加诚祈祷，恳主□福全国抗战勇士，俾我【师】还我河山的呼声实现于一九三九年，以开民族复兴的新纪元，□偿我【师】平生切望的爱国宏愿。曷胜企盼之至。恭祝健康。

门人本笃会修士兼司铎陆征祥谨识

---

① 马良，天主教教士，凉山，印度支那。

一五三

（1939 年 4 月 14 日）

黼弟爱鉴：

欧局异常紧张，内心深抱不安，每晨祈祷中，特别求主，俾此次订定行期不致延缓。倘五月起程，六月中始能回法，家庭团聚。在此欧云密布，早不保暮之不景气像中，尚何乐字之可言哉！但求团聚一处，患难与共，遇危险事有个商酌，避逃时有个同伴。

小兄在院，与社会情形完全隔膜，战事发生，何处为安全域，毫无把握。我弟回法，尚可与大使馆探询，并可与颂南、乡仙接洽安置眷属地点，未知 Lileuk et Lousdes① 之宗教区域内，或可得相当之安全否？一切总盼我老弟早日赶回，尤不可向家中人稍露恐慌，亦无庸恐慌。盖愈恐慌愈无办法，"镇静"二字，为遇险、出险不二法门也。

兹附上《中国二千年之预言》剪报，如荷代购五六册带下，尤感。匆匆奉托。祇请程安。

如小兄 征祥手启

廿八、四、十四

黼斋老弟爱鉴：

兹寄上《新经·保禄宗徒致格林多教友书》第十三章自一节至十三节法文原文一纸，并将中文抄录如下：

---

① 里修和露德。

今有一人，语妙天下，吐词如神，若无［有］仁爱，如铙有声，如镜有响，即有天才，能知未来，识尽奥秘，穷极科学，并其信仰，足以移山。然无仁爱，如一无有，甚或倾家，救济贫苦，将其身体，投诸烈火。若无仁爱，皆属无益。至哉仁爱，既能坚忍，又拯纯善，不贪不燥，不骄不妄，不求自利，不动声色，不念微恶，不喜非义。其所慕爱，唯有真理，忧以天下，信以天下，希望无尽，担任无遗。先觉可死，仁爱不死；吾舌可断，仁爱不断；科学能灭，惟此仁爱，永远存在。由此观之，世有三大：一曰希望，一曰信仰，一曰仁爱，而最大者，莫如仁爱。等语。

一九三三年三月四日美总统罗斯福氏莅任就职宣誓引用此章。

一五四

（1939 年 5 月 7 日）

子兴如兄手足：

由沪返港后，得读四月十日、十四日及十七日三次惠书，快何如之。寄款已蒙收到，至慰。委购预言书五六册，当照办无误，惟《木兰从军》一剧既为电影，不知有无剧本，如有之，定当照购带上。

弟之回法期本属千准万准，中国同仁方面早已同意，不料本月三日由沪回港后，即接有同事电报，伊本拟五月二日回法，其电云不止不能回法，且须返港公干。弟阅此电，知与弟之返回法国事不无关系。果于五日收到巴黎总行一函，表示希望弟能将返法之期展缓，以便帮助同事傅君办理未了事宜。弟知事关紧要，不能不应允展缓，故只得电复认可。是弟之回法期恐尚须有一二月之耽搁也。弟在行身任要职，且得同仁信仰，遇有要事时，不能不捐私顾公，谅此当为我兄鉴及者也。惟觉妻女处未免多加忧虑耳。幸欧陆风云变幻虽速，尚不至即行爆发，盼我主默佑，为世界生民免此涂炭，弟亦得沾余润焉。

　　同事傅君约于本月十日到港，晤谈后可得窥事之性质及回法之约略期，然目前殊不敢遽言迟速也。余容另陈。专复。敬颂道安。

如小弟　符诚叩

廿八、五、七　灯下

承抄示《新经·保禄致格林多教友书》，谢谢。

<h1 style="text-align:center">一五五</h1>

（1939 年 5 月 12 日）

子兴如兄手足：

　　日前上一函，报告受巴黎通知展缓启程回法一节，谅邀鉴及。现法同事傅君已到香港，接洽之后，知此次展期系为磋商一重要问题，恐非二三月之时间不能竣事，是一时遽难订定回法之期也。事关公务，自无他话可说。想妻女等亦当谅此地位而少安毋躁。知关远注，特再申述。

　　承委代购各书，计《预言》一书已购妥五册，《木兰从军》剧本并无单行本，只附刊于《文艺》期刊内，而该期所刊各册均已售罄，蒙友人赠送一册，特转以奉赠吾兄，以快先睹。兹将以上所述之书六册专包邮上，至祈赏收。盖弟之成行既无定期，自以早日寄上为是。余不一一。香港通信处仍照旧。敬颂道安。

如小弟 符诚叩

廿八年五月十二日

一五六

（1939 年 5 月 16 日）

黼斋老弟爱鉴：

前日得金龄信，藉悉我弟行期改缓，且无定期，甚为失望。值此国家存亡危急之际，凡能尽一分心力，惟有放弃一切个人计划，而毅然以全心全力赴之之一法耳。质诸爱弟，必以为然也。

财力为战争之主力，银行为储蓄主力之地窖，故我弟对国尽力尽心之处，较诸驻外一大使馆，有过之无不及也。目前我辈人格之自植自励，宜效法三代以上之人物。盖三代以上之人不好名，而我辈亦应不好名，而但求尽心尽力，但求我心之所安，我力之所及，如是已耳。

兹寄上□□□①国，望分神代购一册，交邮掷下，亟愿拜读为快，每日圣祭中加诚代祷。又相师百岁大庆，国府特颁明命令褒嘉，中［古］今罕有，民国前途之瑞兆，可喜之至。余容续布。匆匆。祗请健安。

如小兄 征祥手启

廿八、五、十六

---

① 此处被裁去数字。

金龄来信同一表示，而以"忍"为福之根，可嘉可喜。有此嘉女，为我弟喜。祥又及

再，南文院长于五月四日回比。此行虽久，结果尚好，各处教区兴发，比约十一世之所赐也。祥又及

一五七

（1939 年 5 月 22 日）

子兴如兄手足：

日前奉上一函，报告五月十一日未能成行之故。日昨复接总行来信云，同仁均希望弟之延长居港期不至太久。弟得此机会，遂向各方要求，准许即行返法，已得同意，惟尚须于月底飞赴河内，二三日后即回港。现订乘六月六日由港开行之法船名 Arxius 者返法，舱位虽尚未觅得，船公司允为设法，谅此次计画不至有变更矣。

弟此次回法，拟携锡龄甥女一同起身，内子亟赞成锡甥到巴黎居住。缘自去冬锡龄在南开大学毕业、桂龄在清华大学毕业后，二人均无所事事，找事、配人均非易易，且桂龄一向学校成绩亟佳，攻读化学颇有心得，然在国内大学肄业，终不能谓为深造，且有友人劝弟出资送其赴美留学，将来或可成为有用之材。弟对此议视为有理，内子虽觉费重，然为青年之前途计，亦不加反对。弟是以决定派桂龄赴美继续攻习实用化学一门，大约二年可以在大学毕业。伊现正预备出洋入学一切手续，今夏可以成行。

桂龄既有二年或三年之计画，锡龄亦不能不为之设法。锡龄所习为财政方面之事，如银行、保险、会计、簿记、英文、打字

（华英均行）等科，亦均为实用之学。弟在法汉文之事，亦有需人佐理处，故拟先为试用，是亦为一暂时之计画。且锡龄在家中，亦可为内子与小女多一侣伴，是又为两便之事。惟弟之担负稍觉加重耳。弟以为帮助青年求学，为吾中国人应尽之责任，何幸而得聪明好学之子女，虽有费用，尚不至虚靡。一视浪费子孙因嫖赌而丧身倾家者，【较】弟之花用实高出百倍也。是虽自慰之语，亦系实情，谅兄亦表同情。

杨峻林外甥因年事已长，且订婚已久，弟已允其回津成亲，女家为段香岩将军第二女，何日成礼尚无消息。内子对此婚事亟不赞成，因恐女家出身高贵，难以俭朴持家，而峻林又非富有之人，恐其无以为善后也。然弟对少年婚事问题，如果当事之二人同意，傍人以不参加意见为是。至今弟等未能同意此一事，是又无可奈何之一事。

弟此次返国，便中得将三甥事办一段落，结果如何，尚待异日。过此之希望，为返法后能帮助小女金龄将王维之论文纂成，则弟之幸慰无似矣。余另谈。敬颂道安。

如小弟 符诚叩

廿八年五月廿二日

前日由邮寄上《清算日本》一册。

一五八

（1939 年 5 月 30 日）

黼斋老弟爱鉴：

两奉手书，领悉船期改缓，且难预定日期。既为行务重要，不得不移爱作忠，出于我弟忠诚职务，夫人、金龄当能谅解，益增敬爱，毫无疑义。且金龄来信有耐心即载福之道一语，令人慰佩。

　　兹寄上《益世报·海外通讯》剪报两纸，区区理想，屡向爱铎作谈笑资料，伊竟认为有见，殊出意外。曾于第四期以"罗斯福"为题，并以小兄陈腐思想做成一篇首论。伊煞费一番构思苦心，未便阻其登载，亟以剪寄我弟一阅。未知国内当局看法何如？老弟感想若何？望示我数行，以慰挂念。

　　入院以来，与世无争无求，值此国难期间，既以"有钱出钱，有力出力"为口号。身居修士，既无钱复无力，偶有外人或公教同胞来索宣传文字，一再与爱铎熟商，未便一概拒绝。如《公教呼声》出版，勉作一序及他处对付文字，凡此但求无过，不求有功。我弟知我有素，当能见谅，但不知外人评议如何耳。

　　相师百龄庆典，国府明令褒嘉，林主席专电祝贺，政府要人隆重祝贺，古今罕闻，叨列门人，预〔与〕有荣焉。小兄函告海外公使，十七人内有四位素无一面之缘，盖以尊老敬贤本无识面不识面之别，故一律通告，谅不致见怪也。余容续布。祗请日安。

如小兄　征祥手启

廿八、五、卅　灯下

一五九

（1939 年 6 月 6 日）

子兴如兄手足：

　　前定回法之期，忽因事展缓，弟已不作早早赴欧之妄想矣。

忽于上月下旬接巴黎同仁来信，言法方仍盼弟早回，不愿在港多作勾留。此种消息，实欢迎之不暇，遂赶向中国方面接洽回法一切事体。同仁见巴黎既坚决欲弟返法，亦只有任弟而去。但五月廿七日，经已与交通部长约定在河内晤谈，势难在此期前返法。河内之行依然照约进行，廿七日去，三十一日回，来回飞行，颇称便利。现正预备返法一切事宜，后日即六月八日当可乘法船Arxius成行。此种意外之收获，定皆吾兄为我祷告之力也。

弟此行偕锡龄同行，此事已定。锡龄已于今日由沪起身，八日到港，即与弟同行。桂龄赴美之事预备已有端倪，大约八月中可以成行，九十月可以入美国大学。伊拟在美留学二年，专攻化学，二年后可得学位，可以深造，盼其能为中国作些事体，至少亦能协助社会事业。峻林之婚事，闻已在津举行，桂龄曾有信来报告，而峻林尚无只字。弟于此三甥之中，所期望于两甥女者甚低，而所得成绩实远出预料之上；而期望于峻林者甚高，而所得适远出预料之下。可见诸事自己安排，究不能有何把握。峻林人非恶劣，然胆小性懒，能力薄弱，是其短处。若论谨慎明理，亦不无可取处。其如不能成事，何行色匆匆。不尽欲言，余容面罄。专上。敬颂道安。

> 如小弟 符诚叩
> 廿八年六月六日

一六〇

（1939 年 7 月 4 日）

黼斋老弟爱鉴：

叠奉香港航信，《中国二千年预言》《清算日本》等刊件拜领，谢谢。窃念老弟对于金龄以及峻林、锡龄、桂龄教育之担负，前途之计划，至矣尽矣。求诸当世之族长，不可多得，其收获上主安排之亭毒，之所谓尽其在我，成败委诸天命可也。

锡龄来法，桂龄留美，吸收欧美文化，设计妥帖，异日归国服务，亦两美俱集，应用益备。在家有三洲和合之宽大，出外有对付急需之运应，内外兼顾，甚为得计，羡羡佩佩。非我老弟眼界高远者，不克臻此。金龄来信"tramis"[1] 六月可抵马埠，屈指水程不到一月，法邮船亦增加速率耶？或途中停顿时日之宿［缩］短耶？

欧局紧张，趋势难测，全盘计划都在英张、德希二巨头手中，亦不出"和""战"二字。此二字，一则保存文化，一则蹂躏世界，一放一收，影响不可限量，责任非同小可。前者守成，后者复业。小兄以拿布伦、威廉作前车之鉴，且希好人之所恶，恶人之所好，灾时逮其身耶？上主全智，独知之耳。南院长密告全体修士各节，有战祸难免一语，大可注意，顺以密闻。专此。祇请程安，并祝天伦乐叙，无限同乐。

如小兄 征祥手启
廿八、七、四

锡龄晕船否？念念，并以问好。

一六一

（1939 年 7 月 12 日）

子兴如兄手足：

承惠寄马赛之函，因到达稍迟，复转至巴黎，谢谢。此次到

---

① 特拉米斯号。

法，因与行中接洽事体较多，是以稍觉忙碌，故迟至今日，始得握管。且当此暑假之内，弟一时亦不能远离，拟于八月初间再行携眷，赴一静地稍息，目前尚无具体计画。

至晋谒吾兄一事，现亦不敢遽定日期，拟稍过数日再订，盼于暑假前能抽暇前往也。欧洲局面自前日英首相表示态度后，似稍趋和缓，深祝其能日进平和之途，则受赐者真不知有几千万人矣。匆复，不尽一一，余容面罄。敬颂道安。

如小弟 符诚叩

廿八年七月十二日

爱铎神父祈先代候。

一六二

（1939 年 7 月 15 日）

繍斋老弟爱鉴：

前接十二日手札，欣悉弟驾平安到巴黎，且于预定日期前（金龄来信），尤为快捷慰人。携眷静息是正办，而神形两益。夫人素喜山居，先师文肃与小兄均喜饮泉坐汤之温泉区域。未知老弟能与夫人商酌前往维希 Vichy。每日饮泉一杯，以扫荡胃肠，坐汤一次，以清洁肉体，半月或三星期后，顿觉舒适，如服仙丹。但须先访医生，讨论商酌，且饮水度数及坐汤温度、次数，均由医士开单指定，不可自作主张，反有害也。愚见尚祈与夫人参考，以备一格耳。

来比把晤，甚为欢迎，或先或后，悉听弟便。欧局趋势，惟主独知，或当局之两三巨头知之。然最后暴［爆］发或忽转和缓，亦惟上智安排，巨头亦处被动地位也。质诸老弟，以为何如？

爱神父日来筹备《益世报·海外通讯》第七期，资料业由国内空邮递到。现考量一切，煞费心思，忠诚如爱铎者，实不多见，令人钦感。金龄《女界通讯》一文加入，亦一好机会也，预贺预贺。

此间一切照常。暑假已届，鲁文〔汶〕修生及留学罗玛修士，亦将陆续回院，人数加赠，亦增热闹。匆复。祗请双绥。

金龄、锡龄问好。

如小兄　征祥手启

廿八、七、十五　午后

一六三

（1939 年 7 月 19 日）

子兴如兄手足：

现订于本月廿二日乘早车赴比晋谒道座，在院拟住一日，星期日午后即行乘车返法。缘星期一日尚有他约，而过此以后，即预备出外休息数星期，弟亟愿于夏假之前与兄一握手也。匆匆先达。敬颂道安。

如小弟　符诚叩

廿八年七月十九日

一六四

（1939 年 7 月 23 日）

黼斋老弟爱鉴：

昨午今晨，促膝谈心，快慰非言语所能描写，彼此当有同感，自不待言而知。其不知者，每年来院访问一次，增我一岁之寿，故切盼阁第多住巴黎。多住一年，多来一次，多我一岁，多多益善，活到百岁，以步相老之后，何如？

查《词源》，有古乐府《木兰篇》，所说诗是否一事？季璋所译书忘询及，便中示知尤感。牙痛谅系药性发展，或可平复，无须就医也。顺颂日祉。

如小兄 陆征祥手启
廿八、七、廿三 灯下

一六五

（1939 年 7 月 28 日）

子兴如兄手足：

日前晋谒，快谈数次，诚如尊函所言，欣慰无可言喻者，但愿如兄言，晋谒一次增寿一年，如是弟至少可活至九十，吾兄定能达到百岁，以与相老抗立也。

弟归后牙痛不止，终夜不安，幸得早归早憩，受益不浅，翌早脸颊均肿，此后痛止肿消，今日已觉大痊。兹送上小照一张，晋谒时忘为带去。此照系今春沪行移入新居时所照，房间即为弟在沪之办公室。弟曾令行中多印数张，以赠友人，然此类照片，非知己者不能相赠也。

美国昨日声明，取消《美日通商友好商约》，实为中日战争期中一重大问题。中国能否收得美满效果，仍须有待日后之战事与外交之发展。敬颂道安。

如小弟 符诚叩

廿八年七月廿八日

一六六[*]

（1939 年 8 月 2 日）

子兴如兄手足：

昨早同金龄小女来此海边，即在此客寓下榻，拟在此小住十日或十五日即返巴黎。此次内子未同来，因伊身体不佳，出外饮食不便之故。当弟离巴黎前一日，曾寄一函与兄，并有一 M 函另致爱德华神父，谅均蒙收到。

今日内子在电话中向弟言，弟所寄与爱德华神父函中所附之住址单前途，亟待寄回，请费神代达爱德华神父，将该单照弟函所叙之意，将该住址单即为寄回原借人为感。专上，敬颂道安。

如小弟 符诚叩

廿八、八、二

---

[*] 该函为明信片。

一六七

（1939 年 8 月 22 日）

黼斋老弟爱鉴：

避静前奉到手书及相片，又锡龄信暨《木兰辞》，在静默中未克复谢，曾代祷降福。

出避静期，检拾旧破杂纸等，检得《古今笔记》《经史百家杂抄》《女论语》等，略志数语，交邮寄赠。未知何日递到，税关有何留难，特先奉告，以资接洽。

兹附上绒袜样一件，前四年夫人连同雪靴等由 Bon Marché① 寄惠之物。此种厚绒袜，原为脚寒之人夜间用之，以温两脚，现下两脚畏寒，非白日用之不足避寒。可否恳夫人向原店代购两双，掷下应用，不情之请，尚祈格外鉴谅。匆匆奉恳。祗请双绥。

如小兄 征祥手启

廿八、八、廿二

一六八[*]

（1939 年 8 月 25 日）

欧局恶化，战祸难免，所可慰者，老弟回法，夫人、金龄有所依靠，一切求主庇佑。致地点之选择，老弟成竹在胸，未便赘

---

① 便宜。

* 此日两件均为明信片。

述，当代祈祷。匆匆。祇请黼弟日安。

如小兄　征祥手启

廿八、八、廿五　晨

锡龄来法，多一作伴，亦幸事也。并及

黼弟惠鉴：

今晨曾上寸笺，谅登记室。值此战祸将临，人心惶惶，考诸《古经》，祈祷最有效力；证诸往事，亡人庇佑，历历不爽。以小兄入院以来，凡为国家、为社会、为亲友代求，莫不蒙主听纳所请，俯允所求。

晨间函致本笃女修院，购致前王、前后暨现王肖像三千份，分赠亲友，加诚祈祷，避免战祸之来临。该价比币八百七十五方 frais：875.00，未知老弟能助此巨款否？倘比境不入旋涡，老弟携眷来比，早发夕至，且 Bruges 省城清静，亦多美术画物。贤夫妇来比勾留，聊作避难地点，亦颇相当，亦一难得机缘也。敢以密告，以备日后遇机考虑之一格。

如蒙金诺，慨助捐款，请以封面写法【文】，缮发支票，免到院转拆发生未便故耳。匆匆奉恳。祇请双绥。

附前王、前后、今王纪念三份。

如小兄　征祥手泐

廿八、八、廿五

一六九

（1939 年 8 月 25 日）

子兴如兄手足：

夏假期间因内子身体多病，精神不佳，由海边归后，即陪同去罗桑就医。弟在该处小住一星期。医士亦诊断完毕，认为血压过高、神经过劳，宜从事休养，尚可恢复健康，若仍继续劳动，恐生意外云云。内子得此警告，且居客寓，不问家务，不多劳累，十余日来神色转佳。故弟先于上星期日返法，拟令内子、小女住至下月初再返法。不意国际大局陡变，瑞士虽较巴黎为安全，然两地分居，究属放心不下，昨今两次通电，仍以先行回法为上，是以今晚可到巴黎。

顷收到书两包三种，谢谢！实为旅行流览之善本。承嘱译《木兰词》一节，当令金龄为之，伊对此类事亟感兴趣。昨日曾向便宜商店购买绒袜三双，照寄来之样办妥，当即交由该店邮上，并将应付比国方面之关税，亦已付讫。兄处只须收物，无何款项可付，祈注意，切勿重付。

前在院时，承面告代买蒋主席传一本，装订后备送宗座之用。此书早已购妥，惟装订店工人全在暑假间，九月初方有人工作，九月底可做成。此话当然指平时而言，若有战事，不知能否照办。明早拟去乡间物色房屋，以备战时避居。匆上，敬颂道安。

如小弟　符诚叩

廿八年八月廿五日灯下，巴黎

一七〇

（1939 年 8 月 27 日）

黼斋老弟爱鉴：

　　顷间接廿五日手书，悉领一是。承示 Lausanne① 医士诊视，夫人近体血压过高，精神过劳，亟宜休养一节，适与本城专科每次面告小兄之言不约而同，足证修养系苦事，劳动乃乐事。换言之，服从医士之言，难如登天，随心所欲，服从私益，易于反掌，故病者不知保养，反怨医士无本领。倘夫人从此觉悟，节劳自卫，恢复精神，确有把握。

　　小兄前次因阅报过度，双眼流泪，如丧考妣，后经专科力劝，停止看报，一年以来，目力有增无减。然每次走经阅报室，心中内争，如迎大敌，心目向报案，双足向门出。值此气候温暖，舍阅报室之过道，而下楼穿花园，既免过失重患，复得呼吸清气，诚一举两得，为老弟述之。可见人身在世，实一战场，其最剧烈之战斗，当然在人生最后之几分钟。我人不得不自救自赎，以准备此最后胜利，与民国全体民众奋勇抗战到底，所希望博得者，同此最后胜利耳。质诸老弟，以为然乎？

　　《西安苦剧》一书，烦弟牢记代办，以献宗座，感之。按目前形势揣测，法有保障，波兰成约，比或可免入旋涡。望弟将该书寄下，由此间书店装订可也。绒袜三双，已接巴黎本店来函通知，又接比京代理人来单接洽，关税单内声明清付。外人办事诚实亦便宜，商店之特色也。

---

　　① 洛桑。

　　昨函读请募款一事，再思之后，反觉不安。窃思亚尔倍前王暨亚斯脱利前后在天之灵，庇佑比土及人民，当无疑义，倘能唤起较大的祈求呼声以催迫之，前者必更加紧，后者亦得慰藉。此举虽系个人私意，亦百年难逢之机会，如我弟素以慷慨为怀玉成之，不独小兄一人之感谢，比国上下蒙此荫庇者，必中心感激于久远，间接加增比人对祖国之同情于无形也。措词略说列下：

　　"Puis-je vous offri r deux images ci-jointes afin de pouvoir prier ensemble d'un même cœur et d'une même voix vos grands et augustes Souverains de veiller sur la Belgique pour lui épargner de sanglantes épreuves dont la pauvre Chine est XXinoublié?"①

　　专此。祗请日安。

如小兄 征祥手启
廿八、八、廿七 晚

一七一

（1939 年 8 月 28 日）

子兴如兄手足：

　　奉廿五日大函，敬悉吾兄为世界和平祈祷，购定比王等肖像三千份，分赠亲友加诚祈祷，足见仁心济众，钦佩无似。兹附上支票一纸，祈查收备用为荷。日来空气日趋恶劣，实有赖于多多

---

① 是否可向您附上两张图片，为您伟大而神圣的、守卫比国让其免受血腥磨难的历任君主共同祈祷，可怜的中国正遭受这种血腥的磨难。

祈祷也。专复。敬颂道安。

如小弟 符诚叩

廿八年八月廿八日，巴黎

一七二*

（1939 年 8 月 29 日）

顷奉廿八日手书暨支票一纸，感感谢谢。窃念老弟受洗以来，上主宠恩有加无已。小兄得主赐我以后方粮台，源源接济。小兄凡百言动，惟主最颂。现遵弟嘱，多多祈祷。宗座位高极顶，亦惟有祈祷之一法耳。匆谢。祗请黼弟晚安。

如小兄 征祥手泐

廿九 午后

一七三

（1939 年 8 月 30 日）

顷间奉到《西安记》译法一册，谢谢。法比邮便有断绝之谣，倘成事实则奈何？所可聊以自慰者，夫人、金龄有老弟在法照料，则我心之过虑可释，确系上主显明之恩宠。

盖一年以来，所早夕祈祷两事，现均实现。一老弟在华无危险；二赶早回法照料家务耳。借前王、前后之肖像祷文求和平、求保佑一事，颇得比友感情，并闻。祗请黼弟日安。

如小兄 征祥手泐

廿八、八、卅 午后

---

* 此为明信片。

一七四

（1939 年 9 月 1 日）

黼弟爱鉴：

三双绒袜已到，便宜商店之包封、伊经理人之可靠，令人羡羡。附上单纸，细到完备，以见一斑，可嘉之至。西人组织抗战中，正在仿行，可嘉之至。

爱铎奉命赴法北方办理要公。连日

爱铎奉差在法北境，未知能趁早赶回否？念念。

顷由同事面告，战事暴〔爆〕发，波已被炸，世界浩劫临头，惟有求主垂怜耳。兹附圣母像四枚，望同声同心同口虔祷，俾战期缩短，和平不久恢复。

另封赠金龄刊物三册，作饭后谈料。匆上。祇请双绥。此上黼弟惠鉴。

如小兄 征祥手启

廿八、九、一

一七五

（1939 年 9 月 2 日）

子兴如兄手足：

昨接寸笺及货单二纸，知已收到绒袜三双，慰甚。至和平之局，已被德人破坏。德所藉口者，为德提出条件，候波兰派使来德磋商，而波兰并未于限定之期内即上月三十日派出使命，且向德开火攻击，是以德人亦以武力抗之。此种理由，德人于三十一日声明后外边始知悉，事前无论英、法、波兰，均无人闻知。是德人之无诚意，逞暴力以威胁世界，实为天下之罪人矣。英法动员令亦已颁行，巴黎亦入戒严期内，惟尚未向德宣战耳，谅此亦时间问题。幸波兰抵御极强，德人尚未冲入波境，而义人表示不以武力助德，且愿尽斡旋之力。此皆今日午时之消息也。

至弟个人，因职务关系不能离巴，内子与小女亦暂与弟留此。惟内子坚决愿留巴黎，是诚非弟所愿也。敬颂道安。

如小弟　符诚叩

廿八年九月二日，巴黎

再，承示院中修士改装赴后方救护工作一节。弟想此事或与Liège① 之意外祸事有关，而与目前之战事无关。据日前报载，Liège 地方雨水亟猛，且有雷电交作，适落于铁桥上。此桥为通德要道，桥下已埋有炸药，以防外患。因雷击引起炸药爆发，此时又适有火车通过，故桥毁车翻，伤人五六十名，且有数人丧命者。是诚比国一意外大灾也。

弟 诚又及

九月二日

---

① 　列日，比利时城市。

一七六

（1939 年 9 月 5 日）

一九一四年、一九一八年间，食物缺乏者，糖荒较他物为最剧。夫人食物中，糖是否必不可少之一？望早为之计。小兄八年不食糖物，健康仍能支持者，盖糖非我必需之物故耳。匆匆奉告。祇请黼弟日安。

夫人叩安，金龄、锡龄问好。

如小兄 陆征祥手启
廿八、九、五

一七七 *

（1939 年 9 月 5 日）

法国巴黎第六区塞弗尔路 47 号

黼斋老弟爱鉴：

自今日起，书此卡片以表小兄之衷心祝愿。兄在一宁静乡村向弟问候。至于此一乡村之地址，吾至今不知其详。三十余年轻神父已出发矣。老弟是否已经做储备？明日再絮。

如小兄 征祥手泐

---

* 此函为法文。

一七八 *

（1939 年 9 月 6 日）

黼斋老弟爱鉴：

　　四名法国司铎已走，教团人数锐减，吾等在祈祷时将怀双倍之诚意。爱铎离开一周，前不久从法国返回。诚如小兄一九一四年预言。爱铎受法国民众热烈之欢迎。人民有如此爱国之高尚灵魂耶！比利时国王已获军队之指挥权，实需耐心与信心。

如小兄 征祥手泐

一七九 **

（1939 年 9 月 6 日）

黼斋老弟爱鉴：

　　今晨收悉爱弟九月二日之手书，知弟与家人团聚，安居巴黎。汝等前日方逃离中国之战区，今日又将置身于欧洲之残酷战区。小兄为汝等祈祷。弟是否考虑备置面具，以防毒气，或有备无患。审核一旦施行，兄之来函或被截于边界。

征祥手泐

---

　*　此函为法文。
　**　此函为法文。

一八〇 *

（1939 年 9 月 9 日）

黼斋老弟爱鉴：

三十三名年轻司铎投身医务救护，其中十名法国司铎已回法。虽然缺少司铎，教团仍将于九月十八日开始新学年。弟是否打算夜间避居巴黎郊外，或可躲避夜间轰炸。

如小兄 征祥手泐

一八一

（1939 年 9 月 10 日）

黼弟爱鉴：

连日寄上邮片，聊表微意。每日在圣祭中为老弟全家代祷。

战火漫［蔓］延，如水如火，一日火不息、水不堤，虽严守中立，被卷而入旋涡亦难免事。比境经历既已深切，防患不得不周备，自王室以致于庶民，人人有戒心，所得于一九一四年、一九一八年之教训多多矣。本院修士比籍三十三位、法籍四位，均被征离院。

回想一九一四年八月六日至十六日，小兄由比往巴黎小住十日，生活节约，市面黯然，昔日兴盛气象一变而为孤岛。此景此情，恍在目前。处此环境，惟有看书自解之一法耳。附上剪报三

---

* 此函为法文。

件，俾作解闷资料，何如？匆匆。祇请双绥。

　　金龄、锡龄问好。

如小兄　征祥手启

廿八、九、十

一八二

（1939 年 9 月 11 日）

黼弟爱鉴：

　　连日奉上邮片数纸，记号自一至四，其中三号重馥［复］，藉通一念，不满所欲言、所欲达，盖借明信片冀易通过而早达览耳。

　　报传巴黎居民镇静，一切尚能安定，亦难得之情形，为之稍慰。承示夫人、金龄不愿乡居，令人敬佩。骨肉之情，甘苦同受，出于至性，实我弟待人真诚之感化也。

　　报传前皇威廉第二曾致书希得勒，促伊醒悞［悟］，有今日德国军情，实不如一九一四年之充实云云，未知确否？附上剪报《巴山哀》一百韵，我弟爱诗，留念可也。匆匆。祇请双绥。

如小兄　征祥手泐

廿八、九、十一

一八三

（1939 年 9 月 14 日）

黼斋老弟爱鉴：

　　是否置备面具？已试否？兄翻阅汝照片，陷入回忆。每事皆有其向好之面，诚然否？纵使战争与死亡，愿受难之人走上光荣之道！此一道路乃布满荆棘的重生之路。基督庇佑。

如小兄 征祥手泐

一八四 *
（1939 年 9 月 15 日）

钱大使函称，法比邮便尚通，惟一信需时六七日。南文院长以明信片可早达检查处，容易通过，盖一九一四、一九一八年经验之言也。

英《泰晤时［士］报》传，汪逆有十月十日登台之谣，并有签订《中日和约》之奇闻，特将剪报寄上台阅，以观谣言之能否实现。日人利用欧战，不卜可知。如何变化，实难逆料，惟有求主佑庇耳。此上黼弟爱鉴，并颂日祉。

如小兄 征祥手泐
廿八、九、十五

一八五
（1939 年 9 月 16 日）

子兴如兄手足：

连日奉到各明信片、五号函二封、小册子三本，拜读之下，无任感谢。一谢吾兄惦念之殷，再谢为弟等祷告之勤，三谢给予

---

* 此件为明信片。

消息之多，在此患难之中，真足以鼓励我也。

　　弟等生活，除战事初起时稍受激刺不安外，实未改常态。弟每日仍到行视事，金龄已开始用功写其论文，内子与锡龄亦各有其日常工作。夜间有警号时，赶紧穿衣入窖，警过再睡。所不便者，为出入携带防毒面具，人人有之，可谓为最流行之饰品。至弟宅中所有之书画古玩，均未移动，多半仅装箱而已，过堂中箱箧堆积，直无插足地，欲移实无处可移。由此种种观之，弟等实仗兄之祈祷、天主之默佑也。

　　今日消息益增恶劣，报载俄国有出兵百万之说，惟其目的何在，不少揣测之处。有云俄德将分割波兰，此说若属实，则战事之延长可断言也。而受其影响者，中国亦居其一。试推测之，俄德携手，则与英法成对敌，英法在远东之势利［力］将受其威胁，英法既注全力于欧洲，未必分其力及于远东。日本适于是时倡外交独立、联络英美法之说，或者英法即利用日本监视俄国，藉保其远东之利益，其结果或恐以中国为报酬之礼物，然乎？否乎？是不能预定，而大局之趋势不能不设此想，未知吾国当局有何应付之策。是吾国之前途不容有乐观，即以弟个人之事言之，亦不容有乐观，银行经世界经济恐慌后大伤元气，幸改组适宜，可望复元。当此勇往前进之时，忽有战事降临，一切事项不容不取收缩政策，以期迎合战时状况。是此停顿之期，为时久暂大有关系，惟有仰仗吾兄祈祷渡此难关也。素叨错爱，聊示衷曲，余另肃。敬颂道安。

如小弟　符诚叩

廿八年九月十六日，巴黎

　　十一日赐函，十五日收到，较其他明信片快递，谅近日检查法比邮件较宽乎。

一八六*

（1939 年 9 月 17 日）

蕭斋老弟爱鉴：

　　吾之爱妻于一九一四年被困布鲁塞尔，自此每日寄出明信片，以表问候之情，然大多并无回音。法比毗邻，诚盼寄出之信件如期送达。九月十日《爱国者画报》已寄弟。

如小兄 征祥手泐

一八七**

（1939 年 9 月 18 日）

蕭斋老弟爱鉴：

　　今苏联卷入战事，结局难测。小兄自本月五日读报，然仍无法断言，仅以修士之职日夜祷告，祈主感知吾谦卑之祷告。《晚画报》一份已寄出。

如小兄 征祥手泐

一八八

（1939 年 9 月 19 日）

蕭斋老弟爱鉴：

　　今有人以为，此欧洲之新一轮战争是恶魔向上帝发起之战争。换言之，即黑暗与光明之战，邪恶与正义之战。蒋委员长已

---

　*　此函为法文。
　**　此函为法文。

向世界宣布回击近卫【文麿】之暴行。祈主将恶魔赶回地狱，还世界之和平。

祈主庇佑汝等。

如小兄 征祥手泐

一八九

（1939 年 9 月 21 日）

黼斋老弟爱鉴：

兄每晨祈主佑庇弟与弟家人，祈主常庇汝等！兄在此皆安，圣徒已返院。中国信使暂扣于此。

如小兄 征祥手泐

一九〇

（1939 年 9 月 26 日）

黼斋老弟爱鉴：

弟十日前即九月十六日所寄四页长信，小兄于今晨收悉，不胜感激。兄向主祈祷，盼弟家人安好，事业重振，诸事顺遂。此地众人皆安。节衣缩食是必须，然小兄已获心灵之平静与内心之安定。主常佑对阿尔斯满怀信心者。兄向汝等四位表示无限之。

如小兄 征祥手泐

一九一

（1939 年 9 月 26 日）

黼斋老弟爱鉴：

细读九月十六日四页手书，欣悉阖第安康，慰慰。并悉日常生活不改常态，尤为快慰。防毒面具亦已购置习用，金龄已开始写论文，夫人、锡龄各有日常工作，老弟每日到行办事。我弟治家有方，何等好气象，羡羡佩佩。居此乱世，处之泰然，最为难能而难得。小兄区区祈祷之意，出于至诚，当蒙上主允我所求，降福潭府而加以佑庇也。

附上剪报二纸，尚有续刊，随后剪上，以资消遣耳。匆复。祇请双绥。

如小兄 征祥手启
廿八、九、廿六

一九二

（1939 年 9 月 29 日）

黼斋老弟爱鉴：

前奉四页详信，珍之如金。盖近在咫尺，早发夕至，一旦为战事阻隔，鹄候引领，望眼欲穿，忽得此佳音，无限快慰，足证和平幸福，人世天堂。惜庸人自扰扰人，天下本无事，庸人自扰之，千古至理之言，不我欺也。

承示各节，势难避免，院内亦厉行节约，比国全境内粮食问题，政府亦预为筹划。院内牛乳、面包、菜蔬等，幸有田园、母牛等，尚能自给，毋须外来。倘战事延长，或有青黄不接之虞。目前饮食照常，惟其他用项一概节制，亦不得不预为之计耳。

我弟平日极少耗费，夫人、金龄向无嗜好，除居家不可少之需用外，本已节约守家。处此乱世，收缩之处，亦惟有酌度情形，以不妨健康为度耳。匆匆。祇请双安。

如小兄 征祥手泐
廿八、九、廿九

附剪报二纸，又另寄画报二件。

一九三

（1939 年 10 月 9 日）

子兴如兄手足：

承寄之明信片已接至第十号，《爱国画报》接至十月一日之号，至《晚画报》所登英前王情史，前数号请不必补寄，已有之部份尚未看毕。弟等三人均有买书之癖，然小说极少，三人均不喜看此类之书。日前寄上国画明信片一张，如蒙收到，请示知，以便继续写寄。

近接李伯言来信，言其逃出华沙之狼狈，衣物尽失，仅得性命一条，现居丹马京城，进退不知何向。王公使电保其在南北美使馆中予以位置，尚无下文。又云王公使曾到柏林，被留学生驱逐出境，详情未言，究不知内容若何。弟曾劝伯言来法小住，再定行止。当此时局，欲易得一馆员位置，恐非易易。

当德波战事初起时，弟曾为驻波同仁担心，早知其结局有同归于尽之险，且忆及注东公使因罣误撤任，而石孙遂得一地位，彼时之一忧一喜，变而为今日之一忧一喜，惟人地不同耳。古语云：塞翁失马，安知非福，是又验于柱［注］使矣。吾兄得有伯言之直接消息否？弟想不日当有较详之情报，容另奉闻。

巴黎市面日趋活动，除夜间熄火外，几如平常之生活，毫不感战事之痛苦，不知此境能维持几许时日。诸承代祷，特以全家名义致谢。敬颂道安。

如小弟 符诚叩
廿八年十月九日，巴黎

一九四

（1939 年 10 月 12 日）

子兴如兄手足：

今有一重大问题，思索再三而不能决，敢告我神明之兄，为我一筹。缘小女自幼读书，即长于希腊、拉丁两文，每一考试，均得列上选。其希腊教习尤赏识之，常劝其入法国教育界服务。但入法教界有二前提，一则须考取 Agrégation，[①] 二则须入法籍。对于第一项考取特科一事，教习言小女甚有把握，再用功一年，即可投考，然外籍人不能，若欲投考，必须先有法籍。而吾人熟思而不决者，即此入法籍问题。小女对 Titre d'agrégré[②] 亟所愿得，且云入法籍乃取得方便之门，而其心仍属

---

① 教师资格证。
② 教师资格会考。

乎中国。以弟个人观之，当此中国不宁，横受日本摧残之时，小女得一法籍，亦是其终身之保障。加以世界不安，战祸横流，身外财产均不足靠，惟有知识可能自保。若得考取特科，即有在教界得一教习之权，致富虽然不足，养身自觉尚可，是实际上亦有可靠之优点。

惟弟所踌躇者，是精神上之问题，物议对此举动是否谅解。为出乎学问，于个人及国家均有好名誉，而决无背叛祖国之行为与心理参乎其间。至于手续上，小女连续居法已有十二年之久，照法律可以适用无阻，若再加以有力者之介绍，则政府之允许可无问题。不知吾兄看法如何？望本正大光明之途指我一路，是盼是祷。专上。敬颂道安。

如小弟 符诚叩

廿八年十月十二日灯下

一九五

（1939 年 10 月 14 日）

黼斋老弟爱鉴：

今晨接奉巴黎九日手书，屈指四日，如是则信快于明信片矣。初以明信片检查处可从速检放，今则相反，嗣后通信胜于通片矣。

《前英王情史》日前已购致，交邮寄上。我弟不喜阅闲书，甚佩甚佩。盖无益之书，不值得消耗宝贵之光阴也。到时或但看画片，或转赠友人，悉听弟便可也。

承示伯言兄近状，为之系念。虽然经此阅历，实难逢机会，日后生命更觉宝贵，Ce sera une nouvelle vie。① 我弟函劝来法，甚善甚善。倘能经我老弟加以一二年之训练工夫，此子可成大器，而一生享用不尽矣。注使东归，当时曾为之不平，现今观之，诚如弟论"失马为福"，古人经历之语，不我欺也。伯言兄久未来信，此间亦久未去信，缘伊专心办公，未便多分其心故耳。

巴黎气象，但求维持一日，即多一日之安稳，实难得 Beau jour。② 每日代祷，聊表感忱，盖我弟爱我、助我、鼓舞我，无以复加，实不知无以报答贤夫妇之恩情耳。匆匆。祇请双绥。

金龄、锡龄均此问好。

如小兄 征祥手启

廿八、十、十四

一九六

（1939 年 10 月 17 日）

黼弟爱鉴：

十五日奉到十二日灯下手札，读悉一是。老弟以金龄终身大事垂询，既佩弟之虚心若谷，复见弟爱女之诚，加刘紫老而上之，快慰、钦佩交集于脑海、胸坑中，难以言喻。对于老［考］试希腊拉丁文一节，毫无疑义的进行，惟对于获得法籍一层，毫无踌躇的放弃于无形中可也。特以昔年在俄，与先师竹筼公讨

---

① 这将会是新的生活。

② 晴天。

论，外人入籍作客卿者，俄国最盛而最得利，两无流弊，故善用客卿，惟俄廷耳。自大彼得革新政治，得客卿之力居多，无庸讳言，谅老弟当有所闻，毋庸赘述。

现以前外务大臣 Giers① 及公法大家 Martens② 二人先例，曾经与许公谈话中细究二人放弃原籍，获得俄籍，一位极人臣，一名传世家。除此二人外，竹公以无入籍之必要，盖以外务大臣之尊、世界名誉之宝为入籍之代价，庶几可乎？又比国雷鸣远神父入华籍，为广扬公教起见，在传教史上亦不多见，且追随附骥者，迄无一人。以此三先例，我辈可决其孰从孰去矣。

连日稍有感冒，未克多述，然慨然叹曰："弟之问大矣善哉。"小兄无先师无此决断，而弟有此问，已获得 Saint Espirt③ 之默启矣，我二人当同口同心谢主可也。祇请日安。

如小兄 征祥手泐

廿八、十、十七 灯下

一九七*

（1939 年 10 月 17 日）

子兴如兄手足：

寄片已收到第十二号，《英皇情史》《晚画报》亦收到后补寄之二份，谢谢。承示爱德华神父赴华服务，闻之为爱神父欣

---

①　格尔斯。

②　马腾斯，为沙俄服务的法学家。

③　圣神，圣灵。

＊　此件为明信片。

幸，尤为中国教务前途庆贺。盼爱神父过巴黎时移至舍下午饭，以便畅谈，敢请代为约定为感。专此。敬颂道安。

如弟 符诚叩

廿八、十、十七，巴黎

一九八 *

（1939 年 10 月 17 日）

前上一函，对于入法籍事请代为筹画。现思此事在小女虽为求学及立身计，在外恐意种种误会，反为不利，故以作罢为上。未知兄意云何？专上，敬颂子兴如兄道安。

弟 诚再叩

廿八、十、十七，巴黎

一九九

（1939 年 10 月 19 日）

黼斋老弟爱鉴：

十九日晨奉二、三号惠片，均于十七日发寄，十九日即到，可谓速矣。爱铎赴华，院内尚未发表。承弟邀赴午饭，伊虽未敢推辞，已心领之，盖战局前途一切，在未定之天故耳。且赴华路程尚未确定，届时是否道经巴黎，或改遵他国航线，确定后当必事前通知，然弟之友谊，伊十分感谢也。

　＊　此函为明信片。

致金龄求学、立身一层，以入籍为代价，实所失不偿，所得前函已诀然为弟谋之，而竭忠而谋之。^①今奉惠片，已作罢论，尤深钦佩，作为无其计而无其谋可也。值此世界大更张、大改弦之际，我辈得目击而得其教训，岂非大幸乎，大可歌可庆乎。先师喜逢有事之秋，且有大难大畏之事，故益可增进学识经验故耳，为弟告之，谅表同情也。匆匆。祗请双绥。

如小兄 征祥手启

廿八、十、十九

二〇〇

（1939 年 10 月 22 日）

子兴如兄手足：

一星期内收到尊函二封、明信片一张、第十二号画报数份，并悉贵体感冒，感念之至。想吉人天相，定卜勿药。金龄之事，承指示明路，至感。兹事关系一生，有慎重考虑之必要。尊见已能助我详思，尚不愿遽为酌定。弟第二次所发关于此事之函，系恐我兄为难作复，故追加一字，无他意也。

伯言近又来函，言伊已奉到部令调土耳其。弟闻信甚为之喜，而伯言视现在在使馆任事无异为一听差头，长官多取不问事、不应酬、省公费、入私囊、关门睡觉主义，有另觅新路之意。弟曾答以此种见解不幸而为驻外多数使馆之通病，但吾人既入外交界，有知而改之之责，无退而避之之地，并举吾兄当年在

---

①　原文如此。——整理者注

俄办事之琐碎，及长外交时待遇同仁之平正，坚劝其接受新任。部中亦有电令石孙与念祖同赴巴黎，弟以为部中此种处置亟是。王使本为驻波兰，而波兰政府已在法京成立，此种顺理成章之事，石使当早见及，驻波使馆得此安插，实为正当办法。

承赐寄之画报，尤以《晚画报》为佳。弟等虽不爱看小说，然对其像片颇感兴趣。直言之处，尚祈谅之。

自开战后，弟曾备无线电机一小架，以便听取各处新闻。令人哭笑不得者，为德国之宣传，其对英也攻击备至，政府要人非疯即颠［癫］；而对于法人景仰亟高，兵士之忠勇，人民之好和惧战，直不似敌人口吻。究其实际，德人是何居心，尚无人能下一肯定之断语。而英法之倒德政策绝无二致，是为最明着之事。吾兄近日来信，对弟之奖劝似过为"扩大宣传"，弟对吾兄之一切襄助均出至诚，毫无他意参杂其间，望兄亦安然受之，无稍介意为是。

日来法京天气亦日日必雨，虽无大寒，而阴冷难禁，吾人自卫之法，惟有添衣加火。尊体之不适，盼加意调摄，至念至嘱。爱德华神父之行期定否？何日到法，能否来弟处午饭？盼其勿却也。专上。敬颂道安。

如小弟 符诚叩
廿八年十月廿二日巴黎

二〇一

（1939 年 10 月 29 日）

子兴如兄手足：

上星期日曾上一函，谅蒙入收。每星期早偕同小女去教堂做弥撒。内子因治理家政，同去之时甚少，常独自前往。由教堂回寓后，即为弟答复来往私札之时，盖平日每日公毕返舍，忙于阅报。当此战期，报纸上之议论及新闻，均为必要之课，否则真无所适从。然在此战事现状下，吾人无论如何检阅报纸，终不能得一确实方向。德人究欲如何，现实无人知之。所可知者为英法之壁垒亟坚决，非德人之宣传可以离间。在此依犹不定之局面下，吾人实得其惠。巴黎生活上日见其改善，各商店及娱乐场所、博物院等亦逐渐开门，除夜间稍感黑暗外，日间直不知有战事当前。

伯言已否去土耳其，石孙何时来法及是否来法，均尚未得确信。昨得峻林甥由沪来函，言天津宅中水深有三四尺，交通工具只有小舟，然有舟者亟少，甚至有人出大价以佣之。百物昂贵，出人理想，大米五十元一包，煤价近百元一吨，是虽为灾殃所使，亦纸币跌价有以助成之，观此可知津人之痛苦矣。桂龄甥女亦经到美入学读书矣。日来天气寒冷，加以阴雨，谅尊处潮湿更甚，盼格外珍摄。拉杂不尽。敬颂道安。

如小弟　符诚叩

廿八年十月廿九日巴黎

画报二种均收到，谢谢。

二〇二

（1939 年 10 月 30）

黼斋老弟爱鉴：

连日稍觉困顿，迟迟作复，歉甚歉甚。廿二日手札与今

［金］龄廿日长信同日（廿七日）递到，诵读两书，快慰之至。人生重大之事，难有机会谈论，即遇机会，且无亲信之人可与谈论，小兄忝承信任，情重手足。此次金龄之事既有机会，且有情同手足可谈之人，双方开诚布公，畅所欲言，将此终身大事畅谈而确定之，此乃天假之缘，非我二人意料得到者也。

伯言世兄部令调土耳其，大慰大慰。连日寄上条约书，望便中转寄为祷。青年初入仕途，一心一意求学问、加经历，其余闲事尽可不管，便中转告尤感。目前比国境内虽无战事，然一切停顿情形如临大战，中立小国为难，情形可想而知。大国虽有战争，尚能从恵［容］处之，此乃强大弱小之别也。

小兄近接比国亲友来信，纷纷挂心吊胆，过虑之处，情有可原。故回想个人在院种种安宁，应有尽有，如登天堂。一承南文院长及同事关切，一承我弟夫妇历年垂爱，非敢过为"扩大宣传"，事实所在，念念不忘，偶然动笔，即有表示，环境使然，非自知也。

爱神父道出巴黎必亲到辞行，午餐一层，伊必欢领不辞也。匆匆。祗请双绥。

如小兄 征祥手启

廿八、十、卅

金龄来信，五页之详，议论切实，可爱可嘉，望先代致谢。容休息一二日，复谢不误。详又及

二〇三

（1939 年 11 月 6 日）

子兴如兄手足：

前昨两日星【期】六、星期日，因郭大使复初、钱大使阶平来访少川，经少川约往乡间避炸别墅小住。弟亦在被约之列，是以昨日星期未得与兄函谈。昨晚归来，又陪郭、钱二公招待孙科全家之宴，至今始得握管。

承赐之函已收到，又接《外交纲要》一册、《曾惠敏【文】集》四册、《公法会通》一册、《中外新旧条约》二册，均经暂为保存，一俟确知伯言行踪有定时，再代为寄去，盖久未收伯言之音信也。

顷检阅《曾惠敏文集》，见中有"伦敦复李香严"一函，注有甲申二月廿三日。考甲申为光绪十年，惠敏尚在驻英使节之任，惟李香严为何人，弟亟欲知之。此公既与惠敏有书札之往来，且与之谈法越一案，是其人定于外交方面有关，未稔吾兄闻其名，知其人否，如知之，望详告为感。至关于弟之查考此人之意，因弟得文正公所书楹联一副，上款为香严，且题款语气并不客气，知定为与其子侄辈有来往之人。吾兄去惠敏驻英之时虽稍远，或可闻而知之。又，"筠""赟"二字皆可读"云"音。惠敏公于甲申九月廿一日有"伦敦再复许竹筠星使"一书，谅此竹筠即文肃公竹赟也。然乎？亦望有以教我。弟无事时将为此文艺上之考据，然颇以玩物丧志为戒。敬颂道安。

如小弟 符诚叩

廿八年十一月六日灯下，巴黎

附小照八张。

二〇四

（1939 年 11 月 10 日）

子兴如兄手足：

　　日前寄上一函八照，谅邀惠览。近数日来，报纸对于德人进攻策略，恒以攻取和兰为说，果尔，则比国之中立亦将感不利。不识吾兄有所闻否？贵院有何筹备否，如果不幸之事发生，道院能否照旧维持其日常生活？凡此种种，不胜悬系，望有以教我。附上同仁小照一张，祈查收作念。专肃。敬颂道安。

如小弟　符诚叩

廿八年十一月十日，巴黎

二〇五

（1939 年 11 月 15 日）

黼斋老弟爱鉴：

　　连奉六日灯下又十四日手书，计六日信十一日到，十日信十五日到，均隔五日，嗣后倘无比境被侵之祸，则五日通信乙次，似可稳定矣。六日信附小方相片八纸，十日信附大长方相片一纸，均甚可贵而可爱，我弟照相手术猛进，可喜之至。相片可代笔记，描写真切，文字传神，相片、传真二者不可缺一矣。

　　近闻德人攻侵和兰之策业已内定。比王前赴和京面晤女主，密商对策后，发表居间调定之电，亦缓祸之一策。英王、法总统已有回电，而德尚须考量。德之有复无复，路人皆可测知，或以进攻即作复电，亦德之常态也。

院内在此非常时期，一切筹备业经院长通告，全体修士厉行节约，自饮食、衣装以至电力、电话、邮费等等，均已照办。承弟顾念，甚感甚感。小兄方面，每年葛诺发顾问之千方，恐难有望。闻葛君一家曾为北平伪政府下逐客之令，未知何故，倘我弟手下不至繁促，可否暂借千方，以五百作乙支票，写小兄名下，另五百写 Mr. Le Directeur de l'administration du Postes à Bruxelles。① 一则可少用院内邮费，一则可以充临时特别用项，不情之请，尚祈鉴谅。

致爱铎东渡乙节，业经南院长内定改缓，拟以他人代之。盖爱铎系院内重要份子，南文院长之左臂也。

月之十三日，由驻比大使馆转到谅山来电，惊悉相师于月之四日仙逝，老成凋谢，曷胜痛悼，所可为马宅告慰者，年高百龄得享人世极福，为相师、为后人可无遗憾。既为吊，复为贺，质诸老弟，以为然否？除电唁及献祭卅台 un trentain② 外，特以奉闻。祇请双安。

如小兄　征祥手启

廿八、十一、十五　午后

金龄处原拟作复，竟为事阻，望代告，恕之。祥又及

---

① 布鲁塞尔邮政管理局经理先生。
② 三十日追思弥撒。

二〇六

（1939 年 11 月 17 日）

黼弟爱鉴：

日来连写讣报多份，目力、手力颇觉困乏，不及详告院内、比境详情，歉甚。

德相之无理取闹，世人皆知，自扰扰人，所得不偿，所失路人亦莫不知。小兄每日圣祭中，虔为希脱勒祈祷，俾伊醒悟，则世界文化庶几可保存乎。

兹附《大公报》报条，可否续惠一年，尤为盼感，专恳。祇请双绥。

如小兄 征祥手启

廿八、十一、十七

二〇七

（1939 年 11 月 18 日）

黼斋老弟爱鉴：

细读月之六日手札，询及李香严一节。此人来历未知其详，亦未闻文肃公谈及。致许竹篔星使，确系文肃公。盖文肃常谈及曾慧［惠］敏可为外交之前驱，收回伊犁交涉之案，厥功伟大，一时声誉传布中外。

小兄到俄时，Maquis Tsang① 之名，外交团体中无人不知，亦无人不赞扬。犹巴黎之 General Tcheng Ky tong②，妇孺皆知，街头见华人即呼之曰："General Tcheng Ky tong"。住巴黎三日，每出门，路人呼小兄曰：General Tcheng Ky tong！犹贺俄皇加冕之李鸿章，一时莫斯科糖果铺、加非［咖啡］店、酒肆、饭馆、客栈等等，纷纷以李鸿章作广告者，不一而足。此三巨头之名，可谓中华四万万人中之最出名者，自孔子以来，未之前闻也。为我弟述之，亦一趣闻也。

老弟如写文艺之考据，考据之学，文肃极有高深之功夫，惜未得晤面之机缘。胡馨老在俄晋见，文肃极赏识之。紫升、仕熙两兄由小兄介绍，紫老携之同进京，仕兄派往哈尔滨充总文案。文肃之爱才，无出其右矣。

连日清理故纸旧书，检得鸿文书局出版之《曾文正公全籍［集］》袖珍本，铅印，清楚且便携带，由季平璋兄写签，颇雅观。查《家训》前已寄赠作念，兹将全部计十七小册（连《家训》者作十八小册），包交邮局上递，到时晒存作念。前寄益智图及图片小匣，谅可递达，未知到否，念念。

二〇八

（1939 年 11 月 19 日）

子兴如兄手足：

　　十五日惠书，十八日即行收到，法比邮递之速，几复平时状

---

① 曾侯爵，即曾纪泽，谥惠敏。

② 陈季同将军，曾任代理驻法公使。

况，可惜其他各事尚不能不受战事之影响。即如汇款一层，法国
自九月九日公布取缔资金外溢之法律后，凡有由法国汇出款项于
外国者，均须经财政机关核准，不论款项多少，银行无自由外汇
之权，而核准手续，必须在请求书内加以证明必须向外汇款之文
件。今承吾兄告知葛诺发之千方无望一节，弟自愿补足此数，以
应要需。惟当此禁止汇款出境之时，自不能循平常手续随时可
汇，请予稍缓数日，俟弟觅得妥当办法后，即遵嘱照寄。

爱德华神父中止去华一事，为爱神父个人计，不无可惜，若为
道院计、为吾兄计，究以留比为便。盖吾兄左右无此忠实能干之友，
实无以辅盛德。即以弟一身计，亦感日后到院少一知己也。今幸主
上安排于吾人，均过得去矣，幸甚幸甚。相老作古，举国同悼，幸
已过百龄，是又为可贺，兄我所见相同。专复。敬颂道安。

如小弟　符诚叩

廿八年十一月十九日，巴黎

二〇九

（1939 年 11 月 24 日）

黼斋老弟爱鉴：

今接十九日巴黎手书，欣悉法比邮递并不缓迟。承示汇款一
节，自不急急，资金外溢在交战国，实不得不限制。

《益世【报】·海外通讯》专刊原有单行本之定议，爱铎曾
电询重庆应印若干本，嗣接回电，定印千册，价银已汇等语。迄
今两月，未见汇款到来，昨发航信探问，亦受限制外汇之例。现
为省便起见，仍将比都友人地址、邮汇号码附上，或出支票，亦

写此君名下。一千整数不必分为两纸，一俟弟处觅得妥当办法，怂恿［从容］进行，万勿急切是祷。看此光景，葛君之年仪更无希望矣。

爱铎缓行一层，实出上主之安排，即如相老谢世，连日与爱铎商酌通知罗玛宗座办法，前日定稿发出。倘无爱铎在旁帮忙动笔，小兄单独孤立且无商酌之友，则有虚愿而未能实行，惟有付之一叹耳。盖此等可遇不可求之绝大机缘，且相老人格、地位实与民族、国家、国体、民格有相互之关系，万一宗座有所表示，于马氏之光事小，于民族之荣事大。于斌主教有无举动，未敢对测，有则双方并进，无则补其所缺。

又前次宗座加冕典礼，小兄曾与爱铎酌一贺函发出，函稿曾寄金龄留念。当时盼一复信，嗣在罗玛半官报读悉通告"偎以函电堆积为山，势难一一答谢，爰以通告代之"云云。原拟将回信寄示金龄，望便中告知，以资接洽。

细思爱铎赴华传教，一系伊十余年之宿愿，二可发展其才能，有益于中华公教界，自不待言。然非战事结束，和平恢复，则无用武之地也，质诸老弟，以为然否？

王石使偕伊女公子王念祖前日来院访问，钱大使同来畅谈，探知李永福径赴土耳其。恳我弟将各书邮寄土京 Ankara[①] 为祷，并恳分神切切谆嘱，务求外交学识经验万勿放弃，宝贵光阴大可利用。

锡之兄在外交方面，多数同事之旧日友谊而自暴自弃也。倘小兄居俄时不务职任，偏听各方评论文肃之谰言，则文肃虽有一

---

① 安卡拉。

番训练美意，而小兄不能受教守职，则等于无文肃一样，而个人并为同仁所轻视，将我远大前程交臂失之，思之寒心，故受教守职在我，而非他人所能代庖也。匆匆拉杂。祇请双绥。

金龄、锡龄问好。

如小兄 征祥手启
廿八、十一、廿四 午后

铜片两纸，谢谢，留念。石使夫人略受虚惊，稍有不适。并及

二一〇

（1939 年 11 月 26 日）

子兴如兄手足：

近一星期中，收到本月十七日大札二函、《曾文正公集》十七册、相老纪念片五张、《大公报》订报住址一条，至益智园之书及片均早收到，谢谢。委订《大公报》一年事，已函托香港友人代办，言明系续订，应赓续前订日期，使无间断，不知前订者何时为止。《曾文正全集》，弟亟爱读，加以吾兄之惠赠，益增趣味。

承示曾、李、陈三人在外之名望，真为吾国生色。惟陈季同之为人及所作为，弟未知其详，似其人于一九〇八年故于法国①。缘是时弟初到法仅有一年上下，每日早晚两餐，均在一小饭甫〔铺〕用膳。一日甫〔铺〕中仆役持一报纸出示，云陈季同死矣，连呼不已。弟询其陈为何许人，伊答以陈为中国人骗去

---

① 陈季同卒年应为 1907 年。——编注

法国之银钱不少，并加以许多怨言。弟想恐是关于借款一类之事，可见尧舜桀纣同可扬名不朽也。

日来接李伯言由匈京来函，言赴土途中路过匈京，勾留数日再前进，对石孙公使亟形不满，言其吞公款入私囊情形，愤恨中国外交之落伍。弟甚盼其在上位时有以革除此弊。前谈千方事，不知吾兄是否急需，如急需，当恳阶平先为弟垫付，后再由弟拨还，盖目前由法汇出必须经一繁杂之手续也。专上。敬颂道安。

如小弟　符诚叩

廿八年十一月廿六日，巴黎

二一一

（1939 年 12 月 1 日）

黼弟爱鉴：

连日清理旧书，分寄旧日同仁，免遭秦火。缘院内凡修士之远出者，其住房内一切器具，或油漆，或水洗清洁后，备后来者居住。遇有旧书籍不归图书馆处者，付诸一炬。目下既有余力清理一次，可送者送，可毁者毁，既可免遭焚毁之可惜，复可腾出有用之书架，眼前为之一清。明年我老弟来院，慎独书室当可改观，而有盘旋之余地矣，一笑。

顷接廿六巴黎手札，领悉壹是。相老后事曾由于斌主教由渝飞谅山料理，灵榇暂厝谅山，战事结束，国葬迁回，逆料届时必有空前绝后之隆重典礼，为相老慰，国老死逢其时，而得其安所矣。现为相老制追思纪念，所请千方即为此项用款，已经比都友人垫付，此数我弟于年底前数日，函恳阶使划归比友不迟也。屡扰老弟，不安之至，尚祈格外鉴谅是幸。

承弟函托香港友人代办续订《大公报》一节，甚感甚感。该报记自去年十二月份起，既已告知前途赓续，前订日期中间虽有间断，仍可得其补寄缺期。老弟思虑周密，尤为感佩。

陈季同法语、法文、演讲口才，法人中亦可谓上选，所著：*l'homme jaune*，*Mon Pays*，*Les Parisiens Peints par un Chinois*，*Les Chinois Peints par eux-mêmes*，*Le théâtre chinois etc*① 凡此五书，或可于旧书摊内觅得之，未可知也。致其借款事，确为李文忠尽力，而薛使反对，且深恶之。告发后革职回国备审，文忠力保而免，此亦一段外交史中之污点也。然其于未犯此案之前，声誉之隆，街头妇孺皆知，其名亦一奇谈也。

今日比报登载相老遗像，加以简短注语，有 La Chine perd uu grand homme② 云云。明日接到该报，另购数号当即剪寄备阅。

金龄预备论文，其题谅已择定，便中告知尤感。伊末次来信，畅论圣女 Saint Cathérine de Sienne③ 之平生。小兄剪去其末尾谈"改籍"一节外，曾示爱铎暨小兄学习期内之神师，二人惊异赞叹不绝，明日拟呈南文院长一读。此女不凡，特先密告，且暂存老弟心内，我二人似当尽我目力之所见到，而心力之所能办到者，预为之计，庶不负上主之恩赐也。专此。祇请双绥。金龄、锡龄问好。

如小兄 征祥手启

廿八、十二、一

---

① 《黄衫客传奇》《吾国》《中国笔下的巴黎》《中国人自画像》《中国戏剧》等。

② 中国损失一伟人。

③ 圣·卡特琳娜。

二一二

（1939 年 12 月 4 日）

子兴如兄手足：

日前函达阶平兄，请其暂为垫借一千比币交 Salu 君，收入吾兄账内，以免稽延误用，望于收到后示知。日来国内战事，南宁颇受威胁，一地之得失虽与抗战全局无关，而此地实与中法合作上有公同利益，盼吾人能以始终保持此交通要点。

小女金龄自上月大学开课后，已在科学系报名听讲，其择定数门为动物、植物、生理，每日做试验及听讲，颇形忙碌。此外，经伊之教习介绍，授课拉丁文于一法国学生，每月且有八十五个佛郎之收入。弟对此琐事丞感荣幸，以吾东方子弟，亦能为西人西学之教授，是亦非经常之事，故为我兄一罄欣悦之忱，以享同乐可乎？余事如恒，无可特陈者。专此。敬颂道安。

如小弟 符诚叩

廿八年十二月四日，巴黎

二一三

（1939 年 12 月 9 日）

黼斋老弟爱鉴：

昨接阶平大使函称，业将老弟所托垫付比京 Mr. Salu 君之千方付交，前途登入敝账。今晨接巴黎四日手札，以免稽迟误用，感念爱情，更难言喻，孤子一身如小兄者，将何以报答于万一，惟有求主代报，降福我弟阖族健康，福寿无疆，子孙绵绵耳。

承示南宁被侵，报有失守之耗，前日比报载有反攻顺利之电。诚如弟信所述，此地与中法合作上方有关系，深盼早日收复，当代虔祷。

金龄大学开课，择定动物、植物、生理各门，试验、听讲并驾齐进，一日时间有限，工作如是。勤密既少暇晷，恐缺休息，于卫生健康尚祈老弟暨夫人注意及之，幸勿轻视。此间爱铎前任学习班神师，以及南文院长拜读金龄世妹长信，赞扬不已，三人同声归功于夫人及我弟之家教有方，赞佩之余，复为金龄祈祷。公教界之爱才不拘亲疏，可见一斑，何怪外人之罗致，教习之介绍、授课，均出于爱才之热烈。文肃公爱才如命，西人亦莫不然也。深为我弟喜，且为夫人贺。

每月束脩之收入小得，此特别之待遇，大不独一家之萤，亦祖国之光也。羡羡贺贺。在小兄年近七旬，享此同乐，受此异宠，感主谢主不置矣。

附上相老剪报一纸，细读赞语，要言不烦，环顾中外，具此资格者，已不多见。现备相老纪念，制成奉上，又刚总主教函稿乙件、刚公唁片抄稿乙纸，便中交金龄一阅，缴还不急急也。专此奉谢。祗请双绥。

　　　　　　　　　　　　　　　　　如小兄 征祥手泐
　　　　　　　　　　　　　　　　　廿八、十二、九

二一四

（1939 年 12 月 12 日）

子兴如兄手足：

　　日前阶平来巴黎，告以已将比币千方送交 Salu 君处，收入吾兄之账矣，想兄已接得收款之通告。伯言来信，已到土京使馆任职，兄［弟］当将吾兄赠与之条约、宪法等书四种为之寄去。相老后事，战事结束再办，确为应时办法。日前季璋兄来函言，已代吾等作挽联，以备举事时吊唁。承示陈季同之被参，可谓不幸之至。中国从前许多事体，多误在"才子"之身上。以弟今日之眼光，视之才子实即疯子之别名。惠敏公亦系自命为才子之一类人，想陈君被参后感觉无聊，故写此数种法文书，以自遣然乎？金龄为了解其《王维集》中之佛事起见，已从今日起读梵文。专上，余另谈。敬颂道安。

如小弟　符诚叩

廿八年十二月十二日，巴黎

二一五

（1939 年 12 月 16 日）

子兴如兄手足：

　　兹送上收据二纸，一系《大公报》，一系比京存款处，祈查收。现因中国方面行务，弟拟于明年一二月中赴华一行，但尚未大定。当此战时，留眷独居巴黎，颇不放心。然鉴于目前之战

情，似又不至有意外发生于法京。余情容再陈。专上。敬颂
道安。

如小弟 符诚叩

廿八年十二月十六日，巴黎

附收据二纸。

二一六

（1939 年 12 月 18 日）

蕭弟爱鉴：

前日寄上卫生书十七种，用后或送人，或留存巴黎图书
馆，比较院内清理住屋付诸一炬的习惯，益人之处多多矣。圣
诞在即，今日交邮寄上蒋委员长及夫人邮片四份，加慕庐小夹
子，为赠老弟、夫人、金龄、锡龄作念，另加各廿份，备送人
之用。院内南院长、爱铎等均甚欢迎，区区微物，博得好感，
殊出意料。倘在巴黎有人索取，示知即续寄此种宣传品，所费
不巨，收效并不甚小，全在个人稍稍用心，而费些空闲时
光耳。

国府八日命令褒扬相老，抄奉如下：国民政府委员马良，学
识宏通，神明贞固，平岁研精科学，讲求时务，扬历中外，望重
一时。自捐巨款，在沪创办学校，殚心教育垂四十年，成就人材
甚众。近年廑怀御侮，入赞中枢，方冀长享遐龄，为国矜式，遽
闻溘逝，悼惜良深。着发给治丧费三千元，生平事迹存备，宣付
史馆，用示国家笃念勋耆之至意。此令。等语。死后哀荣，近世
罕见，凡列门庠，与有荣焉。

承示季璋兄代拟挽联，可感之至。小兄所惜者，未能与相老相处一方，早夕请益一二年，获益身心较读万卷书上上矣。相老一生适遇祖国衰微，百事不振，生于忧患，长于忧患，百年之寿，饱尝辛苦，比较四万万国民中，无有过于相老者。故伊欣然迁居新都，居近国籍首任主教，吐气扬眉，增寿百龄。小兄追随老人在心坑中已廿余年，拜门亦足足十年。回思当时约季璋代拜老师，且同拜老人为师，迄今思之，实与季璋兄我两人毕生绝大绝好纪念也。特将老人当时复信摄影一纸寄上作念。细玩此一百七十二字亲笔手札中，老人之心悦神乐，溢于言表，称以"公"字未免太谦自，称"蹩脚"又谦又乐，既愿成我之美，复以无背福音为训。终引古事，以自慰自解，且引古事，以祝以贺。此简短之八行书条，集古今文章之妙，包含敬主爱人之热，文章道德至矣极矣。读此札者，可谓观止矣，直质老弟，以为然否？惜原本遗失，可否恳弟寄香港友人，将此摄本放为原样八行书之原本，石印五百份，加以"马相伯先生墨迹"封套（封面题签可否托季璋缮写，加以"门人林某某题"下款），以便送人作念之用。小兄视此信如宏宝，特以寄上，尚祈老弟分神代办，尤感尤祷。

现与爱铎筹备小传，陈报罗玛教宗，一俟脱稿，再行奉闻。祇请双绥。

如小兄　陆征祥手启
廿八、十二、十八　灯下

近印哭亲邮片，倘欲送人，示知即寄。小兄　祥又及

二一七

（1939 年 12 月 19 日）

黼斋老弟爱鉴：

顷接十六日手札暨《大公报》收据，比京友人收条照收留存，以备查考。承示国内行务强弟于一二月中东渡，目下战事漫〔蔓〕延，人人为国征用，无论在前线、在后方，同一为国出力，夫人、金龄深明大义，我弟爱国牺牲，生离冒险，慷慨服务，令人钦佩。

巴黎一切，业经安置妥贴〔帖〕，夫人、金龄、锡龄当知适从，几成习惯，我弟亦可安心登程。致意外不测，平时难免，人生世上，防不胜防，我尽我心，天主莫不佑庇，且信仰主者，主不放弃也。我人惟主是依是赖耳。

晨间奉上寸笺，详述相老死后哀荣，一切后事由于斌主教飞往琼山躬亲料理。灵榇暂厝该地，战事结束，国葬迁回，我辈门人亦可代先魂慰藉矣。兹又检出相老短简《论传教事》，异常揭要，真切经历之言，非寻常人所能见到而言之痛快也。敢恳老弟与全函摄影，放大后一并付印。一讲传道，一论爱人敬主，两函足足表现老人心理、描写老人丰仪，故小兄爱不释手，珍藏久矣。前信原本去年□□①过比时忆曾面托保存，但主教内外奔走，日不暇给，未知有无遗失，亦难逆料。有此摄影放大刊印，以保遗墨，谅我弟必乐为协助也。且除我弟外，无人可托，亦无

---

① 原函此处被裁去数字。——整理者注

人能表同情于此等片纸只字之保留癖也。

顷告爱铎，我弟征尘安定不到一年，国内行务复催东渡，所幸巴黎一切布置妥贴［帖］，家人对于战时环境已有经历习惯，差可为行者、坐者代慰代解。彼亦甚表谅解，并许为弟全家随时在圣祭中代祷。小兄以司铎名义为阖府祈祷，非上主代为安排在前，曷克臻此哉。匆陈。祗请双绥。

如小兄　陆征祥手启

廿八、十二、十九　午后

二一八

（1939 年 12 月 24 日）

子兴如兄手足：

连奉惠书两函、蒋公夫妇像片各廿份，及四人名下各二份以为冬至纪念者，均经照收，感荷无似。承委影印相老函件，加封刷印各五百份一事，自当携带赴沪，在沪办理较在港办理为便，在港实无人可托也。此事谅吾兄不急急需要，否则当另设法，惟总以亲自经手办理为善。卫生书籍十七种均早收到，弟拟得暇翻阅后，送日内瓦中国国际图书馆收存，以备人流览借用。吾兄若以为然，亦可将其他欲行摆脱之书直接寄去，或由弟代寄均可，祈酌。

此次圣诞佳节，弟得与家人共同参加各礼，实为数年未见之乐事，精神上无限快慰。回忆一九三四年十二月廿四日早间在道院受洗后，晚间复得参与盛大之弥撒。此种隆重之礼节，加以钧天之乐、遏云之歌，实为我生最荣幸愉快之纪念，永远留印于脑海而不能忘者也。今日又值圣诞之辰，以战事关系，难以再得从前之典礼，只可追忆以为乐。特此恭祝诞喜，并颂新祺。

如小弟　符诚叩

廿八年十二月廿四日灯下，巴黎

二一九①

（1940 年 1 月 1 日）

廿九年元旦口占：

今年仍是旧年人，

何必衣裳崭崭新。

人生在世几何年，

曷勿革旧作新人。

录呈黼斋老弟正之，并祝新禧。

如小兄　陆征祥手录

本笃修院铭（套版文）：山不在高，有仙则名；水不在深，有龙则灵。斯地苦修，惟有德馨。草色入帘青，苔痕上阶绿，谈笑有家庭，往来无俗丁。可以调钢琴，阅圣经，无丝竹之乱耳，无案牍之劳形。始创稣比谷复，开蒙格山。本笃云，何苦之有？贡［供］一粲耳。

小注：修院可铭，惟在有德，初创 Subiaco，② 复开 Mont Cassino③，初基曾有十二院之盛，终基仍归于一。安德勒［肋］

---

①　此件为明信片。

②　稣比谷。

③　蒙格山。

修院实中华本笃会之母院，犹蒙格山乃英国本笃会之母院也。如
小兄 征祥录奉。廿九年元旦涂鸦。祥又识

二二〇

（1940 年 1 月 5 日）

子兴如兄手足：

　　元旦日承寄三片，既诵口占诗，复读套版文，新春气象活跃
纸上，较之崭新衣服、乒乓鞭炮有趣多矣，喜谢无已。弟于元旦
日赴少川大使夫妇之召，同仁四十余，为立餐会，晚间复蒙召便
酌。弟之新年之乐，在外者不过如此而已。前谈赴华一节，本订
于十九日乘船起身，因经手之事未了须展期，而中国方面又不愿
弟到太迟，故拟改于二月一日乘飞机起行。未起身以前，恐亦难
得一二日之空闲往谒吾兄，叨在知己，谅当蒙鉴宥也。

　　兹恳者，中法实业银行董事长 W. Maspiéro[①]，即从前发明
埃及古文人之长子，与弟甚熟。伊拟作一篇文字登载于 *Revue
des Deux Mondes*[②] 之半月刊上，论文之题为《中国公教之一
切》。伊所最注意之材料，为教皇此次核准中国人入公教者可
以奉敬祖先之教令。此外，中国有教民若干、主教若干，著名
之中国主教为谁？中国主教所占之教区为何处？总之，凡有关
于公教在中国发达之事实，均在搜求之例。马士比罗君向弟要
求此项材料，亦知弟与吾兄之关系，故弟亦告其当向贵道院索

---

　　①　马士比罗，又译马佩罗。
　　②　《两个世界评论》。

取。即祈费神将以上有关各书报为贵道院所有者，检交各一份以便转送前途应用，无任心感。爱德华神父对此类事最为熟练，因此拜恳帮忙。

昨接李伯言来函，言伊在土京认识人士不少，中有历史语言学校教授数人，为汉学家，在校为汉学教习，讲汉书，约伯言义务帮忙云云。弟闻之亟为喜跃［悦］。中土历史关系亟深，尤以汉唐时为最，匈奴、突厥即今之土耳其也。伯言与之往来，亦可为中国宣传，弟已去函鼓励之。匆上，余另陈。敬颂道安。

如小弟 符诚叩
廿九年一月五日 巴黎

二二一

（1940 年 1 月 12 日）

子兴如兄手足：

兹附上季璋兄嘱呈之函一件，祈查收。季璋致弟函中，言及为马相老开追悼会筹备会之事宜，半途中止，殊为可惜。吾国法律不颁行，社会种种罪恶无以惩戒，善举虽多，恐大半皆饱入私囊，相老前者做寿，筹款赈济难民即其一例。据季璋言，做寿筹款有一万八千元之巨，均为主管之亲友私吞，难民未得分文。此次相老之丧，又为其亲友发财之一机会，幸有人在筹备会席上质问前事，揭穿黑幕，会既未成，追悼亦取消，何胜浩叹。季璋又云，国府对相老之身后仅给千元治丧，于右任所请其余荣典，如国葬及生平事迹宣付国史馆等事，均未核准。徐家汇教堂方面，亦以相老之南迁及从前之行事有不满意处，故对于身后仅做一普通追念弥撒，亦无主教主祭坛。其所刊登于报上之相老事迹虽为详尽，然对其中年出教还俗之事，言之一再，尤觉难堪。兹遵季璋兄之嘱，告知大略，尚希签注。

弟之返国事，现因双方关系，改定乘本月三十一日由马赛开行之飞机飞回香港。弟之离巴黎期为本月廿九日早。匆上，余另叙。敬颂道安。

如小弟　符诚叩

廿九年一月十二日　巴黎

二二二

（1940 年 1 月 14 日）

黼斋老弟爱鉴：

连奉两函，领悉一是。十二月廿四日手书封面有 Controle postal Militaire，①　廿四发，正月五日到达；一月五日信，十日到。

现弟部署行装，忙碌可知，加以战时交通迟速无定，来比一说，当然改缓。兹将托办之件条开列下：相师二信在上海翻印为便，并非急需之物。卫生书送目纳弗中国国际图书馆收存甚好，嗣后检出他种书籍，当择其较有价值者径寄该馆。

Mr. M. Maspiéro 所托之事范围甚广，调查立表详加说明各节，爱铎亟愿稍效微劳。所苦者，本院杂志专诚研究传教历来方法，对于尊孔敬祖先礼俗问题，以及中国教区教民、中外主教

---

①　军事邮政管理。

等，并无一有统系之详细调查记载，势难报命。据伊之意见，惟有罗玛传信部独独收藏近廿年来之中国各教区之报告中能搜得之，然非一人专心在 Ardnives① 悉心翻阅五六月工夫，恐难办到也。望弟婉达前途，免生误会，盖来信所索各节，实一近廿年来中国传教史，即函询任无［何］区之主教，难得全国之详情。据实奉告，谅我弟必能谅解。且登入 *Revue des deux Mondes*②，此篇文字非出于四五十年传教之老手，恐难得读者同情而使之动目也。小兄入院十余年，在祖国传教情形仍觉茫然，盖每日经课之外，实无余晷研究他项问题，偶然提及一节一事，略作谈论而即搁置矣。区区苦衷，不可为外人道也。

老弟往上海必晤季璋兄，兹有恳者，可否代办南文斋、爱铎斋、慕庐及安德肋修院四幅横匾书法，以附上慎独斋作样，缘古体西人万难认识。其尺寸照平常尺寸，修院横匾似较大些，悬在会客厅更觉动目。尚祈代酌办理，即作我弟下次来院面赠本院纪念品，必十分欢迎也。横匾白纸黑卍字边或他花边均可，惟黑色为宜。

附上□□③广告、会文堂地址等，望弟到港时托友人代购妥装，径寄敝院。盖此半身像正合西人眼光，径寄小兄名下，或由弟回欧时随身带来尤感。

附上剪报二纸，恭颂德政，外交旧日同仁与有荣焉。晤许、刘两兄，代为伸贺。相师追悼大会有王正廷先生之名，望便中探悉伊之住址，函告尤感。昨日交邮寄上纪念三份，送魏公使，

---

① 档案处。
② 《两个世界评论》。
③ 原函此处被裁去数字。——整理者注

许、刘两兄，望弟带交为祷。另附上惜衣、惜食邮片纪念二张，另封挂号寄赠许念兄百份，以便寄回分送亲友之用。小兄深佩许君同华之孝意，特为表扬，以表区区钦佩之忱耳。

又，上海出版二十八期十二月号《西风》，内载有小兄《哭嘉兴》乙文，望托季璋兄代购十册寄下，因有友来信索阅故耳。Mr. M. Maspiéro 嘱托一事，上海徐神父办有《中华全国教务统计》*Annuaire des Missions／Catholique de Chine*，倘老弟能抽暇前往与徐神父一谭，或耶稣会搜集中华全国教区详情，当有相当材料供给 Mr. Maspiéro 君，未可知也。盖 Mr. Maspiéro 之意，实可嘉可佩，惟公教亦一专门学问，门外汉万难动笔作论说，或说的不当，不合神哲学理，或说的不透，所谓隔靴挠痒也，尚祈老弟酌之。

我弟临行时安置家事，接洽行务，尚以琐事奉扰，深感不安，叨在情同手足，渥承爱我日增有加，小兄方面亦以一"爱"字仰答万一。我人在世，不出一"爱"字，幼时爱父母兄妹，壮时爱友朋亲戚，晚年爱后辈者耳。我人在世，当善用其爱，爱主事主，爱人如己，以爱存心，以爱行事，以爱为言，思言行为，无一不在"爱"字范围中，虽不成贤作圣，亦不远矣。质诸我敬爱的老弟，以为何如？以爱作宣传品，天下无敌矣。我主耶稣以爱救人、赎人，爱之至矣！匆匆。祗请行安，并祝航空风顺。阖府问好，附件另封。

如小兄　征祥手启

廿九、一、十四

二二三

（1940 年 1 月 17 日）

子兴如兄手足：

十四日惠书，今早即接到，可谓速递，承委各件，自当一一照办。横幅斋名四块，要白纸黑卐字迹，谅即灰色"万字不到头"锦，寻常用以裱画及书套用者，惟不知裱好后是否尚要镜框。镜框携带不便，否则裱厚即可钉于墙上。未识尊意如何，能示悉最好，其余各事无何商讨处。

承示爱字范围宽广无边，我主耶稣作到极点，是以公教之根本为爱，绝无怨恨、报复等心理，是为超出其他宗教及道德之上。吾兄所见亟佩。专复。敬颂道安。

如小弟 符诚叩

廿九年一月十七日 巴黎

再，弟于廿九日早离巴，三十一日早由马赛起飞，约于二月六七日到港。香港暂时通信处为东方汇理银行，俟有定址，再行达知。

二二四

（1940 年 1 月 20 日）

繡弟爱鉴：

顷奉巴黎十二日手札，屈计八日之久，邮递较迟，谅必边界军事紧张，可无疑义。璋兄来片收到，伊致南文院长及勒赛神父两片，当为代转。承示相老做寿及追悼筹款结果，美其名而无其实，为之一叹。在此过度［渡］时代，诚如老弟卓见，法律不颁行，惩恶劝善，实乏良法。惟有待诸后启新人而反对恶习，出于良心者，方有济耳。

顷间收拾旧纸，检得相老亲笔墨迹三张，一并附上，翻印加入为感。相老病后，尚主复元，得此墨迹，更为难得。此二纸之价值，虽万金买不到也。老人爱国乐天之情，溢于言表，更令人拜服不置，且与季兄有关，亦一极贵介绍书，将来分赠政府当局，不无相当影响也。

我弟行期提早，廿九早出发，当代为祈祷，一路风顺，安抵祖国。到达香港，望赐一片，以慰系念。目下世界不安，人人有为国为民牺牲之义务，无论男女老少，均难避免。我弟此行当作 mobilisé[①] 看，亦事实也，无可讳言，一切布置，亦当如是看。谅我弟公私必有万一之准备，毋庸小兄过虑也，一切心照。

前寄上长信及托带河内魏、许、刘三君件，当可行前递到。匆匆奉复。祗请程安。

如小兄　征祥手启

廿九、一、廿

夫人前请安，金龄、锡龄均此问好。

二二五

（1940 年 2 月 11 日）

子兴如兄手足：

此次飞华，起始即感困难。本是一月廿九日乘早车赴马赛，

---

① 行军。

惟是早满地皆冰，汽车绝迹，无已，会同家人，手提皮箱，乘地底火车赴车站。到时始知，是日早车由本日起已取消矣。于是赶即换买夜车车票，但只买得坐位而无睡车。午后遇李石曾兄，因谈话需时，约是日夜车不必走，翌早同乘飞机赴马赛。伊为送行，且便长谈，弟亦允之，于是又取消廿九日之夜车，改乘卅日早之飞机。鉴于昨早寻觅汽车之不易也，拟由石曾托人早为雇定，但终亦无从寻觅。天寒地冻，汽车早晚均不营业，于是议定在飞机公司近处旅馆过夜。三十日早五点即起，以备六点飞行。不意是早天气仍行阴寒，至九点，飞机公司始宣告今早天气太坏，飞机不能开行。于是又退机票而买是晚之火车票，若是晚不能离巴，则翌早之飞机亦将赶不上矣。幸是晚能如愿成行，翌早即一月三十一日得乘飞机起行。

三十一日飞机至突尼斯停飞，候明早由马赛飞到之机，再换乘前进。二月一日在突尼斯候飞机未至，暂憩一日，往游 Corthage①，古迹所留至少。曾上一片与兄，未知收到否。

二月二日午后二点，由 Tunis② 起飞，四点至 Tripoli③。因与意人接洽加油之事未妥，至此又停飞。是夜住 Tripoli。此地经意人努力经营，亟是勃兴之象。三日早六点起，八点飞，晚四点半到 Baraorah④ 停飞过夜。四日早六点起八点飞，晚四点半到 Bassorah⑤ 停飞过夜。是为 Jrak⑥ 境。五日早六点起飞，因机件

①　迦太基。
②　突尼斯。
③　的黎波里。
④　巴拉奥拉。
⑤　巴士拉。
⑥　伊拉克。

出事，九点半复折回 Bassorah，以便修理。六日早六点起飞，因机件已修好矣。晚至 Karachi① 过夜，是为印度境。此处海关检查亟严，旅馆招待亦欠佳，且天气亦异常酷热。七日早四点半起床，五点半飞，至 Jodhpur② 用早点，在 Allahabad③ 用午饭，晚四点半到 Calcutta。④

八日早四点半起，五点半由 Calcutta 飞，十点过仰光用午饭，十四点到曼谷用茶，晚十八点至西贡住宿。

九日早三点半起床，五点起飞，九点至河内，飞机停止前进。公司通告旅客，可由此换乘轮船，或候至星期班之飞机赴港听便。同仁均改乘十日开行赴港之轮船，以便十二日早可到。此函即在此赴港船上所书，船名 Haitan。⑤

此次飞行本应于七日星期三到港，初因法国天气不佳，出发已迟一日，中间又经修理机件，又损失一日之工夫，是已有二日之迟缓。越南方面，因候此机不到，已于先二日派一飞机赴港领取邮件，故此机到河内即停赴香港，以免同一星期内有两法机赴港，是为香港政府所不许者。有此种种，故弟迟到有五日之多。然小麻烦虽多，终无大险，是亦可庆幸者。惟八日中飞行时遇有白云一大块，中无空气，飞机飞入云内时即行下坠，乘客均悬在空中，弟之头撞在置零件之网上。网在头上距离有一公尺之远，真不可思疑之事，弟谓之为"天顶打头"。此次旅行尚不感何

---

①　卡拉奇。
②　焦特布尔。
③　阿拉哈巴德。
④　加尔各答。
⑤　海田。

痛苦，惟每日早起，终日坐飞，夜间换床，恒感不寐，睡时至多不过一二小时，故终日坐在机内，似睡非睡，昏昏沉沉。此外尚有一不便处，为飞机高度恒在三千五百公尺，否则速力不大。在此高度下，空气异常寒冷。数日中常感上天寒冷，落地苦热。高度之外，尚有速度，亦予人一不便。本机飞行平均每钟可飞三百公里，当其下降时，空气压力亟强，有时耳膜不能受，亟感膨涨 [胀] 之苦。落地后，耳中作响者久之。今日离飞机已有二日之久，耳中犹未恢复原状也。在飞机上看书之时不多，除打盹外，即须填写声明书，以备飞机落地时受人检查。各处检查均严，凡银钱、信件、文书、衣物即不稍放过，而尤以印度当局为酷，盖除检查行笑 [箧] 外，尚在身上各袋搜查。弟幸有外交护照，受此麻烦处尚少，否则定感不便。昨夜在船上，得饱睡一夜，今日得暇书此，以慰谨注，尚希恕草。专上。敬颂道安。

如小弟 符诚叩

廿九年二月十一日海塘舟中

昨早到港，天气晴和，惟稍热耳。诸事顺遂。特闻。诚十三日午后四点

二二六

（1940 年 3 月 26 日）

子兴如兄手足：

自到渝后匆匆二星期，每日时间过得非常之快，因终日四处奔走，实不觉光阴驹驰也。若清算此两星期之大账收获，实为不

薄，尤其关于个人之事为满意。缘自弟到法十余年来，即由从前齐致君充代办时，即出一执照，证明弟为使馆人员，多年以来颇得优视。但自开战起，法国对于外侨取缔亟严，弟与家人全执外交护照，可以取得特别签证，免去普通限制。惟谢东发君以弟非真正外交官，不得享真正外交官之待遇，少川大使亦唯唯诺诺，不予办法。弟亦听之，未加要求，但私衷自慑，十余年因以为有外交资格，故法政府不追讨捐税，若照谢君解释，法政府可罪我为冒充。盖现馆既不认前馆所出之执照，当可向弟追究十余年来未缴之税。果尔，则倾家亦不足以偿此国债。然弟不欲向顾、谢争辩也。

今乘来渝之便，日前向王外长一谈，并告以弟之为银行工作，乃为代表中国政府与法方办理经济、财政各事，如中法双方所定三条铁路合同，均由弟居中斡旋，弟并未在银行中专做买卖金银之事。现当欧战开始，若改从前之待遇，则此后当受地方官之种种取缔与限制，实与公私均感不便，可否由大部予以 Conseiller Techniqueaffaires a l'Ouneomodi de Chine a Paris① 之名义。王外长当答曰可。昨日已将聘书送到，并以快邮代电通告驻法大使馆矣。内子对此事当更满意矣。

重庆之建设有长足进展，建房开路，挖掘山洞以避轰炸，到处皆见。惟对外交通不便，致输入品价值奇昂，即本国货亦不贱，然较之昆明，尚属生活低廉。

弟目下公私已告一段落，本应今日飞回香港，至机场时，知飞机今日不飞，明日方能返港。寓中寂寥，得暇草此，以代面

---

① 中国驻巴黎商务顾问。

谈。因灯光下之关系，字不成行，尚希恕草。不尽一一。敬颂
道安。

如小弟　符诚叩

廿九年三月廿六日　灯下　渝

二二七

（1940 年 4 月 3 日）

子兴如兄手足：

重庆归来，忙碌有加，近又须作上海之行矣。明日法船
Jean Laborde① 到港，拟乘之赴沪，在沪勾留十余日即返港。港
上事体若如计划进行，则五月中下旬即可遄返巴黎。且近来内
子精神衰弱，理想多非，实与弟不少望虑，是亦亟于返法之一
原因也。

吾兄嘱办各件，均已先后函托季璋兄陆续进行，想大半已办
妥，弟到沪加以查核，即可办结。惟石印马相老函稿一事，未敢
交他人手，拟亲自料理，盼能于弟居沪期间得赶办齐全。

骏仁颜大使出席太平洋会议后已返香港，现居九龙半岛饭
店。因上海、南京间正汪伪政府在嚣尘上时中，故拟在港稍住。
而重庆方面竭力要其赴渝一行，惟骏老以心脏关系，不敢冒险乘
坐飞机，而其他交通又至感不便，是以迟迟未决。且骏老之意，
欲有工作，而不欲加入各部，是所为其不欲即入行都之一原因。
闻政府已委为国府委员之一。

---

① 让·拉波尔德号。

香港近日天气晴雨无定，然气候亟温和。吾兄日来健康何似？天涯地角，人各一方，不禁企念之至。专上，敬颂道安。

如小弟 符诚叩

廿九年四月三日 港

二二八

（1940 年 4 月 6 日）

子兴如兄手足：

离港前曾上一函，谅早入收。现乘法船 Jean Laborde①赴沪，明早方到。船中情形与战前迥然不同。因防备灯光外透计，舱中窗户均行罩漆，若一关窗，舱中即黑暗如夜。从前之音乐师现已取消，菜单亦减少，然食品足用。至服役人等，亦形减少，是皆战事之赐也。弟到此船上第一快事，即获得由巴黎在弟起身前两星期寄出之大箱一件。候时两月有半，始得收到，所有种种日常用品亦均入手，惟案卷数种，因迟到之故，已觉耽误办事时间不少。幸芥物无遗，亦算是一愉心之事。弟在沪勾留约十日左右，返港后尚有一月上下可住。返法拟仍乘飞机，预计之期为五月十五日或五月廿二日，究不知能否如愿以走。草草，余别谈。敬颂道安。

如小弟 符诚叩

廿九年四月六日船中

①　让·拉博德。

二二九

（1940 年 4 月 17 日）

黼斋老弟如晤：

　　两奉三月十二日、廿六日手书，欣悉一是。弟驾在渝两星期，终日辛劳，不卜可知。

　　承示外交护照特别签证宽免普通限制以及税捐一节，得向亮畴部长一谭而解决此冒充外交官之疑团，海外闻之，可喜可贺。足见贤弟处世办事，正直无私，小心谨慎，公私兼顾，尤不愿令人为难，遇有相当机会利用而求解决之法，应机随变，迎刃而解。此乃老弟数十年来历世之经验，环视旧日同仁者，惜不多见。王外长能了解此处境之难处，不加讨论追索，一口允许，发给聘书，以快邮通知使馆，眼光远大，加人一等矣。

　　此间封斋期内亦有一事可为追述，又见上主恩宠有加无已，我二人惟有一心诚意依主、信主、爱主、事主，希冀多得主恩耳。法国维雅纳本铎 Mr. Vianney，爱主爱人，一生救灵，有功公教，为世界所共闻共仰。此次读其行实，不禁神往心慕，特向矮尔斯 Messeorid Ars 教会购致遗像、九日敬礼诵等，当即谨敬，心诵口维。一九日敬礼 la neuvaine 默求转恳我主赏赐恩宠，惟不将各项恩宠一一叙明。盖我主知我人之所缺而所需，如总父之对其儿女，所赐必中而必当，或赐于本人，或赐于其亲友，亦惟主是听。不出三日，即得此喜报，特将矮尔斯本铎遗像寄赠夫人、金龄外，奉上一帧作我弟之干城，何如？

　　致卫生之法，诚如老弟经历之言，"衣则能多毋缺，而食则反是"。专复。祇问程安，并祝早归巴黎，一路风顺。

如小兄 征祥手启
廿九、四、十七

再，托件承念，感感，容后面谢。祥又及

二三〇

（1940 年 4 月 18 日）

子兴如兄手足：

兹送上石印相老遗迹样本四件，祈查阅。信封中留有空白，以便填写收件人名姓。不识此式能如尊意否也。专上。敬颂道安。

如小弟符诚叩
廿九年四月十八日沪港路舟中

附四件

相老一函中，对贵道院所刊行之杂志有批评处，吾兄当阅及矣。

二三一

（1940 年 4 月 18 日）

黼斋老弟爱鉴：

晨间奉到四月三日由港来示，欣悉于四日搭乘法船 Jean Labonde 赴沪，留十余日返港，如一切计划进行顺利，则五月中下旬可遄返巴黎，闻之快慰。屡次恳托各件，渥承分神代劳，且于公忙中留一部分亲加料理，尤为感激。

颜大使出席太平洋会议，为国宣劳，佩之。前在报纸读伊宣言，谓中日事件，美国无论如何不能不担任了［料］理之责，适与愚见相同。卜斯茅资和议行将重演耶，未可知也。

细读手札，近来夫人精神不爽，理想过分，增弟挂念，亦代为悬系。兹特附上矮尔斯本铎 Le Saint curé d'ars① 之遗物一件、九日敬礼诵一纸，到时望老弟连诵九日，默求上主宠赐夫人精神复旧，健康如常。由矮尔斯本铎转求更为得力，盖维雅纳司铎 Le père J. Q. Vianney② 列为圣品，案内所显疗圣病迹有十七起之多。一面小兄由明日起，亦作九日敬礼，同一吁求。其遗物我弟随带在身，藉可避免危害。此等工作，全在信赖。维雅纳司铎生时表显圣迹，尤足惊人，一时全欧善男信女，千百成群，前往祈祷，告解免罪，种种请求，赦罪免罚，有德赦而自怨自艾者，奇闻异谈，不可枚举。读其行实，不禁赞美不置、倾心信赖，望弟全心全力信仰之，必得所求也。遄返巴黎，尚可亲往 Ars③ 祈求，亦一朝拜圣躯之快心事也。匆匆。祇请程安。

如小兄 征祥手启

廿九、四、十八 灯下

附遗物、九日诵各乙纸。

---

① 矮尔斯（今译阿尔斯）的圣本堂神父。

② 维雅纳司铎。

③ 矮尔斯。

二三二

（1940 年）

麟斋老弟爱鉴：

自去岁十二月八日罗玛传信部颁布新训令，恢复尊孔敬先礼节，并停止赴华传教士之宣誓，不独祖国公教前途去一极大障碍，且于国民个人守孝之道，加一极大鼓励。兹有奉恳一节，详陈老弟，务望便中审慎考虑示复为盼。

小兄进院修道，本属意外，晋铎一层，更属初料所不及。嗣承老弟从旁催促，复与爱铎详细讨论，末征城内专科意见，俾知精力能否加工神学一年，既得三方同意，复于攻苦神学时，毫无枝节横生，证明上主之意，留此残躯作主之代表，传扬圣教于祖国，显而易见矣。私意欲于晋铎后，将每日献祭孝敬先父母，以尽孝道。惟恐罗玛闻之加以阻力，故有此孝意而未敢陈明南院长，施诸实行者五年于兹矣。区区孝思，亦未敢密陈于老弟之前者，深恐事未成而徒表此虚忱耳。

现有求于吾弟者，系每日祭费须有人担任（每台十方），倘承老弟每日省约用度十方作祭费，则不独私愿得偿，且先人受超度之益无穷矣。今晨将敝意面陈院长，颇蒙奖许，并为略筹久长计，告曰："每日献祭孝敬先父母，正合中国敬先之意，可为刘、陆两族先人祈祷。"陆某献祭，刘某认费，故每台献祭应由两氏同诏圣宠，并允此费可作陆神父传道用费，如购致神像、印刷品以及邮费等等。询问每年用费有预算否，答以十年以来所费不赀，结果能得□□[1]，

---

[1]　原函此处被裁去数字。——整理者注

私愿实属幸事。兹将夫人亲笔信抄呈弟阅。

　　每年总结用费约在六千方左右。院长据汝所说，前后所费均由旧日同仁及刘先生捐助，则日后办法，可将所【捐】祭费全充此项用度云云。南文公如此慷慨允许，足见伊对小兄之宣传公教完全赞许。今晨面谈一节，未便转告爱铎，因伊反对。前支应神父曾将前带院之十五万方购买刚果铜矿股票，变成废纸，据伊看法，院应赔补，方合公道，故提及经济问题，伊即发气。此人之忠，令人可感，然偏见固执，反生恶感，于事无益，故凡遇钱财事，绝不与谈矣。细思院长代筹之长计补赔之意，亦寓其中矣。

　　院内追亡弥撒，原系大宗收入。阶平大使来院访问时，亦拟将献祭追亡祭费充作宣教费用一层面告，倘伊通告旧日同仁，或遇先人周期，献祭五台、十台，多至三十台，则他日或可获得收入，以资宣教，未可知也。司铎每日只能献祭一台，如遇他人函索献祭，则刘、陆两氏之日祭不得不让出，而吾弟承认之十方祭费，于他人索献期内，即作宣教捐费。如是互让补助，则每年六千方之预算亦可筹足而不致欠缺矣。特将上拟办法详陈老弟，素知老弟纯孝为怀，与有同情。昔日颍考叔能以己孝感君之孝，而锡及其畴类。孝子不匮，永锡尔类。我两人似当互相劝勉，不让于颍考叔，故敢以此奉赠而渎请也。匆匆。祗请程安。

　　　　　　　　　　　　　　　　如小兄 征祥手泐

　　前日圣祭中特为夫人□□。[①]

　　再者，目下每日上台献祭，系为院内增加收入，均由管理祭

费主任神父发给祭双单，一单祭毕，续给他单，终年如是办理。并以附闻。祥又及

二三三

（1940 年）

黼斋老弟爱鉴：

叠奉离港赴申前三次航空手书，欣悉前寄证书已到，慰之。小兄与先室相处情景，当与我弟与夫人同一。中外之隔，中外不同之点多于相同千万，能相敬相爱，始终不渝，亦上主之宠赐，非人力也明矣。

任先自投鬼域，更深痛惜。盖小兄与任先相知逾三十二年，交情不谓浅，而不能有所感化，小兄之罪也。兹有厚颜恳托者，自沈阳事变，小兄以全副精神与前宗座比约十一世加紧表示孺慕之私，与比、法和英公教界人士竭力赠送宣传品，所资巨款，均以各友人捐募医药费充补。

昨日院内支应处通知小兄，流水账透支已过千五百余方，日后用度恐未便再行支用。可否恳我老弟见爱，先汇赐千五百方，以清前欠，不情之请，尚祈原宥是幸。敢以奉扰，盖知己有耳，且情逾手足，作此将伯之呼，当不见拒耳。专此奉恳。祗请程安。

　　　　　　　　　　　　　　如小兄 征祥手泐

奉上各件，留念是幸。宗座比约十一平日最爱圣面神像，与弟同一。敬爱圣面，我弟与比约亦可谓知己矣。此像由宗座亲赠于主教一束中检出赐小兄，以之移赠我弟，亦难得之好纪念也。祥又及

二三四

（1941 年 5 月 26 日）

子兴如兄手足：

一年以来，想念之殷，无可言喻，到处探询，知吉人天相，一切平安，下怀始得稍慰，惟不知如何通信。前数日，接有代转代译之林季璋兄一函，详查函面，系由阶平兄处代递，赶即函询与兄通信方法。阶平兄告以可代转，至此心中始大感快慰，不患与兄阻隔消息难通矣。谨将一年经过略举大要，以慰廑注。

弟于去年四月间在沪，将兄所委办各事，如书写各匾额及徐神父交代买代印各件汇齐后，即交邮寄比。弟亦赶紧结束香港事务，预备仍乘法国飞机返法，所订行期为五月底六月初。但战事变化日益迫促，至六月初时已不敢成行，故在港、沪与越南间三处居住，藉理行务。嗣以法国局面暂定，遂于十月十日乘美国飞机取道马尼剌、檀香山及美国返欧。行前曾于九月下旬到沪，得有新加坡邮局通知，云弟寄比之件不能前进，暂存新埠，候有相当机会再寄。想至今吾兄仍未能收到寄件也。弟于十月十一日到纽约，即与宋公晤面。宋以法国局面不佳，嘱弟不必即返，并云巴黎不易进，能进矣定不能容易而出，故以不赴法为上，坚留久住。而弟不断要求返法，故于十二月十四日得其允许成行。是在美国居留实为意外之事，令弟焦急无似。及至到葡京时，即向使馆商讨入巴黎之手续。经驻葡中国使馆奔走，由德国使馆予以介绍函，以便到马德里时，向彼处德馆要求代为请领入巴黎之通行证。弟于十二月廿八日到马德里，即日即向德馆主管人商办此事。德人满口应允，云十日后可得柏林回音。弟在马德里候有一个月之久，亦毫无消息。是次焦急，较在美尤为炙灼，盖在美犹有友人盘桓，而西京言语不通，熟人只有黄介卿之第二女公子，每星期无聊时往访一次，此外除食睡外即为想回巴黎之一事。至今年一月底，弟见返回占领区既无消息，不如先返法国之自由区，尚可与各处得通信息，遂于二月二日到法国利昂。由是时起，即奔走于维希、利昂、马赛之间，而弟之返巴黎事，于三月中得有驻德陈大使与驻葡李公使来电，均云君之返巴黎事德外部不能允准云。至是，弟于返回巴黎一事完全置诸度外，不予思及。好在行中同仁出巴黎到马赛者亟多，家中亦得用明信片通询，是重要各事已无隔阂矣。不过内子病状实系隐忧。内子以弟不能返巴黎，愿来维希会面，弟亟力促成此举。内子得于四月十二日到维希，弟亦于期前由马赛返到维希相候。经年离乱，一旦携手，可谓悲喜交集。甥女赵锡龄亦偕同来。此小女金龄独留巴黎（金龄之事，以后再叙）。弟等在维希相聚一月。此一月中，弟觉内子神经上及身体上所受之激刺与损伤，实难形容，体质削瘦，面色惨白，面容愁闷。至其思想奇僻，言语中常易怒易忘。怒则打人，或自欲寻死。其形有时似疯，其病完全为怕。怕无钱养生，怕饿死，怕被德人拘禁，怕见军，人怕见医生。凡此种种，均为弟所视为万不能有者，而伊认为一定必然之事。初则弟尚与之争辩，终以无理可讲，且知系病态，只得随声附和，善意解释。一月之中，使弟之精神与时间完全注于伊一人身上，又无余力可治他事。此种经验实为痛心。目前计画为，弟与小女同赴美国。弟赴美系为公事，藉以携带小女，使其改换环境，盖一年以来，伊实担负家庭中之重累。内子与甥女锡龄及女仆同返中

国。内子因怕德人，因怕在法饿死，故于去美非，愿赴中国。弟
等在维希住至五月十一日即同赴马赛，本月廿二日由马赛上船回
国。此次所乘之船须绕装［非］洲，到西贡，若沿途中无变故，
二个月后方可到西贡。由西贡再另行换船返沪。弟亲将内子等送
至船上后，心始稍安，而精神稍觉宽慰。虽感此行前途棘荆甚
多，如英人截留、天气酷热，在在均令人生惧，然无可如何中，
此行亦是惟一之办法，诸事仰凭我主而已。内子行后二日，弟接
维希使馆一电，言弟之返巴通行证已由银行代为领出，不日寄到
维希。弟接此电，赶于今早到维希，一俟通行证到手，即返巴
黎。不知巴黎能与尊处直接发通信否。弟目前计画为，等候小女
一同去美。小女于本月廿四日考试博士论文。其先本立志考一国
家博士，嗣以时局如此艰难、生活如此困苦，弟促其早日离法，
故伊改变初衷，草此大学博士论文，将来若得机会，再为国家博
士之考试。其论文题目为《诗家王维》，现已考毕，尚未得其报
告成绩如何。弟因小女数年来未得受社会上之历练，且所知欧洲
文物已为不少，似应加以新大陆之认识，故欲其到美住居半年或
一年，将来回国，或作事，或仍从学，均听其便。伊已与徐生宝
鼎订婚。徐为赵颂南之外甥，亦系徐文忠公之后裔，在法攻读化
学，研究炮药之制造，以继共先人之志。徐生现亦考试化学博
士。弟意欲令徐回中国，先立一脚步，嗣小女由美回国后再行结
婚。此事尚待到巴黎后商酌。甥女锡龄来法不足二年，即值此战
乱，未能专心学业，加以内子多病，锡龄一方担任分理家务，一
方服侍其舅母，但其性勤敏，其手灵巧，法文已经［能］说写浅
显语文；手工方面能裁缝女衣，织绒制皮，打字英华文均可；英
文汉文亦通畅，算术、会计、银行簿记及保险事业，均曾问津。

最难得者为勤俭耐劳，娶妇如此，真一贤内助也。伊亦拟于到沪后与一南开同学沈生结婚。桂龄在美亦有甚佳之成绩，去年一年中，伊为工读生，弟予津贴亟少，嗣以功课太多，无暇作工，弟复允予津贴。因观其历次考试成绩均为百分或九十九分，最少为九十八分，故弟亟愿其多有造就也。四月到维希，接到伊函，言伊之学校中各教员联名为之请领奖学金，现已邀准每月可得津贴六十五元美金，足敷应用矣，弟不必为之筹款。言及金、锡，思及桂龄。弟教养三女，各有成绩，各有专长，种何良因而得收获此果，弟之满意处只有与兄言之，与兄共之，亦为我兄知之。

　　去年吾兄言及每日上祭之费用事，弟曾复一函，允予担任一年，嗣即乱事发生，交通阻滞。弟日前在马赛曾嘱银行寄上法币六千佛郎，银行云不知能否设法汇到，稍候即知，先此奉闻。临行匆匆，仅能略述最要各事，余容另叙。敬颂道安。

如小弟　符诚叩

卅年五月廿六日维希旅次①

　　爱铎神父安否，祈代致恳切关念之意。

　　南文院长均此候之。

gean salendel

二三五

（1941 年 6 月 23 日）

黼弟如握：

　　五月廿六日，维希旅次写来长而且详之千金手书，得之如宝，

---

① 旁注："1941，21~6 到。"

读之一而再，再而三。所叙皆吾老弟平生大事，俗语说："件件皆心头事"，尤见吾弟做族长、家长之深谋远虑，加人一等，佩佩羡羡。

致圣祭献仪六千方，值此生计艰难，百物昂贵，非常时期间，复承慨赐，尤令人感激无地矣。惟当时未接（前次复信遗失，亦意中事）来示允许担任，故未陈明。南院长现仍代本院献弥撒，敝意留此六千方献仪，作一九四二全年弥撒，专为夫人献祭，虔求上主降福，恢复健康，分弟忧虑，并代为加一疗治之法。我主全能全善全慈，虔感动天，则夫人恢复健康，不费上主一垂顾也。兹附上各件，略计如下：

一、红十字会相片五张。本院看护、救伤兵，治病兵工作，望代向国人作宣传。

二、小兄相片。一赠吾弟，一寄曹润老（到美寄，不急急），现住北平颐和园别庄。望在巴黎购《活百年法》二册（作弟七旬纪念），一弟留浏，一寄润老作念。书名列下："Pour vivre cent ans" ou l'Art de prolonger ses jours par le Dr. A. Guénist, Paris librairie J. B. Baillière et Fils, 19 rue Hautefeuillle 1936.[①]

三、相老纪念二纸。一纸吾弟留念，一纸加入罗玛宗座复谕内，亦望作宣传品，恳吾弟便中向国内亲友以及各界熟人，尤其是外交界旧友注意宣传。

兹将宣传简略说明如下：小兄一生做事，尤其是在外交界途内，恰遵文肃遗训。故凡事进行，毫无困难，一切方针手续，一一文肃为我预定、预言（此系事实，非自诩，亦非自谦）。文肃

---

① 杰尼斯特博士1936年在巴黎贝利叶书店出版《活百年法》，或《延长生命的方法》，出版社位于奥特福街19号。

遗训，揭要二语："不可自生化外""欲探虎子，须入虎穴"。不取消极，而取积极，故凡世界公会，如红十字会、保和会、电政邮政公会、铁路公会等，祖国必须加入，即如传教公会，亦须加入。所难者，传教人才耳。目下教廷方面通使传教问题渐渐成熟，此路业已打通，一得机会，即可进行，全赖当局善用时机耳。小兄奉上宗座复谕一件，可说业已探得虎子何如？故虎穴已通，敢告老弟作宣传，望弟再加酌度进言，量不致毫无影响。尚祈考量，审慎行之。

承示金龄、锡龄、桂龄之成绩、品格，皆吾弟一手造就之力，造固在弟，收获在弟。所谓种瓜得瓜，种果得果，故人之言，不我欺也。小兄之满足艳羡，不独与弟共同，且有过之无不及。说到金龄，想到夫人廿年来之抚育，苦心孤诣。在法时，每日伴同、送学、接学之劳苦功高，尤令人景仰不置，尤为老弟得内助为庆，亦世福中最宝贵、最难得者也。因夫人病状，追念先室二年半之病况，我二人亦有同感同痛矣。

一年以来，清理旧信旧书，书室为之一新面目，此即我之新秩序。桂龄寄来之耶稣像，锡龄之"高山仰止"，峻林之"学道爱人"四字，用邮票贴成，作我书案之陈列品。又峻林当时来信，既诉本人资质愚笨，复感舅父之恩爱高厚，末憾厚恩之何以报答，小兄读之，曷胜感动。此子之心地明白，受恩不忘知报难图，即此三端，已属目前青年中难得而难觅者。为弟述及，望随时稍加鼓舞耳。匆匆布臆，即颂旅安，诸维心照。

　　　　　　　　　　　　如小兄　陆征祥手启

　　　　　　　　　　　　三十、六、廿三

南院长面嘱致意，并特为夫人祈祷，爱德华现在城内病院就治 Le pubis① 骨病，大约月底可离院，无须紫光之射照矣。

陆征祥肖像照片背面：

黼弟惠存，作六十祝寿纪念。屈指老弟生于一八八一，当已进入六旬寿辰，远隔战区，何以为寿？寄此七十小照，聊表心意，哂存是幸。

如小兄 陆征祥寄赠

三十、六、廿三②

二三六

（1941 年 6 月 24 日）

黼弟如握：

昨奉五页函暨相片等，谅可先后达览。细读夫人病状，深为忧虑，询诸本院医学修士，亦谓 Neurasthénic aiguë,③ 然非不治之症。第一脱离环境，遵水回国，为期虽长，得此长期休息，加以海风含有卫生养［氧］气，此行必日有起色。务望宽怀，勿过愁郁，至祷至祷。

小兄每日圣祭中，特别祈求上主降福默佑，俾一路顺风，安抵西贡，换船还沪。日前得季璋兄来信，据称月前已得吾弟由马赛惠寄二百元，深感厚爱，且函内有"上海尚为一片暂安之土"一语，为弟述之，亦可安心。

---

① 耻骨。
② 旁注："15，9，1946 得收。"
③ 急性神经衰弱。

锡龄两年来亲侍舅母左右，亦已察知舅母性情，一切必能迎合妥贴［帖］。小兄尚有一英国远表姊妹，据内姊 Mme Harfoid① 所述病状相同，数年以来，安然静养得法，迄今安然无恙。此次内侄等逃难赴英，到站迎接欢迎，留居伊宅。此证明调养得法，虽不克完全恢复原状，亦可延年安存，与先室脑充血不治之症大有出入，敢告我弟，勉自节忧，借以自解。明知弟心苦矣，仰靠上主，听主命，饮苦爵，以悦主心。先室病中亦无他依靠也。

昨函拟将六千方献仪专为夫人祈求病痊献祭费，今得 “*La Messe des Vivants*”② 小册子，略志数语，寄赠吾弟，并望便中寄季璋兄转交徐神父，译汉刊行，以广流传，功德匪浅，亦传教救灵之善法也。祇请旅安。

如小兄 陆征祥手启

三十、六、廿四③

金龄问好，论文考试成绩虽未接信见示，必然不坏，贺贺。

再密启者：去年德侵比境，院内修士被调充前线救伤队者五十余人，纷纷逃往法境避难者甚夥，修院为之一空。爱铎当时特来面许作伴同往，或法或英。小兄明知伊一番好意，出于忠诚，未便拒绝，故伊代为购办皮箱、药料等五百佛郎。嗣伊见小兄未将行李收拾，又来催询，当即直告未便离院，决意追随院长，以表共难之意。伊亦同声附和，事即作罢。

---

①　哈尔福德夫人。

②　《永生祈祷》。

③　旁注："1946，收。"

小兄即函恳阶平大使，暂借五百方，以偿还爱铎，说明事后由我弟处筹还。敢以奉告，未知弟处手下尚有余款，代清此债否？不情之处，尚祈格外原宥。特为密闻。临颖神驰左右，再颂日祉。

如小兄 征祥再启

二三七

（1941 年 6 月 28 日）

黼斋老弟如握：

昨日午后乘马车（来去费两小时光）进城，赴专科处及眼科，乘便往视爱德华神父，七时一刻回院。爱铎得悉夫人病状，代为加诚祈祷。

善勃赫专科 Protesseur Sebrechts，世界有名之外科，真有妙手回春之手术。小兄面告夫人病状，征求意见，伊称此种神经感受环境之病状，第一脱离环境，现已由水路回华，一到上海，必然恢复健康，无庸过虑等语。闻之快慰，特以奉闻，以慰老弟暨金龄。

一年以来，目蒙加增，现每三个月往眼科处，点药水于双目，加以小刺手术，维持目力，颇有功效，计算一年四次，并不受累。眼科亦系名医。专科处探尿道、验便质，以防糖质，得此医药之补助弱体，亦非上智安排，曷克臻此哉。

院内上下均吉。去年征调赴前线作救伤工作修士五十余人，现均无恙回院，内中仅死一人，亦不幸中之大幸也。收容本院疗治之病伤兵士，共计六百余人，内中重伤者六十三人殒命，余均恢复健康，安回家中，并闻，以代面晤。祇请日安。

如小兄　征祥手启

三十、六、廿八

金龄问好。

再者，明日 29 Juin 1941① 系晋铎第七周年瞻礼，当为夫人求痊献祭，特闻。祥又及

二三八

（1941 年 6 月 29 日）

再者，值此世界大变，远东、欧洲同声同口提倡"新秩序"，目前鼎足之势已成。柏林、罗玛、东京所谓 Totalitaires，② 伦敦、华盛顿、重庆所谓 Démocraties③。重庆抗战足足四年，以弱抗强，世界震动，深致钦尊。伦敦坚抗一年有余，尚未屈服。延长抗战能达四稔，世界大势或可大定。

我弟赴美完成金龄教育，为计甚大，贺贺羡羡。盖《三字经》内有"我教子，惟一经"句，我弟实行，深佩极赞，较诸"人遗子，金满籯"有天壤之别矣。

法国占领区难进难出，由维希进巴黎，既若是之困难，则我两人之谋面，其困难更不庸说矣。惟有静候大战后，求主赏赐此特恩耳。小兄一年以来凡事完全依靠圣母，深得圣母之默佑，特

---

① 1941 年 6 月 29 日。

② 极权。

③ 民主。

将爱慕圣母之小册子书名、书店地址录下，以便我弟购致一读为快：Voilà votre mère par Joseph de Tonquédec Gabriel Beauchesne，Éditeurs Paris，rue de Rennes，117①。匆匆。再颂行安。

如小兄 征祥手再启

三十、六、廿九

二三九

（1941 年 8 月 10 日）

黼斋老弟如晤：

　　兹乘佳便，托转数行渴思，当可确达，但未知吾弟尚在巴黎否？深以为念。此间一切照常，自南院长以下均各健爽。惟爱铎三月期患 Pubis② 骨痛病，嗣用电光诊治，现已痊愈，下乡休养四五星期，当可完全恢复原气，或可胜于病前。

　　夫人途中平安，谅已安抵上海，一切心照。匆匆。祇请旅安。金龄问好。

如小兄 征祥手启

三十、八、十③

---

①　约瑟夫·德·东格代克《这是您母亲》，由加布里埃尔博切内出版社出版，巴黎雷恩路 117 号。

②　耻骨。

③　旁注："15，9，1946 收。"

二四〇 *

（1944 年 4 月 9 日）

　　比国梅西爱枢机主教祖坟墓碑，刻有辣丁文二语“Surrexil Christus spesmea”，“Opera enim illorum Sequuntur illos”。[①] 其追慕先人与我国尊敬祖先，与列邦凭吊阵亡忠魂，追思之诚，中外同情。值此复活佳节，用以默想耶稣苦难，并以恭祝我主完成起地立天、开生灭死之使命云尔。

本笃会修士兼司铎 陆征祥谨赠

时年七十有三

　　附梅主教遗像一，黼斋老弟惠存。

二四一

（1945 年 8 月 9 日）

黼斋老弟如晤：

　　接卅年五月廿六日维希旅次来信后，迄今足足四年，彼此不通一字，固战局所赐，我两人之积思万斛，可想而知。小兄每日登台献祭，代为虔祷者：夫人健康，金龄、锡龄等婚事，中法工商银行行务，老弟之贤劳，祖国抗战之前途。凡此公私，未尝一日忘怀。兹乘子文部长来英之便，恳转此片，聊表寸衷耳。此请

---

　*　此件为明信片。

　①　他们的功行常随着他们。语出天主教思高本《圣经·默示录》。

日安，不尽欲言。

小兄 征祥手启

卅四、八、九

二四二*

（1945 年 11 月 27 日）

黼斋老弟爱鉴：

自维希到巴黎曾接来信，嗣后音信断绝。比境完全被德军占领，安德肋修院德军征用房屋，全体同仁分散于十二处所。每日圣祭中，为爱弟所祈求者，公私顺遂、夫人健康、金龄世妹婚事完成。贱体尚能支持，幸勿远念，先奉短简，不尽欲言。祇请日安。

小兄 征祥手启

三四、十一、廿七

二四三

（1945 年 11 月 30 日）

子兴如兄手足：

自一九四一年□□□□倭寇凶焰日张，欧亚交通阻塞，弟无日不在惦念想系之中，逢人即问吾兄之消息，友人中无一能言其详，无一人有直接消息，闷闷者如是数年于兹矣。今幸天主默

---

* 此件为明信片。

佑，忽有金大使纯孺回沪省亲之事，弟于宴会中得闻近询，嗣又乘纯孺过访之便，细叩详情，承其一一阐示，不厌琐细，凡健康之保持、道院之巍然、景物依旧、人事如常，皆足以慰我遐思，动我离绪，快愉之情真非笔墨所能形容。今复乘金大使回任之便，急速草此一笺，略告弟之情况，以释远念。弟知想念吾兄之苦闷，吾兄亦当有同此苦闷之感也。

弟自一九四一年夏间到美后，即将金龄留居纽约。弟将公事料理后，即于九月中由美回港，在港勾留月余，飞赴重庆，重庆居住亦有一个月之久。彼时风声鹤唳，日美宣战之消息时时闻之。是年十二月五日，弟尚晤外长郭复初兄，询其日美消息如何，郭担保三个月之内日人不敢开衅。盖弟以中国人立场言，美日开战为吾人求之不得之事，故对是时大局并不担心，但同来重庆者尚有法国同事，伊以回法为念，不愿因美日战事而阻其回国。一闻复初之言，即催促同行者急速回港，在渝未了事件，携至香港完成。

弟等于十二月六日到港，七日尚工作一日，至八日早始知日本已偷袭珍珠港矣。弟是时处境真是一忧一喜，喜者中国之胜利已操诸手；忧者困居孤岛，不知前途凶吉。静思之后，国事既有希望，己事实无足重轻，且亦无可如何，一切委之天主而已，故弟心中始终无失望时。计自一二八①香港被攻起，至一二五②圣诞日香港陷落止，所经险境历历在目，随时有可死之机会，而顽躯依然健在，能无感谢我主乎？所经险境举其大者，有所居之

---

① 即 12 月 8 日。

② 即 12 月 25 日。

浅水湾饭店日日有被炮轰之事，白昼避居大水沟内以当防空洞，夜间住客卅余人共居一室，其余西洋客人七八十人另居一处。遇一炮弹飞来，身上落有房顶之灰片，同人皆逃奔他处，而弟仍依然睡于地板原处，不动私念。炮弹有眼无处可逃，听命可也。

至廿一日夜间，日兵占领饭店，枪指住客，按名搜查，手表、水笔以及零星物品任其取去，弟亦未受何损失。如是搜查者二次，搜查后放回卧室，或同人聚于饭厅中探听消息。此数日中，食粮缺乏，供给不时，一日得一餐已称幸事。至廿二日早，日兵又将同居之人齐集园内，点名报到。点名后，将英美籍之男女及中国之男人驱而外出，英美人准其携带一自己能携之箱包，中国人一物不带，由早九点步行至下午三点，始到一地点名七姊妹者而止。当驻足时，分列两行，先只准立，继而准坐，立坐均在边道上。候至下午六点，亦无命令进退，同人烦言啧啧者，即受日兵枪指之责，无敢动移者。是时饿渴疲倦，达于极点。有一怀抱婴孩之少妇，向一日军官乞求热水，以代牛乳，军官予之。旋又令兵士赏赐同人白糖一方块、冷水一桶，桶到面前，人吸一口，是即此日之饮食也。至晚七点，驱令同人入居于一大厦内。厦有三层，中国人居第一层，英美人居第二三层，其余食宿如何不问焉，故此夜同人亦无所得食，而宿亦只有地板而已。但弟于此困危中又得一幸运，当大家上楼之时，弟见梯旁有一门，一日军官入焉，弟亦随之而入，问其有无余地容人。伊答曰："无地可容。此中已有十五人矣。"弟见此君人尚温和，即与之言曰："楼上无若许地可容群众，君何不与吾三人以方便。"此人睨而视之，思之曰可。弟等大喜，旋有三人来，亦留之，共为六人，并为余等现煮稀饭以充饥。夜间无床褥，只有席一领。弟等即将此席铺于洋灰地上，和衣而睡者五夜。住此室者为一陈姓，其名已忘记，系一日本通，年岁已高，故肯帮助同人，每日并供给两餐。有食有住，大非易事。至廿五日香港完全占领，日人尚不放人外出，询之，言秩序未复，出则有险。至廿七日午后，弟等约同陈君游览陷落之香港，始得见香港一面。街上尚有剥落之电线未除，破坏之处甚多，行人拥挤，时遇日兵盘查，幸陈君以日语答之，得无阻碍。弟行至汇理银行，即去访友，弟之同事在焉，弟亦遂留居于此楼上。弟以后始知，前之所居之处即为集中营。日人以英美人为俘虏，故拘而不放，以中国人为难民，故于停战后即得自由。经此大难后，弟即在汇理银行借居，至一九四二年五月始去广州。在广州约一月，始得一三等舱位而回沪，到沪时七月初矣。由是年七月到沪起，直至今日，并未离沪一步。当胜利到达之后，本欲北上，因平浦路为共军拆毁多段，且沿路治安不保，而飞机又不易购票，故迄未如愿一往。每日到沪行视事，去法更不知何时。此弟数年来之经过，若一一细数，真非数纸所能尽，暇时当再续书。

内子之事亦当略为一述。计自一九四一年夏初，由马赛偕同锡龄甥女暨一女仆，乘法船出发后，沿途时有阻碍，行至法属马达嘎斯嘎（Madagascar）岛时，因英国军舰截留法国商船之故，遂在该岛一港口名"迭苟许来斯"停留三个月之久，嗣后先抵西贡，终至上海，总计行期达六个月之久。内子以患病之躯，受此艰苦旅行，其健康且自受相当之反响。在弟未到沪之前，内子即患一次疯症，幸数日后即病愈。去秋大病一次，卧床经月，幸有注射治疗之剂，得以起死回生。至今年九月初，因夜间起床摔倒床侧后，即感觉腿部疼痛，四日未能起床，而饮食照旧。至九月六日午后，忽然起疯，不省人事，仍由素日所请之医士打针注射以救治之，并另延一医士，以相讨病源及救治之法。经一治疯专家之医士予以注射后，其抽动之疯症即止，疯止而酣睡，众皆以为佳兆也。不意睡至三十小时而不醒，即于此梦中与世长辞矣，是日为九月八日中午十二时半。幸在七日晚间，商同许渭潢太太延一神父至家，为之受最终洗礼，十一日以公教仪式为之殡殓，至交戚友均来吊唁，殓毕即停灵于殡仪馆，以待金龄归来再订埋葬之处所。三十三年之匹偶，一旦分手，有去无返，实不胜悲痛。内子一生为人短处固有，而其长处在能识大体，时时予弟以正大之指示，惟晚年以来神经衰弱，或亦由其瘰疬宿疾所致，思想每入歧途，而体力日就羸弱，终至一病不起，其亦有世乱人散，不胜愁思所致乎？数年来，每日不忘者，惟其爱女一事，常问曰金龄何日归来，日有数问，问词相同，不管答复如何也。从前弟本有意令其赴北平居住，锡龄偕往，而内子不愿独往，愿与弟同往，弟以职责关系不能陪伴。及至今年，愿独往矣，战事亦停止矣，又值共军捣乱，津浦车反因胜利而不通行，终不能前往北平矣。弟心中积思，岂止千言万语，终不能为兄一齐罄尽。

　　现金大使行期即在明日，尤不容弟多言无已。再择一二要事及零星琐事以完此页。弟于前日接到吾兄所寄二函，一为三十、六、廿四，一为卅、六、廿八，[①] 其中一函言及向钱大使暂假五百佛郎，由弟归还一事，弟日后到法，自当照办。由此事知吾兄近来经济状况，深为不安。兹与金大使约定，由巴黎中法银行汇去法币三万佛郎，作为吾兄目前零用之需。金大使收到此款，通

---

　　① 即 1941 年 6 月 24 日、1941 年 6 月 28 日。

知吾兄，即存其手中，吾兄何时需用，随时支取，无须全数交上，较为方便。此为弟之意见，若兄另有便利支取办法，请与金大使谈明，即照尊意办理。

金龄小女在美，初尚无事，嗣即加入一演说团中，专向美国人民与学生演讲中国情况，小女亦为一演讲员。现因战事告终，共党扰乱之故，演讲难以措词，故另就他事，在法国驻美情报局任事，何事不详。小女在美候弟行止，将来弟若不即赴法，小女即回沪，否则当在巴黎会面。

金大使到沪，与外交旧雨感称吾兄健康无虞，同仁皆大欢喜。顾骏老、唐心畲、施伯彝诸公，均在沪休养，身体康强。锡之兄在平，前与王荫泰合作，现颇受嫌疑，然尚无意外。林季璋兄在抗战期中一无事事，生活压迫，困苦万分，终于九月末赍志以终，所遗一妻二女无以为生，其长女已嫁，尚称可过。

日来行务甚繁，余容另叙。专上，匆匆，不尽万一。敬颂道安。

如小弟　符诚叩
卅四年十一月三十日

爱铎神父及院长均祈代候。

二四四

（1946 年 4 月 9 日）

黼斋老弟如握：

金纯孺大使回比，交到卅四年十一月三十日手书，详述我弟一九四一年回国后经过情形，洋洋数千言，言之痛切，令人不忍卒读。

承述夫人带病回国沿途困难，到沪后忽患疯症，复大病一次，卧床经月，嗣得注射治疗之剂，竟得起死回生各详情；去岁九月初，复患疯症，竟致长辞。呜呼痛哉！海外读之，不禁泪冷冷下，盖小兄受夫人之恩爱匪浅鲜也。特自三月十二日起，至四月十一日止，连献圣祭三十台，俾我主早赐荣冠，升入天国，享永福焉。身后殡殓各事，我弟办理妥善周到，尤佩尤慰，盖世间幸福，惟家庭之福耳。所惜者，金龄在美，未克奉侍左右，为憾事耳。夫人一生精神，全副贡献其夫与女二人身上，凡与我弟有交情者，莫不知之也。先室在世时，常为小兄提及而赞美之也。老弟得此佳偶，亦天赐之也，谢主可也，可无遗憾矣。

承示颜、唐、施老友近况，快慰之至。近悉注东、挺斋、鞠如作故之耗，为之痛惜。我二人心中积思，真如一部二十四史，不知从何说起。现在二次大战终止，和平条约尚未签订，然已重见天日，恍若复活于第二世界矣，谢主、感主于无穷期矣。

金龄侄女未知已回沪否？前由纽约寄到食物一匣，当即函谢。此大匣食物，实为难得，已与爱德华神父之妹二人共分食矣。又金龄侄女婚事一节，老弟离法前来函告知，或在美、或在华举行，故去年寄出之《追忆及感想》一书内，误写"寄弟及徐君夫人"一语，尚祈格外原谅，勿责小兄唐突也是幸。

中法工商银行汇到佛郎三万，合比币一万一千零廿五佛郎又卅五生丁。如是巨款，受之有愧，却之不恭，小兄受宠若惊矣，惟有遵［樽］节支用，以重款项耳。

敝体目蒙、腿软、手颤，夜间全体作痒，小便加速，此外无他病也。此非病，乃老年常态也，望勿远念。

田耕莘红衣主教目前来访，邀小兄回国合作传教工作，俟南长回院再行面陈，以作计议。爱铎健在，面嘱附笔致候。匆匆先复大概，余容续告。此问近安。

小兄 征祥手泐
三五、四、九

徐神父来信，告注东公使殁中受洗而去世，闻之悲喜交集，诸老友前代为致候尤感。

二四五

（1946 年 5 月 22 日）

子兴如兄手足：

自去年十一月金大使返任，托其带上一函后，弟即昼夜盼望回音，果于五月三日奉到我兄四月九日复书，拜读之下，欣喜欲狂。阔别有五年，事变有万千，在此天翻地覆之后，重睹阳光，一纸飞来，唤回凶残酷烈之噩梦。回忆在道院时，园中散步、堂上祈祷之景况，犹如昨日。今日之通干畅叙，谓非我主所赐得乎？来书所云目蒙、手颤、腿软等现象，皆老境必经之途径，最要者为毋过肆劳虑而已。

弟前函所书，皆为过去之愁苦事绩，今择较为欢娱者一言之。第一事即为弟已续娶。续娶原因远种于香港被围及陷落之时，期中经过情形，言之特长，拟于将来晤谈时为详细之供词，以求判决。弟虽于彼时处于炮火之下，固未尝忘却自己为一公教中之信徒也。室人出自合肥李氏，家字辈行，即文忠公曾孙辈也，其姑母即张福运之夫人。弟与张氏为外交及交通两部之老同事，故与其家人多相识。张现委任关务署长，为人亟梗直，从政有贤声。弟与室人家敏相识多年，自从炮火中逃出生命后，即立意不弃。与其谓弟有意于彼，毋宁谓彼实有意从弟。盖弟自知六旬老人，无可取悦于少艾，但自结褵〔缡〕以来，弟对其品行习惯，觉在中国女子中实不可多得，不妄言、不滥交、不嗜赌博烟酒，待人宽厚，而侍弟忠诚周到，弟实不知有何修而能于垂暮之年得此一侣伴也。弟非敢在兄前夸示，实因此种意外遇合，非弟祈求而得，此中似有预为布置者，吾不知何以解释之也。

第二事相告者，为金龄小女与一美籍人士，于本年一月二十八日在美结婚矣。金龄与徐生在法订婚后，即有一次解除婚约之争辩，经仆景妈为之居中斡旋，始复和好。及弟于一九四一年到巴黎面询其是否欲与徐生订婚，二人皆表示愿意，弟始为之约集知友正式订婚，以坚其志愿。及至弟与小女到美后，小女复将徐生设法救出巴黎，召至美国。徐生到美，即在工厂得一位置，景况颇佳，孰知此后即宣告解除婚约。设徐生不到美，二人情感不至破裂，然解除婚约，较之婚后离异为佳。彼时弟之感想如是，极不感痛苦，然终以女大不嫁为非。是至去年夏秋间，小女始来函征求弟之同意，并将其夫之来历详为告知，说出种种优越之点。弟考其意志坚决清白，故即予以赞同。友人对于小女婚事，有以弃材异域为憾事者，弟意殊不同。以小女之才，置于争乱国中，实无所用，而在美反得显出中国女人中亦有如此者。当一九四三、四四年中，美国正大量派兵赴华应战时，小女加入一中美文化协会之工作，担任为美人讲演中国情事，为沟通中美人士之了解，有此职务，遂旅行美国各地，向学校及军队演说，颇得中美人士之好评。嗣以国共纷争日多，演说者不能自圆其说，遂脱离此会，现此会解散，亦未可知。现小婿在军中服役，小女亦随之住居军营近处，且在一机关中任事以谋生，二人甚相得，弟心亦至慰。其他细节，仍当俟之他日再谈。

在此抗战数年中，弟之亲近人皆有成就。外甥杨峻林已结婚，生一子，将三岁，杨甥现任河北省银行营业课主任，住天津。甥女赵锡龄已出嫁，嫁与南开大学毕业生沈世俊。锡龄由法侍其先舅母回国，以至于永诀，皆由伊照料一切，现仍在沪，居近弟处。上海生活高贵，沈生从前无事，即由弟资助，现已有事能自立矣。锡龄已生二子，大者仅两岁，小者初生半月。甥女赵桂龄在美亦已嫁人，其夫雷华显为雷补同之族孙。雷生在美习法学，与桂龄同校，现已毕业，升为母校之助教，将来可升正教习之职。胜利后，二人亟欲回国服务，初因交通不便，继以国内乱事日多，现拟稍事观望再定。桂龄并已生二女矣。在此愁闷之期中，弟之家事不期而能安排若是，至今思之，盖不知何以至此。除小女与徐生订婚，为弟与先室所订之计画而未能成为事实外，余皆听其自然，即弟之续娶亦非初料所及，谓非有我主回护，不可得也。

正缮函间，阅及比京一电，云我兄升为圣安得肋道院院长，读之不胜雀跃。惟沪上报纸对于教中制度不明了，故译文亦不一。以弟意测之，当为教皇任命陆某之为圣安得肋道院院长也，不知确否？不知是否即为南院长之位置？盼指示。前者我兄来函中，有田红衣主教来访，邀兄回国合作传教工作，俟南院长回院再议云云。是此次新命，定即田、南、爱三人会议之结果。且弟对于我兄回国传教一点，尤有不敢赞同之处。以我兄如此高年弱体，岂能胜此旅行回国之劳？今能久居道院，实与我兄最宜，尤见主持教务各公，对于我兄爱护备至，重视中国。凡有中国人，皆沾兄余润而得莫大之光荣。而弟之愉快更非与他人所可比拟矣。敬贺敬贺。未尽之言，容再续陈。专上。敬颂道安，并贺升祺。

如小弟　符诚叩

卅五年五月廿二日　沪

二四六

（1946 年 5 月 24 日）

黼斋老弟爱鉴：

前奉寸笺，谅登记室。月之十八日，南文院长接到罗玛来电，得知圣父授小兄本笃会名誉院长 Abbi titulaire de st. Pius à Gand。① 圣眷日隆，曷胜惶悚，不知何以仰报于万一，惟有为教、为国努力自勉，免致陨越，尚祈代祷，至恳至恳。

授职典礼定期再闻，届时敢望远赐一念，以资策励，不胜盼切之至。金龄侄女是否回沪，念念。旧日同僚务望一一告知尤感。匆匆。祇请日安。

小兄　陆征祥拜启

三五、五、廿四

又《伯禄古院简略改革》载在背面，如荷分神俾登杂志，以广宣传而显亨荣尤感。祥又及

金龄侄女问好，旧日同僚均此问好，爱铎附笔致意。

---

① 根特圣比约会长。

二四七

（1946 年 6 月 19 日）

黼斋老弟如握：

月之十六日，接奉爱弟五月廿二日长函，洋洋数千字，读之欣喜，不知老之将至，雀跃不置。同日接到金龄侄女来信，读之更令我喜出望外。乃知我亲爱侄女在美结婚，老弟得一美籍佳婿，可喜可贺。值此世界大同，不分畛域，天下一家。人以谓弃材异域，我独以谓沟通中西。老弟、侄女有功中华，可告无罪于祖邦，后世必有颂赞艳羡者，文肃再世必鼓掌不置也。

老弟续娶一事，办法正当，合情合理。子诚、劼孚、少川诸兄办理在前，Llogd Qeorges① 晚年续娶，中西共知。晚年守节，此为例外，盖上智另有委任□□②。老弟祈求而得明明上智安排，得此良伴，尚有其他后命，未可测知也。小兄当在每日圣祭中代为祈求，异日出一圣人于天津刘氏族中，未可知也。既为贤夫妇贺，且为刘氏族中拭目俟之矣。祖国历史刘族之盛，非他族所能比例［拟］也。

小兄十九年苦修，始初进院但求一枝，不料晋升铎品，代表耶稣每日献祭，为人类、为祖国、为亲友、为同胞献祭祈祷，求福寿、求和平、求丰盛，何等荣幸。忽于五月主保

---

① 劳合·乔治。
② 原函此处被裁去数字。

瞻礼前日，渥蒙罗玛宗座圣宠有加，擢升本笃会名誉院长。
前次寄上一函，当可接洽，现在准备授职典礼，日期定于八
月十日 fête de Saint Laurent① 举行。来客有中华大使、公使，
如钱泰、金问泗、谢寿康、谢维麟等，教廷驻比大使及各修
院院长等。授职主教，系本城主教 Monseigneur Lamiroy。② 小
兄应佩戴胸前金十字，手戴金权，嵌以红宝石，手执权杖。
此三物均为比国男女公教进行会全体同人所赠；头戴院长帽，
为女修院所赠；中华朋友如能捐赠一新式 Auto③，以便出院旅
行之用，则腿软免搭车之劳，感荷隆情于无穷期矣。吾老弟
能发起向旧日僚友捐赠款否？寄金大使在比京购赠。吾弟能偕
弟妇来比参加典礼，则不胜感祷之至。专此奉请。祇请双安。

小兄 征祥手启

附上剪报一纸。

徐神父处代为问好，中国公教信友有何举动□□。④

二四八

（1946 年 6 月 20 日）

繡斋老弟如晤：

昨日发上飞函，当可先此达览，兹将前信所未尽者略述之。
我国俗语曰"作善之家，必有余庆"。老弟一生为善，善心动

---

① 圣罗兰节。
② 拉米罗主教。
③ 汽车。
④ 原函此处被裁去数字。

天，上天必有以报之，且必报之于我弟生前也，将来得一贵子，亦意中事。小兄所祈求者，得一圣子，我辈既经皈依公教，理宜将子贡献天主，弟意何如？

小兄细考刘氏大族，有刘裕，南北朝中宋朝的开国主；刘崇，五代时北汉的君主；刘渊，五朝前汉的君主；刘备，三国时蜀汉的开国主；刘隐，五代时南汉的君主；刘知远，五代时汉之高祖。尚有刘海蟾（道家）；刘晨及刘阮二人，均相传入天台山采药遇仙。内计作君主者六人，一道家，二成仙。刘族之盛大，可想而知，超过陆氏多多矣。查陆氏，有陆云、陆机、陆逊、陆九渊、陆九龄、陆贽（谥宣公），内有忠臣名将及儒家而已。论清代，刘坤一亦一代之名臣，与李文忠同时，亦有谥，想系文端，不甚清楚矣。

承示我弟外甥杨峻林、外甥女赵锡龄、桂龄皆能成就，均出于我弟一手培植抚育之力。求诸今日亲友中，亦不多见矣，钦佩钦佩。来信述及新弟妇之品格为人，待人宽厚，侍弟忠诚，尤为难得，为之快慰。人生在世，福在家庭，世海茫茫，无他福也。吾弟得之，羡羡贺贺。吾弟对内对外，一生作事，诚实厚道，处心积虑，关怀时局，大大方方，堂堂正正，众目所睹，众口所颂，中外所共认，小兄所心服也。

前信恳托发启捐赠 Auto 之举，现在物价腾贵，凡我旧友，均在艰苦生活中，小兄之请求，未免不情，尚祈老弟斟酌进行可也。附上剪报一纸，以贡一粲耳。祇请双绥。

小兄 征祥手泐

三五、六、廿

南长、爱铎附笔致意。

二四九

（1946 年 6 月 21 日）

黼斋老弟爱鉴：

连日发上两函，金龄出阁、吾弟续弦、小兄苦修升受名誉院长三件喜事，不约同来。

环顾中外目前情势，适大相径庭。世界混乱，人心摇动，天灾人祸，无国无之，或饥荒，或内讧，或经济恐荒，或物价高涨，种种怪现象，不一而足。溯其病源，异端横行，充塞于天地间，迷惑人心，不知适从所致。补救之方，惟有提倡道德，尊重精神，指示正道，竭力扩大新生活运动，虽觉迂远，实系根本办法，直质老弟，以为何如？

我系公教信徒，即从公教入手，附上徐文定公灵表一纸、祷文一件，又许夫人祷文一件，求弟便中，往晤徐润农神父，商议加印各一万张，估价若干，示知为祷。以作小兄八月十日授职后，散布教友及教外友人小纪念。

又，魏公使夫妇先后去世情形，如荷探示一二尤感。又，新弟妇对于公教观念感想如何，如能早日准备，得子受洗、取名后，照例分送小纪念，以开风气。儒释道三教外，世界通行者，耶稣、天主二教耳，回回、犹太二教以及苏俄 Eglise orthodoxe①传布甚少，信徒者亦稀。回想先师许公先见之明，令人且感且佩。老弟受洗进教，亦捷足先登，加人一等，乃上主默启。小兄

————————————

① 东正教。

每日登台献祭，无日不为老弟谢主也。

论到政治方面，Democratie① 目前趋势，同归民治，潮流高涨，莫可抵御，顺从民意，乃存亡关系。我国三民主义，最合时宜，中山所见远大，研究阅历所得，且与我邦根本古制不相违背，斟酌安定，实费苦心矣。弟意如何，示知尤感。此第三函略贡政见，未识有当否，余容面谈，倾我衷曲，俟诸异日。专此。祗请双绥。

小兄 征祥手泐

卅五、六、廿一

每日登台献祭，为老弟夫妇，特别加诚祈祷，并为刘、杨、赵三家亡者、存者、来者，在圣祭中专诚纪念之。

小兄 陆征祥再识

三五、六、廿一

二五〇

（1946 年 7 月 10 日）

黼斋老弟如握：

前月连上三函，谅可前后达览。前晨金大使由电话探询八月十日祝福典礼曾否通知国内旧友，如颜、唐、施、林、刘（子楷）等，当告以业经我弟通知矣。特再奉托。致礼物一节当即取消，缘目前金融关系，如荷我弟每月接济车费五

---

① 民主。

百比币，足够敷用矣。凡权杖、胸前金十字金链、靴帽、手套等，均由比国男女信友捐赠，祝福典礼请帖有金大使、钱大使、罗玛谢公使、瑞典谢公使、顾大使、郭复初、胡世泽、未必能来，新任郑天锡大使亦邀请。我弟远隔重洋，前此晋铎未蒙降临，然在国内代为接待南长，代劳多多。此次仍望在国内稍稍庆祝，裨教内教外重视宗座对祖国之美意，略表感忱耳。

我弟续弦大喜，特寄赠本笃金牌，望代呈新妇作念，区区微物，聊表敬意耳。昨日上徐神父信，谅伊必将原函送阅也。匆匆布意，不尽欲言，即请双安。

小兄 征祥手启

三五、七、十

再启者：细思值此生活程度百物昂贵，臻于极度，节约日用，无人无家，官吏士民，非雷厉风行，不克渡此难关，故庆祝宴延 ［筵］，势必取消。八月十日之庆祝，请商诸徐润农兄，如能在徐汇教堂，邀请上海惠济良主教唱一台弥撒，最为相宜而大方。在沪旧友发帖邀请恭预，并登报通知，俾上海天主、耶稣教友暨外教亲友都能前来参加。敝意如是，尚祈分神代酌进行。且中西友人均可前来致意，老弟银行中同事，以及法籍熟识即不熟识者，亦可表示虔诚。一面感谢圣父，一面感谢天主佑庇祖国，默启宗座降谕，将中国传教区一变而为总主教及主教区。此等变动，非有天佑，万难一跃而得而遇也。我弟与小兄躬逢其盛，文肃再世，含笑鼓掌不置矣。目前种种困难，必能处以镇静而争胜于无形大局，幸甚幸甚。祥又及又再者，□□①对此祝福典礼有何表示？北平枢机总主教有何举动？阜成门外陆公墓墓堂内可否举行弥撒一台？俾北方旧友李锡之、王曾思、刘仕熙、戴雨农［浓］、曹润老等均能参预。刘长清未知近况，尚未得信。辅仁大学张百龄君亦系旧友。外交中亦有 Docteur Bussiere，Dormon② 等，法国医院、中央医院彼处亦有旧友，□□③均有旧识之人，一时想不起来。总而言之，此事关系公教前途，非小兄个人私事，且于民国政教合作有极大之影响也。老弟所见远大，小兄出国廿余年，情形隔膜，然以比国对此次宗座发表命令之态度，上下为之震动，函电询问如雪，且而来颇有应接不暇之势，敢为老弟告，不可为外人道也。比国信友勇［踊］跃送礼，亦一难得之表情，敢以奉告，作进行之步骤可也。小兄 祥又及

正发函间，本院南文院长接到刚城 Gand④ 地方自治会及彼德教区理事会公函。据称此次罗玛圣座开一创例，升受外籍修士充本城本区彼德古院名誉院长，特此今日两会议决赠陆院长彼得古院壁基方石一块，上刊古院创办年（685）月日及陆院长升受名誉院长祝福年月日 Bénédietion abbatiale⑤，以作永久纪念等语，并请择定日期欢迎新院长，同时恭赠纪念石。南文院长接信后，报告本院会同仁，认为特别表情为比国本笃会从未前闻，即圣座此举之影响，超出望外多多矣。圣座闻悉，亦必喜出望外，且经

---

① 原函此处被裁掉数字。——整理笔注
② 贝熙业大夫、铎尔孟。
③ 原函此处被裁掉数字。——整理笔注
④ 根特即刚城。
⑤ 修道院祝福。

前日刚城自治会一份子密告，拟向军政部商请，将彼德古院发还本笃会原主（自法国革命，该院已充作兵房故耳）。物归原主，圣座一举两得，实时为之也。事出意外，非人力所能办到。匆匆奉告，并恳上达当局。小兄　祥又及

二五一

（1946 年 7 月 18 日）

子兴如兄如面：

　　弟于六月廿日来北平，七月六日去天津，由津返平后，即七月十日，接到锡龄由上海转到我兄六月十九日、二十日两函并剪报，均已读之再三。我兄笔下生动，思想奇特，真不似出于年高者之手。由此可知，我兄之福寿甚绵长也。

　　蒙祝得一子，亟感，惟弟以此事付诸我主。弟向无"不孝有三"之观念，有一女如金龄，于愿已足。此次续娶，既非强求，亦非有所为而为，实因事势所逼，故毅然为之。设无日寇侵占香港，被围半年，或不至有此机缘。此话言之太长，留诸异日，以待面罄，藉以忏悔。设于日后果得一子，如我兄所祈祝，弟亦感我主厚赐，不敢漠视也。

　　承示八月十日行名誉院长授职典礼，盼弟偕同内子苿比参加，弟闻之不禁跃跃欲飞，飞往道院以观此盛典。但目前中国人之旅行条件，已不似抗战前之便利。即以弟而论，从前所享之外交护照权益，均不得继续享用，只能得一普通出洋护照。若得一官员护照，则内子之出洋，须得亟峰特别允许，方能成行；若以普通护照言之，则直不许眷属出洋。凡此种种，皆为

战时所定之条例，现战事已过，胜利已获，而国民之旅外不自由，一如抗战时期。弟回沪后，尚不知有若干困难，方能取得官员护照及内子谐行之允许，而外交护照决不能再享用也。再以时间言，今日为七月十八日，距盛典举行日只有二十二日，无论乘船赶不及，即飞机恐亦无从得一位置，是弟对于盛典只有虔心遥祝而已。

至于发起捐款赠购汽车一事，弟自愿提倡，然亦不能指望在举行盛典日办成。目下同仁景况诚如尊论，多"在艰苦生活中"，弟当谨慎将事，决不致累及盛名。惟购车款数，不知需用若干，此点虽无关紧要，若能示知约数，亦予弟一便利。弟拟后日回沪，公私蝟集，匆匆一复，不尽万一，余俟另陈。专此。敬颂道安，并贺升铎之喜。

如小弟 符诚叩

卅五年七月十八日 平

内子随叩

二五二

（1946 年 7 月 19 日）

黼斋老弟如握：

海天重隔，未能晤言一室，一磬数年情愫，洵为憾事。值此世界尚未安定，举首仰望，前途尚未稳固，不独个人不能置身事外，无论何国，未能袖手旁观。我辈生活修院，业已出世修道，得此世外桃源，似可独善其身。【非】经此二次大战之后，实不知修院非世外桃源，亦非极乐世界。盖此次战争，明系善与恶之战争，换言之，即我主耶稣与魔鬼之战争 La Christ et l'antichrist。① 我辈既系耶稣之勇兵，不得不枕戈以待，质诸老弟，必以为然也。

兹附上罗玛宗座列圣品大典，求我弟携往徐汇，与润农神甫商谈准备文定公列品办法，尽人力以邀主宠。小兄在世一日，即尽一日之力，每次献祭，亦必以列品一事，特别纪念，即作死前心头事、口头禅。逢人必谈，每日信内必加以祷文一纸，以虔诚冀感动我主，何如？匆匆。祇请日安。

小兄 征祥手启②

二五三

（1946 年 8 月 7 日）

黼斋老弟如握：

密启者：此次田枢机主教来院访问，面邀东归，共同工作，小兄以年岁过迈，精力日就衰微，心有余而力不足，奈何。田称："我□□③先生回国，安居院中，无劳清神，借重大名。此十年中，我们的努力，非常重要。如南文院长允许先生回国，派二三修士同行，前来北平，蔡宁主教代表公署，留让先生与同来修士居住，当可舒适。如能附设一个中小学校，教育青年更好。"小兄以如此殷殷，未便坚却，故慨允所请矣。

兹接金大使函称，老弟来电嘱购赠 Austin 汽车，甚感甚感。

---

① 基督与反基督。
② 旁注："1946 七月十九日发比，十月一日收，沪。"
③ 原函此处被裁去数字。——整理者注

南长之意，以此笔费用，移作归国路费，故托金使电复，并达谢忱，当可达览。且车费过巨，未敢收受，反增惭愧。路费以二等船舱计算可也，多则三人耳。匆匆先密闻，余容纵通［从容］接洽，归期当在 1947 间矣。陆隐耕兄处，即以此函示之，恕不另启，并代达谢忱。世界大乱后，民众渴望和平，我们作和平使者，上主定必佑庇也。不尽欲言，顺问近安。

新弟妇前代为问安，并祝健康。

小兄 陆征祥手启

三五、八、七 祝圣前三日

二五四

（1946 年 8 月 10 日）

子兴如兄手足：

今日为八月十日，即我兄任比国刚特城圣彼得修道院院长行授职典礼之日，亦即在华侨友同时庆祝响应之日，特为我兄贺，为中国公教前途贺，并为特别纪念今日之盛典计，特将中国境内同仁庆祝情形一为报告。

自七月下旬连接我兄三函后，始获知晋升院长详细情形，遂按照我兄函中所希望各节，一一进行。

第一，先行报告在沪侨友及电贺事。如颜、唐、施诸人皆赞同，即电中列名之人是。嗣访徐润农神父，谈徐汇教堂作弥撒事。徐神父导余弟往谒惠济良主教直接商谈，初次见面，谈笑甚欢，亟愿于今早为我兄作弥撒一台于董家渡天主堂。惠主教取此教堂之理由，为董堂较徐堂为古，惠主教今日适居董堂，且董堂中有中国神父四十余位，同时可参加典礼，弟当即谢允。今早即如是举行，弟与内子均往祝福，见惠主教亲自主礼，仪节隆重，可感可慰。礼毕，徐神父复陪弟至惠主教前致谢，慰问而别。

弟以我兄为上海籍，今日盛典不可无上海主人翁之市长一贺电，前数日即托人进言，果得其允许。如果上海市长有电贺，其来原如此。弟并于数日前函达天津曹润老、徐端甫两公，恳其约集僚友，届期电贺。经徐端甫之建议，约天津市长张廷谔领衔发电，惟知交寥寥，只有周学熙、金邦平二人加入，凑成五人而已。弟亦遵嘱往南京一行，晋谒于斌总主教，谈及筹备盛典事。于总主教颇能迎合尊意，商定祝福程序，计今早在南京天主堂有张副主教主祭唱弥撒一台。在奉天有于斌总主教作弥撒一台。在北平由于总主教商请田枢机主教在陆公墓作弥撒一台。各地均以时间匆促，未能发帖，只能登报通知而已。加以日来天气异常炎热，沪上四、五两日热度超过一百，南京有过之无不及。每与人谈，皆以有小病为言。况老友中以六七十岁以上者为多，更不便坚约。颜骏老初本有意于今日午后在其大宅中约集外交旧雨，以纪念吾兄今日之典礼，嗣弟以太热，恐宾主不便，遂取消此会。至于北平方面，更有我兄所不及料之事，今乘机一为报告。

我兄来函中所嘱约李锡之、王曾思、戴雨农［浓］、刘仕熙等诸人参加一语，不知王念劬已于三年前去世，刘仕熙亦已作古年余，戴雨农［浓］兄年逾七十，近更染病。最惨者为锡之兄，自王荫泰（孟群）主持北平伪组织时，即将锡之强行拉去帮忙，在沦陷期间，随王任实业部署长及粮食社副理事长等职。锡之办事热心，公事公办，即在伪组织下，亦不听其属下舞弊弄钱，因是有得罪人之处。春初经人告发，逮捕下狱，日处桎梏中。闻其康健尚佳，现已提起公诉。公诉文中叙其种种不是，但末后有"尚无显著有害国家之恶行，情节尚属轻微"等语，不知将来如何判定罪名。弟已于日前向外交老友中说情，具呈保释，同意具名者有唐心畬、施伯彝、朱凤千、罗仪元、魏子京、刘子楷、王述勤与弟而已。

弟于七月廿日到平住一个月，因无汽车之便，屡欲探视陆公墓而未果，闻其保管甚好，无损坏处。刘长清现住乡下种田，轻易不入城，知弟在平，故来一视。其神气尚好，笃信之徒也，可佩。

赠送汽车一事，弟亦诚为之而未成功。初意外交同人大多处境困难，不能谈此，嗣与陆英耕（即隐耕）谈，伊愿担任车价半数。但弟如何筹措其他半数，且半数究为若干，如果在千数百元美金，尚思努力一试，多则无从为力，遂发一电与金大使，询其在比购买半新小车价值，回电言须二千五百元美金，是英耕与弟皆无法筹措也。好在我兄早见及此，故来二次信中，坚决辞谢此礼。两地同心，证之事事皆然。余事另陈。敬颂道安。

如小弟　诚叩

卅五年八月十日

内子嘱笔敬贺并谢金牌。

二五五

（1946 年 8 月 10 日）

本日猥以晚岁晋受名誉院长之职，渥蒙宠贺殷殷，深资策励，感奋交集，愧无以报，惟于每日圣祭中，虔诚祷主佑庇祖国日臻上理，与世界列邦共存共荣，聊答盛情，藉志感忱。附赠受职纪念，敬祈察存是幸。专此伸谢，不尽神驰。祗颂福祉。

比国刚城本笃会圣伯多禄名誉院长 陆征祥拜启

三十五年八月十日

先师嘉兴许公竹箊尝云："欧西文化潜势力不在武备，不在科学，而在养成基督教风。凡我邦人士赴欧，考察政治、风化者，亟应特加注意，切不可轻视而忽略之。盖明治维新采取欧化之缺点，在特重物质，轻视精神。此乃人之通病，无足深责，然一旦破绽毕呈，恐无法挽救，如不我信，俟诸异日，汝生难见，汝子或孙谅可目击。"等语。

回溯先师此番谈话，确具先见之明，证诸目前事实，亦非先师所能逆料，令人且佩且栗，故敢追述前言，忠告国内之关心大局者，免蹈东邻覆辙。值此祖国凡百革新之际，物质、精神不可偏废，畸轻畸重，亦非所宜。务须慎重考量，平心体察，以期适合环境之需要，顺从时代之潮流，确当制宜，庶几策之万全也。人力虽属有限，尚冀仰邀天宠，或可告无罪于来世耶。

本笃会名誉院长 陆征祥谨述

时年七十有六作受职日纪念

二五六

（1946 年 8 月 21 日）

子兴如兄手足：

本月十日曾肃一笺，将中国各地举行祝圣情形概括报告，谅达签室。顷接本月七日密启，捧读再三，欢喜无量。田枢机之计画实获我心，如能实现，我兄可久居北平，弟亦有一二年后返居北平之愿，如是则我两人可朝夕晤面。若立一中小学校，弟亦可担任任何事体，为公教服务。盖弟之马齿日加，银行责任日重，不胜负荷，亟欲摆脱，免遗误事之识。且因有人谋夺位置，当局亦与弟发生误会，是以弟求去之意甚坚。弟虽无恒产以养余年，然单简生活亦能蔬水自甘，内子亦无奢侈之习，当无内顾之忧。

蔡宁代表公署，明时为奶子府，清末润贝勒德堂居之，弟与之有往来，常相过从。刚主教在平时购得改建，一仍旧制，只添置新设备而已。其宽宏伟大，颇壮观瞻。其地址即在灯市口之西口对面，今名迺兹府街。弟之住宅在史家胡同，即灯市口东口对面之街，若彼此欲往来，只穿过灯市口一条街即到矣。默思将来聚首之乐，不知手之舞之、足之蹈之也。但目前不可太乐，静候我主安排可也。

捐赠汽车一事，因需款太多，同人无力担负，已于前函中叙明。将来即明年我兄与其他神父回国川资，自当俟有定议时，再行设法凑集，此时似嫌言之过早。陆英耕处俟得便与之接洽一切，并代达谢意。

弟现从事要求赴法护照，遇有种种困难，尚未办成，盼能于十月间成行，绕道美国赴法，与总行接洽要公，藉定弟之进退。届时定当同内子赴比晋谒我兄，以慰阔别。专复，不尽万一。敬颂道安。

如小弟　符诚叩　内子随叩

卅五年八月廿一日

二五七

（1946 年 8 月 28 日）

子兴如兄手足：

接奉八月七日密启，曾于廿一日复上一函，谅邀鉴及。日前陆英耕来访，曾将尊函中大意告之，问于将来我兄来华及同行二三神父之川资事。英耕以为将来再说，盖目前并未向大家捐款也。前函已述及，兹不多赘。但外交旧雨周叔廉兄（名恺），与弟常相往来，谈及我兄种种用款处，叔廉交出美钞百元，云此款特为补助兴老之用，用之何处由君作主。弟当代为收下并致谢意。因汇寄不便，暂存弟手，将来去法定为带上，设吾兄有急需，请示知，当设法汇上。

陆英耕有一特别消息，嘱为转达：Soeur Wang onepeng[①]已于八月六日应召升天矣。近数月来，弟为出国护照事，各方奔走，四处托人，迄不敢［得］其门，焦急之至。日前晤由欧洲新返国老友曾镕浦兄（宗鉴），云普通护照、官员护照，既不准偕眷出洋，亦难得旅行上之便利，必须有外交护照。现外交部已有在驻外各使馆添设财务参事、副参事之新政，驻英大使馆已实行，驻法大使馆自可援案办理。兄若得此名义，自可得领外交护照。最好办法为请钱大使电部，其电文大意为："自胜利后，中法财务事宜日益加多，拟援照驻英大使馆例，先行添设财务参事一人名誉职，即以本馆前任专门参事刘符诚君充任，以资熟手，藉收协助之效，

---

　　① 王婉彭修女。

请予照准备案云云。"弟闻此信后，即照此意飞函阶平大使，请其电部，不知能得其同意，肯为援手否？弟若得此名，又自可偕眷出洋。否则实无法可得外交护照，应否再由我兄函托阶平帮忙之处，祈酌。

弟 诚叩

卅五、八、廿八

二五八

（1946 年 9 月 1 日）

黼斋老弟爱鉴：

八月廿九日接读十日来信，欣悉一是。在华旧友承弟通告，感感谢谢。北平同僚仕熙、念劬作古，为之痛惜。锡之兄所遇甚惨，代为祈祷，俾得脱险。

汽车一事，南长闻之甚为感动。此事作罢，所留印象甚佳。缘手指、胸前十字架及法杖三件，均由比国公教界男女信徒所赠，《国内教友之表情》发表后，全院欣羡，大足相抵，老弟与陆隐耕两人之力也。兹附上剪报乙纸，便中送交隐耕、润农兄，并请转呈惠主教台阅为祷。此次礼节隆重，医者嘱先复［服］补剂，以增精力。又月之廿六日，往刚城接受基石，礼节甚盛，剪报续后寄上。现入避静七日，且藉此休息作默想，感谢上主，亦甚宜甚得也。背后八字，下次示知，又感。匆匆不尽，顺问双绥。区区纪念，尚承迟及，尤增颜汗。夫人何其谦也，为之代祷，并祝三多。

小兄 陆征祥手泐

三五、九、一

上海前同僚便中先代致意，谢帖在印，当汇寄我弟，代为分致也。祥又及

二五九

（1946 年 9 月 5 日）

黼斋老弟爱鉴：

避静第四日中，一面退思补过，一面清理函电，并为我弟夫妇祈祷。自一九二七年进院迄今，每此避静 Retraite，颇得进益。现届第十八次矣，因战事停做一次。讲道师系多明我 Dominicain 修士，道德文章，传重一时，各处邀请，彼有苦无分身之术。此来系践去年陈约，每日所讲，不出耶稣顺父救人之大道。讲题 L'obéissancc au Perioctlesalut du monde① 虽简单，发挥独有见地，惜不克与弟同领为憾事耳。

明年秋冬或可随南长回华避静，我弟或能前来同享此洗心之益耶。附上剪报三种，阅后望送陆、徐二君一阅为祷。顺问双绥。

小兄 征祥手泐

三五、九、五

二六〇

（1946 年 9 月 13 日）

黼斋老弟爱鉴：

九月十一日接八月廿一日信，欣悉一切。我弟要求赴法护

---

①　顺从世界的救赎。

照，盼于十月间成行，小兄亟愿相见，面罄种种，并拜识弟妇，快愉不言而喻。但和平大局未定，巴黎会议结果尚无把握，兹附上剪报一件密存，以观后效。

又寄上谢函暨通启一件，各处谢信，俟受职典礼法文纪念印成，即行汇齐寄上，敢恳老弟分神寄递为祷。承详告北平迺兹府街与史家胡同之距离甚近，将来到京居住，往来之便，实天赐之乐，当先谢主而后领此宏恩矣。

南长于十月赴罗马，当随往面谢，宗座一切对祖国种种表情，提高国际地位，不独公教方面之种种益处也。侄女、Violette①、老弟到美赴欧之前必能稍稍盘桓为快矣。羡羡。

爱德华神父忠诚可感，院内一切由伊帮忙，尚能对付过去。因年岁关系，每日工作时间不能不减少，休息时间加多，寐食照常，幸勿远念。顺问近好。

夫人前问安。

小兄　征祥手泐
卅五、九、十三

二六一

（1946 年 9 月 23 日）

黼斋老弟爱鉴：

九月廿二日接八月廿八日来信，欣悉一切。当即致函钱大使恳请协助，电文甚妥，内有"名誉"二字，中央或可采纳，盖

---

①　维奥莱特。

不费中央一分钱，最可动听也。小兄逆料此请恐难成为事实，老弟欧行改缓，在 1947 年实行较为妥贴。一则旅行方便，二则和局妥定，我弟偕夫人作蜜月旅行，由美来欧，由欧回国，环游全球一周，以广眼界，以增眼福，一举数得也。

周叔廉兄慨助美钞百元，当为献弥撒九台。Soeuer Wang onepeng，① 前北平仁慈堂大姑奶奶，曾为 lily 之义母而介绍与先室者，寿至九十，耳目清楚。刘媚媚来函报告甚详，已为虔祷矣。

小兄现得南长同意，前赴永城晋谒宗座，面谢一切。偕 Père Edouard② 同行，十月十日启行，留罗玛一二星期，在罗玛住本笃会，可称合宜，惟旅馆、车费两项耳。美钞百元，望设法汇交金大使转交为祷。专复。祗请双安。

小兄 征祥手泐

三五、九、廿三

二六二

（1946 年 10 月 4 日）

黼斋老弟爱鉴：

昨接阶平大使复信，略称英馆因有善后债票种种关系，向有财务参事之设，系由财政部指派，并由财部发给经费。法馆向无此项名目，如须添置，须得财部同意，外部亦未能备案了事，最好托曾镕浦兄疏通，由财部径派似较妥协云，并嘱代达歉忱。细

---

① 王婉彭修女。

② 爱德华神父。

思之下，确系实情。前在俄都知俄驻华财务参事亦由俄财部指派，筹给经费，不独中国有此办法。但未知曾君能为老弟疏通，由财部径派否？敝意似静候和局妥定，再作欧游计，较为稳妥。夫人初次出洋，务求安适愉快。

际遇耶，命运耶？国有国运，人有命运。造命者天主，顺命者世人，逆命者亦世人。先师千言万语，不出"顺命"二字耳。敢告老弟，以代促膝。祗请双绥。

陆征祥手泐
三五、十、四

日内赶将各处贺电及谢函复谢了事。上海、南京、北平、天津各处，下次开列清单，备齐寄上，拜托老弟分寄各处，先闻。

二六三

（1946 年 10 月 8 日）

子兴如兄手足：

自八月廿八日飞上一函后，曾陆续收到五函。第一函为 1941 年长函一件，附有红十字会照片五张、尊照二张，弟留一份，其他一份已寄与曹润老查收。宗座照片一张、马相老纪念片二张。第二函亦系 1941 年八月十日所发，仅为询问先妻已否到沪。第三、第四函皆本年九月内所发。第五函乃本年七月所发，尊著之 *Souvenir et Pensée*[①]。于收到后察看首页题跋，乃知是为 1945 年圣诞节之纪念赠品。承寄升任院长后之尊照，亦已收到。

---

① 《回忆感想录》。

其余画片剪报多份，均经先后收到。大战期中不通消息者数年，今则新闻旧闻接踵而来，可谓豁然贯通矣。

承示十月十日拟赴永城，爱铎神父偕行。照拂得人，闻之欣慰，尚希起居珍摄。所需旅费，自当遵嘱将叔廉兄留赠之款即行汇交。此款本拟电汇，徇因外汇限制，必须声请，亟难以汇出。声请核准后，即由行寄上支票美金百廿元与金大使查收备用。此为最简办法。

弟赴法护照问题现已解决，财部给予专门委员名义，外部发给官员护照两份，内子可以偕行。现正预备订舱位及打针手续，大约本月底下月初可以成行。先至美国稍作勾留，拟与金龄同时赴法，到法之期当在十二月内。把晤匪遥，曷胜欣慰。前者函恳阶平大使帮忙护照事，并蒙兄代为函托，思之感愧。感我兄肯为进言，愧小弟竟作梦想，推厥由来，皆误信镕浦之言所致。今日事实证明，财部固肯帮忙也。过去小事无足重轻，今为兄一言者，实感人言之不可轻信，其徒快口舌者，终难成事也。

此信到达左右时，弟或已成行。以后赐函请径寄巴黎银行代收，在美如有委办事件，可由少川大使转交。专上。不尽一一，余俟面陈。敬颂道安。内子附笔问候。

如小弟 符诚叩
卅五年十月八日

二六四

（1946 年 10 月 17 日）

子兴如兄手足：

前接尊函，询问篆联所用之字义，兹为译出：身修言践，德立礼隆。此联乃亡友季璋之手笔，写作均佳。可惜其晚年时运太坏，竟至穷困以终，受尽饿魔与病鬼之折磨，人生惨境无逾于此者。吁，可慨矣。

前接七月十九日大札中，有"兹附上罗玛宗座列圣品大典，求我弟携往徐汇，与润农神父商谈，准备文定公列品办法"云云。弟不记得曾见此"列圣品大典"，且不知是为何类文件，复因此函到沪甚迟（十月一日始收到），现当预备起行，诸事忙迫，不知能否得暇一往徐汇也。

叔廉助款美金百元，在八月初交下，现接兄函嘱为寄上。当即将此百元钞票以黑市价卖出，再以官价向中央银行申请买进百念元，即此转移可多得念元。已于昨日将中法工商银行所出纽约欧文银行兑付之支票正本一张，以航空挂号函寄交比京金大使转交，其副本再以同一方法过一星期再寄，以昭慎重。支票台〔抬〕头系用大名，收到后加以背书，即可在比京出售，此法较汇寄比币为便。目前国际限制货币外流亟为严厉，中比无直接汇兑之可能。

弟之船位已定，船名为"戈登将军"（S. S. General Gordon, President Line），订于本月廿七日由沪开赴旧金山。因美海员罢工，当有延期之事，但不至太久。匆上。敬颂道安。

如小弟　符诚叩①

二六五

（1946 年 10 月 19 日）

顷奉十月八日我弟来书，欣审种切。既得财部专员名义，外

---

① 旁注："卅五年十月十七日 廿八日到。"

部发给官员护照，此行之顺利进行，又得金龄同行，尤臻美满。小兄行期因有感冒，改缓月余，或可于十二月内把晤院内，曷胜盼祷。

兹有恳者，美国新发明水笔 Slyle Pen，[①] 不用金笔冒［帽］，但用笔针，专为通讯员速记之用，如荷探询代购一枝，带下备用尤感。

附上剪报相片。此片乃刚城伯多禄教堂，曾到堂接受名职礼节。匆匆奉复。祇请双绥。

顾大使夫妇代致意为感。

小兄 征祥手泐

三五、十、十九

二六六

（1946 年 10 月 27 日）

黼斋老弟如握：

昨日由驻比大使馆转到美金支票 120 元。百元系前周叔廉兄面交我弟者，廿元谅系后来加入者，但不知何人慨助耳。

敝处原定十一月四日赴永城晋谒教宗，叩谢一切，不料忽受风寒，略有热度，颇觉困顿，当即将所定睡车榻位辞却。连日静养，寒热幸退，当不致另生枝节。现值秋凉初届，未敢冒寒登程，罗马之行，势必俟春和再定日期。我弟能于十二月内来比，无任欢迎，倘能来过圣诞节，尤为天假之缘。夫人及金龄夫妇同来，益增快慰。

---

① 水性笔。

国外得此欢聚，千金万金买不到的。特先奉邀，以表爱慕之诚耳。

纽约 O. N. U① 大会，我弟万不可失此机会，参加二三次，即以财部专员名义，谅复初大使必能索得请帖列席，作终身莫大纪念。前托代觅速记水笔，望在纽约购得，并带入会场，代开代用，以作纪念。琐事奉恳，当不见责也。

老年人以纪念作生活，多一纪念，多加一岁，倘我弟能将此意代向旧日同仁略为宣传，尤为感激无穷矣。尤其能得各同仁夫人的小小纪念，或一念珠，或一小十字架，或一护书夹，或一名片夹，或一圣母像，或一教堂邮片，凡修士能收受而不过于美丽者为限。此乃老人童心之表现（未知有犯孔戒否？一笑）。匆布一一。祗请旅安。

夫人前问安，金龄侄女、侄婿均此问好。

小兄 陆征祥手泐
三五、十、廿七

二六七

（1946 年 10 月 29 日）

黼斋老弟如握：

今晨接十月十七日航信，得悉行旆将发，搭戈登将军舰放洋，喜极。盖隐修之志固在我，然成我志者，我弟及先弟妇二人也。遁世十有九年，年岁忽虚度至七十有五，实初料所不及也，圣母玛利亚佑我庇我无疑也。苦修无他苦，苦无恒，苦肉

---

① 联合国。

体不胜其苦而中途止也。现幸叨主恩，积十九年之恒心，肉体亦能耐劳，虽有病痛之反动足足二年，幸得医士调治之力，支持过去，不止［致］中途出院还俗，亦一大幸也。致"看破红尘，敝屣尊劳"此等开面语，我与老弟二人可说心腹语，无庸自诩自傲，失其真面目也。受职纪念上，用"慎独"二字之意义在此，而不在彼也。

本年八月十日，身经受职隆重典礼，加以廿六日在刚城，复亲受异常隆重之接受伯多禄名誉礼节。此等典礼，青年修士尚觉其累，而七十有余老人遽能支持过去，我弟可卜我自勉自励之内衷矣。目前内体反动，感冒而身热，身热而困顿，困顿而停止上祭，故不得不更换天气环境而调养休息矣。南长已在义南境觅一清静修院，一俟复原，即行南渡。前函在比面晤，一变而在义之南方矣。老弟偕夫人来义过冬，亦甚相宜也。匆匆接洽，俾弟亦可预计在歇行程秩序，一省时光，亦省东西奔走之劳。小兄一身经历，尤见"相爱固难得"，"相谅尤难得"，相爱相谅，君臣之德备，夫妇之道尽矣。直质老弟，以为何如？专此，以代促膝。祇请旅安。

夫人请安，金龄夫妇同好。

小兄 征祥手泐
三五、十、廿九

二六八

（1946 年 11 月 20 日）

黼斋老弟如握：

今日贤夫妇起飞，明日飞抵明城，自天而降，此游可谓仙游矣。文忠有诗曰："出入承明五十年，忽来海外地行仙。""地"字改为"天"字，何如？文忠晚岁环游欧美，何等勇毅，令人钦佩，中外同仰。清代人物，曾文正、李文忠确系一代伟人。昔在俄，曾蒙垂青，并赐提携，迄今心感。未识吾弟与夫人偕金龄愿来比听文忠逸事否？久未以毛笔，闻弟驾来欧，检出笔砚，挥此数行，以表欢迎耳。祗请旅安。

夫人、金龄均此问好。

小兄　陆征祥手启

三五、十一、廿

二六九

（1946 年 12 月 1 日）

黼斋老弟爱鉴：

细读来书，在十二月内到欧洲，今日乃十二月一日，即我二人相见有望之月。自前月底老弟偕嫂夫人自上海放洋之日起，无日不在想念中、祈祷中。夫人晕船否？尤为挂念。

南文院长廿八晚回院，廿九日亲做大弥撒，报告在永城受各方面欢迎情形，甚为乐观。比约十二精神甚健，注意传教事业，关念世界大局，念念不忘，洵全世界大父，慈爱为怀，令人感戴不置矣。

金龄在美相见，新婚能操法语否？念念。少川大使夫妇、复初大使、胡公使等，相见为快。林语堂夫妇有机见面否？念念。巴黎教育公会，有程天放，前驻德大使熟人。该会闻有三星期完毕之预定期，当在圣诞节左右矣。钱大使夫妇必甚欢迎。谢东发先生谅系旧友，亦必把谈。法国方面熟人，谅均十分快乐，经此黑暗之年，重见天日，畅谈往事，互相庆祝矣。院内自南长以下，恭候驾临，畅领谈笑生风之快，又得认识新夫人，无任荣幸。特先奉邀，尚祈珍摄，勿过劳神。祗请双绥。

小兄 征祥手启

三五、十二、一日

二七〇

（1946 年 12 月 3 日）

子兴如兄手足：

　　顷由顾大使处转到尊函三份及照片多张，其致顾夫人照片一张，当俟得便带交，所嘱代购新发明水笔 Style Pen，自当代办无误。

　　承示贵体因受风寒，略有热度，致迟罗马之行，阅之不胜惦念。及读至连日静养，寒热幸退，不致另生枝节数语，衷心又为之一快，想吉人天相，定能早日霍然。罗马之行改至明春，实为必要，明哲之至。欧陆冬季寒冷太甚，实非年高者出外旅行之时。且我兄经过受职典礼一段劳顿，万不可恃此一时勇气，遽谓转弱为强，对于身体不予珍摄。相反，明此时更须加意防卫，凡起居饮食皆宜小心，如是方不致有反响。弟以为自今以后，吾兄应以静养为第一课程，精力增强而欲作事时，只少用至一半，万不可以十分力量去作，以常保有余为本，是不可不注意者也。

　　弟同内子此次来美，真是费尽许多力量，耗去不少时光。及护照办妥预备起行时，弟以年力日长，不可不服老，故购定轮船舱位。谁知海员罢工，美船不来华，令我苦候月余，不知何日起身。而公事方面，实不容我无期延缓，不得已遂舍命而改乘飞机。最先订为十月十四日起飞，但飞机亦一再改期，至十八日始得成行，昼夜遄行三日，即由上海到达旧金山，科学进步真堪叹服。飞机上之生活，并不似弟所想象之苦，每日人得一食盒，盒中有三明治、点心、水果。此外，饥饿时可索饼干及水果，渴则饮冰水与咖啡。此二者弟皆不惯用。沿途计停飞四次，每到一站，添油擦机，旅客可到食堂进食。各站管理均在军人手中，其中组织亦系配合军事需要，加以停飞时少，旅客狠［很］难得去站外观赏。四站者，即马尼拉、关岛、瓜加兰岛、【檀】香山是也。由［檀］香山直达旧金山，是为终点。弟等于廿日早到旧金山，计期为二日，实际上则为三日，盖过赤道时失落一日，换言之，即有两个十九日。飞行时，机身上并不摇动，即有之，亦很少，所不便者，食睡失去常态而已，故下机后并不感重大劳碌。内子虽初次远飞，居然能支持到底，可佩可庆。

　　弟等在旧金山住五日，在米西根访问甥女桂龄，住三日，于廿八日到纽约。纽约各饭店人满为患，在此旅馆得一小小房间。小女金龄曾在旧金山迎候，此后即同来纽约。现订于廿日早同乘法国飞机飞法，廿一日早可到法京。因轮船上舱位难得如愿，故改飞机，以免多有耽搁。与兄会面地点，当从长计议。匆上。即请道安。

如小弟　诚叩　妻女随叩

卅五、十二、三日①

---

①　旁注："十二、十日到。"

二七一

（1946 年 12 月 19 日）

黼斋老弟如握：

此信到达，当在我弟夫妇到法之后，未知航空能带冬衣否？念念。

此次来欧，至少居留半年，一、接洽行务；二、观察战后变局；三、游览战区，凭吊战场；四、晋谒教宗，拜望刚总主教。我国占得红衣主教，传教区升格为独立教区，南京、北平两大总主教，小兄之升任院长，皆出于刚恒毅总主教之力，理应面谢一切。且我弟之坚振亦出伊之手。匆匆写此数行，以资接洽。即请到安。

夫人、金龄均此问好。

小兄 征祥手泐

三五、十二、十九

二七二

（1946 年 12 月 24 日）

子兴如兄手足：

前日星期日到巴黎时已在下午五点钟。巴黎之冷令人发颤，回忆纽约之热又令人出汗。昨日一日到银行接洽各事，访晤各同事，谈话之多，真如一部念四史不知从何说起，一日之功，当然不能办理何事。然大体上双方已有具体印象，以后不知尚须继续若干时日，方能将谈话变成事实。总之银行前途尚可维持而已。

吾兄所赐之函件与纪念品真是美不胜收，感谢感谢。所感者不只在于惠赐之多，而亦在倾肝吐胆之言。吾二人通函，其可谓无话不谈，想到说到，毫无隔阂，人生快事，有过于此者乎。惠赐各件，除英文圣经祷告文与明信片二种外，有文忠公书斗方一副，不知此副是否文忠公亲笔真迹，抑系石印摹本，盖老眼昏花（在兄面前只可说小眼，一笑），不敢武断，尚祈示悉。此次偕妻女由美来法，乘坐飞机，因天气恶劣，延误一日始到。飞机因避险，飞到爱尔兰沙浓地方过夜，藉此稍识爱地面目，是亦不幸中之一幸事。弟等在美三星期，每日忙于购买应用物品，因五年以来只有消费，不能不筹备补充。对于访友，竟付缺如，此中原因不尽在买物一节。缘弟初到美时即访少川，连续三次，均未得晤面，只晤顾太太。嗣又接到吾兄所赠与顾太太之院长照片，当即亲自送去，亦只见其秘书，并以个人意见，向其说明盼顾太太赠一小小纪念品，然此后即一无音讯。弟见访友如是之难，且此访也并非有所求也，其难如此。小腿（不敢言老）何罪，而今其为此无谓之奔波乎。且弟亦索要求入会傍听，如兄所嘱，但终得不到入场券。郭大使之住地，亦无人肯告。诸公为忙人，而弟是闲人，不必于此开会期间扰人，是以未访他人。有事与妻女同出门，无事亦与妻女谈天说地，即与我兄写信之时间，亦未能如愿觅出，思之慊然，想兄能见谅也。

纽约人过圣诞节，其如疯狂一般，商店之货品，争奇斗艳，无物不有，无物不精。百货公司，所在皆有，家家拥挤，买物、付款、候包，均须排班依次，有时购一细微之物，亦等候一小时或半小时。购物人中，男子甚少，最多不过百分之十，其余皆女人，盖男子工作者多，闲散者少，无暇奔走商店。在此扰攘之中，秩序井然，状态蔼然，无偷窃噪杂之事，其工作之敏捷诚挚，无虚耗时间之弊。叹美人之发达，实有其素因，并非侥幸而得者也。弟等在奔走商店中，为兄购得原子笔一支。此乃遵嘱所办之事，即作内子赠品。此种新器有一缺点，即有时墨汁不至，疑其枯干，其实是暂时停顿。补救之法，惟有将其摇动，使其墨汁下降。用之写中国字亟相宜，此函即用此类之笔所书。"原子"之名，系国中商侩所赐，真是有点"胡说"。为兄所购之笔尚未开用，留作我兄试新。假如能到联合国会场傍听，弟已遵嘱试用矣。此次在美，耽搁之久，出乎意外，因轮机坐位均难提前觅得，若是早日到法，或能同赴贵院，庆祝圣诞。弟与小女均尚记忆前者在贵院过圣诞节时，礼仪之庄严，歌奏之悠扬，较之巴黎著名圣母教堂之庆祝有过之无不及。今兹来法既迟，难以偿此愿望，惟有等候他时。至于晋谒我兄一事，亦须候一相当时机，俾弟等合家均能前往方好。且此时天气严寒，为弟等向所少见，此时晋谒，恐有未便。好在我兄赴义须等明春，或义或比，终能快晤也。所购纪念笔夹等物，拟寄与金大使名下，转交吾兄。以免发生问题。未悉尊意云何。匆上，余容另叙。敬颂道安，并祝圣诞百告。

内子与小女同叩。

如小弟 符诚叩

卅五年十二月廿四日　巴黎

二七三

（1946 年 12 月 27 日）

黼斋老弟如握：

昨晚奉到巴黎廿四日二页长信，默读乙过，始知飞机迟到一日，并悉在美购物访友，详述美人风俗习惯，令人敬爱、艳羡。亟愿摹仿，达到新民国之程度，冀与四大并驾齐驱。五大虚名，加在头上，衷心未安，盖名实不符，奈何奈何。

承示行务前途当有把握，足见得人当家，可喜可贺。在美少川未得面晤而得见伊夫人，在会期中，已算有交情。一九一八年巴黎和会一切公事，均归四代表出马办理，故颇有闲空接见来客，汪精卫即在巴黎认识。少川事事躬亲，无怪其无闲见客矣。

原子笔亟愿一试，望弟包寄金大使转下为感。文忠墨宝，系石印非真迹，其真迹写在海牙海滨客店金书内，店主视若至宝。但未知战后是否保存无恙否。石印本留存北平宅中，亦难得之纪念也。

邮片供夫人与国内亲友通信之用，何如？区区微物，不足挂齿也。《圣咏》译汉，承弟寄赠，喜出望外。自南长以下，全院惊异，本会《大日课》，即《圣咏》也。回国后，即可作《大日课》而歌颂矣，感甚感甚。赵劳园仙人安在否，念之。匆复续布。即请双安。

金龄同此。

小兄　征祥手启

三五、十二、廿七 灯下

二七四

（1946 年 12 月 28 日）

　　识公伊始，惟俄旧都，奕奕伟望，震〔宸〕辉寰区。今兹
和会，怀念前模，倘公健在，遹奋宏图。皖山不骞，淝水不枯，
铸金而事，冥漠相孚。

民国九年 陆征祥泐铭谨献

　　录呈黼斋老弟正之。

名正肃
三五、十二、廿八

二七五

（1947 年 1 月 7 日）

子兴如兄手足：

　　昨日由邮寄上美制新笔一支、皮夹一个、月份小本一册，均
系由美为兄带来之纪念，分打两包，寄金大使名下转交，谅不久
可以寄到。

　　弟于去年十二月廿二日到巴黎后，忙碌异常，可谓公私交
迫。大使馆新年茶会曾遇赵劳园夫妇，当代为致意，伊亦嘱为候
我兄。劳园于前年续娶一法籍夫人，年约四十上下，而劳园今已
七十七矣，其精神依然如昔。

　　昨晚小女金龄之夫由奥来巴黎探视金龄，察其举止言谈，可
称少年老成。惜在此不能多住，本月十日即须起身回奥，金龄亦

与之同行。金龄得此良人，亟为满意。

日来巴黎寒冷侵骨，不知贵道院中如何，望珍摄。弟尚有二三星期之忙碌，过此则可多与我兄作书长谈。匆上。敬颂道安。

如小弟　符诚叩

卅六年一月七日　巴黎①

二七六

（1947 年 1 月 13 日）

黼斋老弟如握：

月之十日，奉到七日巴黎来书，藉悉壹是。今日接到比都金大使转到夫人所赐美制新笔一支、皮夹一件，拜领之下，曷胜感谢。今日开用写信，快愉之至。

赵劳园健康，亦有佳伴，为之欣羡。令婿 Muller② 君来法迎伊夫人，举止少年老成，尤为老弟贺、为金龄庆。世福在家庭，人生惟此乐耳。曹润老及颜骏人地址望示知，以便通信，致谢一切。报传美俄接近消息，大局或有转机矣。匆匆。顺颂双绥。

小兄　陆征祥手启

三六、一、十三　灯下

---

① 旁注："十日到。二号。"

② 穆勒。

二七七

（1947 年 1 月 17 日）

子兴如兄手足：

弟到法后，与各方接洽行务情形，须有报告回中国，双方始能接头。至昨日止，已将各报告寄出，现可为私人通询矣。第一应写之函为我兄者。弟等自到法后，即住居旅馆，日久遂感不便，然找房实不容易，只得暂维眼前。巴黎生活当然未能恢复原状，然亦不如在中国所闻者之甚，可云无物不备，亦可云缺物甚多，只视出价高低与有无门路，是为诸事未入常轨之明证。

政府锐意恢复工作，加紧统制，所得之效果未见，反增社会之不安。如每星期五、六白日无电，每星期一、二、三、四日不卖糕点。至于购物证尤为不可缺少者，但有时亦可以加价代之。最近新闻为排印报纸工人由九日起罢工，至十五日方止，民众六日无报看，是亦可为社会不安之现象。虽然如此，尚较吾国优胜多多。

小女金龄与弟盘桓多日，合美法两地，计之共约两个月，已于上星期日，即十二日，同其夫去奥国矣。此女一去，内子诸感不便，言语不通，路途不识，然有时同弟出门，有时自在邻近处绕之，买些零星物事，亦属难能。弟现拟物色一教法文之女师，为教读陪伴之用，如是可为弟分劳。

承询颜、曹两公住址，另纸开列。天津徐端甫兄对于吾兄亟为关切，八月升职典礼之贺电，端甫兄奔走最力，如吾兄能予一字道及，伊亦定当欣感也。其住址一并列下。今日星五，银行之电时有时无，容日再谈。专上。敬颂道安。

弟诚叩 内子随叩

卅六年一月十七日①

再，致端甫之函，若难于着笔，可作罢。泅无甚关系也。

二七八

（1947 年 1 月 20 日）

蘠斋老弟如握：

十八日接读十七日手札，领悉一是。颜、曹、徐三地址，细查地址簿，三君似未移居，端甫兄处，当另加短简。

兹将天津、上海来电两件附上，以资接洽。天津电有 Chcfs du Pays② 字样，未知中文何如。我弟办事迅速，足见精神充足，故能得心应手，津津〔井井〕有条的进行，将一切报告，一气呵成，则自快自慰，何等快愉。服务如我弟勤且敏捷，不多见也。为行务得人庆，贵同事必铭感于心中而默志勿忘矣。金龄赴奥后，贤夫妇左右之寂寞可想而知。盖二月之盘桓，其热切作伴之乐处，真难得而难逢，乃天假之缘，惟有感主谢主耳。夫人能得一教师作伴，妙极妙极。昔年在海牙，先室教钱使夫人法文，并出门作伴，游园散步。钱夫人能说能写，其进步之速，得力于此。教师作伴，两者并行，意美法良，不出三月，我弟可高枕而卧矣，预

贺预贺。

另封奉赠本院《瞻礼表》一本，并将老弟生日、先夫人生辰、金龄生日、先夫人周年日期表出，以便届期代为祈祷。如承将夫人生日示知，加入祈祷，司铎区区意，聊表感忱耳。本年主保 Saint Antoine① 之历史，颇有趣味，倘老弟能代购 *La Légende dorée* par du Bienheureux Jacques de Voragine Librairie académique Perrin Paris② 一册寄下，则感谢不书矣。此书虽系前圣先贤之行实，其内容实与小说同一笔法，今人读之不能中止释手，老弟亦可自备一册，以资销［消］遣。安当前圣奉至一百有零，附上剪报，阅后与电件缓还可也。可发一笑。

我弟近年各处旅行，留有相片否？如能赐寄副本，虽在院中，亦能神游，亦客中一快事。数年来寄下各片，索集一册，时时翻阅，饶有趣味。二月十日巴黎五国签署和约，三月在莫斯科商议德约，但未知日约何日结束耳。匆上。祗请双绥。

小兄 征祥手启 灯下

三六、一、廿

二七九

（1947 年 1 月 22 日）

子兴如兄手足：

奉廿日惠书及电报二纸、剪报一纸，均已读悉，欣喜无量。

---

① 圣安东尼，又译圣安当。
② 雅克·德·沃拉吉纳著《圣徒传》，巴黎佩兰学术出版社。

兹缴还三件，祈查收。委购之书已托书店邮寄，计一部三册，想不日可寄到。照片近作实不见多，因照相机在小女手中，到美相聚后始行拍起，为数不过二三十件耳，俟检齐重印一份，为兄寄上，以代晤谈。贵院《瞻礼表》一册，亦已收到。

内子生辰为十月十九日，内子取以阴历改阳历办法较为简便，其生年为一九〇八年。弟之全家均蒙祈福，真可感也。弟之办事，承以勤捷见奖，且愧且喜。追溯此类勤捷之由来，多半受我兄之熏陶。忆在外交部追随左右时，常聆我兄叙述文肃公如何教导及项城办事之案无留牍，每一念及，辄为向往，且生性不喜有积欠之债，固不愿少办一事。少复一函，亦与欠债等，亦所不愿之事也，故遇事即下手。弟实有外静内动之性，但遇要事，每故为积压，以便有从容思索之余地。惜弟一生作事静时多，动时少，有时欲动而不得，有人视之为福，弟实不知其然也否也。

自胜利后，雄心已渐衰退。战前不以劳动为苦，近则有时不敢过劳矣，岁月侵陵［凌］，无法抵抗，是亦无可如何之事，世人必经之阶段也。目前雄心，第一为不使精神与身体有所亏损，第二方及于事务。健康第一，可视为吾之标语，我兄以为然否？

弟等到法后，钱大使不时招待，钱夫人亦时伴内子出外购置衣物，故人情重可感。法文教习尚未觅得，因有一熟人失其住址，现在访问中。惟内子生性温和，无积极进取与冒险之习，然亦不愿误人。将来成就如何，不敢预定也。专复。敬颂道安。

如小弟　符诚叩

卅六年一月二十二日①

---

①　旁注："廿三到。"

附三件

二八〇

（1947 年 1 月 26 日）

黼斋老弟如晤：

廿三日奉到廿二日手札，读悉一是。附缴电报、剪报亦均收讫。分神代购 *La Légende dorée*① 一书，感感谢谢，谅不日即可寄到，刊件寄递较迟耳。

近拍相片承检齐重印见赐，特先道谢。修士生活，与世隔绝，有一二至亲随时通讯，见寄纪念，为居静中之快心事，亦祈祷中之好纪念也。

兹有一事奉恳，如荷便中约钱大使一谈，尤为铭感。刘媚媚乃紫老独一女儿、法籍夫人之爱女也。小兄不独与紫升情同手足，且与伊夫人亦视同兄妹，细说起来，小兄识伊夫人 Mme Couturrau② 紫升之前。许文肃学习法文，能与小兄法文通讯，即 Mme Couturrau 之法文高明，收此数月之速效也。故紫升法籍夫人即文肃公之女教师也，其渊源之深可想知矣。故小兄之视刘媚媚如同己女也。奉上来信二件，现在 International Savings Society③ 行将结束，此女地位如何安置，深为挂念。可否商请钱大使保荐王部长，安置外交部，作女雇员。打字系此女之专长，部中添置一打字雇员，且系前外交次长之女儿，未知能办到否？

---

① 《黄金传奇》。
② 库蒂罗夫人。
③ 万国储蓄会。

紫老为人正直，当时小兄在部时，曾与讨论安置媚媚之办法，一设法介绍青年子弟，然屡试屡失，先室亦代注意；二即以媚媚作本部雇员，紫老正色拒绝之。迄今回想，亦正可惜，失此机会也。嗣紫老即与上海法国友人接洽，得此地位，外人知情反过我而无为。迄今廿余年如一日，屡屡淘汰冗员，而刘媚媚之地位不动，实法友重视紫老之托孤也。我为之汗颜不置矣，可佩亦可羡，更可感矣。且告我弟，亦可见忠实之人天不弃，先人之恩泽，较诸遗产更可靠也。现适老弟在法，故敢将以上细情奉述，并恳婉婉转达阶使。紫老在法数年，伊夫人以法籍，颇受社会欢迎。当时华人娶西妇罕见之事，巴黎社会不无好奇之心，不知不觉中，对华看法，稍稍改变，亦过度［渡］时代之借光，言之可笑，乃事实也。我弟或亦感觉而经历之耶？匆匆奉恕。祇请双绥。

小兄　征祥手启

三六、一、廿六

附来往二件，恳代示钱大使尤感，倘有一线之希望，可否恳托代作函稿，得阶使同意，由小兄直接推荐，何如？祥又及

二八一

（1947 年 2 月 2 日）

子兴如兄手足：

多日未通消息，念甚。兹遵嘱寄上随意照片十七张，祈查收，留备暇时流览。

弟此次旅行未携照相机，因弟之所有者，其体太大，不便

携带，而新式之德国机在金龄手中，故此次所照多出其手，弟现已不甚为此。照中风景只有三处，即米细根、纽约、巴黎，所照甚少，因自弟到美欧后，可谓无日不阴，照像之时机太少。即以文忠植树之风景而言，是日适值大风而阴，不宜于照，幸镜头尚好，能得此片，若过此日，即行启程离纽约矣。细考植树之年，系文忠公由欧赴美回华途中，详考吾兄所印《文忠公之诗片》，即知诗在一八九六年所作，而在美栽树，系在一八九七年四月初一日，栽树之铜牌之文曰："大清光绪二十有三年，岁在丁酉孟复初吉，太子太傅又华殿大学士一等肃毅伯合肥李鸿章，敬为大美国前伯理玺天德葛兰脱墓道种树，用德景慕。出使大臣二品衔、都察院左副都御史铁岭杨儒谨题"。照中洋人与金龄并肩者，即其夫 Carsten Muller①，其母为丹麦人。照中无桂龄之夫，吾等照像时，伊尚在大学校之化验室中。桂龄之二小女亟聪颖可爱。

上次吾兄来函言及刘媚媚之事，弟与钱阶平大使详谈。阶平兄以为，王部长之性最不喜管部中细事，而部中其他要员亦新进多，老人少，新进者最富排挤性，若冒然函荐，难望有成，容筹一妥当办法或候有便利时机再说，现当铭记于心而已。弟见其答词如此坦直，亦无从勉强，只敦嘱勿忘。弟于事后思及媚媚入外部之事，不知是否出于媚媚之请求，抑出于吾兄之热心代为之谋，俟事成告之使知。弟觉此事颇有考量之处：（一）外交部办公地点在南京。南京地方现感最严重房荒问题，恐一二年中无法解决。目前公务员因无房可居，多将眷属留于故乡，

---

① 卡斯滕·穆勒。

个人则居宿舍，数人一室，诸多不便。男人可以如此将就，女人则必须先有准备，方可入南京任事。即使有房可租，其租费与顶费均非小职员所可担负（"顶费"二字为上海在抗战时新生之名词，即甲之房转租于乙，甲乙顶替而住，不与房东相干。顶费均以金条计，如一中等公寓四五室者，在上海须顶费十条上下，每条约合美金六百元，十条即六千元）。南京与上海相差无几，而南京找房较在上海为尤难，是居住问题应先行筹备者也。（二）同人共事问题。媚媚向与法人共事，且受西洋教育甚，习惯自与西洋人相近，且西洋人之公事房有规律秩序，虽时有忙闲，而工作整齐划一，无纷乱之象。是办事习惯上应行考虑者也。（三）外交部长及二次长均为通晓英文之人，其对外应用外国文字似英文为主，不知尚用法文否。美、法、比各馆亦能用英文通函，是应先知法文是否仍为必须之文字，否则外部即可以无用法文打字之处一语却之。弟所虑之三点，仍以居住为最重要。若媚媚在南京无近亲至友，即使能入外部，终不知其如何解决此问题也。居住与文字既成问题，自当先有准备，然后再进行举荐手续。媚媚在沪既有房屋可居，最好以在沪谋事为宜。此时在沪谋事，实为一最困难问题。中国币制紊乱，生产停顿，进口备受统制，几至绝迹，外洋商客多半紧缩或停止营业。如此时局，非有特别机缘不易谋得一席。弟空言无补，徒滋愧疚，然对此事谨记于心，以待时机，以纾吾兄之念，是亦弟对于媚媚之应尽之义务也。

弟在法所谈公事进行不顺，有移华谈商之可能，是弟居法不似初来时计议之久，但行前必须与兄一面。若弟于来院前一二日发电达知，吾兄不知有无不便之处否？未雨绸缪，固非急之。若无定期回国，决不仓卒趋候。今日星期无事，大雪三日，途中泥泞难行，闭户作书，以代促膝之谈。敬颂道安。

如小弟　符诚叩上
卅六年二月二日　巴黎①

附照片十七张及原信二封。

二八二

（1947 年 2 月 4 日）

罗马之行，原为晋谒宗座，面谢一切。目前精力困顿，苦难如愿，惟有中心默祷，感谢天主恩耳。

黼斋吾弟惠存，并恳多多代祷。

如兄　陆征祥寄赠
三六、二、四，时年七十有六

二八三

（1947 年 2 月 7 日）

黼斋老弟如握：

月之五日奉二日详信，为媚媚之事，既向阶平大使面商，复为从长考虑，代人谋事之忠，曷胜感佩。此事实出我之热心，媚媚并无一言之表示也，我弟料事之神明，尤为钦服。他日媚媚或有请求，我二人事前代谋往过，亦不妨直告，并非卸肩，实出关

---

① 　旁注："五日到。"

怀之热忱耳。此为伏笔耳。

致［至］电报来院一节，并无不便。兹将此间赴罗马日期奉告，以免彼此相左。现拟于三月廿五日离院，廿六日搭车赴巴黎，是日午后（爱铎偕行）拟往访贤夫妇于旅店，廿七晚搭车赴罗马。回比之日，尚无定期，须看罗马接洽各事之顺乎或否。三月十二日本院接待公教妇女青工会外，其他日期均无不便。

承赐相片十七张，感感谢谢。文忠在美植树之照，得之甚为宝贵。缘昔年但知植树之事，现得之日期年月并得相片，何幸似之，快慰快慰。在此十七张相片中，既重见老弟、金龄，复得识家敏夫人及 Carsten Muller 君、桂龄二小女等，快慰难以言喻。世间现福在家庭，并二三至友耳。

承购赐 *La Légende dorée* 三册已收到，谢谢。今晨寄上《受职礼节纪念册》第一本，挂号免遗失故耳。又，上海同乡卫青心君，号景奘，十五年前，一鼓勇气，步行至罗马，自新嘉坡发脚，可谓公教健儿，行期二年，到达永城朝拜。圣年 année jubilaine① 蒙宗座比约十一召见奖励，亦一逸事也。近来院访问，一见如故，兹寄去介绍片一纸。该君年三十余，来见时，望我弟加以训勉。伊现收集材料，开始作小兄廿年苦修纪念册，其情甚殷，未免却之。一切文字，先寄敝处校阅，然后由徐神父修正发表，当无错误。于斌主教之陆某《言论集》，错字太多，故未便送人也。

我弟回华以前，未识能赴罗马拜见刚大主教否？此行于私于

---

① 周年纪念。

公，颇有关系，尚祈大酌施行为祷。巴黎、罗马有卧车，往来不至十分劳顿也，幸勿交臂失之。匆复。祗请双绥。

陆征祥手泐
三六、二、七

吴公使于一月廿一日抵罗马，一家十六口，廿二日全家到伯多禄大殿，由罗光咨议做弥撒，公使亲自辅祭。其信念之点［热］可想而知，一时外交界及社会传为美谈，盖从未前见也。我弟可交之友。

二八四

（1947 年 2 月 20 日）

子兴如兄手足：

本月七日赐书，十日即收到，近来公务日繁，未能早复，殊为歉疚，祈谅之。缘弟此次来法，专为整顿在华各分行之事。现在租界取消，法国商民、官吏日减，所有生意实不足以维持两个法籍银行之存在，故本银行与东方汇理取得合作办法，方可以图存。自与各方接洽后，意见参差，索涉甚多，故有将此事改在中国商谈之议，如是则弟即不能延长居法时期，所谓公务在身，不由自主者是也。下星期内开一董事会讨论此事，彼时或有确定之决议，而弟之行止，亦得一大略之估计。在此未定之局面下，对于国内同人，须常有报告，庶可得通声气，两地不致有不接头之处。

弟之忙于写信，为一日中最要之工作。此外，尚有家事亦须筹画。从前弟在法居住十余年，租有公寓，置有家具细软以及古玩书画等等，为数亟多。自中德宣战时期，弟即嘱托银行将公寓退租，家具等等托名保存，以免被法人没收。银行办事认真可靠，受人之托，忠人之事，一一如弟所留之信件办理，加意保护，远出于弟之所料。巴黎在德人占领时，将各物藏集一秘隐之处，在轰炸时期，将各物分散数处，免被一个［弹］打尽，各物由合而分，由分而合，现尚散置于四五处。弟到法两月，迄无暇一一过视。近自闻有住留期间缩短之消息后，始着手检视，何去何留，须早日打定主意。然旅馆傲居，殊难收集一处而加以清查，大有搔首向天之慨。无已，日前函告小女，令其早日返巴，助弟料理一切，想日内可到此也。

　　此外尚有治牙一事，亦为麻烦之事，既须时间又须花费，且弟牙亟其不良，势须大加翻造。此外零星之事，日日有新发生者。在此情势之下，弟之赴比访问我兄，实不敢预定为何日。若我兄无来法之计画，弟之访问定当实现。今既有三月廿六日偕同爱铎神父下降敝旅舍之约，弟拟即恭候驾临，谅兄不责伐太懒惰取巧也。但弟之回国期如能延缓，拔牙按［安］牙如不多费时间，定当偕同内子共赴贵院过访，盖弟对于圣安得肋亦有久别思深之感也。言及大驾来旅舍一节，弟固亟愿与我兄促膝谈心，以慰渴想，藉以介绍内子。但我兄于廿六日到此，廿七日由法赴义，不知于此一日中有何计画，欲否晤见他友，如赵颂南夫妇、钱大使夫妇，及使领馆旧雨如谢东发是也，且不知晚饭能否在外食用。以弟之拟料，可作如下之日程，分甲乙两种：（甲）廿六日午后驾临旅舍（如兄不便步履，弟可同内子赴尊寓谒见，如尊寓不便接待女眷，内子亦可另找时机相见），作长时间之谈话，谈毕即在旅舍同爱神父、内子共同晚饭。吾兄欲见何人，弟可约请一同宴叙。廿七日欲作何事，弟亦可先为布置。（乙）廿六日午后，吾人谈话后，同赴大使馆晚饭。吾兄欲见何人，弟可商同阶平兄代约。弟以为此行乃劳碌之事，最宜小心，勿使过劳。好在彼此间无客气之事，望示知所欲为者，弟当遵嘱办理。弟目前对兄来法一节，暂不向外人道及，俟兄决定欲见何人或不欲见任何人时再说。

卫青心君前日已来访，人亟安详，稍谈即去，日后当再约谈。承示弟之赴义为公私有关之事，弟亦以此言为是，且内子亦可藉此得瞻仰一切圣教之精神与人物，但此仍为时间问题，现尚不敢作何决定，统俟面谈。专复。敬颂道安。

　　　　　　　　　　　　　　如小弟　符诚叩

　　　　　　　　　　卅六年二月二十日　巴黎①

爱铎神父前祈代候

二八五

（1947年2月24日）

黼斋老弟如晤：

廿二日接巴黎廿日手札，细阅之下，不禁感主谢主不置也。回想入院以来，足足廿年，所得于老弟之帮助者不胜枚举。盖弟能为我谋，且所谋为我计周且尽矣，老弟成全我者，非过言也。来信所说"劳碌之事，最宜小心，勿使过劳"三语，当做我座右铭，未可一日忘也。

----

① 旁注："廿二日到。"

　　自去年五月十八日，南文院长奉罗马通知：宗座擢升陆修士为伯多禄院名誉院长。此电宣布后，全院欢贺，我忽忘我之老，而处处过劳而不知小心节制矣。八月十日授职典礼之准备，六、七两月间，征求比友院长应有之礼服、礼帽、礼靴、法杖、指环及胸前金十字架等。研究礼节、演习礼节，精神奋发，然肉体困顿，讨论减短礼节，以节劳顿，复由医士开示补剂以充精。

　　罗马之行，原定去秋随南长前往，后改在今春。经此严冬，精神为之大减，现与爱铎同祈 Sainte Thérèse de L Enfant Jésue①，代求上天佑助，或可成行，特先奉闻。三月初睡车应早通知作退，退车后再告知老弟。匆复数行，以资接洽。祇请双绥。

　　　　　　　　　　　　　　　　如兄 陆征祥手启
　　　　　　　　　　　　　　　　三六、二、廿四
　　金龄能来巴黎，老弟可专心料理公务，慰慰。

二八六

（1947 年 3 月 3 日）

黼斋老弟如握：

　　九日敬礼，廿八日礼毕，三月一日即由爱铎函告 Cook，退去卧车罗马之行，并在永城过复活圣节。此愿异日精力加进，天主默佑，再行考虑进行，目前暂作罢论。年逾七旬，忽欲作此远

---

　　①　圣婴基督的圣特蕾沙。

行，自问难以自解，故求圣女德肋撒代我解之。今蒙光照解疑，受恩多多矣。匆匆奉告。祇请双绥。金龄世妹已抵巴黎否，念念。

如兄 征祥手启

三六、三、三

二八七

（1947 年 3 月 10 日）

黼斋老弟如晤：

八日奉六日手札，欣悉一切。行务得此两行分工合作之结束，可喜之至。董事会委弟回沪面协，足见两行之信任，贤者多劳，洵非虚语也。然此构［沟］通双方之任务，非弟莫嘱［属］也。行期四月十五，搭荷兰船先赴美，由美赴沪，匆匆就道，又多一番跋涉之劳矣。目下料理私事，修理牙床，亦觉匆促矣。

此间复活节避静严斋前后四十日，老弟及夫人能于四月五日午后莅临，六日、七日盘桓二日，从容接洽一切，八日遄回巴黎，以便搭十五日荷船，未知合式否？此间由爱德华司铎向女修院代留客房，为夫人住居，相离步行十五分钟，午晚两餐在本院用，未知合意否？修院生活简单，一切随随便便，未能周备，反觉不安不恭，叨在情重手足，两不客气，尚祈格外原谅。匆复。祇请双绥。

如兄 陆征祥手启

三六、三、十

二八八

（1947 年 3 月 17 日）

子兴如兄手足：

奉读三月十日惠书，聆悉种切，承约四月五日启行赴比，午后到达贵院，住二日后返回巴黎。弟对此行程住期完全同意，并蒙为内子觅定女修道院为住处，尤为感动。惟内子系初次出洋，不止言语不通，即习惯上亦未能完全欧化，其对于住居上不免有忐忑之处，然伊亦亟愿趋谒我兄，祈求赐福。今以彼此不客气之心，敢将数日来商讨之结果为我兄一言，不知可否变通原定计画，且弟亦不知以下所言能否实行，尚希示悉。

弟拟于五日早车赴比，到比京时改乘他车赴 Bruges，不知目前行车钟点是否照旧，此应请查明示知者也。到 Bruges 之后，拟为内子觅一客馆，俾伊居住过夜，午晚两餐能与弟共用最好。客店觅定后，内子与弟同赴道院谒兄，饭后内子回客店，弟留住道院。弟若能同住客店，每日到道院与兄谈话接洽一切更妙。但此种办法，必须有一汽车，不知 Bruges 地方有无 Taxi① 可租用，如有则诸事可如愿解决。缘内子年岁虽长，孩性未退却，既同家人婢仆过活，适弟后尤寸步不离，离则诸事无主，杯弓蛇影，均足惊心，现虽在改良进步、放胆做事中，然尚未能除净其惧怯心理，而伊自问亦不知其何以然也。弟并拟询问金太太，即纯孺兄之夫人，如使馆有便，内子可于晋谒我兄及爱铎神父后，返回使

---

① 出租车。

馆居住，弟即可留道院，如此更便也。叩在手足，敢以直陈，尚祈谅之。尊意云何，请直示小弟。

拔牙后精神照旧，惟饮食不便，不能食硬物，且牙床常常作痛，盼再过数日可减少痛苦也。专上。敬颂道安。

> 如小弟 符诚叩 内子随叩
> 卅六年三月十七日 巴黎①

二八九

（1947 年 3 月 20 日）

黼斋老弟如晤：

昨奉十七日手书，欣悉一是。得悉拔牙后精神照常，慰慰。七年前亦经牙科拔去上唇之牙，装配假牙床，用之甚便，已经七年之久，早已习惯矣。

承示夫人来比办法，此间准备，悉听我弟与夫人议定办理，总以便利处处愉快。Burges 有 Taxi，随时以电话雇用。比都金夫人如赴英国，代办瞿常夫人亦必欢迎也。一切候示遵行，毫无不便处，叩在知心，情逾手足，万万不客气。匆复。祗请双绥。

> 如小兄 征祥手启
> 三六、三、廿

附上火车行程时刻。

---

① 旁注："十九日到。"

二九〇 *

（1947 年 4 月 1 日）

黼斋老弟如握：

昨晚奉廿九日手书，欣悉一是。Bruges 客店名 Grand Hôtel rue saint Jacques① 已由电话代定二楼房一间。

纯孺大使尚未回比，金夫人谅在伦敦与子女过复活节矣。爱铎与祥恭候驾临，无任欢迎，良晤在即，余容面罄。祗请双绥。

如小兄 征祥手启

三六、四、一

二九一

（1947 年 4 月 3 日）

子兴如兄手足：

昨上一电为订定 Bruges 地方之客店房间事，谅蒙入收。弟因购买赴比之火车座位票，遭遇意外困难，几不能如约成行，遂提前电请代订房间，俾免再蹈覆辙。缘弟于上月三十一日即星期一即往旅行社订购星期六之车票座位票，上下午三次往返无票可得，因游人甚多，此一星期中之车座票早已售罄，只有星期六下午开行之车座票可购。弟以星六下午起身，当日不能趋赴道院，

＊　　此件为明信片。

①　　圣雅各街大酒店。

势须展至星期日，殊与彼此所约者不同，坚请旅行社另行设法，遂购定星六早之飞机票二张。内子虽不喜飞行，然瞻仰心切，旅程甚短，亦愿同飞。是星期六早约十二点钟可到比京也。正缮函间，适接一日赐片，敬悉已蒙代为订妥 Bruges Grand Hotel 房间，感谢无似。弟等如能提前钟点到 Bruges 更善。一俟到后，先行与爱铎神父由电话一谈，以便订明晋谒时间。临颖不胜雀跃。敬颂道安。内子随叩。

如小弟　符诚叩

卅六年四月三日　巴黎

爱铎神父前祈代候

二九二*

（1947 年 4 月 6 日）

天降贵子，救赎世人。齽斋老弟留念。

陆征祥谨题

三六、四、六，复活节，1947

二九三

（1947 年 4 月 8 日）

子兴如兄手足：

此次晋谒，欢谈二日，然欲吐之言犹未尽万一，所可庆幸

---

　*　此件书于宗教宣传画片背面。

者，为我兄之健康，视昔犹强，是不能不谓我主特宠也。

　　弟同内子于昨日四点到比京车站，四点半到客寓，即电 Salu 君，未得接谈。今早始于电话中约定十钟往访，当由 Salu 君引导弟同内子至培德夫人墓前献花一束，默祷数语。内子见培德夫人之形像宛在，墓碣巍然，叹为多福。谒墓毕，由 Salu 君引邀墓园一周，并蒙赠名墓小册一本。对于吾兄殷勤致问，真一良友也。弟现订准午后四钟车回巴黎，内子颇以此行得接謦颜为幸，嘱为致候。专此。敬颂道安。

如小弟 符诚叩
卅六年四月八日 比京

二九四

（1947 年 4 月 9 日）

黼斋老弟爱鉴：

　　顷奉比京八日手札，欣悉贤夫妇七日四时抵京，八日十时莅临先室墓地，赐花默祷，存殁均感。

　　Salu 君仁厚君子，实难得也。惜伊子于去年间声明抛弃继承权，故伊本业移归伊婿 Jacobs① 君矣。我弟面交夫人献仪，拜领之下，当为献祭三十台，附上《生存者的弥撒》小册子，可知司铎祈祷之功效。二十年来在院所祈求者，祖国翻身、公教广传二大端，先以修士立场，后以司铎地位，然祈求之功则一也。

　　回想石孙、劼甫面劝回华续娶之美意劝告，不为所动者，幸

---

①　雅各布。

叩主佑。先经文肃之口，戏言入耳为主，所谓先入为主耶？故祥之一生行为，先为文肃预告预定，今日追忆，能无心感神佩耶！为弟告知，不可为外人道也。两日畅谈心曲，并蒙家敏夫人宠临，喜出望外，实有不知老之将至之慨。人生在世，所谓世福者，惟家庭耳、父子、夫妇、兄弟耳。我国加以朋友一伦，此乃孔子所赐，所谓四海之内皆兄弟也。故我国视朋友如兄弟者，孔子之道也。

此次所谈，无一言涉及内政外交，非忘记，实因无从谈起，彼此谅有同情也。兹奉赠邮片各种，加以题词，以便心领神会可也。匆匆先复。祇请双绥。

如小兄　征祥手泐

三六、四、九

二九五

（1947 年 4 月 15 日）

子兴如兄手足：

回巴黎后，弟与内子均甚安适，而精神上尤为快慰，此为与我兄畅谈所得之乐。内子并有俟机皈依我主之表示，弟未便即行追问，统俟机缘成熟及预备妥当后再说。

承赐九日大函及各种题词、邮片、弥撒小册子一本，并法国李鸿章照片十张，均已收到。所言为内子献祭三十台，感何可言，即希以早日皈依公教及减少疾病为祷告之旨为盼。

昨日又接到赠与宋先生之纪念册等件，计有一九四五年戏单，展视之下，亟感兴趣。此次晋谒，虽云二日，而实际谈话殊觉时间太少，致有种种事项未能一一面罄，事后思之，殊嫌仓卒。诚如尊函所示，内政、外交实无从谈起。此次谒后感想为我兄之健康大有进步，虽有腿疾为患，然不足为忧，是为老境现象，无可如何者也。至于我兄之精神脑力，亦均增旺，且觉对于孔子学理精研不已，指出朋友一伦为我国特有，更见鄙意不谬，而赐弟以三省斋名，尤为诲人不倦之象征。弟前函匆促寄发，未暇细思，致将吾日三省吾身一章，疑为孔子或子夏之言。今早忆及，似以曾子为是，手中无书可查，敢祈告我。

　　日前与阶平大使晤谈，当将尊照交收。谈及茶叶一节，阶平兄俟得便寄上。惟不知我兄所服用者为红茶为绿茶。弟见茶罐之形色，似为绿茶，仍祈便中示知，以备转告照寄。前日小女金龄亦已到法，安好如常。专上，余俟另谈。敬颂道安。

如小弟　符诚叩

卅六年四月十五日　巴黎①

二九六

（1947 年 4 月 21 日）

黼斋老弟如握：

　　十七日奉十五日巴黎手札，欣悉一切。承示夫人表示一节，当代祈祷，未可望速，盖速则不达，上主自有安排也。

　　"吾日三省吾身"出《学而》第一章，曾子之自省、自修、自励，即公教所谓"自救自赎"耶。此间所需系绿茶，红茶易

---

① 　旁注："17—Ⅳ—47。"

得故耳。

致〔至〕健康问题，当分为精神、肉体二部，诚如尊论"精神脑力增旺"之语。目前当注意者，即肉体方面，故静居安适为最要。此间环境举目皆亲爱可宝之物，且卧室、书室、小经堂等互相生活，互相为命，实一快心悦目之处境也。乃上主所赐，非可求而可遇，出诸天予，无可疑也。故有三慎堂之立，如承老弟代为征求"三慎堂陆"四字横额，又"慎思慎言慎行"、"思主言主行主"，裱成黑白六言寄下，俾悬诸卧室，加以横扁，触目惊心，自修自惕，庶有益于身心焉耳。人生起点固当慎，而终点尤须慎，此乃先师文肃之遗嘱，当恰遵而效。耶稣听命钉死，而钉死于十字圣架上焉。

兹附上卫生衣裤图样，倘承购赐 Veston，blouson，chausson[①]各一件，又 Caleçon et gilet[②] 二套，均系绒织物，足够七八年之用矣。或在法，或在美购备，听弟作主。购寄金大使名下，当无税关之麻烦。现当百物昂贵，所费当在数千方，此心实觉不安耳，求主代偿以百倍于万一耳。

回国行期有定日，示知为祷。另封寄上各件，哂存作念。专复。祗请双绥。

如小兄 征祥手启
三六、四、廿一

对联横额尺寸以小为妙，乞酌之。

---

① 西式外套、夹克衫、软底鞋。
② 男士短裤和针织衫。

二九七

（1947 年 4 月 21 日）

黼斋老弟如晤：

本日寄上一函，另封刊物多种，谅可先此达览。顷接少川大使四月十五日来书，欣悉前托我弟转交相片等件均已收入，兹将原函二件附上，以资接洽。老弟此次由美归国，纽约与华盛敦近在咫尺，似不便过门不入。敝意少川系我二人多年老友，相知有素，似宜偕夫人往访，以叙旧情而敦友谊，尚祈与夫人商酌行之。

又《勒赛夫人日思录》译成十四国文字，华译乃第十四译也，并以及之，以见此书之蒙上主佑庇推行也。专此。祗请双绥。

> 如小兄 征祥手溯
>
> 三六、四、廿一 灯下

附上陆师傅墨宝刻板翻印本二纸（忘其谥法，吾弟知之否），称"宗仁兄"三字，因同姓，固无足奇也。其可奇者，先父之期望也。为吾弟述之，饶有趣味。祥年八岁，先母见背，父子二人不知所归，影行相对，寂寞异常。一日先父告曰："汝年八岁，尚无官名，今日当为汝取名。我闻苏州有一新翰林，姓名陆润庠，故我名汝为陆增祥，非望汝为翰林，但望为读书明理之君子耳。"民元归国，闻陆公尚存，充宣统师傅，特往拜之，颇受青眼。并面恳为先父、先师、先室作相片联语以追念之，公欣然乐允，并愿亲到敝处目睹相片、中堂，以便目击生情，庶得真实真切。兹将题赠先父、先室相片摄影，另封寄赠，望老弟哂存作念。

二九八

（1947 年 4 月 23 日）

子兴如兄手足：

奉廿一日两次惠书，暨少川、润农各函，衣样信片等件，均已读悉，兹将原函三件附还，祈查收。所有应备绒衣等，自当按图寻觅，如果法方缺货，当俟到美时购买寄上。

承嘱到美晋谒少川大使一节，是本弟之初意。惟弟前者由沪到纽约时，即行往访，弟与内子仅得晤见顾太太，而与内子未交一言，内子认为傲慢。二次晋谒即为赍送尊照，专诚晋谒，而亦仅得晤及一秘书。此外，尚有数次由电话约晤，亦以非早即迟为言，无从接谈。弟以晋谒目标专为叙旧，既无渎求，亦无供献，未便以清闲之身烦扰贤劳之侧。且夫人、秘书均已晤见，是少川大使已知弟等晋谒情形，是过客之礼貌已尽矣。上次经验如此，不知下次赴美时应否再行晋谒？若由纽约专诚往谒于华盛顿，而不得一见大使之面，将如之何？若令弟在旅舍等候数日再见，又将如之何？是皆为弟所踌躇而不能自决者也。如此次不能见面，将来在华定可一晤。

弟赴美及返国行期，因公事、私事均有变故，已另定计划。公事方面，因有新发展及赴美船期难得，须至五月中旬或下旬方能成行，目前尚无定期。私事方面，弟因欲将旧存各物及新购之汽车运回中国使用，势须与弟偕行为便。故弟拟一人去美，在美

公毕即行返法，搭六月廿四日法邮船返沪。内子一人留法等候，
亟不方便，幸小女在法，其夫亦将解除军役来法度夏，是内子亦
不患陪伴无人矣。因内子一人等候之关系，弟在美之勾留不致太
久也，但除为吾兄寻购衣物外，如有其他委件，倘有时间代办，
祈早日示知为盼。

承嘱代求"三慎堂陆"四字横额，又慎……思……六字黑
白对联，到沪后即为照办，祈勿念。专上。敬颂道安。

如小弟　符诚叩

卅六年四月廿三日 巴黎①

三函附还。内子与小女随笔问候。

二九九

（1947 年 4 月 28 日）

黼斋老弟如握：

廿五日接巴黎廿三日手札，领悉一切。归国行期改缓至六月
廿四日，赴美约在五月中旬或下旬。金龄能在法为夫人作伴，为
之欣慰。

承老弟直告，前次过美访问少川大使及夫人，失礼态度，读
之为顾氏惜，盖顾氏、颜氏均系上海绅士故也。惟伊此次来信，
字里行间，似有觉察歉罪之意，未知吾弟读信时有此同情否？朋
友有过，能纠正之，亦爱友之一道，孔教、耶教同一主张也。他
日在沪见面，亦可叙旧，表情不急急也。

---

① 　旁注："25-Ⅳ 47。"

前承见赠美国新式水笔，但未知有无连带之内筒否？昨日拟加充墨水，与爱铎细读其方单，似有连带之内筒，以便更换之用。现将其用法方单附上，可否请金龄侄女译成法文掷还，并恳老弟详示为感。

莫都会议无结果，和局势难早日成议，老弟在欧物件及新购汽车，乘机运回中国为上策。老弟牙床合用否？昨日进城赴牙科，亦为改装新牙床故。思及前失指环，谅已配新环矣。老年稍瘦，不足患，此中国人看法，西人素以 Vieillard Sec① 为干老人必得长寿，未知确否？匆匆拉杂。祇请双安。金龄侄女问好。

> 如小兄 征祥手启
>
> 三六、四、廿八

三〇〇

（1947 年 4 月 30 日）

子兴如兄手足：

近日连接惠件、书籍、照像等，无任欣感。尊著已译成西班牙文，足见各国人士皆乐诵读。弟虽不谙西文，得此一册，可于纪念品中加一特色。平心论之，吾兄之身世，实为世界名人中不可多得之模范。弟每思及一切经过情形，辄得一结论，认为少年求学，必须有名师指导，否则有聪明而无途径，亦不易成材也。

弟在此半月中，大半时间消磨于清理家具、古玩等事，已将寄沪者与在此拍卖者分别清楚，正在洽商拍卖手续等事。装牙之

---

① 干老头。

事已告一段落，须过四个月方可接装一劳永逸之牙。

廿八日来函，询及遗失指环、配购新环之事，足见顾念殷切，无微不至，故弟欲将此次所得神异之事一述。失落之事，系在一月间，距今已三阅月，每思另置一新环，辄以巴黎之工料昂贵为戒，拟回国后再说。前日星期一在家具保管处挑选瓷器、玻璃器时，一工人于乱草中扒疏玻璃酒杯时，随手捻出一物，置于案上之盘中，其声铮铮。弟举目视之，见一白色指环，心为之动，不禁拾之套于指上，大小合式，如为弟定制者，取下视其环内钻刻之字，即弟之旧物也。时内子与小女均在侧，三人视之大惊，转而大喜，物归故主，何如是之易也。此中若无神助，何能若是无意得之，反较有意寻觅为易。此中道理，弟实不解，惟我兄能够指示之。兄闻之，亦当为弟惊喜。

少川之事，因便中向我兄一言，弟心中记有此节而已，决不向他人道，即他日再遇少川，亦决不言及，仍当以素昔友好之礼貌待之，祈释念。弟觉一生很能吃亏。国人恶习好说风凉话、挖苦语。弟为避免争端计，常闻之似不了解者，其人占一便宜而去，大为满意，而弟殊不觉怨恨，反觉如是息事宁人，甚为心安。回忆从前对弟占便宜者，今已不知何结矣。

现天气日暖，手指发涨，加上指环更觉合式，弟生平遇事之巧而小者，以此为第一次。承嘱购绒衣等件，法方不易得，俟到美再说。原子笔换铅说明，俟小女译出后再寄上。此颂道安。

如小弟　符诚叩

卅六年四月三十日　巴黎①

---

① 旁注："五月二日到。"

三〇一

（1947 年 5 月 12 日）

子兴如兄手足：

日来为清理家具事忙碌之至，致将前嘱译件稽延多日，现已译出附上，祈查收。美国新式原子笔购者亟多，吾等亦其中之一，然皆大，且其当写字不能成行，即行缺墨，弟手中者已不能使用。据金龄云，此笔买妥不久即行有损，持向该笔甫〔铺〕修理，甫〔铺〕中为请掉换或修理者络绎不绝。总之，此种发明尚未成功，实不如老式之 Parker 水笔能用。

弟之行期又出新花样。据法国轮船公司云，原订六月廿四日开行赴沪之船，改于八月五日开行，在此期以前，法船尽为运兵之用，无船开沪。弟闻之不胜踌躇，欲行改由美国赴沪，而美船更为拥挤，得一舱位亦至不易，不能按期订定。总之，现在宗旨在于早日返沪，若欧亚-红海之路在前，即走红海，若美沪之船能早定，即由美返沪。

在法公私各事均有眉目，沪方同人盼弟返国至殷，不能不尽力觅船早回也。前者来美来法均乘飞机，弟感觉疲倦，此次返国若能不飞，实非企望。匆上，余容另谈。敬颂道安。

如小弟 符诚叩

卅六年五月十二日 巴黎

承寄培德夫人墓地照像一张，谢谢。李、刘两氏墓地照片，弟手中无存者，俟诸异日照寄。承为存殁代祷，至感。附游戏照片十张作念。

三〇二

（1947 年 5 月 14 日）

黼斋老弟如晤：

顷间接奉巴黎十二日手札，领悉一是。原子笔用法译法感感谢谢。附上 Parker 老式广告乙纸，足证货实耐用，有目共赏。

回国船期一再改迟，亦意中事，沪方同人盼弟早返，凡我旧雨，谅有同情。总之，早日东归，此乃上策，且在法公私均有眉目，更无迟延之必要，亦小兄所日夜祈祷者也。

兹有恳者，法国耶稣会士出版之新杂志名 "Rythmes du Monde"，译为"世界音调"，未知恰当否？兹将地址寄上，如荷便中代购六册掷下作宣传品，感谢不尽矣。专此奉恳。祇请双绥。金龄妹问好。

如小兄 征祥手启

三六、五、十四

承赐相片十纸，感谢难言。久未见钱使夫妇，大应饥渴矣。Mlle Borry① 美秀可爱。

三〇三

（1947 年 5 月 22 日）

子兴如兄手足：

奉十四日赐书，聆悉种切，近以料理箱件，匆忙无已，致迟

---

①　博瑞小姐。

裁答，歉甚。嘱购之年报六册已另邮寄上，想不日可到。

　　弟之家事已有眉目，木器等物除选可用及内子所喜者寄沪一部分外，其余均已拍卖完竣。六月十六日再拍卖瓷器、地毯等细软。所有中国书籍及吾兄历年所赐之纪念品均装箱待运，不日可寄出。俟此批物事寄出后，弟可稍得休息矣。

　　关于弟之回国事，诚如尊论"无稽迟之必要"。前者本拟由法赴美，再由美返法，由法赴沪。现因法船须至八月或九月方可载客赴沪，故弟又转变计画，提前由美直接赴沪。因各地船机拥挤，不敢冒然成行。曾电宋子安兄，托其在旧金山代觅七月中之船位，现已得回电，虽尚未定准船期，允为尽力设法。因此，弟已决定于六月初旬内赴美，现正接洽船位或机位，俟有回音，即可作准。若再稽延，恐赴美之便亦难再得。内子对于赴美或留法均无不可，惟愿与弟同行耳。

　　小女金龄已于前一星期返奥，准六月一日回法，或与其夫同来，亦未可知。弟走后，此地尚有不少零碎事体，拟令其在巴稍住，料理善后毕，再行回美。一俟弟等行期定准后，再行奉闻。余不多具，匆上。敬颂道安。

如小弟　符诚叩

卅六年五月廿二日　巴黎

三〇四

（1947 年 5 月 23 日）

黼斋老弟如握：

　　顷奉廿二日巴黎来信，顾悉近日忙碌，各事已有头绪，我弟办事津津〔井井〕有条，且能应变，足见精神、经验与年并进，可喜之至。细想我弟居法，自留学至入银行服务，差不都［多］半生事业，及居家即在巴黎。在此短期时间，怂惠［从容］料理一切，同时接洽行务及回归国船期并将零星事件更令。金龄来法料理善后，布置甚为妥帖［贴］。盖我弟此次离欧，可设［说］告一段落，一国际形势如何发展，未敢推测；二国内局面如何转展，亦未敢预料。惟有付诸命运及托诸天助耳。直质我弟，谅以为然也。

我辈在世，以良心作事，"诸恶莫作，众善奉行"八个大字。入院以来，回溯往事，过恶猬集，善愿未行，故对此八个大字，疚心难以自慰。嗣后当力作补赎工夫，庶不至获罪天主，有负本笃会祖耳。望弟多多代祷，亦必为贤夫妇虔诚祈求也。

兹附赠汽车保安圣牌一块，业已祝圣，可钉入车内，借作小小装饰品耳。先复数行，余容续布。祗请双绥。

如小兄 征祥手启

三六、五、廿三

钱大使便中代谢，茶叶二罐寄到，已拜领矣。

三〇五

（1947 年 5 月 29 日）

黼斋老弟如握：

前上寸笺，附以行路保安圣牌，谅登计室。每晨上祭，必为虔诚祈祷。

　　南文院长昨日来电，起程赴 Trinidad①，大约有二月之耽搁。彼岛分院久未巡视，南长此行为个人虽有跋涉之劳，然改换天气，借旅行亦可略资休息，公私两便也。我弟行期确定否？念之。

　　近接吴德生公使屡次来信，索取《圣经》译汉书签六纸，内有《若望福音》等。兹附上一纸，余已寄罗马，不必掷还，留在弟处作念可也。目蒙手颤久矣，不用毛笔作字，吴使再三坚请，不得已练习数日交卷，未知合用否？

　　兹有奉恳一事，爱德华祖坟在本城公墓，前年避居城内 Baron Ryelandt② 家中，曾约爱铎同往公墓，瞻仰伊之祖坟。曾许缮赠题词，以作追思纪念，今晨写出"君室静安"四字，另纸附上，如荷回沪后代办铜牌（四方式），照纸样加填黑字，寄下转赠为祷。吴使、爱铎二人专重亲笔，不喜代笔，原拟各书签拜托大使馆瞿纯伯代办代笔，盖印交卷，彼等再三再四坚请，故勉为涂鸦，贻笑大雅矣。

　　附上顾大使 Hainlaw（世兄世妹）来函，阅后便中缴还不急急。世界不安，人心不定，青年心根未定，不知适从，Directeur Spirituel③ 缺少精神上之引导，为憾事耳。拉杂。祇请双绥。世妹问好。

如小兄 征祥手启

三六、五、廿九

----

① 特立尼达。
② 莱兰特男爵。
③ 精神导师。

三〇六

（1947 年 6 月 3 日）

子兴如兄手足：

　　日前接奉五月廿九日来函及行路保安圣牌，无任欣感。圣牌已置于车中，不日觅一醒目地位，钉于车上。委办爱铎神父祖坟铜牌，俟到沪后即为照办。"福音若望传"题签一纸，当留作纪念。

　　承示法文函一件，细考签名为"蕙兰顾"三字。顾少川夫人原名黄蕙兰，此即顾夫人之函，非少川子女之函。函中所言候于斌主教指示教义，即行皈依天主之意，实为梦想不到之事，足见吾兄之通信大有裨益。此事如果成功，是又吾兄感动之力，预祝预贺。原函附还。

　　弟最近计划为准于六月廿一日乘飞机飞美，内子同行，在美候七月十一日之船返沪。现小女在巴，拟于后日即星期四或星期五，同赴海边休息十日后，再行回巴预备赴美各事。惟休息地点尚未择定，大约在 Cap Mustin，法南方一临海地点。弟恐北海之滨过于凉爽，与弟不大相宜。弟之体质宜于热而不宜于凉，是亦血脉衰退之故。

　　初本拟候金龄小女之丈夫解除军役来法同往休息，近因有一不幸事件发生，未能如愿，可叹可惜。不幸之事为小女上次由奥来法，在火车中用出十元美国军票，旋因车守代执一法国佛郎若干，遂将十元军票找回，但此出入之间，军票式样已不相同，小女亦未予介意。到奥国后，曾持此十元军票向美营中购买食物，此军票即入美军军人手中。事隔多日，现忽发现此项军票乃系假造，遂追查所来。此事一日不查明，小婿即不能解除军役，将来有何发展，尚不得知。为此意外之事而受嫌疑，真是冤枉之至，然无如之何。弟到休息地点后，即行函达，先此布复。敬颂道安。

如小弟　符诚叩

卅六年六月三日　巴黎

前寄新杂志六册想已入收。

三〇七

（1947 年 6 月 4 日）

黼斋老弟如握：

前奉寸笺，谅登计室。六月十六日为预定第三次拍卖之期，又读来书，称已决定六月初旬起程赴美，则我弟不能候拍卖后赴美，此事即可委金龄代办矣。

兹附上原子笔用法原件，如荷老弟在美代购 Nouvelle cartouchc① 新水筒二枚，以便更换为祷。又桂龄由美来信，Mrs. Isabelle □□□②地址名姓录下，未知确否？并恳示桂龄夫姓名。又祷。临行前忙碌可知，望在途中见复可也。匆此。祗请行安。

如小兄　陆征祥手启

三六、六、四

---

① 新墨水筒。
② 地址略。

承寄下 *Rythmes du Monde*① 收讫，谢谢。夫人前请安，金龄问好。分赠比友均已读过，而为祖国祝进步。

三〇八

（1947 年 6 月 6 日）

黼斋老弟如握：

四日奉巴黎三日手札，并缴还顾夫人函。惠兰夫人既有皈依公教之愿，当代祈祷，俾上主赐予洪恩，乃顾氏全家之福也。

我弟偕夫人同飞美，由美回沪，甚慰甚慰，当代求祷一路福星。承示令婿因军用票而受嫌疑，据爱铎看法，此种冤枉不难水落石出。盖西人侦探之术经验之多，加以战后假造伪案叠出不穷，当局早在查办故也。

罗马宗座近日发表对于时局之警告，剪报寄读，阅后缴还可也。专复。祇请双绥，并祝海阔天空之康乐。

如小兄　征祥手启

三六、六、六

圣祭中代求主从早解除金龄世妹及伊夫之被冤，望转告并慰之。

三〇九

（1947 年 6 月 11 日）

子兴如兄手足：

离巴黎前，接奉来函，询问桂龄家室各节，兹答复如下：其

---

①　由前信可知为法国耶稣会士出版的杂志。

夫雷华显，雷补同先生之侄孙也。雷姓在粤语中为 Louis，华显之父在美经商，居美多年，华显在美生长，完全受美人教育，在米细根大学入化学班，毕业后由其母校聘为助教，其学业不凡可知。华显之叔雷孝敏君，亦老外交部人，居北京多年，知北人习性，曾嘱其侄华显娶妻须娶北人。适桂龄亦与之同校读书，且同为化学班，经人介绍后，即得成婚。华显明年可升正教授，然其志愿在回中国服务。去年弟过美往访，见其人诚挚可亲，为桂龄贺得人，并告其回国固佳，但目前不宜。桂龄现有二女，均聪颖可爱，Habelle 即桂龄在校所用之名也。

弟于本月七日偕同妻女乘汽车来游法国名区南海之滨，行二日到此地，住此旅馆，清幽雅静，为休息之佳境。昨日由此地循海滨至法义边境，从前游览各地，均一一经过注视，风景犹昔，而战争酷迹到处可见，今之从事修补工作之人，即当日好战之德人，名之为自由俘虏，即德俘而享受自由待遇。噫！其状之惨可叹。弟拟于明早去沙漠尼山中小住一夜，亦重温旧游之意。

十四日早即行回巴黎，十七日早由巴黎赴英伦，二十日早由英伦乘机飞美，内子偕行。小女稽留法京，为弟清理未了之事，兼候其夫解除军役后，在法小作勾留，瞻仰欧洲文化，九月初再同返美。弟之到美期在廿一二日，若轮船界无罢工事项发生，弟可于七月中旬搭船回沪，到美后方能得知详情。行色匆匆，恕不一一。专上。敬颂道安。

如小弟　符诚叩

卅六年六月十一日晚　十七日到

嘱购笔胆到美即寄。

三一〇

（1947 年 6 月 15 日）

黼斋老弟如握：

法比罢工风潮时起时落，出门行旅者诸感困难。此次我弟偕夫人、金龄南行，未知顺利否？深以为念。

此间一切照常，安居静养院中，一切廿年中目接耳闻，早已习惯。加以卧室传声机之设立，可免进堂之劳，又觉舒适，晚年得之，欣幸何似，惟有感主谢主于无穷期焉。

回想复活节得与我弟暨夫人相聚之乐，海外作客者，获得我主宏赐，能一日忘怀乎？此境此情，同在目前，我弟赐与我者，惟有求主代偿耳。巴黎拍卖经过如何？令婿近有信否？本月廿一日之行期有变更否？临行前诸杂务谅已委托金龄代劳矣。

近来少川大使通信，较前似觉殷殷。惠兰夫人皈依公教之动念，或已通告伊夫。此系个人信仰之自由，虽亲如夫妻、子女，往往难得同情，远隔天空，难以测度，惟有求主降福成全耳。

每晨祭献中，必代贤夫妇及刘、李家族存亡虔诚祈祷，聊表感忱耳。行期在即，诸务珍摄，勿过劳碌为祷。匆此。祗请双绥。金龄侄女问好。

如小兄　征祥手启

三六、六、十五

三一一

（1947 年 6 月 17 日）

黼斋老弟如晤：

今晨七时上祭，特为贤夫妇虔祷，一路福星高照，荣归祖国，神驰左右，两心向往之矣。早点后执笔涂鸦寄赠，作临别小纪念，晒存是幸。

窃思我弟毕生事业，为国为家尽忠尽孝（天津点主之礼未忘），爱人如己，知足能忍，品格高尚，素为钦佩。既识荆于海牙，后同部于北平，继结为异性兄弟，幸何如是，乐何如是。天心厌乱，世运早回耳。

昨接十一日南游中倚装来书，欣悉旧地重游，快意之至。承示雷显华兄家庭详情，感之"中华卧狮猛省"，处处发现于留学界，更可显见，可喜可贺。中国前途希望无限，三四十年后之中华其昌盛光辉，实有令人不可思议者也。质诸我弟，当有同感也。匆匆布臆，以代面晤。祇请行安。

夫人请安，金龄问好。

如小兄 征祥手启
三六、六、十七 晨

三一二

（1947 年 6 月 24 日）

子兴如兄手足：

到纽约后，接到金龄由巴黎转到十五日、十七日两次赐书，读之快慰。至于弟之处世待人，治家律己，诸承赞许，愧不敢当，所赐三省堂额及知足常乐等联，真不止可作墨宝之纪念，且可视为座右箴言。

弟之一生行世根源，全由书本得来。忆有陈师恩荣者，天津孝廉，奉宋学、讲理性之道，弟在学房时，受其熏染甚深，符诚之名即其所赐。出学房入社会，见人心险诈，世道浮薄，深用惧悚；继思陈师所赐之名不有一诚字乎，诚字在《论语》中占重要地位，若守此一字与世人相见，不患不遇知音。即使有人欺我，亦只愿受其一次之欺，决不受二次之欺，一次之后即须远之，不再与之发生利害关系。如是立志，勇气顿增，并不感何世道之不平，故数十年来胸中坦然。不意弟之秘密向未向人道及者，全为我兄说破，足征体察微细，爱护备至。俗云：人老成精。精气神为生命根源，若再加修养，我兄其神乎。一笑。

弟此次偕同内子由法到英，过海峡，内子未晕船，由英京飞纽约，在此飞机上内子亦未呕吐。内子云，此行一无痛苦，全是陆院长祷告之力，嘱笔道谢。弟等在英京小住二日，郑天赐（号发亭）① 大使得便饭一次，招待亟殷。英京生活较法比，不及远甚。如饭馆饮食价钱一律无分别，买物必须有配给票，否则一物难买，是亦可见英人自治之力强于他人。由英乘机飞美，实际上飞行廿点钟，而名义上为十四点钟，是地理上之关系。此次所乘英机，至为阔大舒适，虽在机上过夜，并不感觉疲乏。到纽约后由领馆代付之旅馆，狭小活口，难以久居。翌日乘星期无事，四处觅寻旅馆，稍知名者均难得房间。无已，仍向前住之爱

---

① 郑天锡，号莆庭。

迪生旅馆一问，即得一房间，当晚即行移入。① 昨日第一要事为继续治牙，昨今已去二次，盼于本星期内能治完，此后可不谈此事矣。

今早为兄购得代［带］袖杂羊毛绒衣一件、无袖纯羊毛绒衣一件，已由邮寄交金大使名下，请通知使馆代收转交为是。弟在寄单上书明价钱，廿元是卅元之误。因忙碌中只书无袖绒衣之价，其有袖者价值十元，共三十元。此仅备兄参考之用而已。至于内衣，店中无纯羊毛者，多系毛棉参半，不知合用否，当另寻觅，盼便中示知。余另谈。敬颂道安。

如小弟　符诚叩

卅六年六月廿四日　纽约②

三一三

（1947 年 6 月 29 日）

黼斋老弟如握：

廿八九日奉纽约廿四日信，可谓迅速。欣悉贤夫妇此次由英飞美，平安无恙，欣慰至极。古人有临别赠言之老规矩，搜索枯肠，聊表寸衷，渥蒙过誉，惭感交集。

既在美国修理牙床，更可得彼邦之精手，可喜之至。牙科乃美人之专长，老人得此牙床，饮食便利，胃纳必可加增，我国老人从此多得百岁之庆矣。承赐寄带袖、无袖绒衣二件，径寄金大

---

① 旁注："弟之住室为一七二〇号。"
② 旁注："廿九日复。圣母像一张。"

使转交，甚感甚感。毛棉参半之内衣，亦足御寒，如能得一二套，已足八九年之用矣。

本院食堂念《饭书》、全部《圣经》，当念七年，周而复始。1947 重行开念，默求天主假我七年之寿，则可听毕，当在 1954 年矣。我主有求必应，且求为听福音，必不拒绝，且可悦主心，求之有道矣。质诸老弟及家敏夫人，以为何如？匆复。祗请双安。

小兄 征祥手启

三六、六、廿九

三一四

(1947 年 7 月 6 日)

子兴如兄手足：

自六月十七日离巴黎后，在英京小住三日。郑大使招待一次，并与内子参观城内外名胜。英国物资缺乏过于法国，但取缔严厉，上下平等，无富饱贫饿之别。英人守法精神，实可钦佩。六月廿一日到纽约，住至六月底。七月一日飞赴米什干。在桂龄处住三日，住在大学校舍，名曰 UNION of Michigan，此乃一种变相之旅馆，非为大学及此 UNION 之会员或其亲友，不能居此馆中。有一劣规为妇女不能由正门出入，弟闻之甚讶，在此女权最尊之国，而有侮抑女性之习，颇为不解。经桂龄告知，当初募款兴建此馆时，有一富女拒绝捐款，及馆舍建成，会章特定一条为妇女不得由正门出入，以示不忘拒捐之意，抑亦可笑矣。弟在彼处住三日，最得休息，其清静处恰与纽约之嘈杂成反比例。七月

四日早后与桂龄握别，仍乘飞机先至芝加哥换机，复由芝埠飞旧
金山，四日夜间一点四十五分到埠。幸在此旅馆预定房间，到时
即得入室休息。由纽约赴旧金山均搭飞机，行程缩短，旅费减轻，
是诚科学进步之所赐。内子虽有惧心，而飞行稳速，不感痛苦。
金山天气凉爽如新秋，无巴黎、纽约之炎热，专候十一日之船，
启行赴沪。此地友人有宋子安兄，明日方可晤面。

金龄小女由巴黎来信，其夫已于日前到法，其十元假票案亦
调查清楚，与之无关，得以离军居法。吾兄在法有何委件，可函
告小女代办，其住址为 Hotel Luteta。

弟在纽约，曾寄交金大使名下绒衣二件为兄使用，前已函达
左右，未识收到否？弟以匆忙中未与金大使通信，谅兄已函索
矣。吾兄所需之绒内衣，纽约有者，为质薄而号大，即半棉半
毛，号码至小者三十八，弟未即购，拟在此再行物色，倘无其他
较厚较小者，即购此卅八号者寄上。匆匆，余另谈。敬颂道安。

如小弟 符诚叩
卅六年七月六日 金山①

三一五

（1947 年 7 月 18 日）

黼斋老弟如握：

月之十一日，接奉金山六日发信，详述过英郑大使招待参观
情形。廿一日飞到纽约，七月一日复飞米什干，住大学校舍桂龄

---

① 旁注："十一日到。"

处，三日、四日午后飞旧金山。此行均搭飞机，行程短而旅费轻，科学所赐多多矣，可喜可贺。在金山候船回沪，承示代觅厚绒内衣，一再劳心，何弟爱我之厚耶？感感谢谢。

南文院长十六日由美回比，本年九月罗马选举，本会总会长Abbé Prcinat①又应亲往参预，故不克分身亲往巡视四川分院，特派本院 Monsieur Dom Jean Delacroix②前去。定八月九日由伦敦飞往 Kunming,③十一日由 Kunming 飞重庆，到达成都，留住约一月，接洽院务。九月廿三日由重庆飞南京，晋谒于总主教，小住三日。廿七日由南京飞上海，小住五日，十月三日由上海飞香港回欧。以上行程，已函告于总主教、陆英耕兄、徐懋禧将军，又徐家汇王叔若、吴江秋两神父，以资接洽而便招待。惜徐润农兄业于六月廿日逝世，故特通知王、吴两神兄，以便引导指示徐汇事业。

细思我弟到沪积案清理，公私之忙可想而知。上海可观大事业只有公教关系者，即徐汇 Fondation④ 及陆伯鸿先生 Les oeuvres, to hopitaux⑤ 等。一由陆英耕兄招待指示，一由王、吴神兄代劳，故我弟倘能抽闲见一面，略尽寒宣［暄］，或于启程回香港前一送或一晤均可，尚祈酌行为祷，并与陆、徐、王、吴四君接洽，拜托照料，俾 Dom Jean⑥ 到沪有人接待，不致寂寞，不过奔走，颇得宾至如归之乐。至宴会一节，大可两免，便饭便

---

①　普尔纳特神父。
②　让·德拉克洛瓦教士。
③　昆明。
④　基金会。
⑤　慈善救济院。
⑥　让教士。

茶。Dom Jean 一切修士生活，非南文院长 Comme du monde① 可比也。望弟昭告诸位，总以简单两便为主。匆此奉恳。祇请双绥。

如小兄 征祥手泐

三六、七、十八

三一六

（1947 年 7 月 18 日）

子兴如兄手足：

自七月四日到金山后，忙碌更甚，私事外加以公事，故觉日无暇晷。宋子安兄亦为本银行董事之一。子文先生任院长后，无暇干预行务，全赖子安予以支持，故在金山一星期中公私交迫。

前承嘱购兄绒内衣一事，在纽约觅之，其尺寸厚薄均不合式。到金山后有一商客有此厚衣，然亦不甚中弟意。因未觅得较值者，且时间上亦不容再拖延，故购得二件，已由邮寄上，仍用金大使名义，祈便中向驻比大使馆函索为是。

此次乘船回国，为最不舒适之旅行。弟之舱房为 202 号，床位十二号，共有床十二座，分四行，每行三床，形如"三明治"Sandwich。弟居最下一层，如座[坐]床沿，不能抬头。其居上层者，须早晚攀援上下。房中有洗脸盆二架，公用之。内子舱房为十号，有床位廿六座，内子得居下一层，房间宽阔，床位相距尚高，较弟之居为佳，惟男女分房而居。内子素有晕船之病，故

---

① 与世俗世界一样。

在未上船前，即有恐惧之心。金山友人胡筠庄之夫人（胡为子安夫人之父母）赠内子药丸少许，云系美军用品，专为飞机、轮船昏晕者而服用，其效亟大，名曰仙丹。内子得此，常曰有此药加以陆院长祈祷（伊知吾兄为之祈祷不晕船），船行定不晕，但上船之初二三日间，终日卧床不思食，过此忽觉爽然，数日以来，一扫从前卧床不起、起则有天旋地转之象矣。内子嘱笔为我兄致谢。

前日十六日到檀香山，船停一日，弟等下船租一汽车，游行至晚六点始回船。檀香山为美国殖民地，其不同于他国殖民地者，为主人与土人之生活相去不甚相远，即贫富之阶级无大悬殊。土人虽无美人之富有，然衣食充足，待遇平等，不感歧视之苦。是美人殖民政策成功之要诀，或即在此平等原则之上，未识然否？

在船上所得国内消息，日见恶劣。美币一元可换国币五万元（黑市价），而官价尚为一万二千元，故到沪旅客，须将手中所有美币以官价交出。又自八月一日起，所有外货一概禁止入口，是虽为维持国币与国货之政策，然闭关自足，不能挽回财政穷窘与经济困顿之危机。总之，生活日高，人心浮动，内战不停，百事遭殃，长此以往，恐终有崩溃之一日。又闻政府已向美政府商约借款，挽救币制，果尔，又是一好机会，不知政府能利用之否。弟觉自民国以来，历届政府除项城时代不计外，均对于官员薪俸不加注意，所为养廉者，适足为贪污之路。目前公务员所得之微，几难置信。如一外部主事，每月六十万国币，加以种种津贴亦不过百万以外，折合美金约廿四元，区区之数，何以瞻仰，欲责其廉，得乎？国事紊乱，大半由于自扰，若稍加整理，亟易见功，何在上者不加注意乎？

　　船头无事，不时思及我兄，随笔一挥，以代促膝。廿六日到日本，不准旅客下船，廿八日到上海，始能发此函，盼兄消息也。专上。敬颂道安。

如小弟　符诚叩

卅六年七月十八日　太平洋上

三一七

（1947 年 8 月 6 日）

黼斋老弟如晤：

　　兹寄上徐文定公列品诵，请求本院全体修士祈祷。小启相师纪念，又比、荷剪报两纸。

　　现今□□①遍各国，杀人为口号。罗马宗座六月二日有宣言警告世人曰：“一九四千〔七〕年呀！为后世所歌诵耶？抑为后来者所咒骂耶？”令人追思此二语之意义，不可忽视而不加思索也，为我弟述之。盖我国处于两大之间，左右为难，当有决断。择定方向，勇猛前进，极峰镇定，胸有成竹，全国上下拥护服从，最后胜利必属中华民族。世界幸甚！人类幸甚！专此布臆。祗请双绥。

如小兄　陆征祥手启

三六、八、六

---

　　①　原函此处被裁去数字。——整理者注

三一八

（1947 年 8 月 18 日）

黼斋老弟如握：

连奉寸笺，谅可连览。接陆英耕兄来信，俟首座神长 Dom Jean Delacroix 到申，伊当竭力，略尽东道之谊，介绍回见上海惠主教。顷间想到老弟新备汽车，未知运到上海否？如能按期运到，装配齐全，我弟方面无须伴同参观一切，即以汽车一事供伊在申之便利，则既可尽谊，复可省事，彼此两便，弟意何如？尚祈与王叔若神父、陆英耕兄接洽进行，为感为祷。

昨接刁作谦兄来信，甚极恳致，令人感篆不置，晤时代为致候问好，伊夫人及侄儿安否。念之。匆此。祗请双绥。

如小兄 陆征祥手启
三六、八、十八

三一九

（1947 年 9 月 4 日）

子兴如兄手足：

到沪念日，即来北平，公务之余遍访故旧，所得消息供诸左右以抵面谈。弟于八月十九日到平，廿三日即同内子赴陆公墓拜谒。多年不去，街道之面目全非，已无当年繁庶之象，故稍废［费］寻觅。现在守墓人为二修女，一名甘文丽，年长；一名张玉连，年少。由张修女引导至小教堂内参观，诸物陈列整齐，静洁一如往日。我兄馈寄之铜牌多件，均嵌于堂后之壁门上，墓之周围，树木苍翠葱茂，蔽天遮地，有四株已枯干，惟野草遍地，近道傍者均锄去，余皆任其生长。院中房屋，从前之小客厅，现已改为课室，旧有物事均经修女收起保存。据甘修女云，来此看墓已有年余，系奉北堂若士会会长派来，立一小学堂，即由二修女授课，招收邻近男女学生约六十名。从前看房之人已故去，尚有一贵姓者，艺鞋匠，尚居于此。

甘修女有种种计画，约举如下：（一）拟将闲地皆改为耕地，种植杂粮果蔬，收获后出卖，得价半为耕种之人工资，半作自食之用。（二）拟在大门傍添盖草房三间，为贵姓者住用，现贵姓所占之房，将来可腾出改作课堂之用，且可守门房，禁止闲人来院游玩遭［糟］踏［蹋］，否则无从耕种余地。（三）墓傍松树太形紧接，拟分别去留，便其易于滋长。（四）已枯之树四棵，拟行砍去，以作冬季燃料之用（据张修女云，学生每名收费二万元一年或一学期，惟甘修女未言及）。（五）课堂房顶为雨渗透，堂内墙边鼠穴纵横，拟加以修补，以免塌毁。

甘修女以此数事请示于弟。经细思之下，答以枯树自宜砍伐，房顶漏水及墙边鼠穴亦宜觅匠葺补，但其余各事，须候余请示陆院长或北堂再行办理。弟当留予国币五万元，令其赶紧觅工修补房顶，如有不够，可向弟索取。弟以房漏不补，有倒塌之危，故毅然主之，砍伐枯树，亦系应为，故亦主之。至其他各节，均有详酌并调查之必要，好在事不紧急，有暇为之。且思我兄既将墓地交与教会代为保管，不知现仍欲干涉其内部之事否？而教会代管，不知有何条件。凡此种种，若不了解清楚，弟亦不应冒然出为主持。是以于廿七日往拜田枢机主教，谈话约一旬钟，趁便将甘修女所言各节为之略述。田枢机仅云，若士会派二修女去设立学堂之事属实。弟要求一见若士会中主持此事之人，田枢机未答，而愿与弟得便时同往陆公墓一视，但至今田枢机未有电话来约，弟亦以事忙未曾催问。弟现拟于大后日星期日回沪，恐于回沪前难以同往陆公墓，好在下月中，弟仍有来平之希望，彼时定当抽暇与田枢机相约一往也。

承委分送平津两地友人谢启一事，已分送完毕。津地未去，系托人代送。平地虽亦由仆人分送，而得消息不少，如王钦尧、王鸿年、蒋范五、邵筠浓诸兄均已谢世。筠浓系在本年七月间去世，去世后其妾与子大闹家务，登报涉讼，全市皆知，而至今纠缠不已，是为可惜之事。常晤之友为王述勤、戴雨浓、张效彬三人。述勤在英美烟草任顾问，事务清闲，生活舒适而恬静自守，晚景不恶。雨浓年高多病，老态显然，虽步履维艰，而精神甚壮。张效彬谢绝宦途，以教读为事，学业精进，以尊孔为号召，且恬退自甘，不与时人争利，其收藏之古铜器、玉器、书画等甚富，常依为换米之资，是又吾侪中不可多得之士也。此外如于沁泉、赵理卿、陈公睦、田明志、刘重彝、张昶云诸兄皆健在，惜弟无充足时间一一走访。日前访问戴雨浓兄时，于无意中问道于一老人，见其面善而不记忆其名姓，交谈后相视而分手，事后始忆及其为李垣，曾在东三省任要职，并一度而为顺天府之尹者也。故旧凋零，且了［寥］落如晨星矣。

北平受"共匪"影响，市面萧条，人心不靖，除衣食商客犹可得利外，其他事业皆无发展，而外洋与外省之游客与住户日见减少，尤为市面不景气之大因。敬颂道安。

如小弟　符城叩

卅六年九月四日　北平　六国饭店　怱草

三二〇

（1947 年 9 月 19 日）

子兴如兄手足：

九月四日由北平草上一书，报告往拜陆公墓并与守墓修女谈话情形，谅达冰案。至九月十日，弟复与田枢机主教同往陆公墓一次，查勘各屋情形。由田枢机谈话中始知，此墓现由枢机直接照料，驻墓修女系奉命管理及成立小学校者。至于墓中应否修理及如何修理，自有北堂神父管理，修女等有何意见，亦须禀呈主管神父办理。弟知此情形后，心中颇感安慰。盖此墓经北堂管辖，一切自无须惦念矣。特此奉闻，即请释念。

叠奉七月十八日、八月六日、十二日、十八日四函，聆悉贵院首座神长 Dom Jean Delacroix 将于本月廿七日由南京飞沪，小住五日，即于十月三日由沪飞港回欧。嘱弟与之一面，并嘱弟将汽车供其使用等情。弟闻贵院首座神长来沪，能与之一晤及稍尽招待之责，实感欣幸。惟凡此种种，自当先与王、吴两神父接洽后再定。惟弟之汽车，至今尚在运沪途中，大约十月半可抵沪，抵沪后，尚有过关纳税、请领牌照等手续，恐非数日能了。弟若能于十一月中得一汽车使用，已属至速，目前实无从应命，祈谅之。弟晤及王、吴两神父自当道及，想公教中同人定能予一方便。

八月十二日尊函所嘱邮寄十九元五角美金支票与纽约书店，订购将来发行之《世界名人传》之专刊一书，业已遵命如数寄去，支票附于航空函内，于九月十六日发出。

弟在北平小住廿三日，业于本月十二日返沪。在平曾晤王述勤兄，业已奉闻。俟又往访戴雨农［浓］兄。他乡遇故知，已属至乐，况在故乡乎？行前闻锡之兄之案已判处三年，大约明年夏间可以恢复自由，幸乎？不幸乎？据其子云，其精神与身体均佳。专上，余另谈。敬颂道安。

如小弟 符诚 叩

卅六年九月十九日 上海

再，"君室静安"之铜牌，可望交首座神长带上；惟"三慎堂"匾联，拟烦曹润老一书，俟后再寄。

三二一

（1947 年 10 月 27 日）

子兴如兄手足：

不通音信倏已月余，贵院神长德可化神父过平时，在弟处小聚一次，在陆英耕处聚一次。弟将"君室静安"铜牌赶紧做好，交托带去，谅已收到。弟未与之言此铜牌乃赠爱铎神父之物，想德神长到比后，吾兄当与之一言也。不知此项铜牌之做法合式否？三慎堂之匾联，本欲早日书裱后一仝带上，但因请托展转，迟至今日，尚未能办妥。缘曹润老书法亟佳，故恳其一书，藉作纪念，奈值其染病，至今尚未痊可。弟拟再俟些时，如伊不能作书，或另觅书家，或由弟自书。

弟由巴黎运来之家具、汽车等件现已到沪，惟尚未起出，正在办理报关手续，家具一类谅无困难，惟汽车进口限制日严，日有新章，尚不知何时能将报关、登记、领牌照等事办清，而能享用此车。此次家具等运费虽贵，较之在沪置备，尚属便宜多多，如铜床一架较好者，需千万元以上。一只不大讲究普通之沙发大椅，亦需四五百万一件，物价之高，可见一斑。

今日报载颜骏老任为国府委员，是为政府注意老成之表示。日来东三省之战事漫延全境。据报纸所载，共军占领地区为百分之九十一，国军占领者只百分之九，局面严重亟矣。幸陈诚将军应付有方，若能击退此次攻势，即第六次攻势，则大局尚有转机。

昨日陆英耕遣人送来题名册二本，请弟签名，是为运动被选为国大代表，甚望其能成功也。专上。敬颂道安。内子附笔致候。

如小弟 符诚叩

卅六年十月廿七日①

三二二

（1947 年 11 月 15 日）

黼斋老弟如晤：

十一月四日奉十月廿七日来书，读悉一是。今秋皮肤发痒，较往年加甚，且发现斑点。就医诊治，目前斑点退尽，惟皮色尚未复旧。前读《曾文正家书》，得知文正老年患癣疾，或即同病。今得西医诊治，并得良方，亦一幸事，乃得西药之妙耳。据医云，此症颇难绝根，须随时敷药，以免于天气变更时复发，然

---

① 旁注："十一月四日到。"

得此良方，随时防御，亦药为之也。

德神长回院，带到"君室静安"铜刻四字，不独爱铎全家、三姊与伊四人之感动，院内修士、南长、其他同仁之见此四字者，莫不感动，足证我国文化有独到处，行将流传于西方耶。三慎堂之匾联，即请老弟大笔一挥，俾我留一亲笔纪念，宝贵之至。吴德生公使偏重亲笔墨宝，不在书法，实得我心，深有意议［义］，我二人亦可改变陈见矣。

承示巴黎装箱家具、汽车等妥到上海，正在办理报关提取，欣慰之至。国内物价之高，令人忧虑，不知何日始可平复。王仁生神父来院畅谈，如见徐润农兄，凡委托各件，伊力任之，令人百感。盖初次识面，如是亲睦，实难得之人也。

家敏夫人皈依一节，与之接洽，当可渐渐进行，不求急，但求夫人心安耳。托许汇买书、印纪念等费，求老弟便中向王叔若神父清算为感。仁生神父处已将老弟姓氏、地址面告，伊已在怀中日记上记出。仁生神父系震旦大学化学教授，此次来欧考察教务，人品、学问、世故人情可交之友，见解宽大，一切爽快。老弟与之消消［稍稍］接洽，亦可备一公教朋友，何如？附上Fátima① 圣母像，并送夫人一份。匆复。祇请双绥。

　　　　　　　　　　如小兄　征祥手启
　　　　　　　　　三六、十一、十五
老弟及夫人、金龄生辰代祈，又及。先夫人周期亦代祷矣。

---

① 即法蒂玛，后文写作"法地妈"，葡萄牙地名，传说圣母在此地向三名儿童显灵，遂成为天主教圣地。——整理者注

三二三

（1947 年 11 月 28 日）

子兴如兄手足：

自接八月十八日大札后，迄今未接只字，悟念之忱，与日俱增，遥维起居多吉，为颂为祷。

上月初，神长 R. P. P. Delacroix 回比，想早已安抵道院。爱铎神父之纪念铜牌亦托其带去，惟未与之言明此牌系我兄所书赠与爱铎神父之件，只言到比后，陆院长当为解释，不知此牌现已交与爱铎神父否？

弟处诸事安善，惟汽车至今尚未领出，但现已有办法。今日为赶紧付邮计，不便多书，容再续陈，惟望速赐回音，以慰悬系。专上。敬颂道安。

> 如小弟 符诚叩
>
> 卅六年十一月廿八日①

三二四

（1947 年 12 月 8 日）

黼斋老弟如握：

昨奉十一月七日手札，由爱铎面交，得知稽复前函，致老弟不安，罪甚歉甚，尚祈爱吾者不我责而谅我是幸。

---

① 旁注："十二月七日，八日复。"

　　今秋贱躯所感，不独精力衰微，而且兴趣大减，始尝老境味道。向以迎老为乐者，而今亦已送老为得计矣。虽然于数月默想，深思中上智实给我一大觉悟，俗云"人生如梦"，如战局，如战场，今我确知人生一大奋斗耳。拟上联语匾额，求弟大笔乙挥，裱成掷下。三尺对联，"一劳永逸"四字匾，"一劳终身人间事，永逸安享天堂福"。尊意以为何如？尚待酌定为要为祷。求用梅竹花笺，绿色绢为边。

　　附赠巡游世界圣母像一纸，弟一，夫人一（后寄上）作念，我人一切完全托付圣母手中。匆先略复数行，以舒远注耳，余容续罄。顺颂双绥。

小兄征祥手启
三六、十二、八

三二五

（1947 年 12 月 27 日）

子兴如兄手足：

　　今早接奉八日惠书，捧读再三，欣喜万状，藉稔我兄守默养和，不务外事，是真善于养老者也。承告老境味道，至感兴趣。以兄之高年，能体会心境之变迁，非上智不克有此。委书联额语句，更见明道之深，敢不应命。即承不弃，嘱为酌定，敢以拙见奉上。弟拟就兄所撰之语句意义加以调整，使其韵调谐和，故而不失原来旨趣，不知兄意云何？录呈如下：一劳终了人间事，永逸方邀天国福。额语照旧应用之梅竹花笺及绿色绢为边，均当照办。

前委书之"三慎堂陆"之横额及联语"慎思慎言慎行，思主言主行主"，均由曹润老书就，弟已令荣宝斋裱好，另邮寄上，祈查收。弟之字体本不足为作书之用，惟为与兄共处一堂设想，故乐为书额联，使兄视之如弟侍立座前也。此后弟当照旧写信，而兄不必每信必复，二三月之时间，有一字示我足矣，慎勿为复弟信而有劳精力也。

今日午后，弟之汽车亦已送到舍下。早得尊函，晚得汽车，可谓双喜临门。专上，余另谈。敬颂道安。

如小弟　符诚叩

卅六年十二月廿七日①

爱铎神父赐函亦已收到，函中语重情长，令弟感动，祈代致谢。其信面住址之中国字，谅亦为爱铎所书，端正无讹，可贺可贺。

三二六

（1947 年 12 月 27 日）

蕭斋老弟如晤：

圣诞日□□②，左右。早夕为刘、李、陆三氏祈求。圣女德肋撒座右铭有句曰："人生惟靠求祷。祈祷功（下缺——整理者注）"老弟慨助一年之献仪，则一年中之祈求与三方面都可蒙上主之宏恩，俯允所求矣。献仪定价以比币计之，每台廿五佛

---

①　旁注："三七、一、十到。"

②　此处有数字不可辨识。——整理者注

郎，全年计之约在万方之数。倘老弟能助此款或一部份或全部份，小兄当谨诚祈求，为世界、为中华、为我三氏求主降福，而佑庇于无穷期，敢以斗胆奉恳，尚祈大酌施行。匆此。祗请双绥。

附件呈夫人为感。

小兄　陆征祥拜启
三六、十二、廿七

<h2 style="text-align:center">三二七</h2>
（1947 年 12 月 31 日）

子兴如兄手足：

顷奉十一月十五日惠书，聆悉德神长回院带上铜牌，及尊恙得良方，日见痊可等事，读之欣慰。尊函行四十五日始到上海，致使弟疑虑多时，是邮局之过也。承示王叔若神父处之买书及印纪念等费，弟当代为清偿，请释念。王仁生神父见解宽大，赋情爽快，实为一良友，他日回国，定得晤面领教而订交也。

内子皈依一节，弟亦不主迫促急进，惟有顺其自然为是。日来读兄从前赠弟《要理讲论》一书，暇时亦曾讨论教中各问题，目前进步如是而已。弟之汽车亦于日前由海关提出，运至寓中，尚有请领牌照一事，不知须若干时日，得照后即可驶用矣。此次运回各物花费与麻烦，均属可观，而损失毫无，真幸事也。

嘱书之联额，已觅得笺纸，一种以梅花为边，绿而无竹，纸地淡绿，系旧物，写就后加以绿绢裱成，当不至难看，敢云淡雅。弟拟于新年假中为兄书出。前次去函，曾拟更改一二字，经

弟细酌后，仍以采用兄之原句为上。其语义深挚，不宜删改也。承寄之 Fátima 圣母像已收到三份，谢谢。弟不解 Fátima 一字之来源为何，能便中示知一二否？

近来国内情形日趋严重，军事漫〔蔓〕延遍及南北，平津汉蜀皆有骚扰，经济紧缩异常，民人购买之力减少，金融方向管制严厉，银行无法营业。煤电少，罢工多，工厂多停工，损耗重，商人怨，征兵行，农民弃地逃亡，而财政入不敷出，尤为大病，惟投机份子能得大利。此种局面，实不知在 1948 年中如何过去。弟与内子均平安，祈勿念。专上。敬颂道安，并贺新祺。

如小弟 符诚叩

卅六年十二月卅一日 沪①

三二八

（1948 年 1 月 2 日）

黼斋老弟如晤：

兹寄上罗玛宗座新年元旦接见驻教廷外交团晋贺答词节要一纸，又巡游世界 Fátima② 圣母摄影一页，载有每月第一星期六日诵经，以备老弟念诵之用。

春暖，敢烦弟驾亲赴佘山圣母堂，代为朝拜。蒋夫人曾到佘山一游，并面嘱本院副长前往，惜行色匆匆，未克前往朝拜为

---

① 旁注："一、十七到。"

② 旁附圣母像，像上注："家敏夫人赐存。陆征祥敬赠。三七，正，二。"

憾。谅家敏夫人同往一游，必有一番感景生情，而得上主救灵之
宠恩也。皈依一节，不可速成，但求心安魂定，偕弟身后同登天
国，同享永福。必为每晨圣祭中虔诚祈祷，以表区区亲爱之热
忱耳。

王仁生神父来信，据称飞回上海，凡有所托，必为代劳云
云。吾弟便中前往一见，日后讲道一节，或可拜托斟酌进行也。
上海《启明日记》布面本，如荷我弟购赐一册，以察国内刊物
进步，亦客中乐事。专此。祇请双绥。

小兄 陆征祥手启

三七、正、二

三二九

（1948 年 1 月 9 日）

子兴如兄手足：

顷间收到十二月廿七日惠书，邮程十三日，可谓迅速。承示
全年祷告费，每台以廿五方比币计，年须万方，询弟能否担任一
部分或全部分。弟拟担任一九四八年全年祭费，俾吾兄聚精会神
为世界，为中国，为陆、李、刘三姓祷告，祈求太平，惟寄款手
续颇感困难。从前可要求中央银行寄家用，可邀核准。现因外汇
缺少，已不能邀准，法国亦有同一之困难，故必须另行设法，用
非正式手续办理。再者，万方比币今成国币，约为五千三百万
元，一次亦难寄出，势须分作二、三、四起不一定，俟弟探得办
法后，再行奉闻。

前函所言邮寄曹书之联额，因年假关系，稽延至于今日始行

付邮，祈收到示知。至于弟书之联额，虽已书就，但尚未盖章，盖章后即行交裱，一俟办妥各种手续后，即行寄上。专此，余容另叙。敬颂道安。

如小弟 刘符诚叩

卅七年一月九日 沪①

今日为法国航空邮班收件之日，故赶赴邮，何日收到，望示知，以此测快慢。

三三〇

（1948 年 1 月 10 日）

黼斋老弟如晤：

兹附上剪报一纸，小兄读之汗流背脊，曷胜惭羞，谅我弟读之当有同情也。西人自生以来，即生活于公教环境之内，舍身救人，出于至诚，毫无一丝一毫勉强之处，且有一种乐为之气概，可不敬哉，可不爱哉！

昨日报载美都议会讨论津助欧洲十六国之计划，国务卿以去就争，措词慷慨，读之令人钦佩。回溯昔年窗下读《陈情表》《出师表》之感触，无异乎今日读剪报暨国务卿演词之同情者，无他，出于至诚至情，能勿动心乎。

罗玛宗座对一九四八年之预览，曾向枢机主教全体声说其重大关系，小兄亦觉本年之重大，故敢以祈祷为挽回天运之工作，避免世界大乱，蒙承意外特宠，惟有诚心加虔之祈祷耳。前函所

---

① 旁注："一月十六日、十七日复。"

请之献仪，亦可说区区补救之小计划，惟出爱人、爱国、爱主之诚，谅蒙上智垂鉴，而承老弟采纳也。

如荷金诺可否从速汇交驻比大使馆转下尤感，小兄得之即可安心祈祷，而无虑清〔青〕黄不接之虑。盖本年之重大，必有天翻地覆之变更，当无疑义。一言以蔽之曰：必有钉死十字架而得复活之演剧。我辈公教界人有信仰，故能安度此世界重大难关，此后始见黄金世界之暑〔曙〕光，而共相庆祝焉。家敏夫人皈依一节，亦望老弟注【意】早为之所，幸甚幸甚，然万不可逼迫也。临颍神驰左右。祇请双绥。

小兄 陆征祥手启
三七、一、十

三三一

（1948 年 1 月 17 日）

黼斋老弟如晤：

今晨接到一月九日手札（十六日到），计七日飞程，可谓速矣。圣诞后每值新正六日，三王来朝，献黄金、乳香、殁药于圣婴，献仪聊表敬主孝意。老弟慷慨担任全部，不独表示孝思，且成全小兄爱主热忱，感之谢之。

承示寄款之难，由弟用非正式手续办理，分作二、三、四次汇下，全听老弟斟酌进行，迟早毫无关系。既经老弟允诺，小兄便中向南长、爱铎轻轻一提，使彼二人欣悉老弟热心公教，尽忠救灵，加增伊等之敬爱，小兄与有荣也。

王叔若神父每次来航函，七日必到，为之惊愕，伊用此法明矣。附上广告，如荷购赐，感盼之至。今年通信用红水，以表欢乐，亦寓追念致命军士之为国牺牲，并代祈忠魂早归天国。袛请双安。

小兄 征祥拜

卅七、一、十七①

三三二

（1948 年 1 月 18 日）

黼斋老弟如晤：

昨奉十二月卅一日沪函，内附 Avignon château des Papes，②读悉谢谢。前函迟到，致我弟挂念，现已释慰，甚快甚快。人生在世难得者，兄弟同心，夫妇同梦耳，此外皆世故人情之俗见俗风，未可过责也。

汽车既已提出，嗣后到银行、出门拜客，亦可多一快心事，小兄亦得一同乐焉。运沪各物完全收到，可喜之至，全赖老弟办事周到细心所致，小兄深信无疑者，此也。故银行得斯人而信任之而重视之而爱护之不已也。天各一方，同心兄弟未克早夕相见，此乃美中不足，能得亲笔墨宝，大慰大快我心矣。

Fátima 来源近乃得之，为弟述之，亦一奇事也。回教 Mahomet 生于 La Mecque，③公元五七一，死于六三二年。当时回教强盛，占领葡萄牙全境。有爱女名 Fátima，随父来居葡国境

---

① 旁注："此信十七早发。"

② 教皇阿维尼翁城堡。

③ 穆罕默德生于麦加。

内，女有贤德，人民爱戴，留此大名。现圣母玛利亚显现于该地，得此名称，乃上主安排，更可见我人在世之命运，自生到死，无一事不由在天大父所预定者。盖大父爱人，如家中父亲之爱其子女，父为子谋，亦无事不为打算周到也。质诸老弟，以为何如？

承示国内现情，令人杞忧，惟有信□□①现代之救星耳。世界幸甚，中华幸甚。祇请双安。

小兄　征祥手启

三七、一、十八

附上剪报乙纸、三王来朝像乙纸。

三三三

（1948 年 1 月 30 日）

子兴如兄手足：

一月十日来函，又明信片无年月日，均已收到。王仁生神父处，俟稍得暇，即行前往拜访，因近以行务纷杂，大费筹思也。委办各件均已分别办讫，详告如下：

（一）比币一万方，已函美国银行如数寄交驻比金问泗大使代收转交。弟知金大使现不在比，请兄便中函托比馆瞿纯伯代使留意，如有由美寄到之款交兄名下者，请其代收，设法转交为是。目前国内无法向国外汇款，去年尚可向中央银行申请外汇为留学用、家用等等，现已不能。此次比币万方，系特别由美

---

① 原函此处被裁去数字。——整理者注

设法。

（二）王叔若神父处印刷纪念片三种，共需款五百二十万元，亦已照付。从前印刷费用，据王叔若神父函称，已由会长神父助赠。

（三）《启明日记》一册，及弟所书之"一劳永逸"联额，于裱好后均已邮寄尊处。关于联纸一层，本拟照兄所嘱，觅取梅竹花笺（绿色），但此类花笺遍觅不得，荣宝【斋】只有浅绿色梅花边，重种笺纸尚系旧存之物，故弟用之，勉副尊意。至于联文，弟复行加以推敲，改为"一生劳瘁人间事，永久逸安上界福"，不识尊意云何？

（四）委购之《朱子读书法》一书，已托一书店代觅。据云此书虽有，不大流通，已嘱其觅一木板大字者。容觅得后，即行邮上。匆上不尽，余容另谈。专此。敬颂道安。

如小弟 符诚叩

卅七年一月三十日 沪①

三三四

（1948 年 2 月 7 日）

黼斋我弟如晤：

今晨五时起，连复数行，以表感忱。此信一月卅日由沪发，二月六日到达，可谓迅速，快慰之至。承示各节，心领感之，我弟办事津津［井井］有条，此等诚实，忠于事、爱人真如己之

①　旁注："二月六日到。"

居心，斯世斯人，我何人斯，而结为异姓兄弟，然弟之爱我出于至诚，而我之感弟实无以言喻，惟有彼此心照耳。

　　世界不安，人心不定，今日不知明日事，一言难尽。小兄所以征求献仪而加诚祈祷者，出于悲天悯人之区区微忱耳。或邀天宠而免战祸，世界幸甚，人类幸甚，尚祈代祷，神驰左右。顺颂双安。

小兄　征祥拜启

三七、二、七　五时写

三三五

（1948 年 2 月 7 日）

繍斋老弟爱鉴：

　　三王来朝献黄金礼，乳香、殁药，以表崇拜敬尊之忱。献仪之礼，由来久矣，吾弟万方厚祝，必蒙圣婴降福 100 倍偿之也。小兄受赐多多矣，感甚感甚。难以言语譬喻，惟有彼此心照耳。

小兄　征祥识赠

三七、二、七

　　合淝李氏，中华望族，如蒙天主圣召，全族皈依，祥日夕祈祷，李氏之幸，亦新中大幸。家敏夫人赐存。

陆征祥敬赠

三七、二、七

三三六

（1948 年 2 月 25 日）

黼斋老弟爱鉴：

润老墨宝前日递到，展诵之下，如观老友，快慰之至。挂在卧室，日夜心维，对越我主，翕合圣旨，庶几近道。祈求乃修士之职，值此世界不安，人心不定，是非不明，善恶不分，难以辨别，莫知适从，我辈公教信友既信仰耶稣，惟有始终随从，救灵，救人，救国，救世界，人类幸甚，文化幸甚。

本年圣祭中，求主降福，民族避免战祸；刘、李、陆三家存亡，求主特别恩佑。神驰左右，诸惟心照。祇请双安。

小兄　征祥手启
三七、二、廿五

三三七

（1948 年 3 月 5 日）

子兴如兄手足：

贰月廿一日接二月七日惠书，读悉种切。近因行务纷繁，未能早日裁答，至为不安。来书中对于弟之代办各事奖勉备至，闻之增愧意。自海牙识兄时起，结交已四十年，友好情感与日俱增，诸承爱护亦无微不至，愈思而愈增感奋，况兄之意志，为国为民，虽在退隐之界，未忘拯救之心。弟蒙手足之谊，宁同木石，能不稍尽棉［绵］薄以成我兄之愿望，幸勿齿及以增歉作为盼。

日前王神父寄来新印神像三种，每种十张，并附收据一纸，谅是货款两清之意。近来检点往返信件，找出明信片一张，正面系文忠公游和兰受招待七绝一首，即"出入承明五十年"之诗，背面有兄抄寄铭词一章，亦系为文忠公而作。不知此铭系刻于铜像者，抑刻于铜章者。敢祈便时如尚记忆，请将原委示知，以增李氏家族文献之史略。

兹将铭文录左，以备参考：识公伊始，惟俄旧都。奕奕伟望，宸辉寰区。今兹和会，怀念前模。倘公健在，遄奋宏图。皖山不骞，淝水不枯。铸金而事，冥漠相孚。民国九年陆征祥泐铭。谨献录呈黼斋老弟正之。名正肃。卅五、十二、廿八

专上，不尽一一。敬颂道安。内子附笔致候。

如小弟 符诚叩
卅七年三月五日 沪①

三三八

（1948 年 3 月 15 日）

黼斋老弟如握：

三月五日惠书暨"一劳永逸"墨宝先后递到，喜不可言。悬诸座佑［右］，永以作铭。书法劲秀，大有一番领［临］摹工夫，足见昔年窗下苦攻之一斑。海外得之，如亲丰仪，重洋远隔，天各一方，不知何年何月何日再得把晤一室，促膝谈心矣！

回忆先室病故，文肃遗言如鸣耳鼓，恍若当年受教之日，当

---

①　旁注："十一日到，十五日复。"

即电请辞职，毫无踌躇。且思倘蒙圣召，脱离外交界，进入文化界，以残年贡献民族，显中国之亲，即尧舜文武孔孟先王先哲，广大中国门户，故小兄为国为民之大志，隐寓在决心辞职之一电内，今为老弟识破。读来书"况兄之意志，为国为民，虽在隐退之世界，未忘拯救之心"，此二语将我隐衷揭示泄漏尽净，可谓我之知己，可谓我之益友，可谓我之爱弟矣！海牙相遇，出诸上智之安排。今我二人四十余年之友谊，且结为异姓兄弟，互相敬爱，互相成全，亦非所能预料而逆知者。

承询手抄铭词一节。巴黎和会，追念文忠至再至四，惜无文忠之威望，失败归国，无限惶悚。到京后，即以追慕之私，作一小铭，敬献文忠在天之灵，以表昔年垂青感忱。先墓迁北平，亲到上海伴送灵柩，曾往拜前驻奥公使李经迈，面赠铭牌。伊深为感动，并说"当将铭牌恭悬文忠家祠，与前在马关被刺血迹马褂留衣对照为永久记念"等语。为弟述之，亦一快心事也。

兹有恳者，另封寄上《回忆感想录》英译二册，一册奉赠作念，一册恳面送前商务印书馆总经理张元济先生，号菊生，卅年前海牙使任内认识，当时菊生先生前来欧美考察海外出版品。倘菊生先生能将此英译翻成中文发刊出售，仿照《二年禁宫生活》办法，请伊斟酌办理。盖美国公教司铎来函索取汉译，以便分送华侨子弟之生长海外缺少祖国教育根底者。望弟一面函询天津曹润老，缘此英译前日曾寄伊处，托伊觅一"英文通"译成中文，送交《大公报》发刊出售。或由商务印书馆办理，或由《大公报》出版，两处能得一处办理，故送菊生先生前先与润老接洽，不可两处同时进行。润老与菊生先生谅亦系老朋友，我不妨直告润老斟酌办理。总之，此书翻成中文，于我现代歧途青年不无补益，未识弟意以为何如？而小兄爱国爱民之愿，亦可略偿一二于国内社会。和兰、瑞士、义大利、西班牙四国书店争相译成四文，出售较广者，瑞士为最，和兰次之，义大利次之，西班牙又次之。英译三月十二日出版，伦敦书店担任分消［销］美国。据爱铎悬揣，英译消［销］路不下德译，盖丹马、诺威、瑞典等国，均喜读英文书籍故耳。张菊生早已引退，年岁当与小兄相同，送此书以志不忘老友。倘伊能介绍于后任经理者，亦可借重伊一言九鼎之力。尚祈老弟分神代筹，酌定进行。事关刊物，万勿求速，相当时光虽不可少，且多予以时间，刊件更可精善，如伦敦英译为五国之冠，亦一证也。

致小兄精力方面，目前衰微加增，无力立祭，惟能坐祭，罗玛礼仪部业已允准，亦公教司铎晚年之加恩特许。致［至］于饮食，亦见减少，多食胃纳不爽，好在老年戒多食，亦医士所乐劝而敦嘱者也。目力并不见减，思想方面仍觉奋兴。世界现状，毫不为动摇，盖我乐观出于信仰，而小兄之信仰蒋主席，一如望Messie①一样，每日为主席夫妇祈祷，一如中华之国父国母也。

廿年来所私心求祷者，亚洲 Albert Ier②暨中华 Mercier。③ 此求蒙主俯纳，前者为蒋公，后者为于总主教。致田枢机一席，乃上主恩上之恩，未敢祈求者也，而小兄之心花朵朵全开，前耳闻教廷将有恩命加诸祖国，未敢深信，现已目睹，何等快愉，何等安慰，何等幸福！小兄实为四万万人民之福人焉。敢告老弟，不可为外人道也。海外桃源，海外福人，此我之"八字"、我之命

① 弥赛亚，救世主。
② 亚伯拉罕一世。
③ 救主。

运，将为祖国之八字、命运也。祇请双安。

如小兄　陆征祥手启

三七、三、十五

三三九

（1948 年）

黼斋老弟如晤：

今晨写信王仁生司铎，介绍我弟夫妇，并恳托遇有机会，引导家敏夫人皈依公教，救灵登天，同弟共享永福。盖贤夫妇可以信仰不同，而身后不免同享天国永福，此系夫妇大事，不可以不加思虑而忽之也。

王仁生神父年约四十岁，十八岁皈依公教，后入耶稣会，现充震旦大学理化学教授，兼该校精神导师。此次来欧，作中国耶稣会代表考察教务，晋谒宗座。来院住宿，一见如故，小兄见之如见徐润农兄本人。在华各事，已面托之。我弟有意与伊往拜接洽，亦一可交之友也。又王叔若神父处有应付刊件零账，望便之清付为感。

窃思一九四八年，即中华民国实行宪法政体，是五千年来莫大之进步。小兄前请之献仪，为数颇佳，然为刘、李、陆三氏存殁之求福，敬望我弟全部担任，在天大父及三氏亡灵必含笑感谢也。此我二人之"孝思不匮"之表示。弟以财力，小兄以心力，二者全矣，尚祈原宥是幸。凡三氏存者，必得恩宠，我三人必得健康，神灵愉快也。祇请①

---

① 以下缺失。

三四〇

（1948 年）

黼斋老弟爱鉴：

昨日奉上寸笺，略说还愿一节，法的玛圣母塑像铜质者三尊，石膏者五十尊，非磁质者所费约在六千佛朗左右，加以寄费、包固费，非专门包封铺办理不妥，约在一千佛朗左右。现在开列清单，计算石膏者尚须添塑廿五尊。盖廿余年来，公教教育男女学校及慈善事业来函通信者，陆续加赠。爱铎之意，送以塑像，影响不可预量。他日我有所请，必可收回捐款。如荷老弟慨加捐助五六千佛朗，则感荷不尽矣。爱铎以此机不可交臂失之，故敢冒昧上闻也。

相老原函及翻板〔版〕一千份均到，谢谢。祗请双安。

小兄　征祥手启

爱铎之意，病后有所请求①

三四一*

（1948 年 3 月 26 日）

月之十一日午后四时，巡游世界 Fátima 圣母塑像莅院，全体修士出院恭迎，接入大礼堂，停驻一小时。祥乘机为祖国和

---

①　原信以下模糊不识。

*　此件系附赠印刷画片。

平、世界安全加诚祈求，文化幸甚，人类幸甚。附赠圣母塑像摄影，载有宗座庇佑十二世祝文，敬请赐存作念，并颂日祉。

陆征祥谨识

三十六年圣诞

国内教士、修男修女祈祷，亦追随甘地之后也。

夫人惠存。

三七、三、廿六苦难日

三四二

（1948 年 4 月 13 日）

子兴如兄手足：

读三月十五日惠赐长函，愉快万分，一则在此四页之函中，约知兄之数十年来出处大节，及吾二人订交之经过；再则得知我兄之思想依然兴奋，是为长寿之征。虽然力气稍逊，终不如精神盛旺，诚如尊论，乐观出于信仰，要亦我主所赐也，贺贺。

承嘱英译《回忆感想录》译汉一事，自当遵照指示办理。现此书尚未寄到，俟收到后，先与曹润老接洽，视彼处有无办法，再向商务印书馆或《大公报》方面进行谈判。闻润老有于月底来沪，为伊长亲安葬之事。果尔，当与之面洽，以后如何决定，当再报告。

前寄祭费，至今（三月十五日）未蒙入收，深感歉疚，不知现时收到否？弟之寄款系在本年一月，嗣得纽约银行通知，知已于二月三日寄，由比国昂非斯银行转交，推测迟迟原因或由弟之过于小心而起。缘弟初未明了此项祭费是否公开，故未敢直寄吾兄名下，而嘱银行寄交驻比中国大使金问泗转交。纯孺在古巴开会，使馆不接头，或有稽延，亦未可知。兹将纽约银行通知出账单一纸附上，祈查阅。如于收到此单时，吾兄尚未收到此款，即可根据此单向驻比大使馆或昂非斯银行追查，查明后此单可不必寄还，弟处尚有一副本也。如果尊处查不清楚，请示知，弟再向美方追查。

弟之银行改组事，因中国方面不赞成法方提议，故仍照旧办理，惟内部少有变更，无关大节，请释念。此颂道安。内子嘱笔敬候。

如小弟 符诚叩

卅七年四月十三日

敬告者，小女金龄于四月六日在纽约举一女，取名穆（姓）明（名），即 Bili Clara Wuller。

三四三

（1948 年 5 月 4 日）

子兴如兄手足：

承赐英文板［版］《回忆录》，业于前日收到，谢谢，赠张菊老之本亦同时收到。昨日晤葛君中超，张菊老之亲属也，留美多年，汉文极有根柢，现在新华银行任事，谈及译事，伊颇愿担任。弟意此事须与张菊老谈后再订，但弟现所欲知者，为从前尊处发行各本，在何种条件下双方成立协定。譬如现与商务印书馆成立一包办性质之契约，凡翻译、印刷、发行等等，均归其一手经理，而著作人之权利应如何配给，如兄能示一大概情形，谈判时亦可以资借鉴。

前奉比币款项，不知收到否？殊深悬系，前函所言金龄所生之女命名一事，现有变更，因其大家族中之纪念关系，定名为Antoinette，缩字为Toni，此名为准，前（Clara）名取消，知关远注，特以奉闻。

外交旧雨沈彦候（成鹄），由平移沪已有年余，上月廿七日早六点，家人在浴室内见其卧地而亡，廿六日晚尚谈笑如常。如此死状，生者既不受累，死者亦无痛苦，是真大福。

颜骏老近因社会事业太多，顿感疲倦，常有怦［怔］忡之患，医士嘱其休养，故已谢绝一切酬应，闭户读书，其最近被选为立法委员，亦拟不就。匆上。敬颂道安。内子嘱笔致敬。

如小弟 符诚叩

卅七年五月四日①

三四四

（1948 年 5 月 13 日）

黼斋老弟如握：

奉五月四日惠书，欣悉夫妇健康，大慰私怀。小兄新病之后，初次执笔，停止圣祭亦五十九天。现在调治静养有效之时，持写数行，以慰远念，万勿挂念是祷。

承示译书及询条件，在比发刊出售等合同，由爱铎一手经理。伊称在中国既未加入板［版］权公约，一切可照现行条律办理，即请老弟全权接洽，并明告张菊生先生，将翻译出板

———————

①　旁注："十二日到，十三日复。"

［版］等权完全归商务印书馆独行独断。如有分红，由弟收受存沪，以充零星用度可也。此译目的，全为应付在美传教士之请求，全为华侨子弟之读物，略识孔子孝道为中国上下，自元首以至平民立家立国之根本道德而已耳。

小兄承先师许公之遗教，借此小册子，以修正西人不平等待我中华五千年古文化之意而已耳。敢告老弟，并恳转告曹润老为祷。文肃公曾告小兄曰："西人轻视中华文化，重视腊丁、希腊并埃及等文化，他日倘有机会，汝当在不知不觉中，调整修正之，勿忘。"等语，今日乃其时耶？匆复。祇请双安。

小兄　陆征祥手启
三七、五、十三

此次病中，恳求玛利亚圣佑庇，并闻润老来信，感之，恕不另复，乞恕乞恕。

三四五
（1948 年 5 月 14 日）

（前缺）前日打针，以助年老人早日复元，补剂有效，胃纳渐渐见好。院中厨父特别设备食品，每午餐加饮酒少许，盖酒乃老人不可少之牛乳也。"Le Vinest le lait des vieillards"。[1] 此病与十三年前所患之 plecuiésie 肋膜炎轻多矣。叩圣母佑庇，不致另生枝节，谅可稳度而延残年也。惟以后于食品、寒暖、起居，

---

[1]　酒是老人的乳汁。

用心用力，处处加以节制。院中已派学习班二人，伺候左右。爱铎一心一意，一变而为我之看护 garde malade①，其忠诚令人深感而永不忘，亦上智所赐也。恳我老弟同祷谢主。

献祭之款，加以金、顾、谢三大使之款，约计一万七千方。拟请美术家作 Fátima 圣母像分赠亲友外，并恭呈比国母后及□□②，以偿病中许愿，谅可蒙献祭旧友之允诺也。本款原意与院长接洽后，充作慈善会之补助，现以移作还愿谢恩，当蒙圣母慨赐俯纳而降福于各友之家庭于无穷期也。并已先闻而得老弟之同意，幸甚幸甚。专以布陈。祗请双安。

小兄 陆征祥手启

三七、五、十四

献仪支票收到，深感谢谢。金大使尚未回比，谅不在远矣。三王来朝献仪之礼与圣婴同生。祥识三七、五、十四

三四六

（1948 年 5 月 15 日）

黼斋老弟至爱：

连上两函，或先达，或同到。细思此次之病，乃上智所安排，令我注意于食品、穿衣、节劳、自卫自身之各节，而勿粗心大意而不自觉也。倘蒙 Fátima 圣母加以佑庇，则新力更生，返老还童，亦未可知也。

---

① 病人看护。
② 原函此处被裁去数字。——整理者注

兹读润老来信，欣悉伊留申有四月之久，我弟得此机会，畅叙旧愫，羡羡。润老来信提及译书交《益世报》一节，谅以公教刊件，由《公教报》出版，当可广销。惟此书之作，实为宣扬孔教，争取文化平等地位，文肃公用意之深且远，令人拜倒者在此。嘱小兄加入修院，晋谒教宗，实为入穴探虎之计。小兄二十年来之联络宗座比约十一世及比约十二世者，以达此目的，先师必含笑于地下也。望秘之而密告润老，以贡一粲可也。故此书应由商务印书馆翻译出版，免有公教气息，而各界人士反不致以宣传公教之书疑之而一读焉。

爱铎抄示各文之译本一纸，昨函奉上。不出四年，译成五种文字，法文出版达二万八千册，其他英、德、荷、意四文之出版，由各书店之惯例（新书出版之例），谅可达八千或一万之数。此乃上智安排，非人力所能办到，且所敢希望者。直质老弟，谅必为之奇异而代祷代谢为祷。润老处代为致谢致意，恕不另启。祗请双安。

如小兄 陆征祥手启
三七、五、十五

润老有意漫游美欧乎？金龄侄女贺贺，愿代致贺尤感，名正言顺，各国重视也。

三四七

（1948 年 5 月 20 日）

黼斋老弟爱鉴：

叠上三函，谅登记室。值此实行新宪之纪念日，开五千年之

新纪元，立亿万世之磐石基，上下欢腾，中外同庆，神驰左右，同忻同贺。

十五日函内"孔教"二字，应改为"孔子哲学"四字。前恳代觅《朱子读书乐［法］》，未识书店有回信否？念念。《日本半月记》便中购寄尤感。润老处代为致意。新病后每日节劳，未克多写，乞恕。夫人前叩安。祇请近安。

如小兄 征祥手启

三七、五、廿

三四八

（1948 年 5 月 22 日）

黼斋老弟爱鉴：

我国普通口头说儒释道三教，然孔子哲学家，非宗教家，现所争者，哲学家之平等待遇。辣丁、希腊哲学家与中华孔子哲学家理应平等待遇，故不得不调整者也。

金大使回华述职，我弟当可面晤。献仪一节，谅可面洽矣，特闻。祇请日安。夫人前叩安。病体尚未复元，未知何日重行××。①

如小兄 陆征祥手启

三七、五、廿二

---

① 原文如此。

三四九

（1948 年 5 月 25 日）

子兴如兄手足：

前因参观张大千画展，购得模绘敦煌石室壁画一套，计十二幅，此虽石印，藉可窥见中国文化之一斑。知兄暨爱铎神父爱好中国古迹，故即寄上，谅不日可达左右也。

曹润老业于本月十一日由平乘飞机到沪，是日适值弟有要公赴京与财政部接洽行务，故未能迎迓，仅于弟回沪后始能晤谈。润老康健如常，精神矍铄，且较前丰满，惟牙齿已不齐全。谈及吾兄，备加质询，关念之切，自非泛泛可比。弟据所知者，详为答复。谈顷，并及于翻译尊著《回忆感想录》一事，润老虽有意将该英文交《益世报》译印发行，但尚未得暇进行。弟当以拟由商务印书馆承办之计画告知，请其允由弟手经办，不必分神矣。

承寄法地妈圣母像三张之大函业于廿日收到，十五日比国发，二十日上海收，可谓神速。函中所言不交《益世报》承办之理由，弟认为亟其正大，现既与润老谈开此节，当无问题。惟函中所言已寄之二函，至今尚未收到。弟既与润老谈明译印之事后，即设法访谒张菊生先生。菊老年事已高，必须预先约定，已托友人代约，于星期一廿四日早十钟会晤。

在此等候期间，适奉本月十三、十四两日大札两通，计法地妈圣像八片。读之备悉我兄此次染病经过及痊愈情形。以我兄之高年，能于此恶疾中安然脱险，谓非圣母保佑得乎？此后对于饮食起居，诚如尊论，宜多加小心，虽有圣母之庇佑、院长之爱护、爱铎神父之照顾，仍不能不服从自己之精力。过于好强，忽于检点，是为高年人之通病，望加意避免。承询同人捐款用为圣母塑像一节，弟完全赞同，请兄自作主张，幸勿客气。

昨早十钟，弟准时如约往谒张菊老，菊老指书上题字而言曰：陆院长之字体仍如是，清劲不似老弱之象，其精神定必旺盛。对于我兄之起居详细垂询，并言及宣统二年与吾兄在海牙初次会见之历史。言及译印《回忆感想录》事，弟将尊意略为谈明：（一）书中感想多偏重于礼教，且非为公教宣传之作品。（二）非为谋利，故凡一切费用均须由发行者（商务印书馆）担任，如能予著者利润固佳，然无条件也。菊老答以，伊在商务印书馆内只有董事之名，而不管理事务，容与主管人商谈后再行答复，然伊必竭力促成，以副吾兄之期望。是此事之初步根基已定，俟得菊老回信，方能确定其成功与否。

曹润老之双亲及其夫人之安葬事，已于昨日办完。此后，润老可在沪居住矣，大约住期有三四个月之久。拟于日内往访，将吾兄之最近情形告之，免其惦念。

昨日有法国飞机返法，此函即搭此机，盼其早日到达左右也。弟等均平安，祈勿念。专上。敬颂道安。

　　　　　　　　　　　如小弟　符诚叩

　　　　　　　　　　　卅七年五月廿五日 沪[1]

---

[1]　旁注："六月二日到，六日复。"

三五〇

（1948 年 6 月 1 日）

子兴如兄手足：

　　五月廿五日曾上一笺，谅蒙鉴及。近接五月廿二日赐片，知健康仍未完全恢复，殊深悬系。日前乘天气晴朗之便，驱车至佘山教堂，在圣母台前为我兄祈祷圣母多加恩宠，早复原状，许兄能于不久之将来登台献祭。佘山之行，亦为吾兄所嘱，不知何故拖延至今。弟近于公余之暇，清理赐函与纪念画片等等，因战事关系，诸物分散，至今始得稍之集中，然从前所留于北平者，仍未能着手。

　　张菊老处尚无消息，曹润老订于下星期一日来弟处晚饭。行宪内阁政府已于今早正式任命，除行政院长翁文灏、副院长顾孟余外，其余各部多为旧人蝉联。

　　"共匪"破坏日益加甚，北平附近西郊飞机场曾被攻袭，傅作义将军虽忠勇多谋，闻其器械并不精充，而财源大感枯窘，市面商情备受限制，有日感萧条之象。经济薄弱，购买力微，而生活日趋高贵。五月份之生活指数，工人为三十三万七千倍，即一女仆有十元工薪为底薪者，须付三百三十七万元，小民困苦可见一斑。

　　弟之书此本为报告消息，望兄毋为之虑，且不必答复质询，以免劳神，并祈于起居上多加小心。兹附上舍下照片八帧，为我兄暇时展览，以抵促膝之谈。专上。敬颂痊安。内子附笔致候。

　　　　　　　　　　　　　　　　如小弟　符诚叩

　　　　　　　　　　　　　　　　卅七年六月一日①

————————————

　　①　旁注："九日到。"

三五一

（1948 年 6 月 6 日）

黼斋老弟爱鉴：

奉到五月十五日由沪发函，六月二日递到，亦可谓速矣。承示译书、往谒张菊老、润老来上海安葬先人各节，详详细细。老弟办事细密周到，足见精力、经验有进无退，亦一确实寿征，而小兄享用之心感无涯矣。

译书事出于他人之催促，在我可办可不办。我弟进行，如商务印书馆审查后拒之，尚可向《大公报》接洽一试，两处无效，置之可也。

日来发生小小枝节，左耳闻心跳时速时缓，速时在立走时，坐下即缓。医称心部并无裂痕，安心静养，仍以强心针继续治之，另加一药，名 Luciriccardine。[1] 知关远念，特以奉闻，以释弟念。

小兄进院在学习班时，追念许文肃公、先室、先父母，商请神长俯允刊印纪念三份。兹检得旧存之件，加以宗座法的玛圣母像附上，便中转赠润老。适伊来沪办理葬事，慎终追远，孝思不匮，敬佩之余，敢以奉赠，聊表微意耳。

爱铎看护，日夜敷药，并在厨房注意食品。天主安排，俾小兄得此忠诚同事，既同心同德，复于情逾同院同志中获得良友，令人感激难言。便中来信代致感忱，伊必十分愉快也。祇请

---

① 露西卡定。

双安。

如小兄 陆征祥手启

三七、六、六

三五二

（1948 年 6 月 11 日）

子兴如兄手足：

日前寄上《日本半月【记】》一册，谅可不日寄到。《朱子读书法》一书，尚未物色到手，现在寻觅中，如沪上无此书，拟在津托人寻觅，谅可买到。

译书事张菊老处尚无答复。弟以为期不久，未便即行催询，拟稍后再说。曹润老到沪后，只见两次，酬应甚多，日不暇给。弟曾约聚，因约者拥挤，已改期二次，好在知交有素，彼此均谅解，拟俟骏老由津返沪后再行约集。

弟于上星期内曾徇内子之叔父李荫轩（国森）及其夫人之约，赴苏州小游一日。苏杭俗称为"中国之天堂"，言其美丽富庶也，然若与欧美之游历区比较，相去远甚，但天赋美景，确较在人为者之上。如灵岩山、天平山、虎丘、狮子山及天平山下范文正公祠堂前之枫树，高插云天，大可数围，真绝迹也。其最令游人不快者，为乞丐之多而贪，骄［轿］夫之争资纠缠不已，大路上之军队四集，并有兵民横搭汽车之恶习。弟之感想为，凡此种种，皆表现出小民痛苦，政治不良，处此乱世，不应享受太平之乐而已，不知兄意云何？

近来贵体恢复之功何似，千万不可急于求效，以一时之精神振作，而误认为全部复原，是最危险之事。对于献祭一事，尤须慎重行之，欲速不达之言，愿兄奉为目前箴训。至于与弟通询一事，便时赐数字可也，慎勿多书劳力，是盼。专上。敬颂道安。内子附笔问候。

如小弟　符诚叩

卅七年六月十一日　端阳①

弟之印章，古今皆有，虽不多，亦有足观者，嗣后拟于函中隙地印出一二，以为我兄病中怡情之一助，未识当否？

"二忘书屋"。孔子曰："发奋忘食，乐以忘忧，不知老之将至。"弟亦一不知老之将至之人也，故以"二忘"名吾书屋。

"暂憩轩"。陆放翁诗："暂憩轩窗仍汛扫，远游书剑亦提携。"此二句最为弟所欣赏。抗战之期，沪寓狭隘，而收拾静洁，诸无零乱，是第一句诗意也。抗战以前，往返京、沪、汉、渝、法、美等地，每行必携一大箱或一小箧之书画文具，亦放翁第二句之诗意也，故以暂憩轩名吾沪寓。

三五三

（1948 年 6 月 15 日）

繡斋老弟如握：

九日奉六月一日手书，暨相片八纸，捧诵之下，曷胜神往。爱铎看护殷勤，每日上午、下午临睡时复来敷药（止痒之药），帮助上床后，灭灯而去。

---

① 旁注："十八日到。"

承赐相片八张，一一见示，彼甚欣喜。新寓布置，恍然亲睹，此照相术所赐也。佘山巡拜之礼，三家（刘、李、陆）必沾恩泽无疑。老弟此行精神上必增无限快慰，代求病痊，甚感甚感。

承示国内近情，读之甚感。可歌可泣者不独中国，世界各国之内情莫不同病相怜也。

《朱子读书乐［法］》书店觅得否？兹附启明书局《四书读本》《怎样自修英文》，如荷购赐尤感。现在卧椅上以读消遣，亦静养中之乐事也。润老处问好。匆复数行，不尽欲言。祇请双绥。

如小兄 征祥手启

三七、六、十五

三五四

（1948 年 6 月 23 日）

子兴如兄手足：

奉六月六日大函，知兄近有小小枝节，耳鸣心跳之症，读之不胜念念。幸医师诊视后，云无裂痕，差以为慰。吾兄以如此高年，请以静养为本，偶不介意，过劳过思，遂致影响健康，是亦常情，务祈毋过劳思，遵医师指示，加意调养，定无大患，祈注意，是盼。爱铎神父处，亟愿函谢，俟稍得暇，即行泐函送上。

日前晤曹润老，言及《朱子读书法》一书亟难寻觅，拟为托北平旧书甫［铺］代觅。承寄润老之纪念片三份，已面交润老，嘱为致谢。

近数日因开会等之公事稍忙，为赶午前法国飞机之便，草此数行，以寄遐思，余俟暇时当作长谈。专上。敬颂痊安。

如小弟 符诚叩

卅七年六月廿三日①

此二章为季璋兄刻。

三五五

（1948 年 6 月 26 日）

子兴如兄手足：

奉十五日惠片，聆悉种切，贵恙有名医诊治，有爱铎神父亲为服侍，弟闻之甚慰，惟不识心跳耳鸣之症，现已痊可未。

前承惠寄曹润老之纪念片三种，为其安葬长亲等之献仪。润老受之，亟为感动，嘱为致谢。

昨日寄上《四书读本》一部，《怎样自修英文》一册，祈查收。前接尊片，有金纯孺大使回国献仪之事，可面洽云云。纯孺至今未闻有到沪之消息，而献仪一事，弟亦茫然，望便中示知一二。

兹在卷中，找出马老夫子致兄亲笔函二纸，特附缴此件。曾于战前石印若干份，千份？五百份？寄上，不知收到否。专上。敬颂痊安。附信二纸。

如小弟 符诚叩

卅七年六月廿六日②

---

① 旁注："卅日。"

② 旁注："七月二日到。"

"荩忱长寿""黼斋长寿""静澄轩藏书"三章均为林季璋兄刻，其第二章尤具巧思。

三五六

（1948 年 6 月 29 日）

黼斋老弟爱鉴：

前日接到张大千《敦煌石室壁画》十二张一套，封固甚妥，毫无损坏，得之宝贵。爱铎欣赏之余，往示本院修士美术专家阅之，不忍释手，赞美不置。

奉到六月十一日来信，承寄《日本半月【记】》一册，汇寄尚未递到。《朱子读书法》如在津托人代觅，或可获到此书。前由润老在北平琉璃厂觅得寄下，惜悉毕利交通为战事忽然发生，迄未寄达，遗失半途，无任叹息。便中告之润老，并代达谢忱。承赐千佛朗，亦未收到，尤感盛情不置矣。读书有缘，此书与我无缘矣，然我必愿一读也。失之于润老，得之于老弟，更加有趣味矣。

承示二亡［忘］书室、暂憩轩印戳，并加注解，甚感甚感，当珍藏之也。前赐新寓相片八张，宝之藏之，与爱铎二人细细阅之，恍登楼身历，快愉难言。此相片所赐，较之描写胜万万矣。

贱体近经治心专科复加诊治，并以摄影之法治之，拍出相片显示无裂痕。惟开一新药名 Achiamide，十九日开始服之，胃纳颇好，堪以告慰耳。匆奉数行，以舒远念。祗请双绥。

如小兄 征祥手启

卅七、六、廿九

三五七

（1948 年 7 月 4 日）

黼斋老弟爱鉴：

　　接奉六月廿六日手札，印有"芨忱长寿""黼斋长寿""静澄轩藏书"三戳，可宝可爱。当即见示爱铎，彼此欣赏之余，彼欣欣然，特写一书，将病中过去详情报告老弟，当可先此达览。

　　金纯使上海住址现由瞿代办函告列下：上海辣斐德路桃源坊六十号 H. E. Ambassador Wunsz King，60 Lane 1295 rue Lafayette。献仪一事，已函托瞿代办详查，已有头绪。此款早已到比，业已登入纯使存款名下，谅在个人私款项下，现由代办去信探问，不日当可得复，划归敝处，转交比京友人矣。

　　病中躺椅需要活动小桌，以便饮食、看书、写信之用，已由比友觅得代购送来。致食品之需特别备用者，业经爱铎商请支应神父另为购备。医药、医费均由本院供给，会规规定者也。此次献仪，敝处亦向顾、钱、金、谢四大使通知，盖为祖国祈祷，亦蒙慨助，故病中一切特别用款，均有着落，实蒙上智默示，甚幸事也。此间一切，爱铎之帮助居多，亦上智赐也。

　　致还愿一节，业与比友接洽，伊于前月廿五日携同伊子来院照相，一俟□出，当即寄奉。法的玛圣母塑像拟定铜质者三尊，□□①一尊送比母后，一尊赠我弟作念。此外，磁质者约五十至七十尊，分赠中外亲友者，此病中许愿也。计算用费约在一万余

---

　　①　原函此处被裁去数字。——整理者注

比币，我弟献仪之数充用已足，万一欠缺，未知我弟尚能补助否？不情之请，务望格外原宥，幸勿见怪，幸甚感甚。用敢事先奉闻，以征金诺，不胜惶悚之至。专此奉闻。祇请双安。

> 如小兄 征祥手启
>
> 三七、七、四

还愿一节，爱铎看法实为布教大计。小兄×××

三五八

（1948 年 7 月 9 日）

子兴如兄手足：

昨日大吉，接到两封喜信。一为爱德华神父七月一日来函，（有华文签名，华文图章均美观，谢谢。）详告吾兄染疾经过及调治与就痊之详节，弟闻之衷心感荷我主对于我兄之赐与。既得名医诊治，复得忠友护侍。尊恙日就痊可，自在意中，惟望善为珍摄，三面进攻，二竖自当远退矣。爱神父之函与弟六月三十日之函遥相呼应，故弟不拟即行作复。便中告知爱神父，弟已收到伊之长函，伊当亦收到弟之函矣，彼此心照不宣。

第二喜信为张菊老复信，兹特附上。尊著《感想回忆录》汉译本不日在沪发行，可为我兄贺。菊老亦有函致弟，除托转函外，并言及板［版］税事，将来亦交弟手，转交我兄查收。

弟思此时法币价值日趋下流，今日黑市行市，美金一元可换法币四百三十万元上下，一千万元之板［版］权税，亦不过美金二元而已，或不及此数，亦未可知。最好早早将此款用途预为安排，款一到手，即行按照预定计划用出，否则愈存愈少，愈不能购买何物矣。故弟谓法币等于以冰做成，望吾兄将此款计画早日示知为盼。

正缮函，闻奉六月廿九日尊函，知已收到敦煌壁画等，及得新药并照相，心无裂痕，弟闻之欣慰。专上。敬颂道安。

如小弟　符诚叩

卅七、七、九①

赶搭法国飞机，不及加盖印章，祈谅。

三五九

（1948 年 7 月 20 日）

子兴如兄手足：

奉读七月四日与五日来函及片，聆悉一切。病中许愿塑像得爱铎神父之赞许，弟亦认为得体，所有圣像尊数、种类及分赠数目，以及包装等事均经筹妥，弟亦得享受铜像一尊，无任欣佩，先此谢谢。所需添加费用约五六千方，弟亟愿担任，以成吾兄之志愿，惟对于时间上有与兄商酌之必要。叨在知己，谅必鉴原。弟目前手中无余款，必须假以时日方能汇上。缘在美存款数百元，均已拨归小女名下支用。所得薪俸，自胜利至今日，可谓与日俱减，不及原定薪金八分之一。

行中业务日趋衰落，北平分行已停业，天津分行亦有年底停业之议。弟于上月去京与财政部商定维持沪行办法，由中交两行协助，在此办法未实行以前，弟与数高级人员每月所得，只能维

---

① 旁注："附张菊生复函。十八日到。"

持生活，无力顾及其他。此种过渡局面，当然不能持久，在本年底以前，定有好转可能，故弟拟将吾兄所需之五六千方，准于年前汇去，未识有无妨碍否。如无，即照上叙之意办理，如有妨碍，弟当兑照他法，以济急需，祈示悉为盼。

近来中国经济局面迫逼于崩溃之境。前日大钞未发行，美钞一元值法币七百万元，昨日政府发行四种大钞，物价随之大跳，美钞一元可换八百万元，其他日常用品，无一不在涨价之列。通货膨胀，物价上升，整个社会不分何界，呈现不安状况。加以战事日烈，难民多趋城市，更形成社会紊乱情状，而政府对于病源上，迄无挽救之策，长此以往，真不知祸至何日。再转而思之，吾国向以靠天吃饭为主，天无绝人之路，或有绝处逢生之一日，吾人惟有祷告我主，速赐此日之来临而已。匆上，余另谈。敬颂道安。

如小弟 符诚叩

卅七年七月廿日①

三六〇

（1948 年 7 月 28 日）

黼斋老弟爱鉴：

今晨接奉七月廿日手书，欣审一切，承示国内通货膨胀，物价日升，战事日烈，难民多趋城市，形成社会紊乱情状等语。读之令人杞忧，惟有求主垂怜斯民于水火之中，早日降福，转危为安。全院同事对祖国近状深表同情，并为同祷。罗玛宗座深悉祖

---

① 旁注："廿七日到。"

国苦难重重，特别垂念，亦代祈祷。

诚如我弟来函所说"中国人向以靠天吃饭，天无绝人之路"。公教中人耶稣降生，救人救灵，证明此真圣。我人信仰此真理，日夜虔祷此日之速临，俾全国上下得安居乐业，从事建国工作。祖国幸甚，世界幸甚。匆复数语。祇请日安。

夫人前问好。

如小兄 征祥手启

三七、七、廿八

黼斋我弟爱鉴[*]：

昨复寸笺，当可先后达览。兹附上复张菊生先生信乙件，如荷亲举玉趾，约期面交尤感。致版税一千万元，可否面商合折书价，出版后作刊物，径寄敝院，以便分送海外华侨子弟之用。我弟慨助五六千方办法，悉照来函遵行可也。特先伸谢。祇请日安。

如小兄 陆征祥手启

三七、七、廿八

三六一

（1948 年 7 月 30 日）

黼斋老弟爱鉴：

前昨奉上两笺，又印刷品大小二包，挂号寄上，谅可先后达览。《回忆感想录》译成中文出版后，以版税一千万国币折为书价，由商务印书馆包固，径寄敝院，到时即以分送海外华侨子

　＊　此件为照片背面附言。

弟，了此心愿，并副美国传教士来函索取中译之请。每处分赠，
无论多少，俾我华侨径向上海商务印书馆购取，作为子弟课本，
亦无不可也。

附上剪报一纸，可否烦弟代购《孔夫子的命》《养生三要》
二种寄下尤感。贱体渐渐恢复，实法的玛圣母所赐，毫无疑义。
质诸我弟，必以为然，亦所乐闻也。祗请双绥。

如小兄　征祥手启

三七、七、卅

三六二

（1948 年 7 月 31 日）

黼斋老弟爱鉴：

回想 1935 患肺痰［炎］停祭一月，此次患肺枝管痰［炎］，
停祭已逾四月十二日。每晨由爱铎亲送圣体到卧室恭领，近四日
能亲赴小经堂恭领，约在十日之内，谅有力量重行献祭，盖天气
转暖之故耳。惟须坐祭，腿力不足故耳，目力、脑力十复七八，
幸甚幸甚。胃纳在养病中反觉增加，新病人常情如是，不致过度
加以节制。惟思食院内未备之品，由爱铎设法托友人代办，送致
或交邮寄递，亦无不便也。

接见外客，医仍禁止，借医禁令拒绝之，亦可存神而免此烦
心，加休息时间，亦两得也。略述近情，以舒远念，余容续陈。
祗请双安。

如小兄　征祥手启

三七、七、三十一

润老处便中问候，恕不另启。祥又及

三六三

（1948 年 8 月 5 日）

子兴如兄手足：

上月二十日上一函，谅蒙奎及。该函中所言银行内部情事，未免令兄忧虑，思之颇感不安。兹当补充一句，即弟个人方面，虽在目前稍受影响，尚不至有大不便之处，祈勿虑。所欠六千佛郎比币之数，已开始为兄筹备。沪上自上月底发行大钞以来，物价有涨无落，而金融检查日趋严厉，买卖外币尤在严禁之例，被查出违此法令者，送法庭究办。鄙行平津二处年底暂行停业，上海一处现经中交两股东银行出予维持，业务大见改进，是堪告慰远念者也。金大使到沪，始终未得一面，拜访时恒值相左。其行后始获悉金太太亦同来，失之交臂，殊为可惜。曹润老来沪，本有久居之意，惟觅房不易，故久未定夺，现闻已将其次女之房屋赎回，不久可以入新居矣。沪上房荒为世界奇闻，欲租居者非出顶费不可，如公寓四间之房屋，须出顶费万元美金。市府虽经禁止，而私下仍未断绝，不出顶费即不能入此室处。颜骏老近来精力欠佳，已辞却各项职务，谢绝酬应，是亦明哲之士所应有之举。近来平津保唐各处战事频繁，弟亟欲抽暇回平一次，惟行务待理，尚无确期，俟定准后再行奉闻。专上。敬颂道安。

如小弟 符诚叩

卅七年八月五日①

---

① 旁注："十三日到。"

三六四

（1948 年 8 月 12 日）

子兴如兄手足：

连接七月廿八日三片、尊照二张、天字片一，暨卅日、卅一日两函，欣悉尊恙痊可，恢复健康，环诵之下，欣慰万分。细视两照，容光焕发，神采奕奕，更足证明颐养得体，精力健旺。尤奇者为背门而立之爱铎神父，其忠挚精神溢于纸上。凝睇之下，恍如我三人倾谈一室。此种快乐，得之于此照中，想我兄与爱铎神父定有同感也。

承示板［版］税一千万元，折赠书籍一节，弟本拟晋谒菊老，乘面交尊函之便，一谈此事，但菊老以年岁与天气关系，暂不见客，只得将尊意另具函件，连同尊函一并托友转达矣。

《孔【夫】子的命》及《养生三要》二书，均已交邮寄上，承示寄下之大小邮包二件，尚未收到，想不日可寄至矣。今夏天气大热，由昨日起，夜间稍有薰风。沪上物价仍时有变动，大米卖五千五百万元一担，美钞一元可换法币一千万元以上。哀之，小民真无以为生矣。平津两地生活状况亦不相上下。沪行业务自得中交两行接洽后，可以暂维现状，祈勿念。专上。敬颂痊安，并祝道绥。

如小弟 符诚叩

卅七年八月十二日 沪①

---

① 旁注："二十日到。"

三六五

（1948 年 8 月 18 日）

（前缺——整理者注）教友西语称基利斯当①，其义若谓第二基督，详绎之，凡基利斯当，均应以基督之言行为法，实践基督之遗训，表征基督之精神。动静云为，表里内外，一切基督化，一切化于基督。窃尝谓，天主教实如一学校，其中所有教材、教学方案，皆为基督所规定，亦即其一生之言行。凡入学之人，循之前进，贤关圣域，不难跻至，基督不云乎："吾乃道路、真理、生命。"循是道而获识真理，因真理而获得生命，此求学之捷径，亦成圣之秘诀也。此学校之教师，耶稣基督也："尔称我为师为主，我实是也。"学校中有如此之教材，兼以循循善诱之教师，则学生之登堂入室，成绩卓越，夫复何难？

基督一生之言行，载于《新经》之中，故《新经》者，实为此学校之基本课本。后世阐述基督精神之著作，虽汗牛充栋，册页浩繁，然能扼要中肯，鞭辟入里者，惟有《遵主圣范》（亦名《师主篇》）一书。自是书出，届今数百年中，受是书之影响，优入圣域贤关者，实不知凡几，则是书之价值，可想而知，无怪乎世界热心教友，靡不人手一篇也。即以我国而论，所译之版本，至今流行而可见者，已有七种之多，则是书于我国人士之影响，从可知矣。

朱君希圣，热心主道，擅长译著，又将该书重译，易名

---

① 即基督徒。

《大道指归》，取其由是而知道而入道之义。既竟付梓，索序于予。予因是书攸问人生，至为重要，又鉴朱君之热诚，爱书数语如上，所望遵主圣范，亦步亦趋，大道所指，万象归心也。

《大道指归》一书，亦名《遵主圣范》或《师主篇》，香港公教真理会出版。望代购二册，装订黑皮书面，求弟署名盖章，加以年月日，我弟留一册，寄下一册，作我二人残年日颂课本何如？倘蒙我主默佑毕业而获得文凭，庶几免入练〔炼〕狱受永苦，求主援手怜悯，救赦罪恶而享永福，则我二人在世在天，永不分决，美哉！善哉！□□①以贡一粲。即颂日祉，以显主荣。

书内加红、绿二丝带，以便记页，书背加书名"大道指归"四字（银色）。

如小兄　陆征祥手启

三七、八、十八，圣母升天后三日

夫人前叩安。

三六六

（1948 年 8 月 18 日）

子兴如兄手足：

连日冒暑清理惠赐之函件、照片、剪报与印刷品等，真有美不胜收之概〔慨〕。在函件中检出数种，似应在我兄卷中保存之件，特此附上，即希（因战事关系，故未能早日寄还）查收。以非急急，故使此件航海而行，迟缓之处当邀鉴谅也。专上。敬

---

①　原函此处被裁去数字。——整理者注

颂道安。

如小弟　符诚叩

卅七年八月十八日沪

附三件

三六七

（1948 年 8 月 20 日）

读《师主编［篇］劝》

书贵乎读，固已记云："虽有嘉肴，弗食，不知其旨；虽有至道，弗学，不知其善。"然读之不善，亦何贵乎？其读也善，读者玩索而有得焉，身体而力行焉；不善读者，反是如瞽者之视五色，耳聋者之听五音，口爽者之啖五味，无所得焉。《师主编［篇］【劝】》一书，犹五色之于目也，五音之于耳也，五味之于口也。不善读之，耶稣圣贤之善表不见焉，警觉劝抚之大训不闻焉，醇厚甘美之道味不知焉。且不心领神会、躬行实践，则书是书，而我是我，诚无贵乎其读矣。

昔有贤士历回邦，王延观国贵，出兹书，示之曰："贤者，知是书乎？理神灵集众，善修治内心，得成大圣。朕珍藏之，视若宏宝，贵逾连城。"贤者答曰："王尊之而不从，奚裨耶？"不善读兹书者，犹是回王耳，不大可惜哉。余故弁此数语，以为读是书者劝。

右抄《师主编［篇］劝》，以贡黼斋老弟一粲，如我二人读兹书而不力行，则多增二回王矣。一笑。

此间尚有《轻世金书》《遵主圣范》二书，□□①朱主教言有十种，恐难得见，余种谅必售罄久矣。倘老弟向徐汇印书局询索，或可觅得一二种，未可知也。得之作藏书，亦一幸事焉。祇请日安。夫人前叩安。

如小兄　陆征祥手启

三七、八、廿

三六八
（1948 年 8 月 26 日）

黼斋老弟爱鉴：

回想十二年前患肺痰［炎］病，承亲驾莅院访问有加，曷胜感篆。当时停祭四十天，此次病后，精力远不如前。八月十五日圣母升天大瞻礼，勉强登台献祭，幸有坐祭特许，不然势必中止矣。五个月内，征医三位，对症下药，转危为安。法蒂玛圣母庇佑之恩，何能不感谢至我死辰耶！现医放弃药饵，专用食品资养充补，恢复原［元］气，一大幸事，致养病时期缓而长，不计较矣。付诸圣母之手，而信任仰望至归天之日矣。密告我弟，不可为外人道也。

医云："Le vin est le lait des Vieiuards"，酒乃老年人之乳，并嘱每日午餐饮 Bordeau② 红酒一小杯。最好买 Château Médoc③ 之产品，缘该村居民服此酒者，往往长寿。致陈旧之酒，取其温醇，无论何处产品，均有益于老年人也。倘老弟能得中国绍兴

---

① 原函此处被裁去数字。——整理者注

② 勃艮第。

③ 梅多克城堡。

酒，装成玻璃瓶十二瓶，寄瞿纯伯代使名下，向税关提出转下，则感激不尽矣。昨日函恳钱大使代觅 Château Médoc 一二瓶寄比。比境贵家颇喜法产，凡有酒窟，大半为德、法、英、美军队为之一空也。

现在养疴中，回想先君翻刻善书，分送亲友之遗嘱，尚未实行。现拟托我弟代购朱柏庐先生《治家格言》小册子一本，又老子《道德经》一小册寄下。《四书读本》《英文自修》均收到，谢谢。附赠《黼斋长寿图》相片一纸，哂存作念。近日上海天气何如，念念。祇请双安。

如小兄 征祥手启

三七、八、廿六

Médoc 上海酒店谅有旧存者，老弟亦可服用，夫人口味能合，亦可充补品也。上海旧同僚骏人、伯桑、子楷、凤千等均在怀中，晤时代为致意为祷。祥又及

三六九

（1948 年 8 月 31 日）

黼斋老弟爱鉴：

《四书读本》唐文治前辈序内有下述一段，为弟录之，以贡一粲："数十年前，英公使朱尔典回国时，福州严几道先生流涕送之，以中国之阽危也。朱公使语之曰：'中国无虑危亡，可虑者，吾欧洲耳。'严讶而询之，朱曰：'中国有宝书，发而读之，治平之基在是矣。'严询何谓宝书，朱曰：'四书五经是矣，而四书尤为要。'"

回溯先师许文肃公语祥曰："昔赵普以半部《论语》佐宋太祖得天下，汝能做而行之，无虑书之少读也。读书虽多，而未克实行，成一书呆子，或一活书柜，无用之人也。"今证以朱尔典之语，不独古今有同情，中外有同证焉。呜呼！朱、许二公尊视经籍若是，而我国忽焉不讲，岂非大惑而不解者耶！质诸老弟，以为何如？

兹有恳者，《新中国对照本》《伊索寓言对照本》《托尔斯泰故事》《茶花女》《庐骚忏悔录》《美国小说集》《英国小说集》《英国故事集》《法国小说集》《法国故事集》《圣安东尼之诱惑》《罗玛故事集》《日本小说集》《日本故事集》《希腊故事集》《印度故事集》《西藏故事集》，以上十七册，皆启明书局出版，可否求弟代购，并将地址告该局，包装挂号寄下为祷。

敝体渐渐恢复，以年岁关系，恐不能完全复元，或十之五已属幸事。行走非用手棍不可，终日与躺椅为友，饮食代药品，亦一大幸事。牛乳饼颇合宜，五时红茶一杯，亦甚相宜。幸在修院终老，处处服侍周到，虽不进堂参预，在卧室听经，恍若进堂，乃传声机所赐也。拉杂附陈。祇请双安。

如小兄　陆征祥手启

三七、八、卅一

前日寄赠前比王纪念册，又棉织肖像一幅，到时哂存作念。书面重裱，尚可合用。祥又及

三七〇

（1948 年 9 月 4 日、6 日）

子兴如兄手足：

承寄圣母片函（八月十五日），《大道指归》函（十八日），

《师主编》劝函（廿日），及黼斋长寿照片（廿六日），均已收到，蒙代祈长寿，铭感无似。近见吾兄所抄序文及来函各文字体之端正，知兄之健康已恢复原状，较之病中所书强感多矣，百年长寿预卜无疑，可喜可贺。

沪上自改革币制法令发表后，人心大为紧张，而政府下最大决心以稳定物价，将黄金、外汇均收归国有，限九月底呈出兑换新币，如有违反此项禁令者，查出后科以七个月以下之监禁。新币名曰金圆券（此券已在数年前在美印就，今始发行），以金作抵，而不能兑现法币，旧币三百万折合一圆，美金一元合金圆券四圆，黄金一两可换金圆券二百圆。新币在八月十九日以命令公布发行，廿、廿一两日不准银行开门，以便政府布置防范。此后物价不得超过八月十九日之市价，且严禁囤集及投机等不法行为。新立稽察机关甚多，以蒋经国为首，已将有名之囤集洋钞之荣鸿元、盛老七，投机之杜维屏（杜月笙之子）等及作黑市美钞之中外大亨等，均加以逮捕。关于银行方面之法令，有增加资本、减低利息等等，以限制小银行，并有国大代表主张收回中、交、农三银行为国有之提议。总之，内战不止，预算不能平衡，物价不定，生活即成不安，而物价之稳定，亦须视内战而定。政府苦心孤诣，大有不走此路必死，走此路或可逃生，须看此后行之如何耳。匆上。敬颂道安。

如小弟　符诚叩

卅七年九月四日　沪①

正欲发函间，适接六月三十日邮寄大封二件，计一件中为法

---

① 旁注："十日到。"

文《回忆感想录》一册，内夹大形尊照三张；另一封计有赠曹润老之照片四张，赠弟照片七张，夹书花签三套，均已照收，感谢感谢。

赠与润老之照片四张，昨日即行面交。润老审视吾兄小照云，气色较前丰润，如此精神，定能寿至百岁，与马相伯老人比肩。弟甚以为是，故同为兄祝。

八月廿六日尊函所言吃酒一层，实为明言。老人日进红酒一杯，裨益健康，吾国人亦有此见解。惟近来沪上洋酒几至绝迹，一则因抗战多年，中外航运不通，来货稀少，所存旧货亦销耗殆尽；再则关税加高，以洋酒为奢侈品，科以百分之一百五十以上之进口税。现所能见者，为稀少之法国蜜酒，而红白酒绝少。此外，尚有美国制及中国制之酒，然味道则远逊矣。至于中国绍兴酒，近亦无佳品。绍酒非陈不佳，而陈者亦经销耗殆尽，亦因抗战期间制造停顿，南酒不能北运，新制之品，其味苦涩酸辣，不似陈绍之醇永矣。至于运赴外国一节，亦不易易。国人对于装瓶一事，不甚研求，封塞不固，酒味易失，在国内已感此缺点，加以路经红海，热度太高，尤易使绍酒变质。有此种种，是以绍酒不大出洋，否则各驻外使馆中，早有此国产以享嘉宾。且绍酒为湿气之媒介，嗜此酒者，多患风湿之病，甚者至于瘫痪。在此情况下，当蒙鉴谅不寄矣。匆复。再颂道安。

如小弟　诚再叩

卅七年九月六日[①]

---

① 旁注："十日到。"

三七一

（1948 年 9 月 5 日）

黼斋老弟爱鉴：

昨接金大使一万比币支票，当即转比友 Mr. Ernest Salu 收入流水帐内。又昨接钱大使委派秘书送到法国陈红酒四瓶、茶叶、酱菜等，甚为得用。凡此友谊之表示，出于上智之宏赐，能不感铭肺腑耶？倘若先室谢世后不投修院事主，今日孤子一身，不知老病之后手无寸铁，其境遇不堪设想矣。致［至］我老弟成全之处，更感我主垂怜之无涯，而非言语所能表达，伸其感篆于万一耳。此次病后，精神远不如前，饮食、起居尚能对付，已觉大幸，敢告老弟，为我代谢主恩无穷期。祷甚祷甚。祗请双绥。

如小兄 陆征祥手启

三七、九、五

三七二

（1948 年 9 月 6 日）

黼斋老弟爱鉴：

昨奉寸笺，谅已达览。来书所说"死路逃生"，深佩卓见。小兄个人经历所得，亦以此四字为秘决，即许文肃公"吃苦"二字遗训。

兹附上蒋总统圣诞演词法译，在比分赠亲友，聊表爱主爱人微忱，借以自救自赎耳。资诸老弟，谅不以迂远而难行空言，无补于时局而见责也。日来印就五百份，加以蒋公肖像，以便分赠来院过客。爱铎切嘱寄一份于老弟，适奉来书，有"死路逃生"字样，与蒋公演词若合符节。既承爱铎切嘱关爱，未敢延迟，望弟秘之勿宣，恐国人难了解而生误会，未知润老能谅解否？未敢必也，俟诸复活节可也。五千年旧邦一跃升天，非易事也。小兄入院廿年，祈祷得见此日，死亦瞑目矣。祈请双安。

> 如小兄 征祥手启
>
> 三七、九、六

三七三

（1948 年 9 月 28 日）

子兴如兄手足：

八月三十一日来函所委购买启明书局出版十七种，已于前日买到十二种，由邮寄上，其他五种已卖尽，须俟再版时再买。九月五日来书所云，金大使已将万方比币支票送上，甚慰。多日悬案，一朝结清，大有弄巧成拙之感思之歉然。

又，十一日来书并吾兄与爱铎神父及法馆三人合影小照，环读之下，益增欣慰。吾兄精神矍铄，毫无倦容，可谓已复原状。又十二日一函，附有蒋元首圣诞演词，读之实深感触。若加印蒋公肖像，益能动人。

顷接十六日惠书，知吴公使已将新经译成。此等伟大工作，实为中国公教史上放一异彩，其光焰定永垂不朽。前与曹润老谈及公教中出版物，尤以早时出版者文字多不为上等人士所乐观。弟曾告以吴公使所译之《圣咏译义》，一洗公教中出版浅俚之耻，并购买一册赠之。想润老读此《圣咏》后，定能改正对于公教出版之观念也。

综观近来各件惠书之字体，已渐复旧观，无支离倾斜之态，足见我兄之健康已较前大有进步，是为弟所最愉快者。承嘱代购各书，已如命办理。惟《大道指归》及《师主颂》二书，因有装钉一节，须弟亲赴徐汇接洽，而限于时间，故迄未复命。当于近日抽暇一往，祈谅之。

自新币发行后，凡循规蹈矩者，皆遵政府命令，将黄金、美钞持赴中央银行兑换金圆券。每两金兑二百圆，每元钞兑四元。弟之半生积蓄，均交与国家，而同事及友人亦多照办！然是否人人均照令办理，实不可知。而此举是否有利于国，虽无疑问，但国运之能否挽救，实在乎战事。战事不结束，即金圆亦难以支持国运。是此举之关系，国家与人民实处同一境地，存则共存，亡则共亡。弟个人之观念，未可以语于大众。以报纸之言论观之，大众对于政府之严厉措施似皆赞同，成效亦不能谓无，然就兑换金钞言；可若就抑平特价言，尚未能作如是观。盖无形中物价在涨，物品亦甚缺乏，凡日常食用之菜蔬鱼肉鸡鸭等，皆不能随意取求。是由于商人见定价低而不出货，市场遂感缺乏。当局知此情形，正在设法挽救中，惟有静候佳音。弟此次对于兑换金圆事虽云积蓄已无，实不尽然。金钞兑出，金圆换进，一出一进，两抵于平，无吃亏可言，然心理上，人人均似手中所存之金圆券，不如从前所持有者之正重。弟之心理认为，交出为是，交出后心中无牵挂，将来若有搜查处罚之令，心中亦坦然无累。处此乱世，若能得一坦然心境，亦不可谓非福气。日来内子因劳累过度，忽患心脏衰弱之症，一言一动均感吃力，而医士云系神经关系，尚在诊治中。弟属其多多祷告耶苏为上。专复。敬颂道安。

　　　　　　　　　　如小弟　符诚叩

　　　　　　　　　卅七年九月廿八日①

润老嘱代问候。

三七四

（1948 年 10 月 8 日）

黼斋老弟如晤：

　　接奉九月廿八日两页长信，环诵之下，曷胜快慰。国内新币发行，政府命令将黄金、美钞送中央银行兑换金圆券，处此唇亡齿寒、共存共亡之危，老弟决然坦然将毕生积蓄、养老金全数交出，兑换金圆券，此举令人钦佩不置。同事、友人多能照办，不独造福于个人，且造福于他人。我国俗彦［谚］"祸福无门，惟人是造"。老弟之真福在此，实自造之，而造人之福大哉。此举敢不拜倒而为称贺耶！

　　夫人劳累过度，致患心脏症，当为虔诚祈祷。日来读《养生三要》，内有善养延年、古今异寿之理两节，颇有所得。置长烛于风中，护短烛于笼中，一不善养，一能善养，上古之人皆度百岁，今时之人半百而衰。古人饮食有节，起居有常，不妄作劳，故能形与神俱终其天年。今人反是，加以酒色，不知节制，耗竭其精，务快其心，不明自爱自全之道，故半百而衰也。

――――――――――

　　①　旁注："十月六日到。"

承弟分神购置启明书局书十二种，甚感甚感，尚有一书求代购寄尤感，《增订命理探原》，九江路七五七号袁宅出售，能得精印大字本以省目力，则感慕不尽矣。附上相片一纸。吴译《四福音》及《新经》，全部快读一过，大获眼福，出版后求代购寄，大约明年始能问世。右剪报我弟读之，可剪送西友一读，何如？祇请日安。[①]

三七五

（1948 年 10 月 13 日）

黼弟如晤：

细读长函，深佩老弟捐献积蓄，既忠于国，复忠于事，末忠于人。前题"三省堂"，今可改为"三忠堂"，何如？

联合大会闻有两月之会期（大约延长到圣诞节），西人习惯，一年佳节当团叙家庭为快也。致〔至〕会议结果，悲观者多数。回溯国际联盟中日满洲问题，实为国盟之致命伤，目前仍以满洲加以柏林问题，恐巴黎大会之命运不出于此二焦点。质诸老弟，以为何如？祇请双绥。

夫人近体何如？甚念。

如小兄 征祥手启

三七、十、十三

---

① 旁注："一九四八年十月八日发，十六日收"

剪报为 9 月 28 日 "*Je suis sur la route de la vraie joie*"，即《走在通往快乐之路》。

三七六

（1948 年 10 月 16 日）

黼斋老弟爱鉴：

罗马吴德生公使《新经》全部译汉事毕，特遣［遣］蒙席罗焯炤携带全稿前来，敦嘱校阅。精力虽未复元，未便拒绝，事关公教前途，已允担任。好在全稿业经焯炤君会同吴使移译妥帖，德使之意，谅欲小兄参预其间，借一出世修士之名，以资宣传之助。虽未明言，亦可测知，是否悦主，出版后始能证明也。质诸我弟，谅有同见也。

宗座因病来电安慰，德使通知之美意，小兄得之，精神一振。南长于星期日宣读来电，以告全院，亦表关爱，慈父之心，借以可知小兄之幸，亦中国之光也。但觉内心不安，欠德故耳。附上电稿，谅老弟亦愿一读为快也。密告润老，同感。宗座之垂念病人，耶稣在世，救活罪人，今复见矣。加诸本身，更加亲切，一电之力，胜于兴奋剂，实出意想之外。得之惟有自惕，不负主恩，亦惟主是依耳。祗请双安。

小兄征祥手启

三七、十、十六

三七七

（1948 年 11 月 4 日）

子兴如兄手足：

自九月廿八日举上一函，十月十三日寄上书一包《大道指归》与《师主编》后，迄未得暇作书，而想念之忱实与日俱增。

昨日收到王神父来函，并土山湾印书交账单，计印孝字解释片三百张，费六十金圆，业已照付。又收到寄赠之前比王缂丝像（实为棉织品）及前比王纪念照像一大册，展览之下，令人起敬，真可宝贵之纪念品也，敬谢敬谢。

弟自捌月十九日改革币制以来忙起，至于今日方稍得轻松，然公私局面均大变矣。忆新币制改革时，政府（财政部）所颁新法令苛细如毛，仿佛戊戌政变时之上谕，加以收兑金钞、查禁黑市、检举仓库、严拿私运，一时雷厉风行，拘捕"老虎"，人心惶惶不可终日。至十月二十以后，抢购之风狂起，不数日，市上日常食用品均被抢购一空。凡家无储粮者，日不得一餐，势非挨饿不可。饭馆大半关门，开者食客排队候座，街上卖饮食与小饭食用者绝迹。至廿七、八、九数日，商店皆闭门，买粮食者有排队终日而不得一粒者。人心惶急，似有大祸将临者。政府见势不佳，知人心不信任金圆券，尤厌恶限价，故有钱者皆欲脱手，有货者皆欲收藏，必须纠正新币与新政之缺点，方足以挽危局。部院一再开会，终于十月三十日明令取消限价，恢复买卖自由，人心始渐安定，食品逐渐上市。然价值高跳，较之八一九日之价，涨至五倍十倍不等，换言之，即金圆券跌落五倍有余。商店因被抢购者购买一空，货物奇缺，仍有许多闭门停市者。短短七十二日之改革，使上海中小资产阶级之元气大伤，而国家所得者为黄金、美钞，所失为人心，不知何者为贵。

关于弟之银行经此风波，无力挣扎。昨日开一董事会，中国同仁承认景况枯窘，若不速行结束，则为徒耗开支，后患难测，遂决定于本月底结束，遣散同人，更行成立一财务办事处，以清理投资未了事，并为中法经济关系留一根基，以为将来投资之用。下星期内，弟须赴南京一行，向财政部报告一切，如得其同意，即可公告关门大吉矣。

至内战方面，沈阳、长春相继易手，东三省除营口、葫芦岛外，均入共手。现河北战事日趋严重，平津英美法各领馆已劝令侨民，无必须居留者可撤退，国军能否支持，须待事实证明。

北平公立大、中、小学，均因经费奇缺，生活无法解决，教员罢教、工役罢工、学生罢课者十日。其私立各校虽无此"罢"，而煤火、伙食均须另筹经费，而校中窃盗之风盛行无忌，中国贫穷如此，不赤化得乎？

此外，所堪告慰者，为内子之病日就痊可，再有一个月之休养，想可复原矣。银行结束后，弟仍须协助清理，祈勿念。草此一幅黑暗图画，稍伸积悃，谅不我责也。专上。敬颂道安。

如小弟　符诚叩

卅七年十一月四日

三七八

（1948 年 11 月 6 日）

黼斋老弟如晤：

连日报传国军失败，令人杞忧，日夜加诚祈求上智，庇护祖邦镇静，稳度〔渡〕此空前难关。《圣经》云："欲入天丰之国，必历万劫而后可。"今日难关重重来临，人民涂炭，无以复加，不知何日天心厌乱，拯救斯民于水深火热之中耶。

附上罗马宗座及传信部长来函抄稿二纸，以贡我弟一粲。匆此。祗请双绥。

如小兄 陆征祥手启

三七、十一、六

三七九 *

（1948 年 11 月 9 日）

钱能欣秘书、卫青心雇员、唐祖培秘书，九月四日午后三时来院，代表钱大使、凌公使访问，带到红陈酒及各种土产乡味等，次晨回法。

三八〇

（1948 年 11 月 18 日）

黼斋老弟如晤：

久未接来信，加以国内消息紧张异常，曾函致巴黎总行，探听我弟近日健康，嗣得复函，为之大慰。现接八日长信，更为快慰，且夫人病体康复，尤为愉快。

兹奉上剪报一件。世界不安，和平条约尚未签订，其中阴谋，读之略可测之一二。深恐数年之内难见光明之日，第三次世界大战难以避免。奈何奈何！惟有日夕求主垂赐佑庇耳。

老弟来信，虽系一幅黑暗图画，可说写真景情，不谓过也，

---

* 此信为照片背面之说明。

何责之有？责天耶？责地耶？责□□①？庶几近矣。终有水落石出之一日，世人方能醒误［悟］也。匆复。祇请日安。夫人前问安，并祝健复。

如小兄 征祥手启

三七、十一、十八②

三八一

（1948 年 11 月 19 日）

子兴如兄手足：

四日上一函，谅达教堂。近接六日惠书暨教廷复信，抄稿二份，阅之不胜欣慰。吾兄之得眷优渥，洵为难能可贵，敬贺敬贺。

来书所云报传国军失败，令人杞忧，日夜加诚祈祷上智庇护祖邦云云，益见我兄关怀祖国，身体力行，非宣言高论之流所可比拟者也。国事蜩螗，已为全社会不分上下贫富所最系念之事。济南失守后，继以锦、沈，整个东省已改颜色，而太原被围日甚，承德已放弃，归绥亦有问题，其他大据点亦有易手之处。近日战火迫近徐州、蚌埠，大有急急南下之势，加以英、美、法疏散侨民，尤引其不安心理，而实际上究不如传闻之甚。外交团开会讨论撤退问题，并询外交部："如有意外，对外交团将如何？"

---

① 原函此处被裁去数字。——整理者注

② 原剪报撕掉，另粘有上海《字林西报》1949 年 2 月 2 日有关陆征祥去世的消息。刘符诚旁注："子兴如兄病于去年十二月十五日，殁于今年一月十五日。此函书于去年十一月十八日是为其最后笔迹。其忧国忧民之心溢于此数行内。设国事安定，人民康乐，其享受天年当不止于今日也。固园识，时为卅八年一月十五日。"

外交部答曰："由警察尽力保护云云。"可谓为滑稽外交。

北平、上海均有人预备逃难之事，北平人往上海逃，上海人往香港、澳门逃，究为少数，大多数人均安之若无事。大概逃者均为有钱有闲之阶级人，盖逃后能生而食者，方可以逃，否则身居异地，不进分文，何以为生？故弟与内子早已决定，无论时局演变至何程度，终不逃出上海。若离上海，只有北平有房可住，他处不想去也。至于留沪之吉凶，亦已置之度外矣。

行务已与财部接洽妥协，准于本月底结束，结束后仍有清理事务可作，不虑置于闲散，请释念。内子病体已渐转佳，再有二三星期可以复原，祈并释怀。

近自币制修正，以美钞一元合金圆廿元后，前止四元，物价上涨十倍余。各地工人、教员及贫民因生活问题大起骚乱，罢工、罢教与抢米之风日有所闻，小民困穷至矣尽矣。除虔诚祈祷外，有何善法？匆上不尽。敬颂道安。

如小弟 符诚叩
卅七年十一月十九日

赐函祈免书官衔，此地穷人多，对于银行家甚注意也。祈谅。

三八二

（1948 年 12 月 25 日）

子兴如兄手足：

上月八日一函，谅已达冰案。近二星期内大局较前安定，和谣之盛远过战事消息。缘国军势力，自东北沦陷、鲁豫失利、徐

蚌恶战、平津被侵以来大为减少，若无美援，实无以为战。今日
孙阁组成，其大政方针有外交独立，不俟外援，获得光荣和平等
语，可见言和已是公开之秘密，惟不知能否停战而和耳。此项和
谣一经传播，人心已较安定，逃难赴台港者亦见减，且有因逃出
过早，港台生活高贵，有将现款用罄而仍返沪者。是真庸人自扰
矣。日来沪上惊人事件，有江亚轮船失险，四千乘客丧生事。江
亚为招商局大船，往来沪甬间，能容千余人，而此次载客竟逾五
千之众。行至吴淞口外，船忽爆炸，死者近四千人，救出者只有
千余人。事已经旬，尚未查明爆炸之原因。沪青线、沪台线、沪
港线均有飞机失事，每次死二三四十人不等，尤以沪港机失事中
有不少知名之人。就中有朱桂老女二人朱四、九两小姐。朱九夫
吴敬安亦同罹此厄。最近惨事为挤兑黄金一案。政府前以严威迫
令小民缴呈黄金，每一两付给官价金圆券二百元。现又欲维持金
圆券之信用，诱惑小民可以二千元向中央银行兑换黄金一两，而
黑市价值连日上升已升至四千六一两，故小民趋之若鹜，有熬夜
守候，以期捷足先登者。前三日，挤兑之人日达十万，将外滩一
带由南京路至爱多利亚路围遭，数路塞得水汇不通，车辆难行。
结果挤死活人七名，伤者多名，其数由五十至一百，言人人殊。
经此惨剧发生后，政府下令暂行停兑。中国人性命不值钱，种种
灾难袭取不已，虽云在数难逃，究不能不归咎于人为不臧也。弟
近之公私事件忙碌不已，银行结束，已近尾声，平津战事添出不
少麻烦。因北平房屋空闲，恐被占用，遂将津眷及友人移入居
住。安置方毕，沪平交通已断，汇款接济，大费周折。现津平战
事已入包围形状，北平水电断，汽煤粮高贵而稀少，天坛与东单
使馆界外之隙地均辟为机场，城内大兵到处皆见，有数处古树已

被砍伐。北平图书馆之宝贵书籍有一小部分遭损坏之说，详情不知，已有六十二只箱运至广州矣。北平郊外两大学均未撤退，均在共军占领区，传云未遭侵扰，确否待证。新阁组成，对外驻使或有所更动，闻驻美为胡适之，驻英为王世杰，昨日之传说如此。上述和谣有须补充之处，即居中斡旋者为东方强邻。此言乍闻之似觉兀突，实则至为明显。盖此种使命，非有大力为双方所慑服者不能胜任，且中国一贯政策非东倒即西歪，狠［很］难独立自主。现西方不止不加援助，且亦不肯再作说客，故转向东方一试其气运。总之，两力相等，可战可和，一强一弱，只有城下盟乎。弟近来生活虽感烦忙，而精力不退，内子护侍甚为得力，打针服药，代为排定，而自己亦不敢过劳。内子个人近亦减少其恐惧心，鉴于逃维者多为有钱阶级之人，且亦有因逃难而遭难者，在无可如何中，只有听主安排而已。关于皈依公教一事，内子自问所知教义尚浅，未敢即行领洗。现识一女友，亦公教中热诚之人，常常为之指点一二，现所表示者，缓缓进行，尚无决断之心，故弟亦不便急遽促迫，谅兄不以为过也。专上。敬颂道安，并贺圣诞之喜。

　　　　　　　　　　　　　　　　如小弟 符诚叩

　　　　　　　　　　　　　　卅七年十二月廿五日

　　吾兄近来健康外似必强胜念念。曹润老暂居沪上颇幸逃出津地战事其津宅已被征用。

刘镜人[*]等函

一

（1922 年 6 月 9 日）

子兴我兄如握：

别后正深驰系，接读由紫升交来阁下致紫、健与弟手书，藉悉近况拮据，意兴萧素。我兄志趣高超，一生廉介，历扬中外垂三十年，而积蓄之依然如故，甚至所入息金尚虞不能敷用，清廉若此，求之当世，实所仅见。回忆去岁在北戴河聚首，促膝谈心，所以详询尊况者，盖预为虑及耳。

尊函所述拮据情形，弟曾婉达次长，并请其设法帮助。适逢其会，部中因馨吾归国后不愿再回东京使任，询得滚甫继任之同意，次长遂将弟所告之尊况面陈总长，并以瑞士一席推荐我兄。当经总长赞同，故即驰电台端，征询同意，得复许可，即由部电嘱滚使询瑞士政府同意。乃在此时间，政局忽发生重大变更，东海辞职，令国务院摄行总统职务。滚甫使日命令，因已得日政府

* 刘镜人（1866~?），字士熙，江苏宝山人。曾任清朝驻荷兰公使、民国驻俄公使，时任外交部条约研究会副会长。

同意，赶于东海临行时发表，而我兄使瑞之简命，因其时瑞士复电未到，以致延搁（瑞政府同意之复电，于总统行后二日始到）。雨农〔浓〕使斯冈提那夫，亦因那威复电未到，不及任命。然事既预定，当不致另有更动，不过发表之迟早问题耳。一班要人政客，主张东海去后黎黄陂复位，旧国会复集，但黄陂通电痛诋弊政，要求废督裁兵，非此不能就职，旧国会议员仅集数十人，与法定人数相差甚远，且恢复国会之合法不合法尚属疑问，故究竟如何定局，一时难以逆料也。兹将近日报纸所登，择要剪呈台阁，俾知大概。弟依然故我，滥竽俄事，建树毫无，屡欲卸职，未能如愿。值此政见分歧，办理尤形棘手，然非畏难思退，实因苦乐不均，自觉徒劳无谓。弟不善迎合，不知附势，是我生平缺点，想知己知兄，不以我言为牢骚语也。

仲卿故后，弟等本拟开一追悼会，因杨家讣闻未来，致稽时日。来书以其身后多累，提倡由同学中量予周助，请由安生兄拟具公启，各旧友共同列名，具见重视友谊，念旧不忘，无任钦佩。弟与紫、健两兄函达安兄，商询一切，旋接渠复函，述仲卿兄身后情形甚详，其家况尚属充裕，同学中不如彼者不知凡几。弟等颇以安兄所云应注意其子嗣为然，周助之举，似可无须。除函复安兄外，未知尊意以为如何？安兄函并附上。此复。敬请台安。

尊夫人前问好。

弟 刘镜人 谨启
六月九日

顷悉本部业于本日将阁下使瑞案提出国务院呈请任命。又及

附

陈贻范*致刘镜人等函

士熙、紫升、健人学长阁下：

　　久未闻问，梦想为劳。月之二日，忽奉朵云，展诵之下，如亲色笑，旧日风光，又返脑海，快何如之，慰何如之。子欣总长西行以后，只接其一片一函，并未谈及周助仲卿学兄子女事，骤读尊示，茫然不知所谓，乃次日即奉欣公函，读之恍然于此议云如何发生矣。旧日同学在京者多，诚如尊示所云，公启一节，即由公等举办，似较便捷，请即偏劳。但周助之说，处此经济困难之日谈何容易。举办此事，能否凑有成数，照今亦难逆料，故欣公亦甚以此为虑，并云此事不必告知仲卿夫人，俟凑有成数后再告不迟，如无结果更不必提及云云。京中各同窗情形，弟茫然无所知，至在沪诸人，赋闲者多，即枝栖有所者，所入亦无几，即有倾助，亦不能望其丰润，故此事之可否毅然进行，当以日后之有无良好结果以为断，否则鞋子没穿得着，倒落下一个样，甚无谓也。诸公之意以为何如？至仲卿学兄身后情形，尊处想尚未悉，试为详述于后。

　　仲兄有洋房二所，一在麦特赫思德路，赴坎乃大之前购进，价值洋银一万两，现时至少可值一万三四千两光景，年来租与洋人居住，从前收租不过六十两，现闻拟加至百两。仲卿在外时，其租银即归伊夫人收用。一所洋房在法华，现在本人居住，

---

　　* 陈贻范，曾任驻藏宣抚使，中国参加西姆拉会议首席代表。

其婿亦住在内，每月贴予房租四十元，仲卿夫人仅收二十元。仲卿生前保有人险，计西班牙万五千元，现在除去各项负担款外，共取得六七千元。此外尚有领得之部款，统由伊婿经手，存入麦加利银行取利应用。伊婿为人朴实可靠，必无可虑，是仲兄身后统计约遗下三万元左右。此就以上所开各产而计之者也，若能谨谨保守，一无浪用，亦还可以安舒度日。所最当令人注意者，弟以为乃在子女之教育、婚配二事。仲兄有一子五女，除已嫁一人外，现尚有四女，彼等教育虽可不十分认真，而其子之教育则应格外注意。从前弟曾劝其送入圣约翰青年会学校，而已为报名，乃临时不到，报名费遂白白丢去。此子仪表甚好，倘中学程度得能毕业，由同学诸人中为之设法送入北京税务学堂，或另有可谋出身之处，则仲卿夫人将永有所恃矣。伊子之本事乃吃不尽用不完也。公等之意以为何如？专此奉复。敬请台安。

弟　陈贻范再拜
午节后一日

　　两使前乞为致意，并贺新任大喜。

二
（1923 年）

敬启者：

　　本年夏历十月十三日同学周赞尧兄五十寿辰，宗濂等拟制屏恭祝，执事如愿加入，即请开示台衔称谓，寄交北京马市黄图岗四号弟镜人敝寓，以便汇办。分资约四五元，俟结束后奉闻。时期已近，务希从速惠复为盼。专此布达。敬颂子欣仁兄台绥。

刘镜人、吴宗濂、刘式训谨启

三

（1923 年）

敬启者：

　　本年十月十三日同学周赞尧兄五十寿辰，同人拟制屏公祝，曾驰书奉询愿否列名，嗣以寿期已近，尊处邮递往返需时，又谂知执事与赞尧兄交谊素笃，必荷赞同，当已代为列名，致送寿礼四色，每份摊资洋四元。兹抄录账单并石印寿文各一纸，寄呈察阅。

　　其份金请寄外交部刘兰荪代收为荷。专此布达。敬颂台绥。

刘镜人、吴宗濂、刘式训谨启

刘式训*函

一

（1922 年 6 月 5 日）

子兴我兄总长大鉴：

奉红海赐片并三月二十六日大函，藉稔一帆风顺，安抵罗村，欣慰奚似。仲卿作古，同学凋零，同深感慨。部中恤金已照章办理，至于公启集赙，已函安生主持拟稿，尚未得复。四忠祠"经世经国"四字匾额，早已照办悬挂，堪以告慰远注。馨使离日乞休，汪使调日，部以兄现在瑞，奉商屈就。有此一举，而尊产可有圆满之解决，尤可稍减训之罪戾，此训所以倍加舞蹈也。

奉直之战，张败梁走，政局急转直下。恢复旧国会，牵及主座地位问题，东海因之仓皇离新华宫赴津，国事风云有如此者。现黄陂来否尚无确耗，周阁以公民资格暂维现状。此等情势，但望平顺渡去，产一较善世界，是所默祷耳。章使求归，闻雨农[浓]往代，业已内定，惟国会既复，又须多一通过手续，则发

---

* 刘式训（1869~?），字紫升，江苏南汇（今属上海市）人，早年毕业于京师同文馆，清末任驻法国公使，民国时期曾任外交部次长、和约研究会副会长等。

表之期势必迟迟矣。各部厉行减政，凡官制及考试分发者外，概行停薪，听候甄别。此亦北京官界一大革命也。

弟去秋患脑弱症，调养稍愈，而胃病又作。知衰病残躯不复堪供驱策，遂以今年一月五日去职，多方调摄，现幸健复，然对于国事之悲观则仍日甚一日也。专此奉复。敬颂夏祺，并候尊夫人俪祉。

弟训顿首
六月五日①

二

（1922 年 6 月 17 日）

子兴我兄大鉴：

五日泐复寸函，计邀青览。我公使瑞，已见明令。瑞邦为欧洲天堂，政府顾念勋旧，特以此席为公暂时休养，艳羡何似。国会以不足法定人数，尚未正式开会，可免目前通过之烦。雨农〔浓〕使瑞那，贯微为院秘书，均已发表矣。

仲卿事，仕使得安生函，谓查悉仲卿动产不动产在华者约三万余金，为孤寡计，已敷度日。如是则公赙层可以作罢，因同学诸君大半尚远不及也。尊意以为何如？特此驰贺，并颂夏祺。

弟训顿首
六月十七日

---

①　旁注："壬戌七月十八日到。"

致刘浚卿函^①

（□年 11 月 8 日）

（上略）猥以每日进堂经课七次，加以神长演讲辣丁、哲学各课，颇有日不暇给之势，致缺函敬，歉罪之至，尚祈鉴原是幸。遥想兴居多福，公私顺遂，为无量颂。

祥以孱弱残躯，投身修院，聊卒余年，幸赖主佑，精神加健，记忆力、目力、足力均见加增。现每晨四时进堂早课，亦能习惯，六时半伴祭弥撒，七时早膳，九时望大弥撒，尚有午经、午后经、晚经等，终日碌碌，不觉困乏，实天主特赐圣宠，不然多病如祥者，万难胜此劳碌也。昔年同僚及亲友来院相望者，均惊且喜焉。即祥自有生以来，从未有过二年不病之好日子，非上主默佑，曷克臻此，惟有早夕虔祷，以伸感忱耳。尚祈台端代为祈祷，尤所盼祷。

兹有恳者，祥此次在鲁文传教会演说各节，业经何方理兄译汉寄登贵报。顷又拜读先生社论，感悚交集。敝意倘能将方理兄之通讯暨贵报社论登载下期《主日报》内，并由尊处将此《主日报》邮寄七十四教区、中央及各省公教进行会、公教青年会、

---

① 原名《致天津益世报社长刘浚卿先生函》，收录于《本笃会修士陆征祥最近言论集》。

公教教育会、政府各机关、各省政府、各法团、各报馆，以广流布，俾使全国教内教外各界，使知祥进院修道，并非消极主义，实乃积极为我国公教去障碍，谋自立自行管理之权耳。（下略）

（上略）昨函发后，中心疑虑者久之，恐涉沽名钓誉之嫌。今晨四时进堂念早经时，忽有感触，殆我主有所默启耶。祥初入圣堂，钟鸣四下，适在念《苦路经》时，身心悚然，神往祖国，想到南京、北平、广州、福州等各城，上海、汉口、香港等各埠，热闹世界，花天酒地，以夜作昼，烟酒赌博，乐而忘返。祥在院中念《苦路经》，为彼等祈祷，求天主默启彼等，加以自爱。祥遵守院规，终日默静，不发一言，除午饭、晚饭后散步半时，间得与同院修士谈话。想到祖国，出言不逊者，或忤逆父母，或冒犯长上，或反抗政府，或藉通电以十罪相加，或在街头以尊长相侮辱，祥在院中，念《圣母经》为彼等祈祷天主，默启彼等加以自重。祥已发愿，恪守神贫，所衣者黑色布服，所饮所食者足充饥止渴耳，室内一桌一椅一榻，除经典书籍外，一无所有，出外旅行（此次赴鲁文传教会早期会演讲）搭三等车，与工人同坐。想到祖国拥资百万或数千万，挥金如土者、衣锦食珍者，祥在院中念《天主经》为彼等祈祷，求天主默启彼等，加以节制。祥已发愿，惟神长之命是听，凡一出一入，一言一动，发一函，见一客，均须得神长之许可。两餐之外，不得进食，日间不得随意入室休息。想到祖国，军阀跋扈行动，学生罢课行动，工人罢工行动，何等随意自由，扰乱社会秩序，妨碍公共安宁而不顾，祥在院中念《天主十诫》，为彼等祈祷，求天主默启彼等，予以人格。以上四端，为今晨四时念早经时感想所及者，为先生述之，以贡一粲耳。祥之入院苦修，曾蒙吾主加以特宠，为我四万万五千万国内海外可敬可爱之同胞早夕祈祷，求天主降福庇护，并赐以圣宠之默启，安居乐业，民国前途，稳固进行，训政时期，结果完美，仰副孙先总理之期望，俯达国利民福之目的，以慰全国士民之渴望，以济民国于世界文化团体之中。祥之大欲也。敢祈先生代为祈祷，感动我主早赐默佑，大局幸甚，民国幸甚。祗请伟安。

　　　　　　　　　　　　　　　陆征祥拜启，十一月八日

致陆伯鸿函

（1936 年）

伯鸿宗兄先生爱鉴：

　　自南文院长回院，面述两次过沪，渥承殷殷招待，感荷之忱溢于言表，并将宝贵纪念当面交出。拜领之下，莫名欣愉，本应早日修笺致谢，藉伸衷曲，惟彼时晋铎在即，全副精力胥注于筹备礼节、温习工课之中，嗣又值本院举行庆祝大典，仪式隆重，煞费周张，幸叨主佑，顺利进行，无或陨越，而弟之精神力气不无受其影响。想爱我如兄者，当能鉴谅及之，不以疏懒见责也。近以刘荩忱兄由华返法，来比访问，稔知起居更吉，潭第纳福，为颂为慰。谈及南京创建本笃会道院一事，院长与弟以及院众对于吾兄扶持公教、慷慨乐施之美德，同深感激。南文院长屡次表示，吾兄盼弟早日回国，俾南京道院早日观成，大有弟不回国道院难以成立之意。弟闻之，为之怦忡不安者久之。弟以衰暮之年，岂有他恋而惜此一行乎。顾弟自前次大病后，体力日衰，晋铎后愈感劳顿，是以二年来脑力、目力、腿力均感减退，每日之饮食起居，均须遵守医士方案，且每经一二月即须受医士核验若稍有放纵即感觉不便长途万里，岂此朽弱之躯所能胜任者乎。对此远行，弟固不敢毅然决断，即南文院长与刘芟忱兄亦不愿负此督促责任，且医士尤以旅行为戒。是弟之返华问题要当委之于主上妥挑，而不能遽言可否者也。或南京道院落成之时，即弟莅临之日，亦未可知，但决不可以弟之行止为建立南京道院之条件。盖道院事业关系甚大，凡公教道义之宣扬、国内人心之改善，以及文化学术之振兴，均甚赖之。况吾兄年来奔走之成绩已卓然可观，地基既已觅妥，政府亦予赞同，是基础已立，前途至为乐观。设因弟之故而中止进行，识者将议吾人专重私交而轻视公益，并可加弟一阻碍传教之罪名，是岂吾二人之意乎。现惟有以亟诚恳热烈之请求，敢祈吾兄毅力进行，毋稍瞻顾，不问弟之行止，而祇望道院之成立，则感荷慈惠，生死不渝，即本笃公会及南文院长固已永志不忘，至进行中有需弟出名之处，即望指示，当遵照办理。书不尽意，无任翘企。专恳，并顺颂道安。

罗玛宗座有鉴先生热心扩建修院于首都，定必心神嘉悦，宸衷心许不已也。

敬再启者：院长行李箱件内有杨安然名下木长箱一件，编号第四，上有宗兄姓氏，到时敢请察收，转呈令尊大人赐存作念。内件另单开列。凡此先父母、先师、先室全套家庭纪念，存院不甚相配。比都内兄早故，又乏后人，无可寄存。再四思维，面恳院长带赠令尊大人。既承厚意捐地建院，敢以奉献，聊代令尊六旬大庆纪念何如？如荷赏收，殁存均感也。聊语三副，由陆师傅自撰亲书，亦系同宗，巧合一气，显有前缘。其墨迹寄赠徐汇藏书楼，当由刘芟忱兄带申，面交徐神父。好在绣工甚精，字迹并未走样。院内尚有各件，容暇时装箱寄上。

均系个人纪念，如以同宗关系哂纳保存，不独祥一人之荣幸已也。未征同意，冒昧之处尚祈格外鉴谅是幸。临颖神往，再颂日安，并祝潭府均吉。

　　　　　　　　　　　　　　　　同宗弟征祥再启

致罗文干函[*]

（1932 年 8 月 30 日）

总/次长钧鉴：

敬启者：本年正月十五日立终身愿后，祥方以生有枝栖，死有葬所聊以自慰。讵料世界经济恐慌，影响院内生活。本院收入全赖诸大善士、信女之施舍，近月以来，施舍锐减，院长厉行减政，节省医药、旅行、邮票三项。窃念祥自去年三月中旬旧病忽然复发，此系三十年前曾患便血之症，来势颇恶，全院修士为之惊骇。当即陈明院长，延医诊视四星期后，未见效力。复经院长允准，移居城内病院，以便就专科诊治。先用精巧电光探器探视膀胱尿道，复用 X 光影照肾部，寻探血之来自何部，结果确知其血来自尿道破裂之处，故仍回院调养，以节浩费。其治法，每星期进城就专科探尿道，前后年余，血流渐退。目下新病未愈，忽闻院长下节省医费之命，曷胜惶悚。再四思维，不得不告急诉苦于总/次长前。

可否于驻瑞萧前代办呈报祥名下欠薪欠费项下，特别设法筹还六七千元，就近交付上海中法工商银行中国代表刘符诚君名下

＊ 旁注："上南京外交部罗总长、刘次长公函抄稿，又再启抄稿。"

Mr. Liu Fou-Tcheng，以济眉急，俾祥安心调养，完全痊愈，得保残年。出自总/次长宏赐，临颖不胜盼切感祷之至。专肃。祗请勋绥。

陆某谨启

廿一、八、三十

敬再启者：

祥前在瑞使任内所垫各款，皆出自三十余年内外奔走辛劳所积私蓄，原以备晚年养老之雨雪粮，一旦放手用去，全数填充公用。在祥身任政府代表之职，区区积蓄固毋庸吝惜，在中央体恤下情，似应于愚庸如祥者稍示鼓励，早日归还。倘祥未蒙上主宠召入院苦修，今日在世度日无资，势必沿门托钵乞食乞衣于人，思之令人寒心。祥一面奉恳总/次长对于出家人之辛劳积资格外垂念，中央财困虽达极点，可否大发慈悲，设法筹还此笔积欠，以示公允，而使身同远戍海外之游魂，得见青天白日之曙光，馨香祝祷于无穷期耶。一面函恳驻日纳弗全权代表顾、罗两公使，向瑞京银行就近调查，祥在瑞使任内出售各项债券收据，据实报告中央，证明事实。又复函恳国内旧日同僚，向中央代陈苦衷，加力说项，并以附闻。致邮票一项，亦不得不求海外昔日旧友捐助矣。再颂公绥。

某再启，同日

以上稿件附呈察阅，措词恐失之在卑。吾辈修士，实系冠面乞丐，亦不得不如此，当荷鉴谅也。某又及

与罗光[*]往来函

一

（1936 年 1 月 10 日）

罗光修士雅鉴：

　　顷奉六号惠书，欣审神兄将于二月九日晋升铎品，预致贺意。并悉贵校将于本年举行留学传大百周年纪念，发刊纪念专号，尤为庆贺。致嘱书封面题字一节，亟愿遵行，唯祥新病之后，目蒙手颤，苦难报命。倘尊处必须祥写，可请贵校张润波神父代书、代署名之，无不可也。尚祈大酌施行为祷。匆匆奉复，祗请学安。

同邦弟陆征祥拜启

廿五年一月十日

---

* 陆征祥致罗光函原名《陆征祥神父信札》，收录于罗光著《台北七年述往》（台湾学生书苑 1979 年 11 月版）"附录"第 193~245 页。原整理稿中，部分信札未加标点，且错误颇多，本次整理略加订正，存疑处均加标注。法文信件原译者为施安堂。罗光，号焯炤，湖南衡阳人，天主教神父，后任台北总主教，台湾辅仁大学校长。

二

（1936 年 12 月 17 日）

敬启者：

连日报传国内消息异常紧急，读之令人心悸。国难重叠而来，当局处境在万苦千死中打出生路。回想先总理一八九五年诱禁伦敦使馆，时援救乏人，全赖祈祷，始得脱险。故祥自去岁六月二十九日忝晋铎品以来，每晨六时进堂献祭，不忘国内领袖要人，虔诚祈祷于平时，加诚祈祷于危急存亡之际，区区之忱，当蒙上主垂鉴，默许佑庇也。特以奉告，藉慰廑系，务望神父暨传大同胞同声祈祷，尤为至祷。专此。祗请公安。

陆征祥拜启
二十五年十二月十七日

惠复拜读，谢谢。我人同心同德，团结一致，更不可一日松暇。彼此努力，死中求生，方济于事也。祥又及

三

（1937 年 3 月 16 日）

罗光神兄惠鉴：

前日奉到三月九日手教，领悉一是，欣神形健康，为慰为颂。兹有恳者，刘符诚君，号茝忱，前外交部参事、交通部邮政司司长，现充南京财政部代表，在［任］巴黎中法工商银行董事，乃祥之至好朋友，且系在祥手领洗礼，现往罗马，面请刚总

主教行坚振礼，约十五六日偕夫人（外籍）、姑娘行抵永城。如荷神兄向刚公探悉客店地址，函邀参观传大，并说明由祥提议，刘君必十分愿意识荆，并认识留罗全体修士。祥面恳荩兄代表晋谒宗座，面请圣安，如能办到，喜出望外，全视宗座圣躬能否接见外宾为限度。

兹附赠刘君受洗纪念二十四份，以便分赠。惜为数不足，未克全体分送，尚祈尊酌施行为祷。刘君新由国内回法，至南京晋见于斌主教，亦系旧友也，不久仍须回国一行。刘君在永城过复活节，约四月初离罗回巴黎，并以附及，以资接洽。匆匆。祗请道安。

陆征祥拜启

二十六年三月十六日

四

（1937 年 3 月 28 日）

焯炤神父惠鉴：

两奉手教，领悉一是。承示义政府承认南京伪中央①一节，同一过虑。倘外交当局见及预防，即以前充贺加冕专使暂为兼任驻教廷大使，藉以联络，而免教廷暗受义政府牵制，亦一应付目前之办法，质诸神父，以为何如？

我神父学期后回国一层，为计甚得，深佩刚公远见，但传大中文教育之替手亦甚重要，如无妥员接替，亦不得不暂缓东渡，

---

① 原文如此。似应指 1936 年 11 月 28 日意大利承认伪满洲国事。

谅刚公亦必虑及。祥度此严冬，幸无疾病，惟有感冒、牙痛小累，堪以告慰锦注耳。匆匆。祇请道安。

陆征祥拜启

二十六年三月复活节

附上刊件，一奉神父，一恳转交有同修士作念。祥又及

五

（1937 年 9 月 3 日）

罗光神父雅鉴：

奉八月二十六日惠函暨玉照，拜领感谢。月之八日，适逢南文院长掌院二十五周年银庆，前日接到王宠惠部长祝贺诗匾，现正配框，届期代呈致贺。南文院长每到永城，必亲往拜见传大全体修士，其和蔼鼓励之处，令人可感，如荷神兄发一辣丁贺电，代表全体修生言贺，彼必十分快愉心感也。迟到一日亦无妨也。国难重重，曷胜痛愤，求主佑庇得最后胜利，当蒙垂鉴。上主仁慈，不我弃也。匆匆。祇请道安。

陆征祥拜启

二十六年九月三日

六

（1937 年 9 月 22 日）

罗光神父雅鉴：

以南文院长银庆典礼，我神兄惠电祝贺，同深荣幸。兹附上谢函、纪念各乙，登收是幸。南院长二十五【日】启程赴罗马，

参加选举本会驻罗 Primat①，承示海门区比籍司铎日前来院晤面，并交到陆伯鸿宗兄来信，敦嘱归国一节，令人感澈［激］无地。南文院长之意，只要贱躯能耐远行之劳，亟愿令祥回国工作。一切静候上主默示，我辈敬遵主旨也。知念附及，尚祈代祷是幸。专此。祇请道安。

陆征祥拜启

二十六年九月二十二日

同胞修士均此问候。

七

（1938 年 2 月 28 日）

神父赐鉴：

前蒙赐赠比王纪念品，铭感殊深，谨永加保存，为比王亡灵，光已如属，特为求主。

于斌主教的宣言书，在欧陆公教人士中影响很大，惜在意大利所分散本不多。迨于主教再来罗马时，将请示设法多散。乐涂所派老海军上将为到公教国来流说，在罗马虽以私人资格得蒙教宗接见，然他的狂言欺人，效力很微。

抗战前途甚可乐观，人民受颠沛之苦也是一条不能幸免的苦路，祇望仁慈上主垂怜我民，赐痛苦的日期减短，早日得见公义的和平。

传大业生很操心国难，舍一己的急需，将日用品杂费，捐为

---

①　首席院长。

救护和购公债；另一方面，每天在天主台前呼号，但公如以为有他项爱国事件可做，祈不吝赐哉。

神父精神康强吗？望天主赐公久享天年能见到新兴的中国，能为新中国再作事。这个新兴的日期大约不远了罢。敬颂德安。

后学罗光上

二月廿八号，一九三八

八

（1938 年 10 月 5 日）

罗光神兄惠鉴：

兹奉到于野声主教由航空邮递到《告全国教胞》伟论一篇，拜读之下，且佩且感，特速附上，分神译登《观察报》。此篇文字独具慧眼，非于主教不克发挥教宗通电之精神、之爱华热诚，非我神兄代译义文，恐非他人所能尽量推测野声主教之怀抱、之远大目光也。琐事渎神，不安之至。尚祈鉴谅是幸。匆肃。祇请道安。

陆征祥拜启

二十七年十月五日

倘能抽暇译登《观察报》，亟愿得该报二三张，并以恳及。

祥识

九

（1938 年 10 月 19 日）

罗光神兄雅鉴：

晨间奉读十月十五号惠示，藉悉一是。承示各节，均关系要，甚感。于主教来信，原嘱译登比报，如荷神兄分译成义文，用打字机写出掷下，本院爱德华修士兼通义文，亟愿担任译法，则祥省此翻译之劳，感荷不尽矣。不情之请，尚祈鉴原。

近目力日就衰微，所幸寐食照常，当不致另生出枝节，堪以告慰远注耳。附上国际第四届和平祈祷会通告一件、辣丁诵三十份，望分赠同胞，届期同祷尤感。前寄赠比京 *Le Soir ILLustré*[①] 二份，又义文画报八份，到时晒存作念。此间连日清理旧日刊物，捡出寄上，免作废纸抛弃耳。明年假期中，惠然肯来，甚为欢迎，并承代祷，感极。匆复。祇请道安。

同道弟陆征祥启

二十七年十月十九日

十

（1938 年 11 月 3 日）

罗光神兄惠鉴：

承蒙惠书及义文译件，感之谢之。现拜托爱铎代译法文，当

---

① 《晚间画报》。

可在法在比同日发刊。承示陆祺女士晋谒宗座一节，读之心感。爱护中华，出于至诚。致梵蒂冈外交方针，对各方面都有信徒、传教士，或外交代表，或宗座代表，所处地位，迥出寻常，不可以普通眼光窥之。即［既］有事实之承认，于我无伤，于传教有益，不可与德、义之波兰承认有邦交之作用同日而语也。质诸神兄，以为何如？附赠先人、先师、先室纪念一束，晒存作念。此请日安。

同道弟陆征祥拜启

二十七年十一月三日

另封寄上纪念五十份，留存尊处，但缺文定纪念耳。祥又及

一一

（1939 年 2 月 15 日）

罗光神父尊鉴：

今午另封寄上《益世报·海外通讯》第一号。野声主教此次来比，小作勾留，乘机委托爱德华神父分神经理，惟不露面，任其劳耳。兹有恳者，第二号正在赶。蒋委员长纪念周训话原文，久候始到。祥目力、脑力日衰，医戒用心苦思，故不得不奉恳神兄代译意文，倘能于月之二十一日寄下一部分，尤为感祷，缘此间尚须译法故耳。值此圣父归天，普世恸哀，永城空气紧张可知，未知尊处加忙到若何程度，甚念。此间复以译件，忙上加忙，深抱不安，尚祈格外原谅是幸。

于主教月之一日搭法公司【由】巴黎赴美，八日抵纽约，顷来电，嘱爱铎拟追悼圣父简篇，寄美欧正发刊。野声主教经比

约十一一手栽植，受恩深厚，犹祥之受许公竹箮〔篔〕之一手提携，前后一辙。来电一节，主教之知感，尤令人钦佩不置。自院长以下，无不以中华民族之特点加人一等者"饮水思源，受恩必报"八字为。知念附及，匆匆奉恳。祇请道安。

同道弟陆征祥启

二十八年二月十五日午后

附剪报四面，用后掷还。祥又及

　　再启者：值此世界出轨，人心浮动，非有三代以上之人物挺身而出，不足与言治国平天下。蒋委员长及野声主教两人，异其地位、职责，而同其怀抱，环顾国内，未见他人，故能同心同德，犹比之亚尔倍前王与梅西爱主教携手同行，共同维持危局，卒至凯旋旧都，举行感谢胜利大弥撒，以报命全国士民，不愧为保国保民保土之领袖。此二人者殆将复见于东亚五千余年之古国耶。拭目俟之，敢告知己，不可为人道也。再颂日祉。

弟祥再拜

同日

一二

（1939 年 2 月 23 日）

罗光神父惠鉴：

　　晨奉二月二十一日尊函暨译义文稿三分之一，感感谢谢。《海外通讯》进行顺利，神兄订阅，面告爱铎矣。每遇宗座继任问题，言论纷扰，历来如是，足证地位、人选之重要。虔心祈祷，最有效用。兹奉赠追亡祷文六纸，望代分赠，并恳同祷。哀启印就再寄。匆复鸣谢，祗请道安。

陆征祥拜启

二十八年二月二十三日

附祷文六页

一三

（1939 年 4 月 5 日）

罗光神父惠鉴：

　　近接国内友人来信，得悉本年四月八日为相伯老夫子百岁大庆。相老为公教耆宿，创办震旦大学及种种慈善事业，功在国家。自沈阳事变，唤起国人奋发自救，有不还我河山不止之呼声。相老实为共起救国加紧努力之楷模。闻国内自政界以至门生，均有电致贺，祥业已上函刚总主教，并赠以丝织相老肖像（乃冯副委员长赠品），恳请赐贺，以增老人心神之感快，而表公教相亲相爱之团结。倘刚主教采纳愚见，有所表示，祥亦有荣，特以奉告，以资接洽。神兄能率全体修士短电致贺，必增老人愉快，尚祈酌行是幸。尊处寄爱铎相片、顾专使偕全体同仁相片，祥处亟愿得之，以作纪念，如荷赐寄一叶尤感。匆匆，祗请道安，并祝复活佳节。

陆征祥拜启

二十八年四月五日

　　附上相老墨迹肖像印本，哂存作念。

　　全体同胞代为问候，并贺佳节尤感。

　　相老地址：Ma liang Mission Catholiquee Lanson Indochine.

一四

（1939 年 4 月 19 日）

罗光神父尊鉴：

　　奉到四月十三日惠书暨顾专使等相片，感感谢谢。相伯老夫子地址系 Lang Son，华名谅山，前信误写 Lanson，甚为歉仄。承示陈君一事，本院与 Solesmes① 修院前系合作，嗣因派遣修士，反生意见，停止往来久矣。本院年内感受经济恐慌，免费住宿亦经取消，未能为力，深抱歉仄，尚祈鉴谅是幸。

　　祥处邮费一节，亦须向亲友捐募，减政之影响也。叨在同胞，用敢直陈，不可为他人道也。匆复，祇请道安。

陆征祥拜启

二十八年四月十九日

附新宗座纪念二纸

一五

（1939 年 5 月 6 日）

罗光神父惠鉴：

　　接奉尊札，拜读之下且佩且感。佩我兄屡屡垂念，每以永城外交方针、华冈重要情报随时拨冗见示，俾紧闭索居之苦修士，不致茫然于世界时局。猥以目蒙，放弃阅读工作将半年

---

① 索雷斯梅斯修道院。

矣。年岁迫人服从，较诸长上命令之顺服更加严厉，稍违即发生枝节矣。尊函条陈一节，适合时宜，新宗座加冕机会亦不多得，所拟人选尤属确当，且顾、钱两大使，外交杰出之才，以任使命，坛坫增光，可预卜也。祥处发电中央，偶有出位之举，恳托少川、阶平老友代拟代发。此电有人选关系，未便发自巴黎或布鲁塞尔，故快函拜托驻波兰王代石孙公使代拟发。大约该电于八日当可发递。于斌主教关怀教廷遣使亦有年矣，或亦想到致电中央，条陈此节，正可与去电互相引证其重要性。朱代使论其地位亟应发电条陈，论其资格，驻外人员久居义邦者独占先驱，未免过于拘泥，反失绝佳机会建白于中央，深为惜之。盖祥前驻俄都，三充代使，三电中央，反为中央重视，亦全在各人善自为之耳。（许任一次，年二十六；扬〔杨〕任一次，年三十；胡任一次，年三十五。三十六岁任驻荷钦使，友人来函，均以少年钦使之简放，得力于三代使之称职耳）匆匆奉复，祗请道安。

陆征祥拜启
廿八年五月六日

附呈哀启、比约十一世箴言六纸，望分神赠送。帮译训词，同胞尤感。人微言轻四字，生无数不称职之服务员。既在其位，应行其职，即一最底地位之随员充代使，亦应发此百年难逢之电报。倘我神兄晤面朱代使，婉言密告，亦可有益使事，且有益于个人也。尚祈顺机代致，尤感。祥又及

一六

（1939 年 5 月 22 日）

罗光神兄爱鉴：

奉五月十七日惠书，猥以主保节日，辱赐贺代祷，感激不尽。《海外通讯》四期出版较缓，因南文院长新从非洲视察回院之故，非为尊译迟到，且由义译法，在爱铎二十四小时工作耳。承示各节，面告爱铎，深佩卓见，正在通函杨修士安然设法补充。

按教廷外交，主维世界和平，调停国际纷争，确系宗座天职，全在各国当局利用之而承受之耳。兹有恳者，附上剪报二纸，可否拨冗将国府明令、林主席贺电及于右任先生论相师一节，译成义文，连同剪报一并掷下，深为感盼。屡渎清神，不安之至，尚祈鉴谅是幸。

使团与传大修士合影拜领，谨谢，并当珍藏作念。专复。祇请道安。

陆征祥拜启

二十八年五月二十二日

一七

（1939 年 6 月 2 日）

罗光神父惠鉴：

奉五月二十九日手示暨译件、原文各纸拜读，谢谢。翻译乙事，欲求信、雅、达，实非易事。法文有语曰：Traduce c`est traher,[1] 非灵语也。爱德华神父现赶办第五期《【海外】通讯》，正在忙碌中，且亲到印书局校对及整理全版，其忠诚热心，令人深感。神兄今夏来比，稍事休息，欢迎。已回明南文院长 Dom Thodore Neve，并与 Dom Eemmouruel de Uecster[2] 迎宾馆副主任（爱铎系正主任）接洽妥贴，确定日期后示知，以便预留房间。致宿住费，以每日十方计算。此间弥撒献仪十方一台，倘神兄留住一月，即献三十台弥撒，已与副主任说妥。窃念神兄此来有意练习法语，似宜长时，留住满乙月，不无练习机会，祥亦得与神兄每日谈话一小时，亦天假之缘也。兹另邮寄赠前宗座肖像暨宗座谢信抄稿。此像特别处，一系陈、英、沈、张四位特请溥君笔绘，作晋铎纪念，现四位均得前宗座诰命，授以勋爵；二系祥割爱转献宗座，俾宗座之像归奉宗座亲赏，以表我五人孺慕并尊敬我主在世代表之私衷。细读谢函，宗座心悦神怡，溢于言表，函内措词格外浓厚，如 gratitude[3] 一字，似不常见，质诸神兄，以为何如？敝〔敝〕意此幅肖像系华绘师作品，由辅仁四位中华教授见赠本笃会中华修士，现原本已归宗座入收，保存梵蒂冈，其相片副本一份，连同谢函抄稿，似应留存传大图书处，永作纪念。特以奉赠，尚祈将敝意代达传大各同胞修士，以作比约十一世热爱中华表证之一据。何如？专此奉恳，祗请道安。

陆征祥

廿八、六、二

---

① 应为 Traduire c`est trahir，即翻译就是背叛。

② 原整理稿如此——编者注

③ 感恩。

一八

（1939 年 7 月 3 日）

罗光神父爱鉴：

兹密启者：昨午南文院长通知全院修士，欧局紧张情势不减于一九一四年宣战前之危险，本院修士中，在一九一四年曾征调军中服务者，余均未被征调，尚能继续经课祈祷工作，然最后半年，敌军强占院屋后，亦不得不分散，暂时寄居安全地域云云。祥意，我神兄担任传大重要教职，值此时局不稳妥之际，宁可今夏不离职守。区区愚见，尚祈大酌，叨在知己，用敬［敢］直陈，诸维心宣。专此奉闻，祗请道安。

陆征祥拜启
二十八年七月三日

一九

（1939 年 8 月 13 日）

焯炤神父惠鉴：

避静七日，心神颇感静默乐处。讲道师为多明我会修士，发挥平生精修道理，令人神往追慕不置。盖圣女若纳达尔克德肋撒略知事迹，而圣女喀他邻未之前闻也。兹有恳者，附上《大公报》剪报计四纸，一系蒋委员长告友邦书，二为告日本民众书，可否劳神译成义文（译件未识能于二十五前赶办否，匆迫，祈谅之是幸。祥又及），充下期《【海外】通讯》宝贵材料。盖此二书之蕴藏伟大，包含深远，足以震动人魂，不独动人听闻已也。《告民众书》未完，先译其半何如？此间尚未接到其续也。匆匆。祇请道安。

　　同胞修士均此问候，恕不另启。

陆征祥启

二十八年八月十三日

二〇

（1939 年 10 月 5 日）

焯炤神父惠鉴：

　　前日奉到来示暨译件、相片，感感谢谢。译件面交爱德华神父。近因欧战爆发后比境全体动员，本院修士征赴边界者三十四人之多，一切停顿进行。《海外通讯》暂时减为四页，长篇文字留为他日发刊矣。兹交邮寄赠贵校许先师文肃公铜章肖像一枚、铁匠［质］章一枚，到时祈代转交为感。附上许像序、铁匠［质］章序，又和兰外部大臣转呈女主银章公文一件，一并转交。又另封寄上美总统罗斯福氏就职宣誓引词小册二十本，望分送同胞修士作念。元首就职引用新经宣誓，近代罕闻，足证罗氏怀抱，令人钦佩，殆有大作为耶？拭目俟之。匆匆奉复，祇请道安。

　　同胞修士均此问候。

同道弟陆征祥拜启

二十八年十月五日

二一

（1939 年 11 月 6 日）

焯炤神父惠鉴奉：

　　十月十二日手札藉悉，邮递各件均登记室。文肃铜章，系驻和任内敬献使俸两月，制此纪念，以志感师一手训练之苦心。铁匠〔质〕章，系在外交总长任内恭献先师五月薪俸制成，以志追念文肃之赐也。为神父述之，以证老成谋国之远见，足令人感念不忘，而馨香祝祷之不已也。承示山东田主教加入十二宗徒之列，不独祖国之光，亦中华公教之荣。异日政教合作，前途之灿烂，当不减于大时代也。预贺。颜骏人大使，曾充民国第一次内阁外交次长，后历任驻德国公使、外交总长、国务总理暨摄政总理，我国第一流外交家，素所钦佩者。神父因避静而交臂失之，甚为惜之，以待后会，当不在远。盖颜虽不在政界，而其协助政府、社会之处不可忽视也。兹有恳者，比约十二初次通牒，求分神代购英法文各十份寄下为感。所费若干，示知奉上不误。匆匆奉恳，祗请道安。

　　邮寄《饮冰室丛书》四册，未知何日始能递到。念念。祥又及

　　　　　　　　　　　　　　　同道弟陆征祥拜启

　　　　　　　　　　　　　　　二八年十一月六日

　　爱铎日来部署一切，颇觉忙碌，嘱代致候。

　　孙院长前次莅临敝院，偕同夫人、子女及同仁一行十余人，全院之光荣也，为闻之也，作谈话资料可也。兄告之爱铎必乐。

二二

（1939 年 11 月 17 日）

焯炤神父惠鉴：

　　昨由比京大使馆转到谅山来电，惊悉相师于四日仙逝。老成凋谢，曷胜痛悼。除电唁家属并献祭三十台外，特以奉闻，并恳通知驻义全体同胞修士。祗请道安。

　　　　　　　　　　　　　　　　　同道弟陆征祥拜启

　　　　　　　　　　　　　　　　　二十八年十一月十七日

　　马宅地址：Madame Ma, Mission Catholique Langson

　　再奉恳者：窃查祖国政府、社会、民众重视丧祭，历历可考。在官者，朝廷上谕内"兹闻溘逝，震悼良深"等语，有辍朝三日，赐恤赐祭予谥，八〔入〕祀昭忠祠、贤良祠，生平事实、政迹宣付国史馆，"任内一切处分悉予开复"（此十字祥最重视），赐恩赏给子孙举人、员外郎、主事等职衔等等。以上各项恩典，在俗眼观之固属光荣异数，在祥反重视特别圈出十字者，一示朝廷之宽大优容，一示眷念忠良，有加无已之仁意。两者均合公教界我天主无限之仁慈、救赎世界罪人之无上宠恩。兹附上致刚总主教法文函稿乙件，望神兄亲举玉趾面告，以中华历代政府优待已故官吏之存案，并商请总主教面陈宗座，援引此十字之办法，发表一函或一电，以免日后万一遇到列品之举，可无阻碍。盖相老一生事业，如兴办学校、医院等等，不一而足。祥前居北平时，访问闲谈中，叩以宣布公教、兴办公教事业之良策，今日想到相老之答词甚简而揭要曰："信主爱主，高山可移，而无不办之事矣。"然则老师与 Don Bosco① 相像矣。相老微笑而不答。今日回想此会问答，异日列品之举，或有相当之希望，万一提到教廷而生阻碍，不独全国公教界之失望，且令外教人认识教廷之宽大优容，反不如世俗政府之善体悲天悯人之宏旨，则必同声浩叹曰：相老一生与世无争，光明磊落，通国皆知，致于过失，圣人难免。此次列品之案，尚被教廷拒绝，我人实难谅解。且我国政府在官出缺，有任内一切处分悉予开复之或［成］例。列品之举，犹我国之予谥办法，我辈从未闻有予谥被拒之奇事，则我人之入教问题无庸研究，大可少此一举矣。此乃祥鳃鳃之过虑，并非过甚其词，敢恳婉陈利害于刚总主教之前。倘不以愚虑为唐突，则请总主教全力协助，作万一之防备，免公教之受累。此非为相老计，实为公教谋。盖相老答词中谦逊态度，已令祥钦拜倒地，岂敢违师训而作此无谓之举动耶。望我神父善为措词，转达敝见，致事之成否、有无结果，悉听主命，神兄与祥乃主之器械而已耳。再恳密告刚公者，一九一九年凡尔赛和约，祥以山东青岛不交还中国突［实］欠允故，未敢签字。政府虽有签字训令，祥于良心上深感不安，故宁违政府命而受责，未敢违背天良而贸然签字。德希脱勒之决心毁约，殆有他项不公允条款之甚于青岛条款者在乎？深望后之订约者深加注意焉。未知刚公以为然乎？再颂日祉。祥又启

---

① 唐·博斯科，即圣约翰·博斯科。

二三

（1939 年 12 月 1 日）

焯炤神父惠鉴：

　　日前奉到二【十】四日手教，领悉台［一］是。承详示晋谒刚总主教情形，聊形甚感。教会当局业已免除先师昔日一切处分，闻之慰之。日后国葬时，倘由尊处发起，率令全体驻罗马修士奏请宗座表示哀悼，已足鼓舞策励全国公教界信徒。届时务望大酌进行。Ag Fides① 通讯一节，望便中剪示尤感。宗座初次通牒，可否分神续购英文十册、法文十册，所费若干，示知奉赵。晤刚主教时，恳代伸谢悃为祷。另封寄赠《六十年来中国与日本》七册，晒存浏览。又任公《欧战史》一册，一并寄赠，惜无续编。《益世报》随于主教迁谕［渝］，由主教就近指导，必日见发展。预贺我国政教合作，全赖蒋委员长与野声主教二人同心协力，当可复见 Coustantiv［Constantin］② 大时代于祖邦，拭目俟之，引领望之。祥年岁加增，精力远不如先师，未知能目睹此盛况乎。虽不得见，而心已向往之矣。匆匆奉谢，祇请道安。

同道弟陆征祥拜启

二八年十二月一日

　　附件二纸

---

　　①　即 *Agence Fides*，《信德杂志》。

　　②　康斯坦丁。

二四

（1939 年 12 月 4 日）

焯炤神父惠鉴：

　　兹有恳者：*Ageuce*［*Agence*］*Fides* 所登载相师相片，可否分神向前途索取一张掷下，以便作追思纪念。匆匆奉恳，祇请道安。

同道弟陆征祥拜启

二十八年十二月四日

二五

（1939 年 12 月 11 日）

焯炤神父惠鉴：

　　前奉寸笺及刊件两包，谅登记室。昨由爱铎见示《罗马观察报》十二月六日登载乙节，与相老预料之未来列品案大有助力。可否神兄抽暇译汉，寄回祖国公教《益世报》及其他杂志发表为祷，译稿亦请抄示为感。十二月六日《观察报》求代购六份寄下尤感。匆匆奉恳，祇请道安。

同道弟陆征祥拜启

二十八年十二月十一日

　　再，刚公爱华热烈，又见一斑，令人感念不忘，晤时代致感忱。祥又及

二六

（1940 年 1 月 1 日）

焯炤神父惠鉴：

叠奉十二月十五日及二十七两日惠书，领悉一是。相师照片，业经信德通讯社径寄来比，并已函谢。宗座首次通牒英法文本如有再版，尚恳代购各十份寄下。缘赠送中央当局，版式堂皇，较他国译本美观多矣。

二十七日手画［书］提及圣诞前夕曾发一信谢书云云，迄未递到，或阻留中途，或遗失。洪桥所云画［书］，当系《六十年来之中日》。承示宗座与美总统为促进和平取一步骤一层，深佩卓见，谅中央外交主持有人，自有权衡。索居海外者，势难测知一二方面，盖非全局洞烛，难于进言而建议也。前者遣派贺使，事关礼节往来，越俎代谋，毫无关系，涉及政策，未便代庖，且影响全局，失之毫厘，差以千里，公私两害。先师文肃公力戒出位之言，迄今牢记，敢以直告，当荷谅解也。相师身后事，承于主教亲赴谅山料理，闻之快慰。

附呈蒋公夫妇亲笔署名纪念一份，日内稍暇，拟检寄多份，分赠同胞修士作念。两年来，以我国奋勇抗战，惹起外人注意，中央重要人物，时有西友索领导 Autographcs［Autographics］。①月前设法将前寄《益世【报】·海外通讯》相片、墨迹印成邮片，加以蒋夫人墨宝，颇得外人欢迎，一时有纸贵之叹。西人搜

---

① 亲笔手迹。

集纪念之癖，诚我人所不及而不解其好，除景仰伟人外，当无他心也。匆匆，祗请道安，并祝年禧。

同道弟陆征祥拜启

二十九年一月一日

传大同胞修士代为致贺，并祝健康万感。祥又及

二七

（1940 年 1 月 1 日）

焯炤神父爱鉴：

今午邮局递到十二月二十三晚手札暨译稿，拜读，谢【谢】。承示传信部颁［颁］发"敬孔敬亡人"训令，将一切误会一笔勾销。此等气概态度，令人钦仰不置。致函刚公时，必当提及。教廷外交史，昔年无暇研究，迄今引为遗憾。徐代办年富力强，前程远大，从事考察，可佩之至。神兄尽力协助，伊必深心感激，图报于后日也。匆复，祗请道安。

同道弟陆征祥拜启

二十九年一月二日

罗总统就职宣誓引用圣经小启，昨函曾否附赠，未能记忆，特补乙份。

二八

（1940 年 2 月 28 日）

焯炤神父爱鉴：

奉正月二十一日手书，领悉一是。承示各节，甚慰甚感。自

抗战以来，祖国国际地位渐渐增高，外人对我表示同情，此一明证也。我国前途光明，能善自为而利用之，前程不可限量。尧舜盛世复见于今日，亦非过分奢望，质诸神父，以为何如？

昨交邮寄徐代使对联乙包，到达时请伊代收代送尊处。兹计开如下：徐东海亲笔对联一匣，陆伯鸿宗兄对联一包。另有各件现在装配洋钱筒，一俟齐全，即行续寄。兹计开如左：徐东海亲笔横匾，徐文定公中堂一幅，陆伯鸿宗兄仙鹤中堂一幅，湘绣山水中堂一幅。以上四件，又对联二副，先行检出寄上，致寄赠刚总主教各件，分存各处，当一一收拾完齐，方能装箱交寄。现值天时不正，畏寒畏风，惟有静候夏季怂恿［从容］收拾交寄矣。稽迟之处，猥以无人分劳，非本人动手收检不可，尚祈鉴谅是幸。匆匆，祇请道安。

同道弟陆征祥拜启

二十九年二月二十八日

二九

（1940 年 12 月 2 日）

可敬可爱的神父：

由于邮局只接受德、法、英、义文的邮件，我不得不用法文来和你通讯。

我于五月六日与八【月】廿一日先后接到你的大札，以及三张中国美术照片，非常欣感。我已把这些照片给我的院长神父，以及我的加禄修士（Charles Martial de witte）看过。加禄修士将于十二月十日前来罗马读书。他会来拜访你，并会告诉你有关我的院长以及我的近况。至于书院新院长白利士（Brizé）蒙席的信，我也给院长神父和加禄修士看过了。

今年夏天，我已订制了一些晋铎纪念品。在我的书斋里，我也悬挂了一些对联卷轴字画，焕然一新。在入门处，我安放着陈箓所写的一张横匾，上书四个大学［字］"入德之门"。可惜，我的这位朋友在外交界里颇负声誉，不幸竟受仇敌的欺饵，真是痛心！

拙著有关我师马良的作品，也随函寄上六份，请查收后分赠于梵蒂冈图书馆、传信部图书馆、负责敕封真福与圣人的圣部图书馆，以及你的书院的图书馆。此外，我再附上五十件的纪念品，请你分赠给我的年青的国籍［同胞］司铎。我相信，他们一定要为我老人祈祷。而且在这同一信封里，称可找到"（St. Yves）有关圣以物的一页历史"。我很希望国籍［同胞］司铎以及义国的朋友们，大家阅读一下。在这一方面，也算是一个纪念品吧！

来年你要来一次，我希望将来不会再有什么阻扰，使你难于成行再事拖延了。目前时局艰难，气候阴湿，但我的健康情形非常满意，勿念是幸！

我静候你的消息，请代候各位国籍［同胞］司铎，敬可爱的朋友！祝你安好！

本笃会天士彼得陆启
一九四〇年十二月二日圣安德肋会院

三〇

（1941 年 1 月 14 日）

神父尊鉴：

十二月二号手示、马老纪念品小包圣诞礼片俱拜收了，欣慰莫可名言。久待消息，以明公之近况，得手示后，光与留罗同人，都感谢天主，庆幸贵院尚安吉无恙！

这边一切颇安静，学校照常开课，新生来校者，只有新近由法国转来的印度学生三人。去秋曾传说将有中华学生三人由法国转学敝校，这方面的通行手续俱办妥，但至今尚不见人影，想必是不来了。神父前示言，贵院将派一修士来罗马，不知究竟动身否。

教宗于圣诞前日发表演说，气正词严，较前年是日之演说更见迫切，不知神父见到译文否？这边只有意文，故未寄上。

圣诞假期，柏林陈介大使到罗马休息一周。陈大使与光谊属同乡，故接谈数次，并同往拜刚总主教。陈大使为汉口梅神父医院交涉人，与刚公很熟识，见面后言叙旧事，颇欢洽。

半年来，光未接于斌主教信件，不得知其现状，唯闻去秋日人轰炸重庆时，于主教寓所被毁，《益世报》馆也遭了殃，纽约英文《中国月报》每期都有于主教的前锋言论。光最近为该报写文一篇，痛骂敌人在华公卖鸦片毒物的恶行。

万事由天主安排，前途虽未知究竟若何，然公义之曙光似已在天边出现。（葛文厄杜亚神父在院否？）敬礼，主佑平安！

后学罗光谨上

正月十四，一九四一

三一

（1941 年 3 月 7 日）

可爱的神父：

这里比国邮局只接受法、德、英、义文的邮件，因此我不得不用法文来和你通讯了。

我国驻莫斯科大使邵力子的夫人，是一位集邮者。她要搜集一些梵蒂冈的邮票，以及教宗庇约十二世的一些纪念邮票，烦您代购一下，未知方便否？如蒙慨诺代购，则请投邮寄下，我将汇寄所费之款，决不失误。

我的会友加禄神父（Charles Martial de witte）的旅航证件，业已收到，他将前来罗马，完成他的学业。

这里一切如常，即使在占领时期，也总算平安无事。爱德华神父正学习中文，非常用功，他的恒毅精神，真使我惊讶不已。我们每天念一页《西安半月记》，这使我们对蒋委员长的遇险情形与对张学良的辜恩负义、阴险恶毒，更能一目了然。

可爱的神父，我在这里先向你致谢，并祝您一切顺利！

本笃会士天士彼得陆启

一九四一年三月七日

附上庇约十二世所撰的一些求赐和平祷词，祈查收为感！

三二

（1941 年 4 月 20 日）

神父赐鉴：

三月七号来示日前已奉到，尊体尚安适，甚慰甚慰。二月间曾两次会见现居罗玛之贵院若望神父，得知贵院上下均颇安好，不禁感谢天主！敝校学生现均照常上课，本年考试大约也不至提前。光之神学博士论文，本月底或可完竣；好坏与否，固所不计，只在练习学术研究而已。

此间国内消息亦甚沉闷，于斌主教已十月余未有来信，最近国民参政会开会时，于主教大约在重庆，参政会闭会后，传闻于主教将往云南代理昭通教务；因昭通区自陈监牧辞职退休后，现尚群羊无牧。圣座派遣于主教前往代理或亦有意掩饰于主教之政治工作，藉以短消息群言，前数日得刚总主教示知，于主教因事务过忙，不愿接受代理昭通。

邵大使夫人要梵隶〔蒂〕冈邮票，光遵命采购少许，惟整套则不易得，而且价昂。如务要整套，乞来示将如命寻购。

复活节期，承来片贺节，谨谢！此间尚安宁，后事如何，唯遵上主定夺。敬祝德安。

后学罗光谨上

四月廿日，一九四一

邮票装在此信内

三三

（1942 年 1 月 20 日）

可爱的神父：

　　一九四一年十二月二十七日的大札，非常可爱，我已收阅。真使我欣感万分，钦佩不已。

　　如今战云弥漫各地，竟占全世界五份之一！各地邮路不通，除瑞士与荷兰尚有一些朋友不时给我一些音讯之外，整个祖国以及其他各国均无法通讯。我愿和你一样，把我们的祖国以及整个世界，全心托于天主的上智，任它随便安排吧！

　　目前我的健康风烛堪虞，但赖好天主的保佑，竟达七十高龄，实感欣幸。爱德华神父常为我的知友，最近向我建议，摄影留念。我也乐于接受他的可爱建议，拍了几张照片，赠予二三知友，聊作纪念而已。

　　刚恒毅总主教曾为我授予铎品，这是由于你的协助，我真感激万分。回忆当年，你曾不遗余力，特请刚主教不远千里而来，亲临圣安德肋会院，授予铎品，使我成为基督的圣职人员，真使我铭感无既，没齿不忘。如你遇见老总主教，恳请代致谢忱与敬意！

　　啊，老了，疾病丛生，势所难免。我呢，正视之为年老人的专利，何足忧虑？因为这种多病的专利，惟有老年人才得享受。我国俗谚说送老，但我认为，与其说送老，倒不如说近老为愈。这好比是一所学校，该为老年人学"耐苦"，学习智慧而成圣成贤，像我的会祖圣本笃一样，何幸如之。其实这年老人学校，较诸青年人的学校，更为艰辛。青年人的学校里，有他们的老师去教导他们，但在老年人的学校里，则他们自任老师，而自我学习。西欧人学说："青年人在于求知，老年人在于求行。"这就是说，青年人贵有（求知的）热情，老年人却贵有（行事的）经验。这种老年人的经验，在老年人的学校里，依我看来，是最好的老师。可敬可爱的神父友人呀！这种看法你以为对吗？我希望你自己并代我，转请我们年青的国籍［同胞］神父们，为我祈求天主，赐我在这老年人的学校里力自奋勉，终于赖好天主的协助，再考到一次"很好"或"好"的考试成绩吧！

至于你所写的，有关于我的几篇大作，承蒙过奖，我实在当不起。我深信，且我永远深信，我的祖国——中国，必将因着战争而自力更生，发扬光大！

可爱的神父，愿经过玛利亚而在基督内祝你神形康乐！

本笃会士天士彼得陆启

一九四二年一月廿日

三四

（1942 年 2 月 2 日）

可敬神父：

承办所托之事，实深欣感。如有余暇，尚祈代向异［毕］翁第枢机（Fumazoin［Fumasoin］Biondi）致贺。所呈薄礼：纳氏式小十字架一个，已由布鲁撒尔邮局寄上，但不知何故，竟退回原处，不得已改由比政府皇家邮差带上，谅于耶稣复活节前后定可抵达罗马。转辗迟延，实深惆怅，敬请代向枢机大人表示歉意为荷！

　　此外，尚请阁下函告马里奥枢机（L. Magilione）：（一）上述专差抵达罗马之大约日期。（二）专差将带来之小箱内，除将呈上教宗之礼品外，尚有上述之纳氏式小十字架一个，请代呈予毕枢机；至于中国扇子，则请赠予本笃会盎色马之总院长。该院院址：Badia di S. Anselmo，Monte Avengion。①　敬请函告该院总院长，台端乃以仆之名义，呈上中国扇子，作为总院长进会发愿金庆之贺礼。并请台端代告总院长，该项薄礼因比国邮局之拒绝收递，故改由专差送上，将于复活节前后抵达罗马，决不失误。诸多稽延，出人意外，尚请代向大院长深致歉意！

　　最后，再有一事烦请阁下代转马里奥枢机，即蒋委员长以及林森主席所题书之二匾，不日可送至圣京，准备将悬于圣欧日尼（S. Ewgéne［Eugéne］）堂中，以示敬意。该堂系普世信友为纪念教宗晋升主教银庆而建造者，落成后请马枢机负责，饬人将上述二匾悬于显要之处，尤其是后者，即林森所题书之横匾，饬以苏流，切勿倒置为祷！

　　可爱神父，际兹战争时期，诸多不便，回忆往昔太平时，邮递来往，或用邮局［船］，或由火车转运，均可指日抵达，如今则转辗稽延，实感惆怅。对阁下之多方协助，费神费力费时，尤感坐卧不安，奚止芒背而已？尚祈鉴谅为感！

　　好天主真好，恩赐征仆良机，得以藉比京布鲁撒尔皇家之专差，送上罗马礼品，聊表敬意。回忆一九二七年【先】室临终时，蒙现任教廷国务卿马里奥枢机颁发宗座大赦，实深感激。按马枢机曾任教廷驻瑞士大使凡四载，而为外交使节团之团长，态

―――――――

　　①　复仇山圣盎色马修道院。

度温良和善，富同情心，实令人赞叹不已，五体投地！

　　盎色马之总院长，曾于上次旅比时屈驾圣安德肋会院，幸获一晤而领受教益。爰请台端除向毕枢机外，亦代向院长特致敬意为盼！诸多渎神，实深感激，敬掬赤诚，祝神形康乐！

本笃会士天士彼得陆厂［启］
一九四二年二月二日

三五

（1942 年 3 月 7 日）

　　二月廿日我很乐意地写信给你，请你在马利奥枢机与毕翁第枢机以及本笃会总院长台前多多帮忙，而且我希望这封信能及时抵达尊处，不致延误。

　　我觉得非常惆怅，我所呈送总院长的中国扇子，并没有妥善地用厚纸包扎好，安置在小箱子内，因此我怕这个扇子将有所损坏。无论如何，我希望你在罗马，用我的名义，尽可能在一种可爱的情形下，把这扇子呈予总院长，未知可否？如蒙慨诺照办，我真铭感无既了。

　　目前风烛残年，谢天主保佑，我的健康情形还算不错。我希望漫长的严冬快些溜过，而春天到来，令人鼓舞。至于爱德华神父的健康，经过病后长期有效的调养与滋补，业已完全恢复原状，勿念为幸。诸多劳神，特此预申谢忱，并祝可爱神父诸事如意！

本笃会士天士彼得陆启
一九四二年三月七日

附

在我的祈祷中，总不会忘掉传信大学里的许多国籍［同胞］修士。他们在你的照拂之下，得以安心读书，稳步进修，真是难得可责［贵］。假设我是一名青年修士，我必竭力设法，在永城进修。可爱的神父呀，可惜我已年迈力衰，永没有这种机会了。是不是？事实上，要做一名传信大学的修士而在那里读书，为我已是不可能的事了，可是谁也不能阻止我"心向往之"。这种返老为童的痴想，诚如我国人所说的，可发一笑呀！

天士彼得陆又启

三六

（1942 年 4 月 16 日）

可爱的神父：

四月十三日我收到你于三月廿九日所写的可爱大札，非常欣感。对于你到教廷国务院秘书处去查明礼品事，与代呈礼品予毕枢机事，以及你的费心，代为致书于敝会总院长的事，尤使我感激万分，五体投地。此外，烦你费神，把我送给总院长的中国扇子好好包装，好好地把我的薄仪转呈总院长，亦将使我感德无既，欣慰莫名！

我希望专差不久即可抵达罗马，也许在下月五月十三日左右。按《罗马观察报》两［所］载，教宗庇约十二世的晋升主教银庆，也就在这一日（五月十三日）呀！

感谢天主。际兹兵荒马乱，圣安德肋会院亦在疏散之中，而我的老年健康还算满意，真是难得！如今我和爱德华神父同住在

黎朗伯爵家里（la famille du Baron Ryelaudt［Ryelandt］）。看，
我们的新地址：N. 12 Boulevard Philippe le Bon，Bruges。

你说你有头晕病，这显然证明你的精神耗损需要休息呀！努
力工作，固然很有功劳，但使健康受损，确是危险无比。许景澄
老师常常吩咐我，注意身体的健康，唯有健全的身体，才能为天
主、为国家、为众人服务，反之，谁若没有健全的身体，即使他
有学问、有本领、有爱国的热情、有赤诚的信德，也［又］有
什么用处呢？

我和爱德华神父真是喜出望外，得悉吾国政府将与罗马教廷
正式通使，建立使馆，但其名称尚未公布啊！

这个问题，人家早已谈了五十年之久，迄今才获解决，真是
兴奋！真该感谢天主！整个天主教会看到我国政府的使节驻在梵
蒂冈，莫不欢欣雀跃。我相信，我们中国人对此也都感到荣幸。
切望我们知道驻教廷的首任公使是谁？你若探获详情，迅即告诉
我们，那我们真正感恩无既了！

大家不忘代祷，祝您康乐！

本笃会士天士彼得陆启
一九四二年四月十六日

请代候罗马的年青的国籍［同胞］司铎们！

三七

（1942 年 5 月 29 日）

可爱的神父：

你在五月里写的大札我已收到。我也因此而欣悉我的礼品业

已送达罗马，米格拉①总主教处你也代我去拜访过，我真由衷地感激万分！

米总主教的地位很高（驻比国大使），我真不敢去打扰他哩！但望你以我朋友及国人的名义，为我去问候一下就好了。

这里在布鲁塞尔的中国友人，愿藉米格拉总主教的手，代替我们，呈献我们的微薄贺礼于至圣圣父、毕翁第枢机，以及我们的总院长，未知可否？

我也非常高兴，得悉刚恒毅总主教荣膺教廷国务院政务顾问。爱德华神父告诉我说，这个职位非常显要，至于我国与罗马教廷建立正式的外交关系的事，按你所告诉我的是：由瑞士新闻记者所透露，而且你也信以为真，可是《罗马观察报》态度谨慎，还是保持缄默。这该是一个好的信号，表示这事正在部署的途径，其实在我对这事一无所闻，只有为这件事默默祈祷而已。

目前刚恒毅总主教对于这事也保持着缄默，我认为这事相当微妙，尚不是函告刚总主教的时候呢。依我看来，我国与教廷正式建立外交关系，将在大战之后。可敬可爱的神父，不知你以为如何？我们大家一起为我国抗战而祈祷，为世界和平而祈祷吧！敬掬赤诚，祝您康乐！

圣本笃会会士天士彼得陆启

一九四二年五月廿九日

---

① 即前译马里奥。

三八

（1942 年 9 月 24 日）

可爱的神父：

去年六月十三日，我曾作过一次演讲，讲题是《中国过去与现代的宗教信仰》。我想这个问题你和传信大学的国籍［同胞］司铎们都很关心，因此我很乐意地附上一份演讲稿，祈查收为幸！

至于马里奥枢机、毕翁第枢机，以及本笃会的总院长处，我都寄去一份，为请求他们予以核准。承当他们厚爱，非但予以核准，抑且给我鼓励——赞许，真使我愧感万分。其实，我常扪心自问：好天主，对我这样的年龄，是否真的指示我，可能当一名圣道的宣讲员呢？

本笃会的总院长曾写信给我说，到今为止，他还没有收到我寄给他的银庆贺礼。我想这项贺礼曾由专差送上，和呈予毕枢机的贺礼一起装在一个小箱子里，托教廷国务卿代收，故烦你劳驾国务卿办公室，代为查询，并告以该箱所装之贺礼分别送至上述各处，以免错误！对不起，又来一次麻烦你。我特向你，预为此事而道谢，并在主内虔祝可爱的神父一切顺利！

本笃会会士 彼得陆亲笔签名

一九四二年九月廿四日

该信由 Monastère de Bèthanie, Lophem lez Burgs［Burges］①转致传信大学教授罗光神父收。

---

① 布鲁日，洛菲姆雷斯，贝瑟尼修道院。

三九

（1943 年 5 月 13 日）

焯炤咨议神父惠鉴：

去岁由教廷转到十月廿三日信内，有剪报两纸，均早拜读，感之谢之。昨日忽奉本年四月十五日华函，欣悉神父荣任驻教廷公使馆咨议，喜出望外，曷胜羡贺。教廷外交，素未经历，闻诸老手，独屈一指，为世界冠。我神父随谢使增此阅历，绝妙机会，天付之也。公教国外交官如法、比、意、奥等，每以派驻教廷为毕生之荣。祥对教廷设使一节，希促其成，亦希望得派经前驻，仰瞻圣父师表，以伸敬慕。私惜生不逢时，事未实现，为之憾憾。距［讵］料上智别有主张，晋以铎品，以代表政府之资格，充我主耶稣传扬公教之使徒，其贵其妙，更无可言。敢告执事，代为祷谢，尤感承示子簪世兄重莅罗马旧地，知交必甚欢迎欣慰之至。兹附上赴马林大修院演讲词四页，陈腐之言，幸勿见笑。今日谈到尧舜禹汤文武，自知不合事宜。文肃公生时，尝以宣扬中华老祖宗，如尧舜成汤等为嘱，亦克遵守师训耳。专复。祗请大安。

同道弟陆征祥手启

三十二年五月十三日

谢使前代致意为感。子长世兄片恳代交谢之。祥又及

四〇

（1943 年 8 月 24 日）

焯炤神兄惠鉴：

接奉八月十三日手札，欣悉起居健康，为无量颂。窃念民国初设教廷公使，征聘神兄充补咨议，开此政教合作之先声，政教前途无限希望，贺之羡之。来示详述各节，读之悲慰交集．诚如尊论。普天闻轰炸声，遍地见哀鸿，惟有求主垂怜，早拯斯民于水火中耳。顷在旧书中捡得《八贤手札》一部，寄赠作念（另封寄上，内夹有刊件多种作念耳）。此祥五十年来随身携带物件，以备平日翻阅仿行之楷模。现神兄既涉政界，似应悉心观察官场礼节言动，久之习惯，异日归国，于政教合作上大有关系。盖我国神职班缺乏上等社会之经验，不可矔［讳］言也。质诸高明，以为何如？匆匆，祗请道安。

陆征祥手启

卅二、八、廿四

费神转函并恳代谢尤感。

次彭公使前代为问安。慈明世兄均此候候。同胞神兄处代为致候。

四一

（1944 年 1 月 17 日）

焯炤咨议神兄惠鉴：

月之十四日接到去年九月廿四日赐寄第一封毛笔手札书，

展诵之下，藉悉国内名流都喜见毛笔书而少看钢笔字。书法一门，确系本国美术之一种，历代名人莫不攻习，数百年后保存其墨迹者，职是故耳。前次寄赠《八贤手札》，愚意以神兄现为次彭公使调用，日与官场周旋，手札为官场办公往来必不可少之工具，务望于八贤中择其一而效则之，一生受用不浅矣。祥承先师文肃之指教，所惜书法一道绝少练习，迄无成就，难辞其咎之，徒叹奈何耳。年岁日增，手颤目蒙，毛笔则东涂西抹，钢笔尚能成字，实出不得已而用之，为之一叹。承示罗马近状及国内近信，读之快慰。蒋委座之演辞如此切关，当有把握，深望其言之中而和平早现也。吾兄敬幕［慕］文定，祥亦有同心也。详细传记，回国后集同志而成之。何如年前爱德华司铎向比都图书馆处借到玄装［奘］传，读之深感，力劝作公教中之玄装［奘］。祥何人斯，岂敢自居。窃思玄装［奘］居印十七年，祥现居院亦十有七年，以此一端之相同，前后相对，擅放引以申告于宗座之前，竟忘其老而不自量，函发后而追悔之。嗣思爱铎之相劝，实出于爱主爱人之真诚，非有意以重担加我孱肩之上，倘以后悔直告，恐伤其心而冷其一番热忱，故未之告。临颖忆及，敢告吾同胞神兄，幸勿笑其老狂而失常度。祥既以身灵献主，亦不敢有所吝而求自全，后人然我否我非所计。拉杂附闻，袛请道安。

　　　　　　　　　　　　陆征祥手启卅三年正月十七

同胞修士致意为感。

四二

（1944 年 12 月 8 日）

神父尊鉴：

八月间曾上一函，迄今未见回示，想或已中途遗失了。神父尊体若何？饮食顺适否？光与留罗同人俱深贴念，乞来函相告。

敝校照常开课，人数稍减，因今秋无一新生到校，华生人数则无增无减，毕业司铎也无路可归国。光继续任教，明夏并预备应神学博士试。国内故人，音信久断，主教于公也久无来音。华南、华中本尚可与欧美通邮件，但绕道过远，书到之日或有所言已成明年事的景况了。

上月廿四号，圣父教宗在圣伯多禄殿祈祷和平，追悼战亡将士、平民，礼仪严肃，哀伤气色充满大殿，诸事都在天主手里，迟早有一日天主将处置一切，使地球再有正义的秩序。

日本承认汪伪，国际上之影响很弱，意、德暂时尚不至于承认伪国，然他日的转变，则尚难预测。

弥撒间常为神父祈祷，假使天主赐和平早期实现，光于回国前再与公畅谈数日，诚属不可名言的大恩了。

敬祝圣诞新禧平吉。

后学罗光谨上
十二月八号，一九四四

四三

（1945 年 10 月 27 日）

焯炤咨议爱鉴：

　　前奉九月十六日手书，领秀［悉］一是。猥以回忆录译成意文一节，再四思维，面托本会驻永城坐办神父 Révérend Pere Dom Place de ueestev, Grocurar［Porcurar］Géuéral［Général］de la Congrégation Belge,① 向尊处妥为接洽。现伊面允分神经理，约于下月初离比回意，特乘伊回意之便，带上短简，以资接洽。祥近体畏寒，目蒙手颤，时好时劣，年岁关系，非病之可以药料治疗者，休息静养为独一方法耳。少看书，少作字，一切均由爱铎帮忙，法文信件由伊代复，亦一大帮手也。可感之至。南文除［院］长已许伊允［充］祥秘书，酮［嗣］从兄处来信能用法文或意文，当可从速奉复，不至延缓，以劳廑念为歉矣。于主教海外重逢，快慰之至，年富力强，正值大有为之际，将来为国为教，建功立业，前程不可限量。祥每晨上祭，必代虔祷不置也。匆匆奉复，祗请日安。

　　　　　　　　　　陆征祥手启三十四年十月二十七日

　　再者：晋铎十周，承神兄念及，特请圣座降福鼓励，甚感，并作论登入永城半官报，尤属荣幸。贯［惯］例二十五年为银婚，今十年可谓水晶婚何如？兹将十周年纪念全份附赠作念，幸甚。祥再拜启，同日。

————————

　　① 比利时总会驻。

四四

（1946 年 6 月 5 日）

焯炤咨议爱鉴：

月之一日拜奉五月十九日航空手札，接悉一是。承示谢使款待田枢机殷殷热情，及各方面对我新枢机感想。田公道仪谦怀，众口一词，既蒙不远千里，重洋跋涉，枉驾来比，复承殷殷劝归祖邦，共同工作，曷胜感激。惟年岁加增，精力日就衰微为憾耳。宗座宠眷有加无已，益深惶悚，不知何以仰报恩于万一。授职礼节现定八月十日，如有更动，临时电告，届时如荷贲临，曷胜盼祷。久别极企把晤一室，促膝谈心，客中乐事，曷有过此者耶。宗座加兄荣称 Monseigneur，[①] 闻之快慰。二年以来，国步进展一日千里，命耶运耶天赋耶？二者并进，始克逢此顺境，二者缺一，势难作此梦想。所谓自助天助者，古人此语不我欺也。神兄旅意，求学救国，祥旅比求道求善，死〔如〕今我二人所得非所求或出求之外，惟有遵主圣范听命二字耳。尊意何如？专此复谢，转以奉贺，祇请道安。

陆征祥拜启三十五年六月五日

《道家思想》出版后，望赐一册拜读为快。

附上文定公及许夫人祷文二纸，尚祈代祷，俾早列圣品，以荣主名。祥又及

---

① 蒙席。

四五

（1946 年 7 月 12 日）

焯炤咨议神兄爱鉴：

前奉五月十九日惠书，当即奉复寸笺，谅登计室。祝圣典礼现确定于八月十日，请帖日内当可发出。教廷大使允来参预，马林枢机主教允派代表观礼，次彭公使亲临观礼，无任欢迎。比都金大使届时奉令前来，代表中央参预；钱大使允来；瑞典谢公使亦允前来；顾大使调美，恐不能来；继任郑天锡大使或能前来，亦未可知。国内旧友由刘荩忱先生通知，在上海徐汇大堂举行弥撒庆祝，在北平陆公墓堂举行弥撒庆祝。罗马传信大学可否于八月十日 Sauis［Saint］Laurans① 举行弥撒，全体祖国修生代祷并领圣体，以资鼓舞，并恳请刚大主教莅临该校，以作纪念何如？尚祈代酌办理为祷。此次祝圣主教，原拟函请刚大主教来此，嗣以交通尚未照常，旅行困难，又念主教年高，细酌之下，未敢烦扰作罢，现请 Brssgs［Bruges］主教主礼祝圣矣。七月七日宗座颁谕列品，Traucor`se Koviev Cobrini 盛哉大典，令人艳羡不置。今晨另包寄上《徐文定【公】行实》四十册，一九三四年在本院杂志内登载，请神兄斟酌分赠罗马当局。如 *E`observotove Romani*② 允许全译全登，必可令义人注意，如是，则义文《行实》无须另译另印矣。将来英文、德文及其他文字，亦可照此

---

① 圣劳伦斯。

② 《罗马观察家》。

办理，先尽人力之能为，后待上智之恩宠。此乃入手办法，致颁谕列品，全赖我主之亨毒矣。神兄来院，可否多留数日，俾得畅谈，一罄积怀，亦海外难得之机缘也。

神兄可向次彭公使得一相当假期何如？匆匆，祇请道安。余容面罄。

陆征祥手启三五年七月十二

附上文定祷文五十份。

年来目蒙手颤腿软，不若前十年之健爽矣。

神兄年富力强，正直有为之秋。羡羡。祥又及

四六

（1946 年 7 月 23 日）

子兴院长钧鉴：

两次手书、参礼请贴、文定公小传小像，均已拜收，谨谢！谨谢！

光原拟来比，参与盛仪，兼拜望丰采，领受教言，畅述数年之别情。然次彭公使既将亲来比国，驻教廷使馆馆务须光暂为代理，故不能抽身，届时来比一游，诚一生憾事。职责所在，尚祈院长原谅。光于七月十一号往罗马近郊海滨避暑，七月二十一号忽得谢公使电报，告以政府将派吴经熊先生继任驻教廷公使。光即赶回罗马，谈外交部来电，始知政府决议调谢使回国。按常情而论，仅用调回国而不明言其任务，则表示政府对谢使有所不满，此种处置颇足招此间人士之怀疑。次彭公使在此间身明〔声名〕极佳，教廷极重视。其为人且虚怀待人，与

馆员相处如家人，而又广事交游，与罗马贵族名人等来往甚密，今无故调回，则不免使外人叹我政府办事不周到，或叹我政府之处置无定则。光已急函刚老总主教，请其设法，务使调换公使一事顾全次彭公使之体面，委以美差，使人知其为高迁。光留罗马今已将十六载，家亲双亡，两弱弟待哺，早有东归之计，仅以次彭公使情谊甚深，挽留不放，遂未成行。此次乘新使到任之时，决计辞职，回国传教于中国圣教会。自第一任枢机，神职正式统序，教廷驻中国第一任公使发表后，已上正式轨道，外交上之大纲目，须己〔臾〕办妥。光已可心满意足，离开使馆。传大中华同学现俱离罗马，往法国候船归国，留校者现仅两人，八月十日举祭遥祝之事恐无法举行，且刚主教并将出外避暑。然光于八月十日拟往传大别墅，届时见机而行，如能召集传大全体学生（现仅三十余人）共与弥撒，且请传信部长与礼（彼现住传大别墅），则事情较圆满，如不然则与两中华同学共与服祭，为公祈祷。教廷驻华公使黎百里总主教去华之期尚未定。此次公晋院长职，与田枢机无关，故在报端不必提及，且免减少教宗之恩德。实际为公奔走者，乃次彭公使一人耳。光之得禁衔，并谢公使之好心，田枢机仅为手援。天山遥隔，不胜神驰。敬颂道安。

后学罗光谨上
七月廿三，一九四六

奈铎祈代候并谢其来函。

四七

（1946 年 7 月 29 日）

焯炤咨议爱鉴：

七月廿八日接奉七月廿三日惠书，屈计此信五日达到，可谓迅速。谢使回国一节，按照部电，似觉随便，细思政府用人，定必郑重考量，况驻外公使如次彭公者不可多得，值此人才难得之际，敝意悬测，国内各部暨主座诸公，亟愿与谢使当面慰劳，并面询一切外情。敝意以谢使居外年久，亦应东归，目击国内进步，并与当局各位接洽，共计国是。祥之极愿内渡，亦为此计。现值国内一切改革之秋，无论何人，当以国事为己任。神父离国十六年，理应东归，俟新使莅任，见机辞职甚妥。八月十日举祭一节，我神兄斟酌行之为祷。祥晋升名誉院长一事，比国士民极为重视，殊出意外，谢使亲莅观礼，荣幸之至。徐文定列品事，望兄分神宣传尤感。此间教廷大使生长 Macerate ①，才［正］与利玛窦同邑，亦难得因缘。伊对徐文定行实极表同情，将来列品工作，拟与耶稣会分工合作，双方进行，尽人事翼［冀］邀天宠，何如？匆复，祇请道安。

次彭公使何日启行？念念。金大使已赴巴黎。

陆征祥拜启三五年七月廿九日

Père Edward 嘱笔问候。

---

① 马切拉塔。

四八

（1946 年 8 月 29 日）

子兴院长钧鉴：

　　受圣佳期，曾上电遥贺，想已达左右矣。光是日在传信学校别墅，邀请全校学生共同与祭，心神与公相结，庶可谓神与盛典欤。次彭公使昨回罗小住，面述受圣典礼之隆重，光不禁为公贺，并为吾华教会贺。抗战胜利，教廷极力增高中华教会之国际地位，而于国籍神职班尤加提携，但素不喜华人地位增高者，乃从旁而扦格之，传散流言，谓华籍司铎深受国家主义之毒，群起排外（打倒法国人），企图独揽教权。罗马圣部素不轻信谣传，然去夏野声主教来罗时，传信部长曾当面表示，其以此事心中不安，则其已半信半疑矣。于公以此种疑虑将危及国籍神职班之前途，故急向圣城报界发表宣言，欢迎外籍教士来华，又特为文，约请欧美有志之信友来华工作。然近月由华回欧之传教士颇有其人，且中国教会来圣部之报告书逐渐加多，则前项流言或又有重燃之可能。吾公中华教会名流，言论素为各界所重视，尚望乘机辟谣，以安欧洲各传教会负责者之心，其于国籍教士之将来神益必非浅鲜也。敬颂道安。

末铎罗光谨上[1]

---

[1]　旁注："29-8-46，4-9-46。"似应为发信及收信日期。

四九

（1946 年 12 月 23 日）

焯烜咨议爱鉴：

猥以性懒，加以年岁，久未肃函奉候，歉甚罪甚，知己如执事者，必能相谅也。南【文院】长由罗马归，述及盛情，全院同感。新使何日可到？谢使近在巴黎，念念，但不知地址耳。窃念神兄既入我国使馆服务，如祥前在俄馆从役历十有四年，此中经历，毕生难得。倘新使坚留，似宜通知刚大主教，免允所请，而能久留罗城使署。十年之后，我国公教之进行，畅达全境，实有令人不可思拟焉。未识尊见以为何如？尚祈大酌为幸。匆匆，祗请旅安，并颂圣诞佳节。顺贺新禧。

　　　　　　　同道弟陆征祥拜启三五年十二月廿三日
　谢使前代为致贺，恕不另启。

五〇

（1947 年 1 月 6 日）

子兴院长钧鉴：

前以见面在即，领教有日，故未上函问候。乃南文院长来罗后，谓尊体违和，今春始克命驾，心中不胜怅惘。近得手示，知精神复原，欣慰无似。

吴公使于十二月十七已由上海首途来欧，正月底必可抵罗马。光与吴先生素未相识，然各方友人来信，俱以新使品高学深，信教诚切，为中国与教廷之关系必不瘳谢公使之前功，而于蒋主席之宗教信仰或能有更深之影响。光举心向天，颂谢天主之安排，至于一己之进退，一凭主意之措置。如使馆尚有需要，则将遵来示所嘱，留馆服务。野声总主教下月或将来欧，对光回国事将从长与其计议。次彭公使不日或将回馆，结束其在罗马之任务，其驻教廷虽仅四年，其功绩已垂简册，后日读中华公教史者，必知其在罗马之建树也。闻晋院长典礼专册将出版，望赐一本，则虽未获身逢其盛，亦可领略盛况之万一，可云幸矣。肃此。敬颂道安。

末铎罗光谨上正月六日，一九四七

五一

（1947 年 1 月 14 日）

焯炤咨议爱鉴：

近接上海友人寄赠吴公使笔译圣咏（蒋主席手订），拜读之下，手舞足蹈，不知老之将至，以示本院同仁，惊喜莫名。本会修士、修女、修生，口诵心维之大日课也。经会祖分排为七日日课，一共五十端，限七日念毕，周而复始。异日准用此文言译本，作中国国内修院每日日课，本会受赐多多矣。此等工作，不独为本会之荣，亦公教之光、同胞之幸也。质诸高明，以为何如？先师许文肃公所希望者在此耳。新旧圣经等译本不少，所缺者文言之译本耳。钱大使、金大使来信，均以为佳译，足见有目共赏，名不虚传。祥年岁加增，目力日衰，精神远不如前，所幸寐食照常，堪以告慰远注。复活节拟偕爱铎赴永城晋谒宗座，面谢一切，并拟前往 Macerata 城，利子出身地，瞻仰其祖墓，并志感忱。前奉寸笺，谅登计室，倘新使坚留，幸勿却之。附上一函，恳面致为祷。匆匆，祗请道安。

同道弟陆征祥拜启三六年一月十四日

五二

（1947 年 1 月 31 日）

子欣院长道鉴：

　　两得手谕，早欲作答，不意杂务冗繁，致有迟延，尚祈原恕。次彭公使于本月十九日回罗马，赶速清理馆务，预备交待。吴公使于本月廿一日抵罗马，一家十六口，暂寓旅馆。次日吴公使偕全家至圣伯禄大殿，光为其全家行弥撒，吴公使亲自辅祭。本月廿九日，次彭公使设鸡尾酒会，与友朋告别，来宾数百人，无不以谢使去职为惜者。盖次彭公在此甚得人心也。吴公使既来罗，住宿问题急待解决，而罗马已患人满，租房甚不易。光四方奔走，幸赖友朋之助，得觅空房一间，临时加以修理，下周即可搬入。吴公使在沪时，于总主教已告以光思早期东归，吴公使抵罗马一日即坚留。光允以暂时留馆服务，俟野声公来时再从长计议，因光不明国内究急须人否。知承关注，特此奉闻。敬礼道安。

后学罗光谨上
正月卅一日，一九四七

五三

（1947 年 3 月 14 日）

焯炤咨议惠鉴：

　　敬启者：今冬格外严寒而延长，贱体颇受影响，目蒙加甚，腿软加以腰软，医嘱静处，不宜远行，不得已将预是【定】卧车位退去，罗马之行改缓，再作计议。好在南文院长业与刚大主教接洽一切——宗座处亦已晋谒道谢。祥之跋涉，似可宽免。现服补剂，以资调养，数月以后当可恢服［复］元气，所幸寐食照常，堪以告慰远注耳。德生公使递国【书】，礼节隆重，演词、答词亲睦异常，拜读之下，为教国额手称贺。祖国公教界开此新纪元，非天主安排，曷克臻此哉？惟有感谢天主，颂主名于无穷期耳。执事得此长官，获益不可限量。如祥在俄之得许文肃。预贺。专此。祗请道安。

　　　　　　　　　　　　　陆征祥拜启三六年三月十四日

五四

（1947 年 4 月 23 日）

焯炤咨议爱鉴：

　　顷间交出寄赠《徐文定公集》，作刊件发寄，七八日后谅可达览。兹有恳者，本会祖千四百年纪念周，宗座发表通牒，敢恳分神代购英文六册、法文亦六册、辣丁文二册，交邮掷下，以资宣扬，而尽弟子之职，聊表感忱于万一耳。所费若干，示知，奉赵不误。此次文定公十三世孙徐少将懋禧，赴义 Macerata 拜访利玛窦后人。此行颇有意义，不无相当影响，便中晋谒刚大主教，望将敝意告之为祷。祇请道安。

陆征祥拜启三六年四月廿三

五五

（1947 年 5 月 21 日）

子欣院长钧鉴：

　　两接手示兼蒙赠书，感甚感甚。今值公主保庆，晨弥撒中特为求福。光近月生活甚为忙碌，使馆杂务既忙，已难于应付，而德生公使又委以校阅《圣经》译文之重责。光于《圣经》原文之希拉与犹太两种语言素不通谙，故于校阅一点鲜有补益于译文者。然以德生公使见托之殷，只好尽一己之所能而矣。译经为中华公教千年大事，才短如光者，若能为此举有一分之贡献，则光之一生可称不虚度矣。但以杂务过多，必不专于校经为憾耳。且因迁居，不能得一安所，精神上常不舒服，并有影响于日常工作也。弥撒间，尚望公为光求主，俾不蹶于所有之任务焉。所命购买英法译圣祖本笃千四百周年纪念周通牒，光向各方探询，译本尚无成本，俟异日译本可找到时，必遵命呈奉不误。肃此。敬颂德安。

末铎罗光谨上五月廿一，一九四七

五六

（1947 年 6 月 19 日）

子欣院长钧鉴：

拜读致德生公使手札，敬佩公荣主救人爱教爱国之心老而弥坚，实乃后生辈之模范。值祖国战乱之余，民情险薄，得长者辈之德行以为楷式，民俗向化其有望矣。德生公使出国时，尝以桑梓在望，蒿目时艰，心焉系之，故其翻译《圣经》，志切救世，凡足有助于译文者，无不广罗搜用，且虚怀如谷，逢人敢问，务求译文能抵信达雅之绝境，使汉译圣经本可登士大夫之堂，而不受文人学者之唾弃焉。

公素精于文而尤能辨别文理，德生公使乃命光邮呈《福音若望传》定稿，恳祈斧正。光固知公眼力欠健，不宜久阅，然光亦固知公荣主救人之心甚切，为此译经大举必敢牺牲。且译经为中华教会千年重事，德生公使恳请勿拘人情，凡译文有不妥者尽量改之。光学殖浅薄，文笔简陋，然校阅译文时如能指出一未妥处，德生公使满口嘉许。其好学而下问之心既如此，其于长者之指点将欢心领受而无疑也。德生公使翻译《圣经》时，参校英法各种最新译文，凡考据家之意见，详加采用。其意见不同教廷圣经委员会尚未标出定论者，则译用其较和神修生活者，于注译中再列陈其余学者之意见，为翻译人名、地名及神哲术后，德生公使稍自别于故例，以求名词音义双美。如翠柏涧、免难节、柔瑟琳、树德、真谛等名，译文第一章系以韵文意译，神似老子《道德经》，其所用词如道，如六合，如乾坤，如尘世，虽皆古文之成语，于原文之文义妙相吻合，实为难得。然德生公使以韵文稍离经文，故将附白话译文于章尾，以示信译。公读此传，凡遇欠明了之文句与名词，俱请点注，以备德生公使之参考。光近日身体稍倦，拟于下月往海滨休息一旬，英法译《圣本笃通牒》不久或可购得，将邮呈不误也。敬颂道安。

末铎罗光谨上

六月十九，一九四七①

五七

（1947 年 6 月 25 日）

焯炤咨议爱鉴：

　　廿二奉十九日大札，领悉一是。廿四日接到福音若望传释译稿手抄本，展阅抄本，曷胜欣佩。抄写清晰易读，不费目力，佩译文信达且雅，令人深味耐玩。传计廿一章，昨晚今晨已读十章，明日当可读【毕】。此为初读，廿七八两日作二读，廿九卅作三读。三读之后，再为详加注意，如遇欠明之文句与名词，当遵嘱点注，以备德生公使之参考。译经文之举重要可知，我国由旧经入新经，开一新时代，民国万年之计，即此奠定，虽曰译经，实乃是国基。罗马末叶之 Constantin② 及其母后 Helena，③ 皈依公教，而救国定国基 Tu Nos ［In hos］ signo Vinces④ 而已，质诸高明，以为何如？

---

①　旁注："二十三日到。"

②　君士坦丁，罗马帝国皇帝。

③　海伦娜，君士坦丁之母。

④　拉丁语：见此标志，即予征服。

谅不以祥为迂远也。先复数行，以资接洽，祇请道安。

德生公使前代为致候，恕不另启。

陆征祥三六年六月廿五

五八

（1947 年 7 月 7 日）

焯炤咨议惠鉴：

前奉寸笺，谅登记室。近维优游海滨，呼吸新鲜空气，以资休养，为慰以颂。德生公使新译《若望福音》，拜诵三遍，深得我心，极愿执笔，随读随记（略作札记），遇有欠明之文句与名词，注以报命。距［讵］料于捧诵时愈读愈顺，口诵心维之下，敢直言之，并未遇有欠明文句，或者因我对于此福音早已熟读之于法文本。三读之后，未便久留，当即挂号寄缴德使，以便从速刊布，以快读者。但于寄出之前，私愿窃抄全文，苦无抄手。本院原有以照相翻印之法，试办之下，异常清晰，已将全文偷抄。事前未得德使同意，唐突之处，深为歉罪，未知能蒙德使格外原宥否？尚祈（抄本仅留在院，为作每日默想之助，谨守秘密，万勿泄漏于外也。特注）代达歉忱，是为至祷。窃思译经一事，德使执笔，圣神执手，无思无虑，一笔挥成。德使确有求工之虑，而圣神执手以代工之故，文思之来，如泉源之流，笔到功成，至精至妙。回想当时若望宗徒作传之时，谅亦如是。质诸高明，以为何如？致名词音义双收，倾泻而出，作为定本，亦无不可。致用我国古文之成语，即沟通中西之枢纽，既能吻合，复冶一炉，非圣神默启，曷克臻致此哉。所惜者精力日衰，看、读、作三者，不独费

力，且一看一读一作即假寐，奈何奈何。德使所嘱，未克稍尽棉
[绵]力，为歉疚耳，尚祈代达苦衷，为感为祷。上海文定公十三
代孙徐润农兄作故详情已详，上德使函未及。匆此，祗请道安。

陆征祥拜启三六年七月七日

附上文定公祷文十四份，乞呈德使，分赠世兄妹。

五九

（1947 年 7 月 17 日）

子兴院长道鉴：

　　两捧手示，快如亲面。译经一事之至要，得院座之伸述尤见显
明，光将竭智尽力，以求注疏稍少缺憾。恭望福音传拜叹。德生公
使甚感公之热情虽老，而三读经文，诚老而弥坚矣。然德生公使求
译文充好之心犹未已，故嘱恳院座日后谈抄本照片时，仍望时加注
意，遇文句欠妥者，逐体寻出，供德生公使之参考，将铭感于心。
再者，德生公使云已请求书写书面，近又嘱代求译经序文。俟光之
注疏搞定后，谨寄批阅。既已阅经文与注疏，则公之序文可有下笔
之赴矣。德生公使译经费尽心血，一字一词，俱加考究，有时因一
词思考数日，与光讨论再三，然后择定一较佳者，故其译文通顺，
读之如行云流水，不觉译文之苦涩也。生已来海滨三日，寓于一修
女院中，略事休息，两周后回罗马。言之不尽意，敬祝德安。

后学罗光谨上

七月十七，一九四七①

---

①　旁注："二十日到。"

六〇

（1947 年 9 月 4 日）

焯炤咨【议】爱鉴：

巴黎《十字报》载：本有［月］十八日圣座亲临 Saint Paul Hors les Murs，[①] 躬献圣祭，礼毕尚有训词宣告世界，永城枢机全体暨外交团均被邀恭预典礼云。

执事躬逢其盛，羡之贺之。会祖本笃在欧六世纪时，于狂澜之中救护罗马旧文化，而宣布甚多新文化，冶于一炉。本笃会之特点在此，或者上智有意于本笃会之特点，而使之服务于远东耶。拭目俟之，以观后效。遥想大驾于海滨呼吸海气，饱储之以御长期之劳辛，实为良得而为快慰。德使此次携祖禹、叔平两世兄莅院，全院久闻驻梵蒂冈新使之品德，亟盼一睹丰仪为快，故不独欢迎，且为心迎。南文院长以驻比公使之例待遇，同餐一桌，邀祥伴伺，虽属虚文，亦以表示敬意而贵德也。谢、吴二使，坛坫樽俎，不辱君命，深得驻在国元首、社会、民众之同情，我国外交史上不多见也。

台端襄助二使之力亦可见矣，佩之羡之。祥在俄从役十有四年，除驻俄法大使 Marquis de Montebello，[②] 外宾不多见。去年比驻英大使，驻英十有余年，殁后遗嘱"欲葬英地"，英王室、政界、人民之表示同情，出乎寻常，其哀悼之亲切，令人永久不忘。比国

---

① 城墙外的圣保罗大教堂。
② 蒙特贝罗侯爵。

议院议长于开会时特别追悼，近代外交史上亦不多见之一页也。

先师许文肃公，俄人口碑称之曰"中国白鸟"，即清白之谓也。南文院长于明晨启程赴义，同行有三位院长，约计在永城作三星期之居留。窃思本笃鼻祖十四世纪周期，圣座发表通牒，复以隆重礼节躬亲表示其重要性，实世界二次大战有以默示而启发也。质诸高明，以为何如？故祥私愿恳请德使将此通牒手译中文，以纪念之，并拟将译汉由祥专函恭呈宗座收纳，以示感激孺慕之私。已将通牒英译，面托南长转交德使矣。如荷便中将敝意转达，并从旁吹嘘，以玉成之尤感。值此世界之大变化，我人得目睹之，何等所幸，乃上智所赐之宏恩也。惜祥精力衰微，未克追随左右而善用之，惟有赞叹而心慕耳。

附上剪报一件，以贡一粲耳。又许、马二师纪念，哂存作念。专此于维，祗请道安。

陆征祥拜启三六年九月四日

六一

（1947 年 9 月 23 日）

子兴院长钧鉴：

次彭公使去年来比时，光未能随往；德生公使今年来比，光又未能陪行，数年欲重瞻仪容之心愿迄未得偿，此亦天主之圣意耳。光只献此小克［刻］苦于主，以求院座之鸿福焉。德生公使回罗马后，极言院座精神之佳，诚有由老回春之态。是则天主之物恩，而欲留院座于一洪［宏］大之功程也。拜读前日手示，知院座爱敬会祖圣本笃之情愈于孝子之思亲，而此次圣本笃千四百周年纪念，罗马破格举行隆礼，岂上主圣智欲院座于会祖周年，宏宣圣本笃之精神于中土乎。光不禁馨香以祷之。德生公使本笃会之居士也，于会祖之庆典亦愿示微忱，故对院座促译《圣座通牒》之雅意，甚有动于心。惟其职务颇忙，而外间索文稿者尤多，译《通牒》一事恐目下有愿难偿矣。尚祈原恕。肃此。敬颂德安。

后学罗光谨上

九月廿三，卅六

六二

（1947 年 9 月 29 日）

焯炤咨议爱鉴：

顷由南文院长交下九月廿三日惠函，领悉一是。去岁今夏渥承次彭、德生两使枉驾，海外相逢，作客海外者，承蒙叠恩，惟有感主谢主至无穷期耳。执事随驻永城，自神职而晋升政界，正合政教合作之宏愿，羡之贺之。德生公使有古君子风，一见如故，促膝谈心，快乐忘老之将至。适值本会鼻祖千四百周年，宗座特别举行亲祭典礼，以表示誉扬本笃，鼓励本会弟子，无以复加。祥忝列弟子，与有荣焉。致［至］译圣座誉扬本笃通牒一事，德生公使目下公私猬集，难以拨冗，拟日内托上海徐汇王叔岩、吴秋江两神父代觅译手。稿成，敢恳转呈德使斧正，并拨［跋］数语，以增价值。祥今秋患皮肤发痒，就医诊治，内外兼治，颇有进步，不久当可脱身。此系老年人通病，幸寐食照常，堪以告慰远注耳。拉杂奉复，祗请绍安。

陆征祥拜启三六年九月廿九日

六三

（1947 年 12 月 23 日）

子欣院长尊鉴：

接爱铎手书，谨悉福躬康泰，欣甚欣甚。然天气凛冽，年高者易感不适，尚祈时加珍护。光贱躯无恙，功作如常，足堪告慰。

德生公使于十一月廿号动身往日尔瓦，参加弱小民族保障会与人权保障会，于十二月十九号始回罗马。在瑞时每日会议常延至夜深二更，次晨八时，德生公使仍往与弥撒、领圣体，爱主之情实堪称佩也。圣诞夜，其全家或可望教宗之子时弥撒，德生公使必另有一番喜乐也。世界风云暗淡多惊，希望天主垂怜下民，早赐和平焉。敬颂德安。谨祝圣诞、新年。

末铎罗光谨上

十二月二十三，一九四七[①]

祈代祝尊院长南文公节喜。

六四

（1947 年 12 月 29 日）

（前缺）月之十一日巡游世界 Fátima 圣母塑像莅院，全体修士出院恭迎，入大礼堂停馆一小时。祥幸得此良机，加诚为世

---

① 旁注："三六、十二、廿七到。"

界安全、祖国实行民治、人类文化保存祈求之。再并为咨议健康加强、工作高明祷之。顺颂春祺。

陆征祥藉识三六年十二月二九日

正发函间，奉大札，欣悉台〔一〕是。德使热心尽忠公教，敬佩之极，惟有奉为模范耳。

六五

（1948 年 10 月 15 日）

焯炤蒙席爱鉴：

昨日连接好音，德使挂号函十月九日、大札十月十日，一午前至，一午后至，读之兴奋。如是佳音，平生罕得，感主谢主不尽矣。海外相逢之神兄复在海外重晤。日昨上书德使，略述入院蒙宠者三：晋受铎品一九三五年，升受名誉院长一九四六年，拜读新经汉译一九四八年。且此译文经神父亲携来院，复得良晤，乐而忘病而忘老矣。非上智安排，曷克臻此哉。德使以全副精力心血贡献在天大父，孝感动天。忽得最高最贵 Imprimatur,[①] 足证杰出之工作，既悦主心，复得在世圣牧之赏鉴，羡贺羡贺。出版后之影响祖国，更不知流行之如何迅速，感化人改良风俗，行将目睹一牧一栈之实现，引领望之、虔祈之焉。不独中华民族之福利，且为世界人类之大幸，质诸执事，当不以夸诞见责也。幸甚。承述刚总主教之关爱、代理国务卿之垂青，尤感本笃会祖在六七世纪罗马垂亡之际，尽力保存其残余文化，增益以基督常新

---

① 认可。

之垂训，世界新文化之产生，本笃实为其乳母。刚公屡次宣扬，并谓本笃会士行将刷新东亚文化，一如其所为于六七世纪之西欧耶。为我神兄一述，并恳转告德使：先师许文肃有此希望。祥入会后，即以文肃之希望为希望，二十年之祈求，不出此一点耳。适与孟翁之所望若合符节。刚城见赠之基石，或即孟翁所望归国设院敷教之预兆耶。一喜一笑两副绣匾，如列入新筑纪念大堂内，或即祖国元首皈依公教之先声耶。在院两旬之促膝谈心，惜未克尽罄积愫为憾。神兄二十二年修道苦工，根深蒂固，毕生享用不尽，艳羡艳羡。文肃遗联，敢以奉录，以代面述。书到用时方知少，事非经过不知难。先师口头禅，非师之作，乃述古颜[谚]耶。匆复，祇请道安。

陆征祥拜启三十七年十月十五日

德使前代为致候。

附上晋铎纪念，分送同胞，内有祥手抄比约十一通电英、法文。

六六

（1948 年 11 月 16 日）

焯炤咨议爱鉴：

国难重重，不知何日主心厌乱，极[拯]救斯民于水深火热之中耶。今日邮呈传信部枢机刚总主教、又代理国务卿师行实比约十一世复谕。又相师倘张（？）纪念，略备简单小启，略说赤祸临头，并恳代祷。倘三处有所表示，恳代陈敝意，一以感谢教廷为我预筹各节，并表示同情，一以恳求继续多多代祷也。荷将小纪念内中文一段详译告知，则不胜盼企之至。

　　附上分送小纪念三十份，内十二月应改为十一月。目蒙手颤，不尽欲言，诸帷［惟］心亟不备。祇请道安。

　　　　　　　　陆征祥拜启三十七年十一月十六日

陆隐耕 [*] 函

一

（1933 年 11 月 10 日）

征祥修士道鉴：

在比拜别，瞬经五月，深为悬悬，辰维神形康泰为颂。

顷奉大教，欣悉我公蒙主特佑，业于圣母升天瞻礼日晋升五品，目下精神健全，赓续攻读神学。遂听之余，莫名舞蹈。晚等自当不忘所吃，按我公之意，求主家君嘱笔，热望我公晋铎后与贵院长早日回国，并祈得便用家君名义，向贵院长声述公教进行会在引翔港有地五十余亩，拟拨给半数，捐助贵会建筑院所，或在南京，亦可设法购置地皮。望探询贵院长之意，以上二处属意何者为相当，并谓俟我公返国后，请常驻南京或上海，传扬公教，办理教务。盖政府现任外交大员，大都系我公挚友或晚辈，将来应付各方，自必利便多多而收事半功倍之效也。且吾国今日教务日趋昌盛，办理外交事宜，倘得我公主持一切，定卜驾轻就

---

* 陆隐耕，上海人，天主教人士，陆伯鸿之子，时任圣心医院院务主任，大通轮船公司总经理。

熟，万事迎刃而解也。设若未便将此意上询贵院长，则请暂守缄默，姑待我公晋铎，与贵院长还抵祖国后，拟请刚总主教向贵院长提议，委任我公留驻南京，襄理教务，并规划贵会院所建筑事宜。未审尊意如何？统布示复为祷。祗颂修祺。

晚陆隐耕谨启

中华民国二二年十一月十日

贵院长前乞代道候家君命笔问安，并向贵院长道念。

二

（1934 年）

征祥修士道鉴：

暌违神教，瞬将八月，至以为念，敬维神形康泰，为颂为慰。

谨启者：前上谢函，谅邀台察。顷承邮惠贵院谱照三册，分贻家父与仆并舍妹拜领，谢谢。我公不忘旧交，时赐珍品，感惭交萦，辗转思维，愧无以报，惟有祈求上主俾我公精神健全，早升铎德，以遂夙愿耳。现闻我公将提前于耶稣复活瞻礼日晋登神品，不知确否？一说仍须于圣母升天瞻礼。

三

（1934 年）

子兴宗伯修士钧鉴：

忆自去岁罗马朝圣，绕道来比，与众团员到贵院拜谒崇阶，欢然握手，畅领教益，临别题言，墨沈未干。时光荏苒，瞬经一载，回顾昔尘，历历在目，心向神往，无时或释，谅宗伯亦彼此同之下忘代祷也。一年以还，承源源邮惠照片暨印件等，均经收到，竭诚奉谢。自宗伯将于七月二十九日晋登铎。

四

（1934 年 8 月 31 日）

子兴宗伯修士道鉴：

手翰并惠藉照片等，均经拜收无误，甚感甚感。家严暨侄等前上庆祝晋铎书画并贺械，不知已收到否？

兹悉老伯因道躬违和，致七月廿九日晋登铎德未能实现，至为怅然，祇得承行主旨而已。顷秉承家严，请此间公教进行会会员为老伯祈祷，赐贵体早臻康宁，务必达到晋升七品，为主显荣，更为我中华公教前途发展。谅上主定必俯允我等祈求也。

贵院长纳公行将来华考察教务，无甚欣喜，至希于其启程时将船名称示知，以便迎迓。所称贵院拟在华添设分院一节，准照来示高见，俟纳院长抵华后面商一切可也。专肃。祇颂修祺。

宗侄隐耕谨启

中华民国二三年八月三十一日

家严嘱笔请安。

纳院长前乞代致候，并代预祝一路顺风，而侄等均已扫室以待矣。

马相伯*函

一

（1932 年 5 月 9 日）

子兴同道道鉴：

贱躯抱恙，久未通信为歉。前闻尊委季璋兄厝译《勒赛夫人日记》一书，据称委良为之序。当即遵命，聊赘数言。适病中，未能亲书为歉。旋季璋兄代送来惠赠松竹梅盆花一座，亦以病未复元，托季璋兄代为书片致谢，想均达左右也。

日人侵我东土，我国全国人民愤恨非常，地方纷纷不安。良在此修养，季兄常来共膳高谈，天国乐事。我等赖天主庇佑，尚获平善，堪以告慰。敬候道履。

若瑟马良顿首

左病偏枯，右亦不良，勉注数话，用答盛意。良又及

---

* 马相伯（1840～1939），名良，字相伯，圣名若瑟，晚号华封老人。江苏丹徒人。震旦大学、复旦大学等校创始人，耶稣会士。

二
（1932 年 5 月 9 日）

天士比德司铎座右：

小门生若谷朝圣赴欧之便，代叩起居。沪人望君如望岁矣。

若瑟马良启

五、九

三
（1934 年 12 月 16 日）

子欣天士道右：

季璋携四礼及尊函，愿奉蹩脚为师。若无若虚，此美也，蹩脚何惮而不为君子以成二公之美哉？况受洗闻道，蹩脚皆先于二公，又何患而不为人师哉。师从此解，定无背于福音之训。昔总王嘉禄五世传位于子，而遁深山之修院，服役于饭厅，充洗盏。其子辟龙御往，朝语之曰：早知洗盏之乐，不待老年而来此矣。闻天士将发大愿，蹩足若不足跛而年老，定往朝一聆天士之乐。复叩天乐无疆，藉以代面。

若瑟马良顿首

十二、十六

四

（1935 年 1 月 4 日）

子欣司铎座右：

征贺晋铎文，沪地教胞甚踊跃。虹口主任皆新教友，华铎所属生徒，与吾党感情亦厚。河南关百益，满族翰林，虽金满车，素不应酬。蔡子民先生虽素反教，诗文雅健，不愧为翰院。吴子玉学说谬极，而心颇诚恳，良将假大名答以训之。段芝泉、唐少川及冯焕章等，皆公所识。至桂省主席邹海滨，党国脚色，诗亦雅，能诗亦难得。所委之件，作新民，拟用大诰敷贲（注：敷布贲饰也。敷贲者，修明其典章法度。敷前人受命者，增益开大前王之基业），适与 instaurare[①] 意相似。

南文院长欲于南京创本笃修院，窃谓金坛、句容一带六朝时称仙境，荒山颇多，创院最宜。唐宋佛寺，素为名人游息之地，大可仿其意而行之。良自觉年岁之重，较身量更重，得来示，大有同病相怜。祈祷中幸勿忘同病人也。专复，并候道安。

相老人启
廿四，正，四

五

（1939 年 10 月 30 日）

子欣先生大鉴：

良耄矣，久不阅中西报纸。前承惠寄贵院传教杂刊，似于我

---

① 建立。

国人心爪［抓］不着痒处，故未曾购阅。现今教务情形，上虽打通，下仍隔阂，实则中有紫光照不透者焉。所望先生学成回国，步外教宗徒之后而大振其铎音耳。人才须培养固矣，用之亦不能责其不考证、不访问，信手信口，俱足以宣传圣道也。此与关门传教、哑子讲道何殊哉。土山刊有《灵心小史》，主其事者嘱良代请指正，并候道安不一。

马良顿首

二八，十，卅

附

民国二十八年十一月十三日，驻比大使馆转到谅山来电，惊悉师驾于月之四日归主。呜呼，痛哉！谨当献祭三十日，藉安师灵。

窃念吾师一生善用其爱，爱主爱人爱国，一思一言一动，莫不充满爱火，莫不恪遵主旨。盖吾主乃爱火之源泉也。

读师“还我河山”一语，其呼声出于爱，又非还我河山不止之句。其气概出于至爱，但此至爱于怀未见，其语实现无奈。有遗憾耶？曰非也。归主所以祈主，所以促其语之速现耳。

今而后，祥知师生于爱，长于爱，终于爱，行将复活于爱。哭师之余，作爱字追思纪念。

门人本笃会修士兼司铎陆征祥谨识

钱泰[*] 函

一

(1935 年 12 月 31 日)

欣老赐察：

奉十二月廿二日、廿六日两示，敬悉一一。

枢机员中国得占一席，足征教宗之重视我华，于公教广播方面大有裨益，已遵示将爱铎函寄谢使参阅矣。至蒋主席所赐我公美金一节，鄙意并非为枢员。因主席对于我公素所关切，且主席向例待人厚道，鄙意似以领受，托比馆转呈谢忱，较为得体，不必电请收回成命也。未知公意谓然否？专复。即颂道绥。

泰上

十二月卅一日

---

* 钱泰，字阶平，曾任驻西班牙、比利时、挪威公使，代理外交部次长，时任驻比利时公使。

二

（1938 年 3 月 2 日）

欣老赐察：

前奉赐寄纪念刊件，碌碌尚未复谢，顷又奉惠书，并夫人学校出版刊件四册，已遵转交小女留存纪念。谢谢。

贵院《传教杂志》已照订购一份，小女拙作原系草就章，迺蒙奖掖，益征前辈诲人不倦之意。祖国战事在津浦、平汉各路均经抵住，现山西军情颇不利，惟我国民气颇佳。江浙两省敌兵到处放火劫掠，北方又有洗村之举，益增我民敌忾之心。所惜欧洲多事，英国竟无暇东顾，美又盛倡独善主义，强邻更无忌惮耳。肃叩道绥。

钱泰敬上，三月二日

三

（1946 年 9 月 15 日）

欣老赐鉴：

九月一日惠书奉悉。我国邀请 UNESCO① 于一九五〇年在华开会一节，系去年 UNESCO 大会时，我国代表团奉教育部通知，向大会主席提出。当时因议事日程载明决定下年度（一九四七）大会开会地点以及对一九四八、一九四九大会开会地址未予讨

---

① 即联合国教育、科学及文化组织。

论，我国所以提出在争取时间而已。现 UNESCO 因大会如在各会员国轮流举行，对秘书处工作至为不便，故有一年在会址（巴黎）举行，另一年在其他会员国举行之议。是则一九五〇年能否在华举行大会，颇为问题。专复。即请时安。

钱泰敬上，九月十五日

四

（1948 年 1 月 19 日）

欣老赐鉴：

奉一月十六日赐示，敬悉。吾公惓怀祖国，竭诚祈祷，具征胞与为怀，无任钦仰。所示圣祭献仪一节，纯孺兄现在哈瓦那出席国际通商会议，迄未见告，未知尊意云何，还恳详以见示。力所能及，自当勉竭棉〔绵〕薄也。专复。敬叩道绥。

钱泰敬上，一月十九日

五

（1948 年 6 月 8 日）

欣老赐鉴：

前闻荣任院长，当即电贺。嗣奉复电，感聆种切。奉五月廿九日惠书并附件，敬悉。前次公所提一切，遵暂置不提，以免重复。公授职典礼，届时如能抽身，当即趋贺并略呈微念也。专复。即颂道安。

泰上，六月八日

瞿常*函

一

(1946年8月1日)

欣老前辈院长赐鉴:

日前回馆,曾有寸简,想登记室。顷奉手谕,敬悉一一。刘荩忱先生来电,嘱询此间 Austin 汽车价值,谓沪上友人拟购赠我公。经调查之后,比京仅有轿车,价需十万佛郎,现正函公司询价目及交货时期,候复到再复刘君。谨以奉闻。

命缮译之件现已匆促赶就,只以目力不佳,字体不能如意,法文则更肤浅,勉强报命,恐难应用。敬祈察收指教是幸。专此。祗叩道绥。

旧属教末瞿常谨肃

卅五、八、一日

内人附叩。

---

* 瞿常,字纯伯,江苏常州人。时任驻比利时使馆秘书。

二

（1946 年 8 月 5 日）

欣老前辈院长赐鉴：

接奉三日手示，敬悉。兹将刘荩忱先生来往电三件抄请察阅。

今晨接纯使电，定九日回馆，次晨到院，代表政府参加典礼。谢次彭公使交文件前已转告纯使，来电并未提及，当再电催。驻荷兰董大使为公霖及夫人，亦定九日到比，参加典礼。徐法官谟来否尚未确定。此次纯使以驻使资格代表政府，谢使以驻教廷公使资格代表王外长参加典礼，其座位应如何酌定，尚祈察夺为祷。顷间电话接通而声音极微，不得通话，甚为怅惧。特肃此函，祗叩道安。

旧属瞿常谨上

卅五、八、五日

三

（1948 年 7 月 25 日）

欣老院长赐鉴：

接奉十九日手谕，恭悉尊体日见痊愈，无任雀跃。日来天气和暖，当必更有进步，不胜祝祷。刚城圣伯多禄堂历史沿革正在观读，庇佑十一、庇佑十二两位教宗对华发扬公教，一反以前政策，收效甚多。比国神父如雷鸣远一派，暗中策动之力不少。宗座特命我公此职，用意极深。中比公教界互助之益，因之益彰，诚属上智安排，凡我教友，均当感恩。承赐各项纪念片，常及内子恭读珍藏，获益匪浅。复张菊老函稿遵即增减数字，未知当否附还，仍祈察夺。此公清末已负盛名，来书文辞简明确当，读之可爱，为近年不可多见之品。尊篇中文课本出版，倘能请其加以序文，岂不甚好。钧意以为如何？纯使八月初抵纽约，即来比京，但十五日左右仍须赴日内弗出席会议，为期又须一月。比新使罗盖氏今日下午七时乘泛美公司飞机赴任，下星期四（二十九日）晨一时半即抵沪滨，八月初赴京。常曾赴机场把别，并以附闻。专复。敬叩崇安。

神子瞿常谨肃

卅七、七、廿五主日

内人附叩。爱德华神父前致敬。

瞿宣治*函

一

（1922 年 5 月 28 日）

相国世伯大人钧座：

谨肃者：前闻福体偶尔违和，计已早占勿药，眠食胜常，至为驰系。顷得好音，知不日东山再起，持节此邦，遄听之余，曷胜忭慰。伏惟世伯大人以潞国精神、温公德望，泰斗中外，领袖敦槃，谨为国贺得人，岂徒私颂而已。宣治愚庸无似，将来倘得仰蒙节取，不弃葑菲，得以常承训诲，勉效驰驱，岂胜感幸。

近因患胸膜炎 Pleuriesce，卧病旬余，幸已渐愈，惟尚未能下床。知关垂注，谨以附闻。病后体弱臂颤，不能端书，尚求鉴原。肃此预贺，伏惟垂察，恭敬钧安。

世伯母大人尊前叩安。

侄 瞿宣治谨上

五月二十八日

---

* 瞿宣治，号希马，瞿鸿禨之子，曾在中国驻瑞士及荷兰公使馆任职。

二

（1922 年 6 月 17 日）

公使世伯大人钧座：

敬肃者：侧闻荣命，喜盼星轺。恭维公使周知四国，望重郑侨，坐领湖山，风高白传，遥贺之余，载颂载祷。宣治自维驽骀之选，厕随汉使之槎，从此得追陪杖履，饱饫陶镕，曷胜欣幸。履新约在何时，驺从何日莅止？政躬近想康泰，敬以为念。

宣治前患肺膜炎，甫将平复，忽又患热症，前奉五月三十日手谕，未能恭复，至以为罪。六月九日热度高至三十九度八，幸旋渐平复。现热已退净，惟元气大伤，医言宜多静养，俟身体复原，尚须至维纳 Villars 山中换新空气，以除病根。知关廑注，缕述以闻。专肃。恭叩崇安，恭贺大喜。

世伯母大人尊前叩安贺喜。

属吏世愚侄 瞿宣治谨上
六月十七日

三

（1922 年 6 月 28 日）

相国世伯大人钧座：

谨肃者：前于十七日恭上贺禀，计邀钧鉴。迩来伏想杖履康强，门庭吉庆，定符下颂。日昨衮使转宣德意，属令安心供职，闻命之余，感沦肌髓。猥以樗栎庸材，渥荷优容，不予汰斥，仰隶帡幪，曷胜欣幸，敢不勉竭驽骀，力图报称，亦求时施训诲，俾毋陨越，是所叩祷。

兹舍下寄来先公诗集及四种纪略，恭呈一册，聊备披览。贱恙幸托福庇，已将全愈，堪慰廑注。现拟于七月朔赴薇娜山中养息，惟久旷职司，深滋内疚，仰蒙世伯大人暨衮使均加体恤，不施谴责，感悚之私，曷有涯涘。专肃寸禀，兼申谢忱。敬叩崇安，伏惟霁鉴。

相国夫人阃福。

世愚侄 瞿宣治谨肃

六月二十八日

顷医来诊察云，余病未净，须再缓数日方能赴薇娜。谨以附闻。

四

（1922 年 7 月 26 日）

相国世伯大人钧座：

谨肃者：前奉赐片，感谢无已。旌节临莅熊城，理应恭迓，惟以贱躯病后孱羸，自薇娜归后，医言尚须赴南方将养，始能复原，但畏长途跋涉，改赴附近之 Gurnigel①，拟在此静养旬日，即行回熊城销假。此次未能追陪杖履，至为负罪，尚求鉴原。骖从何日往维西？如蒙谕知驻节馆舍，俾得通候，至为感幸。

前闻荣膺国际联合会首席代表之任，不胜欣贺，虽盛德谦让

---

① 古尔尼格尔，位于阿尔卑斯山北部，瑞士伯尔尼州。

未遑，想政府终深倚仗，未易摆脱。行见折冲尊俎，蔚为国干，以光禹域，是则所预为祝贺者也。专肃恭贺，袛请崇安，伏惟垂鉴。

相国夫人福安。

世愚侄　瞿宣治谨上

七月二十六日

如蒙赐谕，请寄 Bad Gurnigel（Canton de Berne）为叩。

五

（1922 年 9 月 12 日）

使相世伯大人钧座：

昨上寸笺，计登钧鉴。铜鹿照片已晒就，谨呈一张，伏乞裁夺。

昨又看得三物，一铜雕织女，面手牙制，可代麻姑，价六百八十佛朗；一牧女七羊大理石雕，价四百八十佛朗；一铜雕三鹿，价四百四十佛朗，均极精工。侄意最好俟驺从来京时，命驾一观，再行定夺也。

致陆杏苑及 Mr. Ancherton[1] 函稿拟出，敬求斧削后发下缮寄为叩。衮使辞任及钧座递书，均改十九。惟递书（未知有无先例）似稍嫌草率，不如向例隆重，钧意以为何如？前呈觐见礼节，是否仍在钧处？便中敬求谕及。因带回各稿无此件耳。

旌节十五莅临，何时车到，敢祈预示，僚友拟合伸杯酒之

————————

①　安彻顿先生。

敬，兼为衮使暨汪夫人祖饯。（十六至十九之间）何日为宜？并乞裁示为感。

天气骤寒，伏惟珍卫。专肃。敬请崇安，伏祈垂鉴。

使相夫人及令姊女士前请安。

女公子致候。

侄 宣治谨上

九月十二日

致沈瑞麟[*]函

（1924 年）

砚裔仁兄次长惠鉴：

音问久疏，时深歉念。比维勋祺笃祜，荣问日昭为颂。

祥孱躯近尚粗适，堪以告慰，惟内人于去秋因病割治之后，体气较亏，十月间忽患四肢痿痹之症，来势颇剧，现幸延医诊治，业已转危为安，可望逐渐就愈矣。

瑞馆使费困难情形早在洞鉴，仰劳苤画，随时筹垫维持，无任心感。兹有恳者，此间添租办事处房屋一节，前虽函陈部中，嗣即租得一屋，计共六间，地点适中，尚称合用，每年租金系瑞币四千五百佛郎。又添雇洋仆一人，专供办事处打扫房间及一切差遣之用，每月工资连饭食共瑞币二百佛郎。以上两项为数较巨，无法消纳，不得已业自十一年十一月分起列入另款开支，并请核销在案。祥以此项用费为办公正项，使馆房屋狭小，仅敷公使居住，势难兼充办公处所，故有此添租房屋之举。尚祈俯察核准为幸。至办事处电灯、电话、自来水等一切杂费，仍并入原有各项内，均在经常项下开支。如此分配，实已再四斟酌，竭力撙

---

* 沈瑞麟，字砚裔，浙江吴兴人。清末民初曾任驻奥地利公使，时任外交部次长兼任外交委员会会长，后任外交部总长。

节，并以附陈。专此奉恳，祗颂台安。

附送元旦府门摄影

致施肇基*函

（1925 年 1 月 16 日）

植之公使阁下：

此次台端偕尊夫人同莅熊城，祥藉得邀集中外宾朋一堂欢聚，欣幸奚如。奉别以来，正殷驰系，接展惠函，就审旌从在义小住，旋即返瑞，刻早安抵日城，至以为慰。承示开会展缓，则公正可因此在瑞多留数日，倘有机会，当可再图良晤。尊处所需印有国徽之信笺，敝馆向未制备，当经先由电话奉复。无以应命，良用歉然。前承面嘱代购明信片一节，经函询 Herrin H. Vontobel 去后，昨已接有回函，并附到明信片二十四张。据称现在只剩此二十四种，总共尚存在一千二百张，如购一千张，计价瑞币六十五佛。兹将上项明信片二十四张连同地址一纸，一并随函寄奉，拟如何酌购之处，即请径函前途接洽可也。专此。祗颂双绥，顺贺新禧。

内人附笔致意道贺，小女随叩。

---

* 施肇基（1877~1958），字植之，江苏吴江人。曾任中华民国唐绍仪内阁财政总长、交通总长，时任驻美全权公使。

宋小濂*函

（1912 年）

子兴先生阁下：

　　辱奉惠书，感纫奖注。就维苶躬康复，力任外交，出处关天下之安危，声望为友邦所悦服。当此国基初定，外侮环生，樽俎折冲，端资伟画，燕云在望，时切驰依。小濂谬以轻才，勉肩重寄。自俄库协约发表，江省尤急切燃眉，昕夕筹维，固未可稍涉张皇，亦未敢漫无戒备。惟兵单饷绌，难奋空拳，尚祈指示机宜，俾知从事。专此奉复。敬请勋安。

　　　　　　　　　　宋小濂鞠躬（黑龙江都督宋小濂印）

---

　　*　宋小濂，字友梅，时任黑龙江省都督兼民政长。

致孙德桢函[*]

（1932 年 10 月 31 日）

主教勋鉴：

敬启者：祥自入院修道以来，经余课罢，每每寻索我华公教先进诸贤哲之遗范，而于祥同邑之徐文定公，尤拳拳服膺，间常追念其事迹，披诵其著作，弥觉文定公信道坚贞，功修卓绝，诚我华圣教之元勋，抑亦力学救国之伟人也。今春祥叨蒙主佑，幸得矢誓终身大愿，因托人敬献铜棕叶于文定公墓，藉表私淑之忱。今者推核史乘，因知明年适值文定公逝世三百周年，祥亟愿乘此良机，聊尽私淑弟子之职，而谋所以表扬先哲之方。窃按圣教中最崇高之褒荣，要推册列圣品，故祥私心切盼，我华公教于此三百周之纪念，进行文定公列品之案件。但兹事重大，断非祥私智之所能论判，更非祥微力之所能斡旋。仰维主教膺圣教公父之祝圣，开国籍神爵之先河，道高望重，四海同钦，定能体祥之愚衷，补祥之不及。祥既于我主教盼望殷殷，故敢就祥于《徐文定公集》（上海土山湾出版，耶稣会司铎李杕编）中，所窥见文定公圣德之鳞爪，谨为我主教陈之。

---

[*] 原文名《陆征祥为徐文定公列品事上安国孙主教书》载于《圣教杂志》第 22
卷第 11 期（1933）。孙德桢，河北安国教区主教。

利子玛窦于一五八三年入我中华，而文定公于一六○○年，始得于南京问道利子。三年后复赴南京，访西士与论教理，入堂睹圣母像，心神若接，默感潜孚，请业于罗子如望，得经籍一卷，携至逆旅，竟夕披览，心为豁然，决意归依，诘朝来堂，愿受洗礼。自是日必二往观教礼，考道义。八日之后，公坚请行礼，遂受洗，奉圣保禄为主保。（《行实》五页下）可见公教理未明，不肯贸然从事；迨一旦疑团冰释，见义所在，即决意信从。夫圣教之道理规诫，与我国士大夫之思想习尚，凿枘之处甚多，而文定公竟能不顾物议，不畏严规，于士大夫中力排俗见，首先奉教，其后虽备历风波艰险，而此强坚活泼之信德，毫不动摇。公且秉信德之光，而切圣望之念，轻事物，弃世福，不为势利所惑，不为横逆所挫，而惟常生是望，惟以家人得奉圣教为幸。公自领洗后，三十年中，与西士孜孜论道，教理愈明，信光愈富；故其劝化国人，每能扼教理之大纲，以合国人需要。譬其《答乡人书》云：若未能深明其详，大端只宜信有天主一，信其有，则所立教规不得不守，所谭义理不得不从，如臣从君，子从父，何中国殊方之有言乎。然文定公信德之卓越，尤显于其传扬圣教、保护真理之功业。

文定公既获天国之珍珠，即如建城于山上，亟愿善与人同；朝夕进言，促父奉教，家人辈亦先后归诚。嗣遭父丧居家，即邀郭子仰凤至上海，二月之中，授洗五十人，皆公所介绍。于是择地建堂，郭子留沪二年，计入教者二百余人。《行实》（五三页下）称公晚年德化入人，官绅士庶奉教日繁，皇宫中建教堂，以汤子若望入直，嫔阃之受洗者，多至五百四十人。公道及之，每为色喜。盖凤愿传教而事遂矣。当时传教士，咸承公之指导，赖公之保护，藉公之资助。然则当时我华全国圣道之广传，公俱与有功焉。然公每乘机躬自劝诱，虽政务繁剧，亦终未稍怠。观其《答乡人书》，循循善诱，且谓如执事来相诘难，正是难得者。相与一讲明，非惟救得执事，从执事更可救无数人。其传教救灵之神火，跃然活现。公升官加俸，即持至教堂，供诸祭台，献为善举，用明谢天主意。奉教诸绅宦，步厥后尘，腋成巨数，立一善会，惠济贫民。笔墨宣传，亦为公所注重。西士有所著述，公每为润饰，故若庞子之《七克》等书，其文能波澄绚烂，脍炙人口。公且自著表扬圣道之书，有《辟妄》一卷，辩释氏破狱、施食、轮回、念佛等谬；有《谘诹偶编》一卷，乃平日诘俗子之辞，辑录成篇，伸明正理。间有投笺问难者，濡毫手答，动辄千言。又与毕子方济，偕译《灵言蠡测》二卷，阐发灵魂体用，究委穷原，殆无遗义。夫十七世纪时，我华外来传教士，为国籍教友著述之盛，今日我人犹享其余惠者，抑亦文定公提倡鼓励之功乎？文定公且不仅以开教中华为已足，更进而与教士计议，欲传教朝鲜，以海禁綦严，不能入。会彼国被倭扰，力弱不能支，公上疏自请出使，驰往监护。惜朝廷以公晓畅兵事，不宜远去，以至未能成行。考朝鲜之开教，由于彼邦贡使之来北京者，羡慕公教，携归教书，自行讲劝。然则文定公虽未往朝鲜，实亦不无影响于彼邦之开教也。利子玛窦入中国后，三十余年，教务日见昌明，而仇教风波亦随之而起。一六一六年，南京礼部侍郎沈㴶，上疏诬陷教士，请将为首者依律究办，其余立限驱逐，并谓其说浸淫人心，即士君子亦有信向之者，是盖暗指文定公辈也。文定公深恐沈㴶奏牍一旦蒙准，则西士被驱逐，圣教被摧残，其祸将不可收拾，乃上书辩护，力辟沈㴶之影射，表白西士之道行，与圣教理规之纯正，洋洋数千言，是即我华公教史上最有荣誉之《辨学章疏》①也。疏中备陈试验之法，如请译西来经传，请令西教士与僧道辩驳，请进呈教中经典规诫大意。而公一则云，如系叛常拂经，邪术左道，即行斥逐，臣受挟同欺罔之罪；再则云，如西教士言无可采，理屈词穷，即行斥逐，臣与受其罪；三则云，如其踌驳悖理，不足劝善戒恶，臣与受其罪。夫当时欺君罔上、叛常悖理之罪，足以杀身灭族。是公之所谓试验者，莫非以身家性命为试验之具也。公又请令本地士民，择有身家行止者，或十家，或二十家，同具甘结在官。如司教之人果有失德，其余诸人一体科坐。是以亲戚朋友之身家性命，保证教士之安全也。又云，地方士民，愿从受教者，有司给与印信文簿二扇，令司教者循环报数在官；如从教者作奸犯科，甘结士民量行罚治。是且以己亲友之身家性命，保证同教者之安全也。此文定公之《辨学章疏》，较之圣教初代，圣儒斯定之保教书，其精神岂有二致，其关系或且远过之焉。沈潅上疏于丙辰五月，公辩之于七月。时神宗荒于政事，沈潅与奸党朋比。八月中旬，南京之教士教友被捕者已达二十六名，各处西教士咸恐波累，不敢安居。幸文定公保教之书传播甚广，公又与李公之藻、杨公廷筠等，致书于相善各官，发明教理，托之保护教士，勿为浮言所惑。以故两京文武，多不直沈潅所为，而与教士接洽如故。诸奉教官绅，亦争效文定公之表，而藏匿教士于家，以待风波平息。今日幸得保存之公之手札中，尤有提及款纳西士之处。然教仇沈潅，声势日盛。光宗即位，潅入阁拜相，文定公遭其排挤，不得

---

　　① 徐光启《辩学章疏》，有用"辩"，也有用"辨"者，此处遵从原文。

不辞官归里，而沈漼犹嗾人进劾。其他构陷圣教之人，亦相继而起，诬称我圣教与白莲邪教，为名异而实同。又直指文定公，与杨、李二公，为邪教魁首，舍家为堂，窟藏西洋教士，请革职议处。文定公即致书士大夫，反复说明天主教与白莲教之不同，特举其大相反者十四端。时沈漼气焰方炽，酷吏巧为阿合，南京教友竟有受刑过重，惨毙狱中者。幸沈漼为相无几，时朝野咸斥其奸恶。大憝既去，教难得平，盖历时已十年余矣。此天国之种粒，方在我中华壤土苗芽萌发之际，其柔苗嫩叶，虽遭狂风暴雨之推［摧］残，而得免夭折者，非文定公之功乎？

文定公传道护教之事业，诚昭如日月。然其敬主修身之德，曾亦不让于西方圣贤。《行实》称公丧父居忧时，专志崇修，两赴澳门，连旬修省（行避静神功二度）。其后遭沈漼之排挤，解组在野，即乘机著圣道书，敦修省功。《行实》概括公生平品行，称其为人宽仁愿悫，朴诚淡漠，于物无所好，敬事天主，好学问经济。其持己也，有一事不可对人，一念不可对主者，不敢出。又述教外人张溥之言云：公扫室端坐，下笔不休，室广仅丈，一榻无帷，静默好学。冬不炉，夏不扇，当公教习内书堂时，其信教之诚，恒出人一头地。持己谦，待人恕，有犯不校，人求必助，食菲居约，依然寒素风。乡愚之同教者，屈节与交，共行功课，乐为领袖；每七期之六日，率诸信士，登堂思道，恭默移时，于耶稣受难颠末，尤喜追忆。迨公辅相崇祯，年及七旬，虽国事鞅掌，精力衰弱，而其最切中怀者，在兢兢业业，对越上主。官廨之旁，有教堂一，公命穴墙为户，用便出入。每晨到堂瞻礼，恭默诵经，然后回署。居恒屡禁食，以索为鞭，自搏其体，虽流血亦不自顾。迨老病危笃，进绝外事，专志崇修。一月间行告解礼者三，他圣礼亦备领。在京之教士，轮次侍疾，片刻不离。公一身廉洁，痛绝馈遗。通籍四十年，室庐不改，庆吊燕会，不随俗浮靡，登政府日，惟一老班役，衣短后衣，应门出入传语，《明史》且艳称其盖棺之日，囊无余资，御史特请优恤，以愧贪墨者。盖公敝屣世物，而惟愿积不朽财于天上也。公忠勤为国，每每身兼数职，继晷焚膏，不遗余力。其练兵也，则饥渴俱忘，风雨不避，手面皲瘃，提点军士。病笃之前，犹力疾倚榻，矻矻捉管了历书。故公虽因老病，数请退休，而崇祯帝再三称其忠诚勤恪，劳绩茂著，加意慰留，以致公竟逝于任所。忆公所著《规诚箴赞》中有云：秉心三德，守诚二五；勖矣前修，无作后悔；矢志崇闳，以隆德馨。盖公之忠勤职守，严密持躬，无非于事事物物之中，认明上主之意旨而恪切奉行也。

文定公契主之深情虽未多见于简牍，然《行实》称其恭敬耶稣至虔，又称其敬礼耶稣母玛利亚，情同孺慕。观公所著之《耶稣像赞》，及《圣母像赞》，亦可略窥一斑。且于无玷始胎之道，公于信理钦定前二百余年，早已虔恭恪信，是亦足为公蒙圣母特眷之证欤？公于神修大道，似乎本我民族躬行实践之旨趣，不尚空言玄论，亦不求异术怪迹，而专以正心修身，去过守诚为训。譬其《答乡人书》有云：教中大旨，全在悔罪改过，虽临终一刻，尚可改旧图新，免永远沉沦之苦。若在高年，时势已迫，尤不可不早计也。又如训家人云：教中事切要用心，不可冷落，一放便易堕落矣。公所撰之《规诚》《十诫》《克罪七德》《真福八端》《哀矜十四端》诸箴赞，皆显其兢兢业业，朝乾夕惕之心。然公未曾或忘，有祐自天，勿诿勿怯，肇诸人世，充诸天庭，爱主之实，征诸爱人之诸般公教名理也。盖公于正心修身之实践，一本超性之旨，惟赖圣宠之佑，断非与不识真神者之修德行善，所可同日而语也。

文定公信道之笃切，持躬之严密，传教之热诚，卫道之勇毅，拟之欧土之大圣大贤，岂难东西媲美？是故江苏李问渔司铎于其序公集中有云：我中华圣教始行犹在元代，教未垂久，论者惜之。明季利子玛窦，航海东来。上海徐文定公，与之友善，闻其教，首先崇奉，用其不世之才，力为推广，撰论说，译经书，陈奏朝廷，阐扬大义，教之所以行，公之力居多。迄今三百载，传二十余省，溯厥由来，讵容忘本？李司铎著述等身，道行高洁，在逊清末叶，为我国教内外所同钦仰，共推崇文定公之辞，定非虚构。河北萧司铎于其《天主教传行中国考》中，亦称公与李、杨二公为中国开教之三大柱石。又称公既去世，中国教友如失怙恃，莫不痛惜相告曰，徐阁老去世，谁复作我圣教干城？当时西教士寄致欧洲之信札中，亦盛称文定公之大德伟业。然则进行文定公列品之请求，似乎不得谓为妄举也。窃谓表彰前贤，以作后人矜式，是固圣教之成规，亦我中华素有之良俗也。然则道德卓绝、功业彪炳如文定公者，岂可长令湮没？今日我华公教信众，犹是袭公之余业，亦亟宜随公之芳踪。祥观欧洲各国人民，对于本土本邦之圣贤，每加意崇敬。此无他，本土本邦之圣贤，一则后人有追功报德之责；再则其训嘱、其表式，更能适合国人之性格习尚，更便易国人之则效也。文定公爱主爱人之德，传教保教之功，可以促醒我华教友，勉力前进于灵修之途，并激发其拯救同胞之神火。庶几人人澈悟，即寻常教友于修己救己之外，更有传教保教之职，或讲劝亲邻，或从事著述，人各运用其在社会之地位，同心协力，补神级之勿及，谋教会之安全。诚如此，教务而平靖，则可以广传；教难而兴起，则可以抵御。我华教友而人人能法文定公之遗表，则中华全国，归向真主，亦非难事矣。

抑且为教友者，亦不忘国家；务天国者，亦不忽人力。文定公之力学救国，又足为今日我华教友之模范。公首先介绍欧洲科学于我国，修历法，译算书，讲求农政，引用火器，于我国学术史上，实占极重要之地位。当明之季，寇盗蜂起，外侮日迫，公躬亲练兵，力筹御侮之策。其爱国之忠诚，其识见之闳广，当年与现代之学者，莫不同声赞誉。祥因恐累楮幅，未敢多加发挥，然文定公力学救国之精神与实践，我辈教友，不特应认识之，则效之。抑且亟应宣示之于教外人士，使灼知信教与爱国不相违而实相辅，文定公之事迹，即其明证。是故我圣教而若册列文定公于真福、于圣人之品，可以指示我华公教信众，非特指示青年学子辈真正爱国之模范，又可以纠正教外人士对我公教之误会，或且引起若辈之共效此公教伟人，不亦善乎？

祥之愚见，有如上述，固陋之言，诚恐失当：特此迫于私淑之情，鉴于机会之巧，中心所怀，不敢不吐，希我主教采及刍荛，加以指正。此事大意，祥另函陈刚钦使，征其意见，务恳尊座眷念先贤之功勋，熟筹公教之利益，连合诸位国籍主教，鼎力赞助，推行此事：一方向相当机关，作有力之请求；一方激发全国司铎信友之注意，使共祷上主，洪赐佑助。又祥于文定公事迹所知极少，深盼国中公教学者，于中西书籍稿件中，切实检探研究。祥窃想当今教宗特爱我中华民族，对此列品案件，当能格外垂青，诚千秋难得之机会也。至于列品所需之灵迹，敢恳尊座及诸位国籍主教，劝嘱信友，遇有疾病患难，吁求文定公之转祷。

如上主圣意，垂允我华信众之希望，而文定公列品案件，得以开始而进行，而成功，则祥私心快慰无穷，亦且感我主教之恩德，没世勿忘矣。用敢恳赐复示，以慰殷殷之望。又杨公廷筠与李公之藻，或亦可附同列品否？统希鉴察，不胜盼切。肃此，祗请道安。

　　　　　后学徐文定公私淑弟子本笃会修士陆征祥谨启

　　　　　　　　　　　　　　廿一，十，卅一

敬再启者：

　　窃念征祥少年失学，晚岁补习各课，记力悟司，已属有限，故公教一道，尚系门外汉，未敢自信，非过谦也。惟自光绪十七年，经先师许文肃公警告之后，未尝敢一日忘于怀者，即本邑徐文定公毕生之丰功伟业也。兹将入院以来，四五年中课余研究所有之心得，并将平日景仰文定公孺慕之私敬，谨详陈钧座左右，附以上文定公祠碑表拓本一分［份］，又铜棕叶摄影一纸，如荷俯赐察纳，鉴其区区愚诚，并将另稿一件，刊布于贵区报端，俾我国教内教外同胞藉知征祥未敢忽视先师之遗训，晚年谨敬补赎前愆之苦衷为幸耳。是否可行，尚乞尊裁，是祷。再颂勋绥。

　　　　　　　　　　　　后学陆征祥谨再启同日

孙科[*]函

（□年1月5日）

征祥先生道鉴：

展诵惠书，备审发春献岁，道履绥和为慰。承示眷怀祖国，并为下走祈祷，深感爱护之忱，益当竭尽驽骀，为民族效力也。专复致谢，并颂台祺，顺颂年禧。

孙科敬启

一月五日

---

[*] 孙科，字哲生，孙中山长子，时任南京国民政府立法院长。

与田耕莘[*]往来函

一

(1947 年 12 月 5 日)

陆院长道鉴:

　　阳萌一子,序又转新,恭逢吾主圣诞,举世腾欢。伏惟我公精神与年增茂,教中钦硕德,海外资模楷。謦欬如闻,每思前游之盛;高躅仰止,弥切把晤之殷。用肃寸笺,敬贺鸿禧。谨祝主佑。

　　　　　　　　　　　　　　　　　　　　　田耕莘拜启

　　　　　　　　　　　　　　　　　　　　　卅六年十二月五日

二

(1947 年 1 月 11 日)

耕莘枢机钧鉴:

　　昨接张德泉司铎来信,藉悉崇驾于八月九日亲赴栅栏,躬献

---

* 田耕莘,字聘三,山东阳谷人。天主教第一位中国籍枢机主教。

大礼弥撒，于先人墓堂增光泉壤，殁存均感。

本会南文院长于十一月前赴罗马，当时适有微恙，未克随行，颇为遗憾。南长晤刚恒毅大主教，招给北平本会址已有办法，可舒廑注。祥离群索居，作□异邦将二十年，亟愿东归，近因欧战，邮便不通者五年，国内情形完全隔绝，思乡之念更切。现拟复活节前赴罗玛晋谒宗座，面谢一切，回比收拾行李，夏秋之间或可启程回国，同行有伴，途中不致寂寞。祥性疏懒，海外无人代祷，久未奉候，歉甚歉甚，尚祈格外宽宥是幸。专祇请钧安。

三六、一、十一

唐在复 函

一

（1922 年 6 月 5 日）

子兴吾师尊右：

自违杖履，数月于兹，惟乏淑之堪陈，致音书之鲜达。近接衮甫公使来札，读悉渠将东归，瑞京使席虚悬，政府请公出山担任，并稔吾师已复电俯从。此后吾国在欧同人又获长者为之领袖，斗山在望，矜式有资，坛坫争辉，犹其余事，想私心庆幸者，非徒在复一人而已也。

北京政局变动，谣传已有多日，而官中迄无消息，想气象尚在混沌中。东海道德学问，人莫与并，其辈望亦在他人之上，大可左右时局，纳斯民于轨物中。乃经营数年，仍未克厌众人之望，则代之者之难乎为继，不问可知。闻国人现皆属意于黎黄陂，是亦救急最善之计，惟此老恐未必肯再入旋涡耳。专肃。敬请双安。

唐在复谨启

十一年六月五日

---

* 唐在复，字心盦，曾任外交部参事、驻荷兰公使，时任驻意大利公使。

二

（1922 年 8 月 1 日）

兴师尊鉴：

　　复近日因联合会行政院在伦敦开会，于上月十六日至英，廿四日事毕赴法，在途中接到上月廿四日赐谕，诵悉种切，并稔玉体欠安，将提前移驻维希 Vichy 调治，闻之歉然。但轺旆七月廿五日启行，而复适在巴黎，于回义归途中，正可取道维希，走谒寓庐，则又为之一快。且因新接部中来电有须呈阅者，亦有须与长者当面接洽者，实不可少此一行。当在巴黎定计，于星期日午后偕念劬兄同来维希，到后亲往 Hotel des Celestins① 探谒，始悉星轺尚未莅止。音尘莫接，为之爽失者久之。旋即发一法文电至瑞士之 Rodi-Fiesso②，询问长者来维行期，亦未接获回电。伫候二日，怅惘若失。想因长者已在旅行中，去电遂致无法投递。然乎复拟在此再候三日，日必向 Celestins③ 旅馆询问，深盼有信到彼，以便赴站恭迎。若此信到时，长者尚未启程，或尚须展期，则请速行电示。倘长者见许，复亦可亲赴 Rodi-Fiesso 叩谒，面陈一切。统候电示遵行。

　　再，前手谕内附来义币支票及提单等，均早收到，已交朱秘书爽无查明妥办矣。专肃。敬叩痊安。

　　太太、小姐均安。

唐在复叩上
八月一日

---

① 塞乐斯汀旅馆。

② 罗迪-菲索，瑞士度假胜地。

③ 即塞乐斯汀旅馆。

附

外交部电

（1922 年 7 月 12 日）

八日电悉。执事对于代表席次谦德殊佩，应即以陆使为第一代表，执事第二，黄使第三。至行政院事，已电征陆使同意。惟本届伦敦会议仍盼勉力一行。外交部。十二日。

三

（1922 年 8 月 22 日）

兴师尊鉴：

此次在瑞，得亲函丈，畅聆诲言，并蒙玛达姆设馔相邀，款待之优，感萦心膂。多多谢谢。叩别后匆匆南返，车道绵长，不免劳乏，加之炎暑蒸郁过甚，胃部旧疾再发。回义后惫不能起，不得已弃置一切，安心静养，今始复原，因之日久未通闻问，怠缓之罪，尚乞鉴原。吾师谅早移趾在维希清泉胜地，服食浴治后，气体必益增健。复胃有宿疾，维希亦颇相宜，惜开会在即，不能重赴维城，追随杖履，憾何如也。

大会第一代表，部定不再派人，是仍盼健复后仍来主持之意，不识师座何日可到？祈示知，以资准备。专肃。敬叩崇安。

唐在复谨上

十一年八月二十二日

与外交部往来函电

一

（1920 年 12 月）

敬启者：

征祥前于民国七年三月间，在京师阜成门外北驴市口迤西地方购地一区，为营葬先人之所。嗣后陆续添购，现计共有地十亩有奇，东至栅栏大道，西至正红旗旧营北门大街，南至官房后檐，北至墓墙地基。年来经营布置，规模粗具。其由墓门东经栅栏大街、西经旧营北门大街，以接驴市口，所有街道旧日低洼积水，坎陷不平，当经捐资修治，一律平坦，行人称便。惟郊外地方空旷，照料难周，且已修之路必须以后按时修理，方免毁坏。拟请贵部正式行文步军统领衙门，饬知该处营汛，于墓地四周随时照料保护，所有敝处已修之东西街道，由官按时修理，并请将以上各节立案遵行，以垂久远。

再，正红旗旧营北门大街，本地人称为教场口者，现在敝处墓前，有陆公墓碑记，可否即将近处一带地方改称陆公墓街，庶几因地思人，永留记念，并希贵部一并咨行步军统领衙门酌夺办理。无任感幸。此致外交部。

陆

二

（1920 年 12 月 11 日）

径启者：

前准来函，请咨行步军统领衙门，保护先茔，修理街道，并改更街道名称等因，当经本部行知去后。兹准复称：查阅各节，事属可行，除饬该管营汛将该地名称改为陆公墓街，并饬工兵对于该处街道随时修理以利能行外，相应函复查照转知等因。准此。相应函达，即希查照可也。此致陆前总长。

外交部启
十二月十一日

三

（1922 年 7 月 6 日）①

国际联合会第三届大会已定于本年九月四日召集，顾代表现奉明令派充全国财政讨论会委员长，王代表奉令署理司法总长，均未能如期赴欧参与。经本部呈奉大总统六月三十日指令："呈悉，派陆征祥、黄荣良为国际联合会本届大会代表。此令。"等

---

① 旁注："十一年八月十五日到。"

因。除已电唐代表正式通知国际联合会外，希即遵照，届时会同唐代表前赴日来佛与会。外交部。

四①

（1923 年月日）

敬启者：

兹将民国十一年十月暨十一月份临时费支出计算书二册，寄呈核销。查祥此次赴任虽近在罗村，开去各款已达二千五百元有奇，合总之数似觉稍巨，分晰各款，确系一再考量，撙节开支。特将各项说明，务祈鉴察是幸。

川装项下共支七百六十余元，内有祥赴熊城与汪使接洽公事来回车费及旅费。又瞿随员来罗，来回车费及旅费（携带国书稿来罗，译作法文，备送联邦政府）二百五十九元。故祥到任川资旅费、行李费及赏犒等，亦仅开支五十零七元。

紧要电报共支五百五十元二角四分。此祥未到任以前与部中往来各电报，附有收据。

各项垫款，计一千二百六十元五角四分。内有自罗村搬运家具及新移办公处各房添置家具之款九百二十二元。此项搬移之家具，即罗村别庄内之公事房、饭厅、烟房三间之家具。其饭厅、烟房家具与使署饭厅、烟房家具互相对换，安置较为合宜。其公事房家具，使馆办公处既已迁移，馆内多一公事房，即以全套家具移置，免购新者，既可省费，尤称得宜。

------

① 旁注：拟致外交部函大意。

又，新迁办公处各房添置桌椅、书架、窗帘及零星物品等，亦均择其必不可少者购置之耳。

又，各处捐款三百三十七元有奇。祥居罗村有年，每于地方教会慈善事业随时量力捐助，以示善与人同，不分中外。去岁奉使命令发表后，各报传载，表示欢迎，以致本地各团体送捐册者较多，而于所捐之数，因新使地位较前个人居留者不同，不得不稍增益，然必择其最为重要及与地方政府有关系者，酌量捐资，亦未敢涉于过滥也。致祥平常之小捐款并未列入也。

前请大部汇拨到任另款，原拟备为修理使署及添置陈设物品二项用度，嗣祥抵熊城与汪使接洽交替，始悉年来使费拮据情形。使署系租新建之屋，且汪使夫妇居住甚属整洁，实亦无需修葺。致陈设物品，虽觉缺少，祥历任自置各件对付陈设，亦可无须添置，故将部拨之款改为必不可少之正项用度，撙节动支，实用实销。内有五百三十余元，系劳工大会会费垫款，合并声明。又九百十八元九角四分一厘，即以充付去年十一月、十二月、本年正月、二月电报费，合并声明。

与汪荣宝[*]往来函

一

（1922 年 5 月 29 日）

子兴先生阁下：

久未修书，至深结念，比维起居多福为颂。

前接部电，悉政府将届公俯就此间使席，属为询取联邦政府同意。今日已与当局接洽，极表欢迎。惟尚须经过政务会议手续，约三五日可有答复。叨在知交，先行奉闻，俟明令发表后再当驰贺。弟离国日久，极思东还，惟小儿孝熙病卧Saanen①医院，虽有向愈之机，尚无起坐之力，断不能挈之同行，用是耿耿。将来托庇宇下，尚须多求照拂。附上福勒君所赠从前考察政治大臣端、戴二公与台从合照之片一纸，即以移赠。桑海几经，鸿泥犹昔，知公展览之余必有感叹不置者。余俟续布。即颂台安。

---

* 汪荣宝（1878~1933），字衮甫，号太玄，江苏吴县人。早年留学日本，后任资政院议员。民初任临时参议院议员、众议院议员。1914 年后历任驻比利时、瑞士、日本公使等职。

① 萨能。

顺颂嫂夫人坤福、令嫒聪吉。

弟　荣顿首

五月廿九日

二

（1922 年 6 月 5 日）

兴老阁下：

顷奉手书，敬悉一切。

荣因近日在山，见闻甚少。东海辞职事亦仅于报纸上见之，馆中并无电话及此，想必未接官电。尊事于初二日得瑞士政务部复函，由馆中电话通知，当即拟一电文，由电话知照叶秘书，即日电部："廿七日电悉。遵即将陆前总长继任一节面达瑞政府，顷准函复，极表欢迎。特闻。"计日内必有明令。荣此次离欧，别无系恋，所不能不黯然者，则以病儿不能同行。又全家远去，无人照料，最为难过。现拟将绩之兄调回，此间遗有主事一缺，拟切恳台端为小儿延熙设法，俾得托庇仁宇，就近照料伊弟，差可放心。延熙曾在巴黎政治专门学校毕业（与绩之同学），人尚端正，务恳推爱玉成，稍减荣夫妇凄念病儿之意，归来必当有以报称也。荣在此拟再勾留三五日，即回熊城。台端如有复函，请径寄 Saanen，Hotel Saanerhof① 为荷。

专此奉托，伫盼复音。余再布。敬颂绥安不一。

弟　荣顿首

六月初五日

---

① 萨能，萨能旅馆。

三

（1922 年 6 月 8 日）

子兴先生阁下：

前日在萨能寄奉一缄，计当达览。

昨日悉东海辞职消息已属确实，现暂由国务院摄行大总统事务。昨晚回馆检阅各处文电，兹将英馆来电两件钞寄，即乞誊入。尊事尚未发表，或俟大局粗定再布明令，未知尊处已有消息否？余续布。敬颂台安。

弟　荣顿首
六月八日在熊城

四

（1922 年 6 月 14 日）

子兴先生阁下：

前蒙惠复寄萨能旅馆，当由内人转寄来熊，敬悉奉商一节已承鼎诺，至深感荷，容俟晤教时面伸谢悃。顷又接六月十三日手书，藉悉一一。

黄陂于十一日就任，此间已得官电，尊事不日必可发表。惟洋报前载，旧国会已在天津开会，此事果确，则驻使任命须经两院同意。荣调东事虽见明令，然使此令如发于国会开会以后，理应请求追认。台从使瑞，亦须提付院议，如此则尚须时日矣。荣本拟定八月初船东渡，未知赶得上否？谕写楹联，必当遵办，惟拙书恐不称雅命耳。

公何日赴山避暑，乞示日期。专此。敬请俪安。

弟　荣顿首

六月十四日

五

（1922 年 6 月 15 日）

子兴先生阁下：

顷得部电，大总统已正式就任，属通告所驻国政府。新政府组织如左：

署总兼外：颜惠庆，内：谭延闿，财：董康，陆：吴佩孚，海：李鼎新，法：王宠惠，农：张国淦，教：黄炎培，交：高恩洪。

上列诸人，惟高君素未闻名，未知台从曾识其人否？余再布。即颂台安。

弟　荣顿首

十五日

六

（1922 年 6 月 18 日）

子兴先生阁下：

昨奉函电，敬悉一切。

尊事已有明令发表，昨经专电奉贺。另将原电备函抄寄，计邀青览。此间公务清闲，极宜静摄，午后休息更属普通习惯，断无窒碍。荣摒挡一切，计月余可了。刻已探询八月初日本邮船，倘能定得舱位，拟即不候国书寄到，先行离任。如八月初舱位无着，须候至十月方有较大之邮船，不得不多留两月。惟荣意无论如何，国书递到，拟请台从即行来京接替。荣虽须候船，亦可赴各地乘暇游览，较为自由。今晨复得十六日手书，备蒙厚爱，以四个月为期，俾荣从容料理，极感盛意。惟旌从近在咫尺，到任极便，国书一到，自以早日履新为宜，万勿稍存客气，是为至幸。

贺黄陂及骏人电已发出。昨得电示后，另为公拟电拍发。"颜总理鉴：恭贺荣简，并请代呈大总统。谨陈贺悃。○。十七日。"

馆中同仁得公为长，无不欣忭异常。昨已将尊意转达，同深感谢。方宝均事，必面嘱砚斋切实设法。惟劼孚曾拟为其侄世兄缵祖①求觅一席，似亦须为留意。故此间主事更调一节，尊处如有为难，尚可从容商酌，或另商腾挪之法，统求卓裁，荣无不遵办也。专此奉复。敬请台安。

弟　荣顿首
六月十八日

再，北京寄件业已转递，计可达到。刻又得京电一件，附上，即乞察入为荷。

附

外交来电

（1922 年 6 月 17 日到）

大总统令：任命陆征祥为驻瑞士国特命全权公使。希转陆使。外交部。十六日。荣任欢贺，广平锡昌。

---

① 王缵祖，王广圻侄，从事外交工作，后曾在汪伪政权内任秘书官。

七

（1922 年 6 月 21 日）

兴老阁下：

叠奉手教，敬悉一切。

尊意馆员不可多事更动，极是。顷已照台属拟电二通，抄呈台览，如无更改，请即寄回，以便照发。黎总统复阁下贺电一件附上。该电无上款，然敝处已于前日接到黄陂复电，此电必系致公，即乞察入。南北统一，大局粗定，可贺。此上。即请韬安。

官员名号清单附上。

弟　荣顿首

二十一日

此间房屋于上年年底接租，展期五年，减价一千佛，每年一万三千佛（上年系一万四千佛），已于本年五月付过半年租金六千五百佛，至十月底止，十一月须再付半年。又及。

八

（1922 年 7 月 2 日）

兴老阁下：

旬日未寄书，正深歉疚，顷奉六月三十日手翰，敬悉一切。比维起居多胜为颂。

小儿派署主事，荷蒙鼎力，立邀部准，复电如下："部令：耿嘉基回部办事，遗缺派汪延熙署。外交部。二十七日。"小儿粗谙法文，尚未办过公牍，此后随侍左右，得资历练，岂胜荣幸。渠本当于今年回华完姻，而其聘室吴采芝（松江人）女士曾在比京留学，不幸于三月间天逝。此事作罢，故留伊在欧，稍习馆务，兼令就近照料伊弟，实为两得。吾公奖掖后进，无微不至，务乞随时督责教诲，感戴何极。次儿养病山中，近据其来信，自谓日有起色，一二月间可望起坐。此子性质甚佳，法文胜于乃兄，倘令废疾不治，实为可惜，今能渐愈，曷胜欣慰。川装尚未电请，此事部有定章，详细如何，荣亦未悉，俟明日探询衡若诸君，再行奉复。希马病，亮功请假避暑，馆员止衡若、绩之二君。公使薪俸每月一千八百元，瑞士使馆公费每月一千五百元整。曾经函部，声明支绌，请其设法，迄未得复。台从七月杪可来熊城一叙，企盼无似，承属书撰之件无不照办。荣现已于九月廿四日自马赛出发之箱崎丸定得舱位，约九月十五后赴法，届时国书亦必寄到矣。汇寄瑞金二百佛郎，已照收无误。实则此间拍发京电，均开另款。尊电同系公事，无须分算也。南北统一事，至今并无官电通知，恐尚多周折。此间馆屋展租五年，家具及电灯、地毯、帘幕等等虽均齐备，然时阅三年，已须添补。此外，陈饰之品及挂屏等件，均属荣私人所有，馆中毫未设备，台从到任时，宜酌带为佳。一切俟驾临面商。内眷蓄猫两头，颇加爱护，探悉舟车携带极为费事，只得留之此间，未知夫人及女公子有同好否？万一性不善此，拟登报招领，便中乞一询尊阃。琐事附及，当不嫌其可笑也。拉杂奉复。敬请轺安。

顺颂夫人坤安、小姐聪吉。

弟　荣顿首
七月二日

九

（1922 年 7 月 15 日）

兴老阁下：

　　前承托转电报，当已照发。旋得复电，亦经寄奉，想蒙察入。

　　夫人惠赐内子鲜花，色香并美，祗领之余，感萦怀抱。曾寄片伸谢，未知已达青览否？顷得惠片，借悉山行中止，准于月杪来熊，曷胜欣盼。劫孚现在柏林，植之亦适在彼。顷注东有电来邀，弟性惮跋涉，殊不愿往也。此间亦阴雨连日，大似深秋，毫无迁地避暑之要。使费又汇出一月（上年十月分［份］），聊胜于无。川装已去电请发，尚未得复。专此。敬请台安。

　　顺颂夫人坤祉。

弟 荣顿首

七月十五日

十

（1922 年 7 月 16 日）

　　昨寄一缄，计达。旋接尊电稿，当即代为译发。顷又得朱盥薇来电，特为译出寄奉，即乞察入。余俟面谈。即请兴老韬安。

弟 荣顿首

十六日

一一

（1922 年 7 月 27 日）

兴老阁下：

　　顷接廿五日手教并剪报一纸，读悉种种，当遵命译汉，俟台从过熊城时面致。适瞿希马有书致公，弟见封面 Son Excellence[①]字样，未及细观，以为致弟之件，折阅后始知有误，仍即粘封拆口，谨以奉寄。粗率之愆，尚祈原谅。良晤在迩，欣幸何如。专复。敬颂俪安。

弟　荣顿首

七月廿七日

一二

（1922 年 7 月 30 日）

子兴先生阁下：

　　昨得惠片，欣慰。

　　尊属译汉之件，已经小儿译出，由弟亲加改定。兹令小儿清缮一通，即以寄奉台览。如无更动，请即函示，再由弟书写送赠作者可也。余面谈。即颂俪安。

弟　荣顿首

三十日

---

　　① 　公使阁下。

一三[*]

子兴先生阁下：

　　日前台从枉临，诸多简慢，猥蒙手书齿及，益增惭悚，敬谂起居佳胜，至为快慰。承示赠书通稿，妥善可用，敬行奉缴，即祈察入。写件谨当遵办，惟蘅若兄现在旅行中，已属希马缮写，俟事毕即行奉上。弟甫自德归，因与陈任兄有约，今午赴Grindelwald①，匆匆倚装作此，不尽万一，余俟续布。敬请双安。

汪荣宝顿首

　　附

陆征祥拟赠书通稿

　　代拟赠书通稿，敬候钧酌改正。

　　○○阁下：

　　忆别光仪，倏更寒暑，暮云春树，时动遐思，比维禔躬集祜，即事多欣为颂。

　　敬启者：步君翼鹏近辑《养正诗歌》四卷，搜五千年之天籁萃于兹编，传三百篇之遗音公诸斯世，匪特莘莘学子可奉为兴观群怨之资，即名流硕彦，于公私余暇把卷流连，亦可作为淑身淑世之助，爰购多部，以益友朋。兹检一部，敬赠台端。为善最乐

---

　　*　此件原文无日期，根据上下文之事，断定当在 1922 年 7 月、8 月之间。

　　①　格林德瓦，瑞士著名度假地。

知继美于东平；赏文尤欣定同情于彭泽。肃此布悃。敬颂勋绥。

陆○○敬启

此稿酌定后，拟铅印多张，随书附送，未识可否，请钧酌示知，以便遵办。

请斧正掷下为感。祥识

一四

（1922 年 9 月 5 日）

兴老阁下：

昨希马兄回京，询悉起居多祜，至慰颂私。

呈递国书一节，已与政务部员接洽，无论何时均可。此间联邦总统并无赴日内佛之说，摩达往充代表，部务另有人代理，于接受外宾一节毫无窒碍。弟已托其择日接见，以便递辞任国书。大约须在十六日以后，二十日以前。明日弟请总统、副总统午餐后，必可得确实复信。鄙意公能于同日递书最为妥当。此与日内佛会议全属两事，无庸顾虑也。连日收拾行李，加以应酬，碌碌鲜暇。任先留此三日，昨日回法，劼孚亦有来熊之说，已电约其十六七日到此。弟于请客事毕后，须赴 Saanen 一视小儿黄龙，勾留五六日，约十五六日可回。拟即于呈递辞任国书之日交卸，想至迟不过本月二十日也。承约小儿暂住使馆，感荷隆情，曷有既极。惜前日已于附近觅得一极佳之旅舍，宿膳每月三百三十佛，比较他处为廉，当已与房东切实约定，于本月二十五六日迁入，并已先将箱笼等物运往（小儿拟送弟夫妇至马赛上船，绕道巴黎一行，约二十五六日回京），未便中止。有负厚爱，惭悚无已。熊城天气虽阴多晴少，然冬令较之北京尚为和煦，且馆中中央暖具设备甚周，度冬亦无不便。

公到任后，似以早日接宝眷同住为宜，铁道往来转多辛苦也。夫人宠锡内子珍品收领拜谢，请代达欣感之意，恕不另函。将来小儿辈敬求推爱照拂之处尚多，内子深以未得前赴罗村一与夫人话别兼面致种种谢忱为歉，务乞公将此意切实转致至幸。

北京政局似仍不稳。吴子玉反对唐少川组阁，尤不愿卢信（少川最亲密之人）长农商，卢氏未敢就职；高财政总长亦不能到任；王亮畴避居医院，决意辞职；惟顾少川竭力维持现状，未知日内有无变迁也。拉杂书此。敬请勋安。

顺颂夫人坤福。

弟 荣顿首
九月五日

一五

（1923 年）

敬启者：查照外交部五月十四日公函暨敝处五月十一日去函，兹将罗村别庄家具清单一册，计口纸。此单系瑞士巨里克城阿斯马赈家具公司副单，电灯、澡盆等账单抄底共三件附上，即祈察收存案，以便收房时照单点收为荷。

又，此间别庄出售一节，业经前函奉达，特请尊处函恳外交部，于该房未出售期内酌定租金，或由祥纳租居住，或出租他人居住。又，按照目前情形，该屋一时恐难售出，则过户一节自不便缓。一则法律上祥仍居产主之名，名实不符；二则每年养房修

理以纳课城村各税项，一切费用，仍归祥清理，亦非正办。尚祈
尊处函陈外交部，酌定办法，以清界限，公私两便，实纫公谊。
除函详外交部外，专此奉恳。祗请公绥。

敬再启者：祥原拟去岁到瑞后摒挡一切，今春迁居罗马，以
便移交住房，不料出京时借贷路费到瑞后受汇兑耗折，以致未克
偿居义境之愿，现拟在此就近觅房迁让。倘尊处规定房金在祥财
力能办数目之内，并一时无人领租，由祥任租，继续居住，亦属
两便。倘尊处有用房之处，敢恳予以一年或六个月之优容期限。
缘此间习惯一时觅房除客店邻胸［街］外，实难速办故耳。

一六

（1924 年）

衮甫公使阁下：

日昨在子长世兄处得悉，旌从已返东京，闻之欣慰。比维起
居增胜，定符远颂。

内人病体尚未复原，深用焦虑。目前眠食虽然照常，而左边
之目力及腿力、腕力均仍异常衰弱，行动需人，每值天气晴朗，
辄乘车赴郊外游览一二时，藉吸新鲜空气。然出门登车，皆须扶
掖，内人颇觉不便，不过勉强行之而已。现平时消遣看书则颇费
目力，惟有讲报、打纸牌尚觉有味，差可解闷。子长、慈明两兄
常于下午五时后来寓，会同舍亲 Mme. Harford 及小女轮流与内人
打牌消遣，良为可感。祥原拟今秋俟小女毕业后携眷东渡，俾便
补习国文，并习知祖国礼仪，祥亦得回京庐墓攀柏慕亲，以盖前

愆。现为内人病体所阻，此愿不知何日所偿。按目前情形，势难远离熊城而他适，医药之关系固属重要，经济之补助亦未敢轻视。回念吾公昔年曾以慈明兄之疾为忧，祥今日又以内人之病为虑，熊城之前后任，何命运之相若如是耶。

本年九月十九日为递书第二周纪念日，祥以先师许文肃公遗像加以小识，分赠僚友。今特交邮寄赠一份，并以先墓福康第三周年纪念摄影一份，一并寄奉。到时乞哂存留念为幸。夫人暨令郎／爱想均安吉念念。任使内召，未审何因，伊夫人新产后，不知能否即行就道。全家登舟远渡，亦非易易也。匆泐奉候，祗请韶安。

王昌祉[*]函

一

（1936 年 7 月 3 日）

子兴神父道鉴：

　　昨自巴黎转来所赐晋铎典礼纪念册，拜领之下，不胜感谢。回想去年盛典，犹在目前，惟愿道躬如健，德泽远施，是颂是祝。

　　祉自去秋来巴来毛尼行，敝会所谓卒试者。按敝会会规，凡铎品修士于读书完毕后，须做卒试一年（Trio & Time anni d' Srobatim），规矩与初学仿佛，加以研究会典神修等等。此届同试者共廿七人，目下卒试时期快将完满，七月二十日各当离院他去矣。潜居十月，颇享清静之福，但过未改，德未修，虚度日月为可愧耳。

　　祉离卒试院后，将先赴巴黎，料理排印阳明论文，深盼能迅速进行，庶几十月中可以印好，十一月初可应试，十一月中旬即

---

　　* 王昌祉，Tchang-tche Wang，神学家。著有《王阳明的道德哲学》（法文）、《天主教教义词汇》等。

可动身归国。该论文印竣后，自当奉呈就正。如需要多本者，请示知，以便如数寄奉。暑期中，祉赴何处居住尚未得省长公命令，如蒙赐示，请仍寄巴黎寓所。

暑月湿热，尚望如意珍重，并希赐祷为幸。专此。敬请道安。

仆王昌祉敬上

廿五年七月三日法国巴来毛尼

二

（1947 年 9 月 18 日）

子兴大院长座右：

敬复者：重庆转来之八月初四日及六日手示，一并于四日前奉到。八月十二日邮寄之尊札，亦于昨日拜读。徐文定公列品祝文像，敝处尚剩若干，故昨日即交土山湾寄上。米郎版彩色像三百张，又单色像若干张，惟普通邮寄濡缓，不知两个月内可能到达否。

贵院首座神父以及于斌总主教、陆英耕先生处，当寄去土山湾出版之彩色徐文定公像及求列品祝文。《圣心报》及《圣体月刊》，已嘱土山湾自本年第一期起寄赠，《中华全国教务统计》现已至第四十二年，兹由敝会会长神父寄赠。《圣教杂志》于民国廿七年夏季停刊，卅一年秋，由张伯达神父接收，迄今未有复刊之希望。尊座冈城就职纪念册，亦于旬日前拜领，已转江秋兄阅看。贵院首座神父抵沪，敝处自当竭诚招待，庶几不负嘱托。共祸蔓延，人民与我圣教受殃深重，国家与世界大局亦均阴影重

重，我辈惟有信赖天主上智制□，并努力就本位工作。切盼惠赐
代祷，为祉邀佑免罪，感甚幸甚。肃此奉复，敬请道安。

神仆王昌祉叩上卅六、九、十八

三

（1948 年 10 月 20 日）

子兴主院大人座右：

　　敬复者：旬日前捧奉两示，并"孝"字章一枚，当即托土
山湾制就正反两面铜版，英法文亦即译竣，故一并付排。惟近来
上海一切反常，土山湾工作更见迟缓，今日始付印，想日内可印
好，然后三百份如数付邮奉上。又不知何日可以到达尊处也。待
土山湾发票开来，当请芨忱先生付款。

　　祉入秋以来身体颇有进步，心跳亦逐渐降低，希望今冬转
健，庶几明年仍可工作。适来贵体想必康健有增，是颂是祷。敬
祝天主保佑。

神仆王昌祉敬复
卅七、十、二十徐家汇

四

（1948 年 10 月 22 日）

子兴主院座右：

　　敬启者：一星期前奉上复函，想已邀鉴。兹因河北敝会张恩
谦神父明日乘飞机赴法国，故托彼带上此信，并另寄卅份，俾得

早早寄达。至于其他二百六十余份，当由土山湾交邮局寄奉，恐一二个月方能寄到也。排印格式不知能惬尊意否。三百份印刷费计金圆券六十元，为写信去请刘荩忱先生付款。上海近来发生抢购抢存风潮，米粮竟然无处买到，一般人民深感痛苦，不知何日可实行配给。年轻人作事未免仓忙过火，而商人之习于涨价暴利，亦可叹也。天寒，诸希珍重，并祈赐祷。即颂圣心保佑。

晚王昌祉敬上

卅七、十、廿二徐家汇①

附　天主教耶稣会司铎徐汇中学教导主任朱树德名片，上书：谨奉上王叔安司铎一信，祈查收。今冬或明春，德将来比一游，当趋前拜谒聆教。此致子兴主院大人

十月二十八日

五

（1948 年 11 月 5 日）

子兴主院大人座右：

敬复者：兹又接奉十月十七日手示，嘱于孝字章注解加添数字。奈是项注解已经印竣，已于上星期四托张基行神父带上三十份，并拙函一件，谅邀鉴察矣。

承询惠主教替人事。按敝会祖座依纳爵严禁会士担任主教尊位，以杜觊觎名利之念。惟在传教区中任主者，实系担负艰

---

① 旁注："十一月三日到。"

难，故犹能接受。今者中国圣教已有正常体制，而上海教区情形可云已经成熟，故敝会实再无担任主教之理由。陈来惠主教之继任者，大约当为上海教区神职司铎中之一，但全权操在付〔副〕座暨教廷驻华公使。将来不论任何人做上海主教，敝会当全力拥护，竭诚合作。此非祉一人之私意，实敝会之□□精神。敝会总长华森斯神父人甚且声称，即教廷仍有意请敝会担任上海主教，渠必将向教宗恳辞云。按上海教区司铎大概明理达义，深知上海主教之不易为，而在□□势力蔓延，三个月、六个月可到上海之威胁下，更不易为，故彼辈竟无争夺主教荣位之意。不幸上海教区司铎以外之人，反多信口雌黄，肆意攻击，殊可慨叹。国内时局谣传有急转直下之势，沈阳卅万大军不肯应战，平津无险可守，奉言撤退。日下国共正在布置徐州大会战，战而不利，当局者想必不能再留恋。继任者势必搆〔媾〕和，断送全国。将来我辈活地狱中之生活，或竟有致命之报，亦未可知。惟魔手恶辣，种种酷刑，思之令人战慄。尚盼我公多多为中华国家民族教会上下祈求天主仁慈垂怜。不胜盼切，即颂神形安吉。

晚未王昌祉敬复
卅七、十一、五，徐家汇

王承传*函

（1922 年 6 月 9 日）

总长赐鉴：

顷奉钧复，敬悉一是。年前我总长京津启节，未及叩送行旌，满拟由沪放洋时当可再瞻颜色，不意船期展缓，迟迟其行，迄今思之，犹觉耿耿。

今既养疴来瑞，罗、绿两埠，近在咫尺，极愿趋叩崇阶，兼贺任喜。瑞士南部一带，前曾到过，夏季炎热，自在意中，尚不敢为苦。惟我总长既拟月望移居山间，临行之前自必督理征装，忙劳可想，兼之夫人向来不耐暑热，日间定颇为苦。有此原因，承传等谨将此行暂罢，俟年底春初，瓜代有期，再当趋赴瑞都，面聆训诲。山间寒暑无常，尚求珍摄，格外为祷。

顷闻驻挪威萧君，现奉部电调部（想另有高就），遗缺以余君祐藩充任，未到任前暂由瑞典王君赍祺兼署云。东海辞职，暂由国务院代行职务，并以呈闻。

夫人尊前及小姐前，均乞为叱名请安，藉叩钧祺不一。

---

* 王承传，字钦尧，曾任驻德国、荷兰等国外交官，时任驻丹麦使馆代办。

承传敬上，内子附叩

六月九日

现拟月之十六七日离瑞，经德返丹。附闻。

王宠惠[*]函

一

（□年 10 月 19 日）

子兴先生大鉴：

　　昨抵天津，往谒唐少川先生，谈及国际法会一事。唐先生十分赞成，愿意入会，特先奉闻，余容抵沪后再达。专此。敬颂
台祺。

王宠惠启

十月十九日泐于天津 新船上

二

（□年 10 月 31 日）

子兴先生惠鉴：

　　前在宣南备聆大教，深慰积愫。辰惟起居万福为无量颂。宠

---

　　* 王宠惠（1881~1958），字亮畴，广东东莞人。曾任民国北京政府司法总长、国民政府外交部长、国防最高委员会秘书长等。

惠得沪电促行，匆匆南下，未及走辞，歉仄何似。在津晤唐少川先生，面致雅意。日前抵沪，晤伍秩庸先生，亦已代达。两先生对于国际法会咸表同情，均愿列名发起，特嘱转复台端。是否通函接洽，尚希酌夺。

宠惠在沪尚有事淹留，便中望惠教言是幸。专此。祇颂台祺。

王宠惠启
十月三十一日

三

（1935 年 7 月）

外交耆硕陆子欣先生，扬历中外数十年，识解超卓。前以培德夫人之逝，孑然修道，舍其养尊处优之繁华生活，隐居罗马公教之修士院，勤肄古文，精治经籍，目不停视，手不停挥，安澹泊耐劳苦之贞毅精神，远非一般人所能想望。一时知者，固谓先生于事业功名而外，特于西方历史渊源之罗马具有无穷之兴味焉。盖溯西方文明发达之盛轨，得力于罗马公教者至多。哥仑布之发见新大陆，亦种因于远播罗马教；而西方人绵密之思想，则又夙受罗马法之陶镕。此外罗马法王之外交经验，更能远出寰球外交界老斫轮手之上。且自东西洋交通发达以来，东方人不易应用西方文明，其因对于古罗马之法律思想与宗教思想，未能加以深切之认识者，亦其著要原因之一。是先生之弃官修道，其一方固不忘祖国，不辍外交家之修养，其又一方则明察及远，将以融会东西古国之精神。而今先生荣升司铎盛典之举行，既逢罗马公教法典佐治九世制定后之七百周年，而又适当罗马法《民法大全》全部完成之一千四百年而后，遇合之巧，若有前缘。此足以昭先生志业之宏，有当倍加庆忭者也。

中华民国二十四年七月王宠惠拜手敬祝

四

（1946 年 7 月 11 日）

子欣先生道鉴：

海天迢违，时深驰溯。前闻荣长道院，曷胜忭贺，以道远未克参与隆典，深以为憾。近奉惠寄大著，拜诵之余，无任佩慰。弟年来以国防会务，栗栗终朝，现虽得卸仔肩，惟仍参国府，京沪往返，亦殊仆仆也。专此布臆。敬颂道祺。

弟王宠惠拜启

七月十一日

王广圻函[*]

（1924 年）

接奉赐片，不胜欣慰。近想钧座及夫人起居均健胜如常为颂。上海战事迄未告终，炮火连天，仍无结束。以浙卢穷蹙之兵尚不能立即攻取，令人殊不可解也。张淑转颜、蔡电，为之慨然。水灾犹可言，兵灾将谓之何。民犹真愚者，当轴之思想实难测度。联合会告终，分洲主义所行采用，而复选结果毫无变化，不知议院果将取何态度耶。敬颂兴老钧安。

广圻

---

* 王广圻（1881~?），字劼孚，江苏南汇（今上海）人。曾任驻比利时、意大利、荷兰等国公使，外交部条约委员会副会长等。此函为明信片。

与王怀庆[*]往来函

一

（1920 年 11 月 17 日）

子欣仁兄大人阁下：

　　今早辱承枉驾，适值弟牙痛服药，有失迎迓，至为歉仄。承□墓道碑碣各拓片，□座褒题，名流手泽，后□辉映，至为钦仰。其《谒林日记》《膜外风光》二书，尤足振兴道学，启发盲瞶，益人神智，良匪浅鲜。贵族墓地，前已饬汛查明，派人修治。惟暂尔饬修，难规久远，仍请我兄再赐一函，详叙墓地迁移日期，距离京师里数。函到即行立案，饬传营汛，常年按时修治。如此办法，尚可以垂永久。即乞函示，以便遵办。专此。敬颂台绥。诸惟鉴照。

愚弟王怀庆敬启

十一月十七日

---

　　* 王怀庆，字懋宣，河北宁晋人，时任京师步军统领兼京畿卫戍总司令。

二

（1920 年 11 月）

懋宣仁兄大人阁下：

　　昨承枉顾，藉聆一切。先人兆域所在，承公俯允，饬营汛将墓道按时修治，实深感荷。所有应具公文，已函请外交部咨请贵衙门核办，以昭郑重。应恳于部文到日，酌夺办理，并请立案遵行，以垂永久。无任叩祷。专此。敬请台安。

　　　　　　　　　　　　　　　　　　　　　　　　愚弟陆

三

（1920 年 12 月 4 日）

子欣仁兄大人惠鉴：

　　接奉台函，敬承一是。贵府墓道，遵已饬知该管营汛按时修治，俟外交部公文到署，即当遵照办理，以副雅嘱。知关廑念，特先奉复。敬颂台绥。

　　　　　　　　　　　　　　　　　　　　　　愚弟王怀庆拜启
　　　　　　　　　　　　　　　　　　　　　　十二月四日

王景岐[*]函

（1935 年 7 月 19 日）

欣老赐鉴：

　　六月廿九日，我公以修道圆满，获晋司铎。是日沪中寒舍于下午六时恭行默祷，遥祝天惠中国，厌乱造福，并祐我公康宁。是时当适在欧西早十时也。

　　日来心绪不佳，持笔屡不成书，想两地同望中国现状，当是同一感想。国事至此，有话又何从说起。回思民国初年，侍坐左右，谈及外交，已多惋惜。廿余年后，与凤望又不知霄壤分别达至几何。南院长回国前未获一晤，至为抱歉，于舟行时得君一信，已远隔云天矣。京中旧侣，大半失业，前榷算科陈海超科长，乃一专门不可多得人才，南北转移，二十余年不求升转，仅恭谨在公，亦被摒弃，不知何故。此等技术人员，栽植殊不易易。此请大安。

王制景岐顿首
廿四、七、十九

---

* 王景岐（1882～1941），号流星，福建闽县（今福州）人。曾任民国时期北京政府外交部主事、驻比利时公使等，1936 年任中国驻瑞典兼驻挪威公使。

致王文成函稿[*]

（1934 年 12 月 18 日）

主教钧鉴：

昨奉十月廿日钧谕，欣沈道躬康泰，为无量颂。

祥入院苦修，七载于兹，渥蒙院长格外优待，同院修士关爱协助，一切生活现已习惯，水土亦服。去岁主教莅院，海外相逢，三生有幸，并承钧座亲授五品神职，俾作终身纪念，感激之忱，迄今未稍释于怀也。嗣以目力、记力、腿力衰微，不得已求院长向罗马宗座申请宽免，仅做圣母一台弥撒，至多加以进亡弥撒。此系年岁关系，出于万不得已，免致半途而废以六品终生耳。

兹有恳者，祥既无叔伯，终鲜兄弟，先室去世，孤子一身，幸蒙圣召，得此退身地步，实出望外。回想四十年来东西奔走，现得安心养老，既免乞食于人，复少跋涉之苦，皆出院长垂念年迈体弱之所赐也。如荷主教代伸感悃，并乞代恳院长哀矜有加，

---

* 王文成（1888~1961），天主教神父，圣名保禄，1929~1961 为四川南充教区主教。1956 年任中国天主教爱国会筹备处主任。原注："廿三年十二月十八日上顺庆王文成主教书，分正副二本，均由飞邮寄递，一由和兰，一由法海口，周日递。"

多留祥在院一年，既多一年之资格，即多一年自救自赎之工作。祥之不愿离院者，犹稚子之不愿离父母也。盖一出院门，顿失依靠，中心茫茫，不知适从，务望钧座体察苦衷，代为婉达，借重鼎言。祥生必衔感，死当结草，不胜感祷之至。专肃。敬请勋安。

后学名正肃

王正廷*等函电

一

（1919 年 3 月 14 日）

　　总长鉴：威总统今日抵巴黎，德国亦派出代表。草约签字在即，政躬贤劳过甚，确应稍事休养，不过会期迫促，只能盼望早日回巴，俾诸事秉承有自。国务院、外交部来电，大总统恳挚留公，实以国家安危关系太大，且忌我者方蹈瑕伺隙之不暇。廷等均同此意见，愿与我公共任艰巨，全始全终，敬掬热诚，务祈详察。除托注东、贯微二兄代达一切，并将院部电照转外，临电毋任神驰。廷、基、钧。十四日。

二

（1919 年 3 月 17 日）

　　魏注东兄昨日回法，欣悉一是。尊意各节，极表同情，总可

---

* 王正廷（1882~1961），字儒堂，浙江奉化人。曾任民国北京政府外交总长、国民政府外交部长、驻美国大使等。

遵办，务恳不日命驾，愈速愈幸。统俟面陈，务祈鉴照。仍盼电示抵巴日期，切祷。廷等。十七日。

三

（1935 年 7 月 25）

子兴道兄惠鉴：

昨奉尊柬暨抄件，均经拜悉。阁下荣升神父，敬维德化日隆，心灵增泰，慰如所颂。专笺祝福，并伸贺悃。此布。敬颂道祉。

弟王正廷（章）拜启
廿四、七、廿五

卫青心函[*]

一

（1935 年 6 月 26 日）

最可敬可爱的神父：

今天接到承邀参加晋铎典礼的请帖，万分的荣幸。仆自来欧洲后，即心心念念欲来躬与这个绝大的盛典。国内亦有很多的朋友们来信，嘱我代表中国青年学生到比国恭望神父的首祭，但是终于被环境阻止，一切的计划完全等于梦想，只能在圣京遥祝，并用神目遥望神父的圣祭。这几天期中大考，片刻无暇，所以不能写出我理想中欲写的贺函，只能草草不恭的写几句，祈神父千万原谅，并请在圣祭中为仆祈祷，使学业前途顺利。下月（七月）初，义大利政府生产合作部，派仆到 Napoli^① 农场实习，大约整个暑假期都在那里住。若有关于晋铎首祭的纪念照片及报纸什志等，请多多赐下。通信地址到 Napoli 后再告。

---

　* 卫青心，上海奉贤人，巴黎大学博士，后在法国任晋铎。著有《法国对华传教政策 1842～1856》（*La politique missionnaire de la France en Chine, 1842–1856*）此函为明信片。

　① 那不勒斯。

敬祝圣安。

仆卫青心叩

二十四年六月二十六日罗玛

二[*]

（1948 年 9 月 7 日）

可敬神父：

来圣京已十余天，因去法护照手续办理非常困难，大约再过一星期始能办妥。此次能转学法国者，全因主教及 Finet et Defferray^① 等两位神父的帮助。抵法后将专攻法国言语文学，课余中以 Foyer de Chine^② 名义，与当地诸位侨胞联络感情，解除一切误会。余容续陈。此请健安。

生青心上

九月七日圣京

三^{**}

（1948 年 11 月 18 日）

子欣院长神父：

返法去比等护照均已办妥，行李四件将于明日先寄走，随身

只带手提箱三只，十分轻便。在比拟收集关于南怀仁神父之材料，及中国天主教传教史等，请院长指教一切为荷。顺候修安。

生青心上

十一月十八日

本月底以前到比国。

魏宸组[*] 函

一

（1922 年 6 月 7 日）

涤生先生左右：

顷接乾若一电，嘱转公一阅，特抄录于下：

国会在津自由集会，东海初一辞职赴津，暂由内阁维持现状。各省推黎，但本人尚未既允，并转欣老。淦。初六日。

顷接王承传自瑞士寄来一片（王系丹马代办，现在瑞士游历），有"汪去陆来"之语，不知何指，是否有公代袭使消息？此间毫无所闻也。专此。敬颂潭福。

魏宸组顿首

初七日

---

* 魏宸组，字注东，湖北江夏人。清末留学比利时。曾任外交部次长、国务院秘书长，驻荷兰、比利时、德国、波兰等国公使。

二

（1922 年 6 月 13 日）

涤生先生左右：

顷接手书，知瑞士消息确实。此举于公于私皆大有裨益，可喜之至。瑞政府既答复，决不致因北京政变而中止也。俟发表后，便中尚望示知为荷。

组拟下月中揭眷属在东海 Basin① 地方小住月余。此处不甚大，但清净，与小孩最相宜耳。公避暑比国计划，若瑞事成，不知能实行否。敬颂潭福。

魏宸组顿首
十三日

三

（1922 年）

涤生先生左右：

顷接惠书，知公事业已发表，至为快慰。瑞馆尚属清闲，馆员亦均称得力，公可藉此休息，至善至善。据近日报章所载，国内颇有统一之望，果尔，洵为大幸。日来未接国内特别消息。此颂潭福。

魏宸组顿首

---

① 盆地。

四

（1922 年 8 月 24 日）

欣老左右：

顷接惠书，知组陈各意为公采择，快慰之至。联合会既辞过即不必再提，俟部来电催问，即云现在医院，非两三星期不能出院，则混过矣。组于第一次派为代办时，亦系如此办法，部催一次答一次，而会期已过矣。致沈方两电，已饬照译发，鞠如事不过从旁一提，措词无大关系也。兹姑拟一稿，请公酌定。即颂潭福。

宸组 拜启

少川兄鉴：岳参事学识经验，兄所夙知，倘有机缘，予一使席，同深感荷。○。

五

（1922 年 8 月 24 日）

欣老左右：

顷发一信，计已达览。组意公既告病不赴会，而同时又为使馆请款，又为他人谋公使，似不甚相宜。但请款电报已发，无从追回（请款电虽发，亦无妨碍，不过候接任时再发尤妥耳），保人电报应否稍缓，希公酌定。再颂近安。

组顿首

八月廿四第二次

附

岳昭燏电

久困部职，亏累日深，使界将因英席或有调动，乞恳兴老专电顾总长，俯念巴黎和会微劳，力托设法量予外遣，至为感谢。燏。

六
（1935 年）

欣老左右：

承赐书件，感谢之至。国内对于晋铎一事如此欢迎，组意此非对于此职特别看重，实佩服公之为人，欲借此机会为末俗示一榜样，故谢柬中似宜略申此意。另拟一稿呈阅，祈酌定。观此风潮，则公之自传一书更不可缓，因国人想望风采，必欲窥其一生之行事。此书一出，必人手一编，感化之力必有可观。公若以此意与院长及爱德华神父一谈，必蒙赞成，必设法减少其他事务，以专心致力于此事。公意以为如何？纪念品到，当来院一观，藉面谈一切。敬颂道安。

组拜上

七
（1935 年）

兴老左右：

顷收到文肃公遗训两则，妙极妙极。组前劝公写《自传》

（前函如系用"自记"二字，不如"自传"为妥。传、记二字意虽相同，然现在通行者为"自传"二字），盖欲令先辈嘉言懿行流传于无穷也。徐司铎亦既有此意，想公必更赞同也。组意公于学课念经，以及道院必须办理之事以外，当屏去一切，专写《自传》（西文为 Mémoire de Lou Tseng Tsiang[①]）。

《自传》内容分为四期（或四卷），第一期从幼时至出洋入使馆之日为止；第二期从出洋入使馆为翻译学生之日起，至民国元年回国当总长之日为止；第三期自民国元年，至入道院之日为止；第四期自入道院以至……其应叙之事，凡当日所见所闻所想，无论大小事件，或政治、风俗、学术、外交、军事、教育等，无论何事，凡尚能记忆者，皆一一详写出来。

组愿为公校正，写成一篇即寄一篇来，有忘写者随后陆续补寄。如此办去，可成一完件，不致零星分散。公意以为如何？即颂道安。

组上

八

（1935 年）

欣老左右：

比王书译稿另抄奉上，但亦不洽意，请酌定。法语有一笑话 Traduire，c'est trahir。[②] 为此语者，想系指翻译欧洲文字而言（如美、法、意、德互相翻译之类）。我们想欧洲文字几乎大略相

---

① 《陆司铎回忆录》。
② 翻译即是背叛。

同，任翻译尚有如此感想，若以欧洲文字与中国文字相翻译，其感想当更不知如何也。比王此信，其形式简单，其精神高超，其文字则妇孺皆可读，而并不觉其感情之厚。此数种特质，若用中文逐字逐句译之则尽失之矣。吾国有谚语云，画虎画皮难画骨，组意当改为画虎画皮画骨难画神。翻译亦然，译文译字译句亦难译神。因一国之文字，各自有其形式，各自有其习惯，各自有其精彩，彼此牵强，往往近乎沐猴而冠，涂鸦以粉，不能不令人掩鼻而笑也。公意以为如何？顺颂道安。

组顿首

文肃遗训两篇，书法极工，系何人所写？便中示知为祷。另拟案语二篇，不知当否，祈酌定。

九

（1935 年）

欣老左右：

闻荩忱受洗，至为欣慰。民国以来，达官贵人中年入教者，前有蒋介石，后有刘荩忱，公教之发达可见一斑，妙极妙极。

公再启云，中国当多设道院，以为收回教权地步。所见甚大，国中当无不赞成者，惟坟墓附入教堂或道院，及创修一院于中山墓旁，则似不妥。盖中国非公教国，故能令各种教都来传教，而数千年来亦无教争，此正中国之所以为中国，不能与欧洲各国比也。孙中山素抱平民主义，不愿为帝王。国民党人于其死后竟欲以帝王之礼待他，如称葬则曰"奉安"，称坟曰"陵寝"，中山有知，必不以为然。若再建一处教堂或道院于其坟旁，中山更不愿受。中山有两种资格，一为国党首领，一为前任总统，譬如法国之有 Janrés，Poincaré① 岂可葬之于 Notre‑Dame de Paris② 乎？况公教之在中国，无论如何发达，亦绝不能如 Notre‑Dame 之于巴黎，Westminster③ 之于伦敦也。

公已晋铎，将来必回国布教，此为收回教权之一好机会，但必须先从容易处着手，使受人欢迎，然后再要求大者、难者，庶不致发生阻碍也。公意以为如何？此颂道安，敬贺年禧。

组拜

十

（1935 年□月 30 日）

欣老左右：

林、汪赠品不日可到，如复信，在收到后则可写明收到日期（如另稿）。如公拟即复，则可于感激莫名之下改为："林主席及汪院长赠赐匾额，俟收到后，当敬谨高悬，以表谢忱，藉扬国辉"云云。复使馆函及再启清单，可一并抄去，以资接洽。

文集收到，敬谢敬谢。赠品到后，当来瞻仰。敬颂道安。

组拜上三十日

---

① 扬雷斯、庞加莱。
② 巴黎圣母院。
③ 伦敦威斯敏斯特教堂。

一一

欣老左右：

再启：数纸因风吹地下，下女扫地时以为废纸，竟尔撕碎，罪甚罪甚。兹特粘好奉上，祈恕。道院述略甚为详细，第六页各种工作，足补政府之缺失，施之于吾国，亦甚相宜。唯组意当于边僻省份着手较易，且收效亦大。譬如陕甘、新疆、贵州等处，政府既照顾不来，社会亦过于闭塞，如文化工作、实用工作皆付阙如，倘有多数道院为中国人所主持者为之提倡，为之引导，则政府与社会当无不欢迎者。若由外人主持之道院，则以今日情形而论，尚未得极大信仰。公意以为如何？

锡之来信，附有致公一信，并奉上。即颂道安。

组拜上

一二

欣老左右：

信稿收到后研究良久。公通篇以吾国屡次失望为主说，到盼望他改变方针。大意如此。组意不如径直说侵略主义不合时代潮流，不合日本自身利益，收束处仍是望他改变方针。大意相同。两种说法孰为合宜，仍请公酌定之。即颂道安。

组顿首

吴耀、余翕函*

一

（1939 年 9 月 6 日）

仆到荷旬日，因战务发生，未有船前往吴君火耀处。昨接比国邮船公司电称，因洗衣人员缺乏，再回任务云云。如有赐教，请照旧址为盼。敬上。

子卿大牧师伟鉴。

翕叩

九、六

二

（1940 年 3 月 25 日）

贵院举行大斋盛典，万民景仰，兹亲献祖国花瓶一对，献奉五台以谢恩。吴耀因患有小病，是以未得早为奉献；余翕幸蒙我公指导，感激良多，但未一瞻丰采，俾得耳提而面命，颇为憾事

---

* 以下吴耀、余翕各函均为明信片。

焉。今天虔洁以进，希我公勿却，许予拜见焉！

三月廿五日

三

（1940 年 3 月 27 日）

子兴公惠鉴：

昨承麈教，万幸万幸！四时赴车，九时抵埠。谨此奉闻。敬请道安！

吴耀、余翕叩
三月廿七

四

（1940 年）

子兴公赐鉴：

廿六日拜谒我公回来，幸蒙福星照耀，一路平安抵埠。廿七晨即奉函禀告，以慰锦注。同日下午，接奉我公来咭道谢，殊不敢当。于此足征我公一视同仁，大有夫子温良恭俭让之风，使我辈崇拜不置，感戴不忘矣。谨复。敬祝道安。

吴耀、余翕鞠躬

五

（1940年4月3日）

自拜别以来，无日不为神驰左右，苟非我公之盛德感人，曷克臻此。兹因大斋之期将满，复活佳节即临，极为有宝贵之纪念，故特奉祖国竹笔筒一对。物虽菲薄，但其品有君子之风，极合我公之琦节修行也！希为惠存作念，以示不忘为盼。谨奉子欣公惠鉴。

吴耀、余翕上

四、三

萧师毅函[*]

（□年 4 月 15 日）

子兴老夫子先生：

　　晚于四月一日抵此，代表辅仁大学参加第三届国际教师会议。因感觉公教新闻事业人员之缺乏，拟舍教师而作记者。便中乞为代祷，不胜感盼。此请道安。

晚师毅谨禀

四月十五日

---

* 此函为明信片。萧师毅（1911～1986）江西吉安人。早年就读于辅仁大学，后留学意大利，获米兰大学博士学位，晚年任教于台湾辅仁大学。

致许沅[*]函

（1924 年）

秋帆仁兄执事：

接诵惠函，就审台候绥和，慰如所颂。托侨商叶林齐带来之红茶一箱，亦经收到。此间熟人喜饮华茶者，纷纷托代购。致嗣后，每年当有二三批茶箱由沪寄出，拟托友人径交法公司运寄，较为便捷。惟免税一项，须友人每次先向尊处接洽，或用凭单或还到海关，免税放行之处，尚恳随时分神酌办。琐事烦渎，殊抱不安，统容将来面谢。承示参与港务会议情形，执事筹拟办法及对付各界，贤劳可想。祥滞迹熊城，瞬又年余，屡躯近尚粗适，堪以告慰，惟内人年来多殊用焦虑耳。专此。复颂春祺，并候近祉。

---

[*] 许沅，字秋帆，江苏丹徒人，时任江苏省交涉员。

致夏诒霆[*]函

（11 月 6 日）

挺斋公使阁下：

前日在劳动国际会接奉尊电，拜诵之下，深佩卓见。适在会中，手忙脚乱。每日祥与萧秘书（号功亮）二人彼此轮流赴会，加以酬应饭局，每日议事录几无暇寓目。亮兄系德文专家，在瑞年余，加工法文，极有进步，议事录留心研究，故在会中接洽讨论甚资赞助。大会提议添设特别国股，专为研究调查远东各国劳工情形。经我抗议，并向会中重要人物疏通、陈设理由，此议未曾通过成立，亦一幸事也。

祥自巴黎和会失败而归，决意引退，赴瑞隐息，不料使命复膺，有负初衷，过恶蝟集，于职有亏，将不知何以善其后耶。回溯三十年来，一误于廿一款之交涉，再误于巴黎之败北，既无以对民国，复无以对自己。良心上积此二大罪，亦足为一世之罪人。目前我国应自建言时期而入于实行时期，凡关于本身职务上多做一分，则国家多得一分利益。致于吾人应说之话、应建之言，前清郭、曾、薛、许诸前辈言之在前，民国各政客重言之在

---

　　* 夏诒霆，字挺斋，江苏江阴人。曾任外交部参事、次长、代理总长，后任驻巴西兼秘鲁全权公使等。

后。即敞意催迫提醒政府，对于何项内政应积极进行，与其催迫提醒政府，不若催迫提醒本身。催迫提醒政府，听不听在人，催迫提醒本身，其权在我欤。祥五十以前责人之心太重，五十以后责已之心惟曰不足。在瑞度日如度星期，转瞬一星期，光阴如驰，徒叹蹉跎，奈何奈何。渥承雅爱在远，诸荷关垂，用敢略布，聊代面晤一室。迂远之见，尚祈鉴原是幸。

世兄在巴黎留学，近况若何，学业猛进为慰。小女本月初入校肄业，三年毕事。内眷粗适此间，带来华仆三人，水土尚服，尚能相处，上下清吉堪慰，以告慰远注。

劼使世兄在瑞铁路公司实习，勤慎安详，少年中难得之才，可喜可贺。既为劼使羡，复为之贺，谅公闻之，必为之同一欣羡也。匆匆拉杂，敬请招安。

附五十纪念诗自诫及合影一纸，晒存作念。

陆征祥手启
十一月六日伯尔尼

与谢维麟*往来函

一

（1922 年 7 月 8 日）

总长钧鉴：

前奉六月十四日赐书，敬承一是。久稽未复，歉悚无似。日前劼使谭悉，荣膺使命，移驻瑞京，不胜欣贺。履新已有定期否？深用敬念。

海牙自上月中旬起开抒努瓦之继续会议，数旬以来，各国意见尚称融洽，欧陆经济或有转机希望矣。劼使于日前携眷赴德，现住 Wiesbaden①，大约在彼必有二三星期之勾留。

麟自成婚后，家严处仍时时去禀，并将婚礼情形详细禀陈。近据家兄来函，悉家严近来对于麟此次婚事已无不欢之意，知关廑念，用敢附闻。专肃。敬请钧安。

太太前乞呼名叩安。

谢维麟谨肃

七月八日

---

* 谢维麟，号振叔，曾任驻挪威公使、驻瑞典公使。

① 威斯巴登，德国城市。

二

（1922 年 8 月 24 日）

总长钧鉴：

　　月初赴德旅行旬日，归奉赐谕，敬审勋祺康胜，至慰下念。承颁尊影并康先生代书联语小影两纸，敬领，谢谢。

　　麟此次婚事，屡荷关注，不胜感悚。现幸家严处已无责言，大约初以情形隔膜，故未遽表赞允耳。麟与内子益当相敬相爱，相谅相原，不敢有稍逾范围之举，俾与婚姻之原则相符。惟麟等新婚年幼，素仰高德，敢恳训诲时锡，以当座右，无任叩祷。

　　闻衮使已定下月东渡，长者何日赴熊城？深为驰念。此间日来天气甚凉，不知尊处如何？专肃。敬请钧安。

　　夫人前呼名叩安。

谢维麟谨肃

八月二十四日

三

（1945 年 3 月 13 日）

振叔公使爱鉴：

　　久未奉候，渴思万斛，每晨祈祷中未尝忘怀，并为令先尊代祷，早登天国，以享永福，旧友有知，必含笑于九泉也。遥想政体安康，公私顺遂，为慰以颂。

　　祥马齿徒增七十有四，入院苦修十有七稔，亦达玄奘留印研究佛学之年期。所苦目蒙手颤，腿软步艰，无可奈何，幸赖食寐二事尚能勉力支持，堪以告慰远注耳。天心厌乱，复睹升平，期不在远，为之额手。欧战以来，国内消息断绝，不独旧日同仁生死未知，且于国事隔【绝】，实同聋聩。在此间葫芦中，惟有求主早赐和平耳。

尊处如有国内杂志，亟愿得最近之册，一读为快。挂号寄下，不致遗失洪乔。

兹奉赠 Fátima 圣母显迹传一册，哂存作念。匆匆，祗请韬安。

陆○○手启

再者，此间邮局退还原函，并通知国外函件暂停递发。月之八日，Canada① 军道出本院大道，直攻 Bruges②，沿途居民欢迎热烈，目睹为快，箪食壶浆，今日复见之矣。再颂日祉。

○○又启三、十三

四

（1947 年 8 月 13 日）

欣老院长勋鉴：

久稽笺候，时殷驰企，敬维杖履绥和为颂无量。

麟春间奉召回国述职，留京三月，得与诸友好畅叙，并识国内近况，至为欣幸。兹于上月离京，日前返任，行装甫卸，俗冗

---

① 加拿大。
② 布鲁日。

蝟集，未及肃候，至歉至歉。

在京沪时晤亮老，渠精神健好，现卸国防会事，稍觉暇闲。濒行辞别，嘱带致钧座一缄，特即附呈察收。匆匆不尽万一。敬请崇安。

谢维麟谨肃
八月十三日

五

（1948 年 6 月 14 日）

欣老院长钧鉴：

前奉五月二十四日尊示，敬悉承罗马教宗擢升贵会院长，曷胜忭贺。我公德望素隆，宗座此举中外同庆。授职典礼未知择定何时，届日麟倘能抽身，定当趋前伸贺。承寄彼德古院沿革简略，遵经抄送报社，并在本馆瑞典文旬刊内登载。使务日增，同人稀少，深虞竭蹶，尚乞时赐箴言，俾有遵循，不胜企祷。专肃。敬叩钧安。

谢维麟谨肃六月十四日

徐世昌函 [*]

（1932 年 1 月）

子兴仁兄阁下：

　　天涯老友，言笑久暌，岁序更新，弥劳遐想。展诵惠翰并钞示各件，聆悉种切。执事虔心顶礼，矢志皈依，纵使阴阳稍乖，偶膺小极，而精诚所结，上格苍穹，自足以感召祥和，潜消疢疾也。近中气体如何？眠食奚似？相关綦切，注念尤殷。元宵佳节，执事举行立愿典礼，弟海天遥隔，惟有默祝福祉，以迓天麻耳。

　　弟闲中岁月，仍以书画自娱，健饭如常，堪纾远注，春寒料峭，诸希珍卫，祗颂时绥不戬。

徐世昌启

---

* 原名《前大总统徐世昌复陆征祥修士函》，并注明："陆修士立终身愿前寄徐前总统观礼后之复书。"收录于《本笃会修士陆征祥最近言论集》。

致徐世章*函

（1920 年 10 月 10 日）

端甫次长执事：

　　昨上谢电，计达典签。敬惟政祉凝厘，勋猷益懋，慰符远祝。

　　弟到沪登船，诸承福庇，现定今晨启碇。前荷惠赐玉照，至深铭感，贱照在大箱内，容于途中检出，即行寄奉，以答雅谊。

　　兹恳者，有舍亲邹晋卿，已调铁路清算处，以手续疏忽，未许到差，特开节略一纸，附尘电鉴。在该员当初以尊卑悬殊，未敢上渎，情有可原，务恳推爱海涵，即准照调，饬令到处，厚德深仁同感勿谖也。专此布恳。敬请勋安。

陆〇〇启十月十日

---

　　* 徐世章，字端甫，徐世昌之弟。时任北京政府交通部次长。

许同范* 函

（1934 年 4 月 8 日）

兴老总主教尊鉴：

顷闻我公现为全中国总司铎，驻扎上海，凡昔年部属，莫不异常愉快，已由骏人大使发起，联名制屏，恭贺大典，计邀垂察。

小女丽卿，在上海启明女校毕业后，即为该校图画教习，顷悉长者驻沪，至为欢跃，恭绘我公玉照呈贺。此亦"团扇家家画放翁"韵事也。

同范自去秋家居，鲜淑可述。小儿念曾，近派驻伯利总领事，已于四月一日抵任。知注附及。专肃奉贺，敬叩钧安。

旧属许同范谨上

甲戌四月八日

---

* 许同范，字文伯，江苏无锡人。曾任外交部署理庶务司司长、驻苏联庙街总领事等。

亚尔倍一世国王函[*]

（1927 年 10 月 16 日）

可敬神父阁下：

余读阁下进本笃会隐修院时之来书，得见赞颂已故陆夫人——余之同乡——之美德，余心为之感动。又承阁下示知胸怀高尚之圣召，此信任余之证据，余甚为重视。回忆一九一四年，阁下在敝邦担负外交使命，以及平时对于敝国之良好感情，至今常存在余之心怀中。惟奉献身灵，以事吾主，乃为圣宠所默感之举，能赋畀灵魂上之平安。此乃世间最大之幸福也。可敬神父！深望为余祈祷。特此表示余最深尊重之忱。

亚尔倍 一九二七年十月十六日，寄自布鲁塞尔

附

陆征祥说明

（1934 年 6 月 30 日）

此书系比国公教教育初等学校学年终奖品内载前王亚尔倍第

---

[*] 原名《比王亚尔培第一世亲笔复书》。

一世致祥亲笔信全文。封面亦有王亲书，故尔奉赠留念。窃祥接此亲笔信正在初入修院学习班，又在突然变更生活之难关上，故获得前王精神之扶助，知音之感触实匪浅鲜。又念王于万机之中鼓励客卿，不遗余力，尤令人感佩不置。翻阅内载文字，非独初等小学生所能读，即小学生之父母亲友得之亦足贡〔供〕餐后消遣之一助。敢以奉赠，以觇彼邦小学之程度。

本笃弟子陆征祥谨识

中华民国二十三年圣心月即六月三十日

阎锡山[*]函

（1912 年）

子欣总长钧鉴：

夙钦麟范，弥切依驰。忽奉鱼笺，备承奖饰，临风盥诵，感愧莫名。敬维望隆中外，匡济艰危，仰睇乔云，倍殷祝露。锡山学识谫陋，绠短滋惭。去秋晋省民军起义，仓黄［皇］推戴，坚辞不获，始力任其难。然秉钺一周，毫无裨益，正思洁身引退，推贤让能，适俄蒙协约发见，晋尤边防紧要，义不容辞，惟有竭尽棉［绵］薄，作军事之计画。前闻我公政躬违豫，暂息仔肩，锡山至深焦灼，时有斯人不出如苍生何之慨。今幸顾念时艰，力疾任事，统筹全局，复我主权，不禁为四万万同胞馨香祷祝也。锡山不武，惟有厉兵秣马，为我公后盾耳。肃此谨复。敬颂勋祺。

阎锡山鞠躬（印）

---

* 阎锡山，字百川，时任山西都督。

杨峻林函

（1935 年 5 月 16 日）

子兴世伯大人尊前：

　　由家舅刘荩忱先生带来世伯大人所赐之法文书一卷，已收到，谢谢；并知大人将于本年六月在修道院举行授铎典礼，闻悉之下，不胜欣仰之至。大人对侄儿虽不相识，然侄对老伯早有深刻之印象。十八九年前，先外祖父刘和庵先生出丧，由大人点祖[主]。那时侄儿不过十岁，看见老伯留着威廉第二式的美须，一种沉庄的相貌，在侄心中早有老伯印象。以后听说老伯在比国入了修道院，那时侄心中好不奇怪，中国人多少人犯官迷，求官做还求不到，为甚老伯有官不做，偏要进修道院？以后稍知一二老伯入修道院的原因。老伯这样刻苦自救之人的精神，使侄更钦佩万分了。现在侄要陈述侄之身世，使老伯对侄稍认识一些。先祖父是天津一家银号的掌柜的。侄出世（一九〇八）头一年，他老人家已经去世。同时先严才廿三岁，事业毫无根基，家境就一天不如一天。幸而外祖家常帮助，得以免冻馁之忧。侄由十岁上小学（由七岁在私塾读书，至十岁才入小学），就同先外祖母王太夫人在一起。那时先外祖父已经辞世，侄之教育费等，全由荩忱舅父（下简称舅父）担负。十五岁时，先严染脑充血，不能医，辞世，于是家母也到刘府来，同外祖母度日。至一九二九，侄年廿二方毕业天津南开中学，舅父将侄带到巴黎去读书。那时外祖母已八十一二，当然舍不得侄远去，然而她老人家深明大义，为侄前途设想，所以放侄出国。这一去，与我最亲爱的外祖母永别了！侄天性愚笨，所以舅父计划在巴黎只学法文，以后到中法工商银行去实习，希望回国得个好位置。在法国住了四年半，终因自己笨，弄得一事无成，法文也未学通，银行事务也未学得甚么。在回国头一年，外祖母已经辞世矣。她老人家可说是白疼我了。这是侄有生以来所最痛心的事！回国后，去见舅父所介绍的人，去谋事，结果是因侄无一技特长，受社会唾弃，在家住了九个月。还是舅父的力量，能在天津中法工商银行每月赚一百元，生活费用太大，舅父每月还津贴百余元。舅父为对我们可谓是天高地厚了。今年侄年廿八岁（中国年龄），尚不能自立，仰仗舅父给钱，真是惭愧万分。从前侄颇反对宗教，自到法后，渐渐信仰上帝。外祖母去世后，自唯有向上帝泣诉了。回国失业九个月，自己也常忏悔。到现在，每晚祈祷，有时祷告到泪下来。朔自侄自入世以后，家境清穷，然未受苦挨饿，此皆为舅父的恩惠。上帝对侄不可谓不厚，所以祈祷时同时也感谢上帝。侄一生吃亏处在一笨字。因为笨，读书成绩不好，时常教舅父生气，此为侄对舅父最抱歉处。因侄虽为笨人，而并非恶人，所以舅父对侄仍非常的疼爱。侄现虽甚信上帝，而并未受洗，故非正式教徒。现在过着这种思想矛盾的生活，信主而不入教。因为侄自觉现在尚不能成为一完善之教徒，所以暂未入教，免得信主同时又犯罪。盖侄之天性易怒，偶遇逆意事，立刻就想怒不可遏，同时早将上帝忘到九霄云外，至事后方想到上帝，岂不是罪过。

世上一般教徒也多半犯这种毛病，又岂止侄一人哉。侄现在最感痛苦的，是不能得人的了解。孔子说：人不知而不愠，不亦君子乎？可见人不了解时，自己是很容易发怒的。有时想对人解释他们对侄所误会的事，继而一想自己解释，总不如等他们对侄自能了解时为妙。然而他们若一生对侄不了解时，又当怎样呢？再一想，耶稣被钉在十字架时，何尝对人解释过，后世人依然未埋没他的伟大的人格，可见事实胜于雄辩。然而，在由人不了解而至了解的过程中，有多们［么］难过耶。耶稣下世是受苦来的，世人也应该学耶稣这种为人牺牲的精神。侄很后悔在巴黎时未到比国谒见老伯，现在惟有给老伯写信陈述一切。老伯不久授铎，有听罪人忏悔之权。老伯对侄的地位，又是长者又是救人的神父，所以侄不惴冒昧，敢直陈一切。侄想老伯的心是慈善的，正如老伯慈祥的面貌一般。侄是一般人中虽为笨人不讨人欢喜的，然而上帝是不分愚笨或聪明的。上帝的眼中只有善人与恶人。看在上帝的面上，老伯也不会以此信为可笑。侄的罪恶也很多，容日后忏悔一切。最大的罪恶是骄傲，至于损人不利己的事还未曾作过。

今天同由邮局寄出侄及舍姨妹赵锡龄二人，为老伯行授铎典礼时作之纪念物，希望能按日寄到。侄所书之"学道爱人"四字，是用中国的半分邮票堆的，字写的本来就不好，刻时又不能如原底一般，所以更不像样。下款写的更糟，以前想了多日，也不知应用何字，结果由《论语》上偷来"君子学道而爱人"一句。这四个字若不通，请老伯勿见笑。由中国往欧洲寄邮包，不能走西伯利亚，所以又要多费时日，希望于六月廿九日以前寄到才好。侄在巴黎时，曾见法文报有一段老伯对新闻记者谈话，说希望将来修成神父时能听罪人的忏悔，所以侄此次敢冒昧的对老伯写了些未曾对人说过的，心中的隐情，发了无限的牢骚。侄后悔在欧洲时未到比国去谒见老伯，若能早聆老伯的宏教，对侄思想、人格及学问方面，一定能得莫大的利益。不过现在也不算太晚，老伯授铎以后，每天还有何种工作？若工作太忙，可以不必立刻复侄，待有暇时再说。敬祝健康。

世愚侄杨峻林谨禀

廿四、五、十六

叶恭绰 * 函

（1920 年 10 月 26 日）

子欣先生惠鉴：

　　展诵大函，敬悉一切。承示移柩来京需用篷车，顷已分饬沪宁、津浦、京奉、京绥各路，届时接洽备运，并妥为照料矣。专复。祗颂台安。

叶恭绰启

十月二十六日

---

　　*　叶恭绰，字誉虎，广东番禺人，时署理北京政府交通部总长。

与于斌往来函

一[*]

（1929 年 7 月 18 日）

陆先生道鉴：

日昨偕罗马我国使馆秘书瞿常先生来此瞻圣，拟小住十日，以便详加参观，且资休息。圣本笃立此院已届千四百周，此长期间内，圣贤踵出，以德学淑己成人，造福欧洲社会，诚非浅鲜。我公矢志弃世静修，以追踪会祖芳标，将来施惠我族，亦正难可限量，故拟明日特别在圣本笃墓前，为我公举祭祈祷，俾神形均泰，善愿早遂。

于斌敬上

救世一千九百廿九年七月十八日

二[**]

（1936 年 12 月 15 日）

于斌主教伟鉴：

国事危矣，势必演成第二西班牙。端倪已见，亟应唤起全国

---

[*]　此函写于明信片。

[**]　旁注："未发。"

民众、政府当局、社会领袖，不为共党所诱禁，有负先总理四十年致力救国救民之苦衷，破坏先哲冒万苦千死成立之民国。附上忠告一件，如荷主教细加斟酌，同意发表教内外报章，提醒全国不为诱动，民国幸甚，东亚幸甚，世界幸甚。专肃。敬请崇安。

修士兼司铎陆征祥谨肃

廿五、十二、十五

附稿件乙纸

忠告国人一八九五总理诱禁祈祷脱险

（1936 年 12 月 15 日）

敬启者：

报传国内消息异常紧急，读之令人心悸。当局处境在千苦万死中打出生路。回溯先总理一八九五年诱禁伦敦使馆时，援救无人，全赖祈祷，始得脱险，故征祥自去岁六月廿九日忝晋铎品以来，每晨六时进堂献祭，谨敬为祖国领袖要人虔诚祈祷：工作完成，危险避免。区区感忱，当蒙上主鉴其血诚而默许佑庇也。特以奉告，藉舒远注。祇请公绥。

本笃会修士兼司铎陆征祥敬启

廿五、十二、十五

敬启者：[1]

连日报传国内消息异常紧急，读之令人心悸。国难重叠而来，当局处境在千苦万死中打出生路。回想先总理一八九五年诱

---

[1]　旁注："比报登载。"

禁伦敦使馆时，援救乏人，全赖祈祷，始得脱险，故征祥自去岁六月廿九日忝晋铎品以来，每晨六时进堂献祭，莫不为祖国内领袖要人虔诚祈祷，区区之忱，当蒙上主垂鉴默佑也。特以奉闻，藉舒廑注。祗请公绥。

本笃会修士兼司铎陆征祥敬启

廿五、十二、十五

于驷兴 *函

（1912 年 8 月 5 日）

子新总理钧座：

　　前此驷从过昂昂溪时，宋都督曾遣交涉局张会办寿增驰往迎候，以雨夜道阻，未能达昂，而行辀已发。旋闻安抵都门，晋总国务，昨又悉二次内阁业经成立，中外额手，欣幸何如。窃思民国数月已〔以〕来，财政则异常恐慌，兵队则迭起暴动，蒙藏则相继反抗，日俄则互结阴谋，统一无闻，危机日迫，而又重以党见纷争，几陷于无政府地位。今幸风波之稍息，自宜建设之速图，急起直追，培基固本，端惟我总理是赖矣。西望燕云，莫名企祷。驷兴自去冬交卸呼伦道篆，经周中丞留办卜垣交涉总局，今年复经宋都督改派都督府秘书长，现又以大总统命令各省派代表三人赴京，以备咨询。驷兴遂列江省三人之选，刻正清理经手事件，大约十日内外准可起程。晤教匪遥，益殷渴想，先此肃报，神与俱驰。恭颂勋祺，伏维垂察。

于驷兴谨肃

八月初五日

----

　　* 于驷兴，字振甫，曾任黑龙江省内务司长、政务司长、教育司长等职。

与张道行*往来信函

一

(1946 年 3 月 14 日)

子兴前辈先生赐鉴：

去年十二月与程天放先生道经比国，得亲教诲，深意为幸。行抵荷不久，奉调赴英，参加联合国会议，代表我国出席托管委员会。综合在会中所得印象，深觉各国之代表均惟本国之利益是视，因之冲突频生，困难自多。今日联合国之基础，犹不若巴黎和会后国联之巩固，大国之否决权随时可置联合国于死地。目前整个欧洲饥荒困乱，毫无和平气象，英美与苏联之对立日甚一日。现时为思想、制度、权力之争，他日即可演为毁灭人类之大战也。各国之政论家已在讨论三次世界大战之可能。今后我国究应如何自处，尚祈明公有以教之。行膺选为国民大会江苏代表，拟于下月底返国参加，届时当可再晤主席蒋公，我公如有高见，以利邦国，当可代为面达也。专此。恭请崇安。

乡晚张道行上

三月十四日

---

* 张道行，江苏常熟人，曾任外交部秘书、立法院外交委员会委员。

二

（1946 年 3 月 20 日）

道行乡先生爱鉴：

月之十六日接奉十四日手书，拜悉一是。承示联合国大会中所得印象，一纸数行，综合简明，令人读之一目了然，感谢感谢。

祥入院苦修，十七年于兹矣。年年日日为祖国、为人类祈祷，切望天心厌乱，天眷有加，世运回旋，冀于祈祷中。得知先生膺选为国民大会江苏代表，行将为我乡造福，为中华共建一新民国，艳羡预贺。

敝处久有奉献蒋主席零星杂件，敢恳台驾回国吉便，代呈、代致敬忱为感。各件另封，挂号寄上。尚有许师铜章，昔年旧存，已嘱和友 Begeer 君制备送上，并请一并带呈。

琐事渎神，乞恕之。专复。祗请日安，并颂回国风顺。

乡愚弟陆某拜启

三五、三、廿付邮

再密启者：环顾我国外交界中，始终其事、忠于其职者，惟我乡少川大使一人耳。其怀抱、学识，并备不凡，素所稔精于公法，且善辞令，为各国外交、公法两界所推重相知，可为主席夹带 ［袋］ 中备员，如荷顺机告知尤感。再颂日绥。征祥又启

三

（1946 年 3 月 25 日）

子兴先生乡前辈道鉴：

接奉三月廿日手谕，敬悉一切。赐件亦已拜收，过蒙奖饰，惶惭无地。他日返国，当将各件代呈主席及其夫人，诸祈释念是幸。

道行不才，早岁留学美国，即与少川大使相识，年来过从亦多，深钦其才学识见洵为我外交前辈中杰出之士，目前屈居英伦，实不克展其抱负。行于去夏返国参加六全大会时，即与中枢诸要人言及，彼辈亦表同意。今兹返国，遵嘱向主席一提，但恐人微言轻，未必奏效耳。我公乃国之长老，外交硕彦，如能修书一言，当重于九鼎，行则极愿尽绿衣使者之责也。方今国家多难，民生凋敝，内外局势均须俊彦如少公者予以兴革，方可继往而开来，奠定万年不拔之始基。后起者或亦大有人在，第恐资望未孚，心有余而力不足耳。质诸明公，以为如何？专此复陈，恭请崇安。

乡晚张道行再拜
三月廿五日

四

（1946 年 4 月 9 日）

欣老赐鉴：

承惠寄各件均已照收，并陆续拜读。追及往事，历历在目，甚感我公公忠体国之精诚也。行近应荷政府之邀，环游荷兰各地，车行千余公里，道经十行省之多，并于 Walcheren① 灾区与总工程师同摄一影。兹特附上，尚乞赐收留念。

又，行前在联合国会议时，对于托管制曾草一文，于三周前寄上，不知我公已收得否？现悉该稿将在 *American Political Science Review* ②登出，并以奉闻。道行过去对于著作颇感兴趣，我公对于外交身经百战，所知史实可供后世拜读者，拟请口述，由道行笔记，将来以中英文同时出版如何？苟荷赞同，行当可于五月间国大会议完毕后移住尊院数月，以毕其事功也。专此。恭请崇安。

乡晚张道行上

四、九

五

（1946 年 4 月 20 日）

欣老前辈钧鉴：

本月十一日暨十六日两奉手示，欣悉种切。所赐各件，均甚名贵，自当珍藏。顷得荷人来书，即可将许公铜章送来。行至迟于月底起飞，径返南京，届时自当携回，代呈主席蒋公也。少公尚未返英，或亦随政府东游，藉机省亲，行当谋面，我公如有书札，亦可代陈。国民大会准五月五日开幕，会期不出两月。回荷

---

① 瓦尔赫伦。

② 《美国政治科学评论》。

时拟取道莫斯科小住数周，以求明了彼邦之情形，并奠将来笔录我公事迹时之基础，不知我公以为何如？关于参考料材，如有需在国内搜集者，拟请开示，将来实际工作时并需英法文俱通之女打字员，公或可先为留意也。专此。恭请崇安。

乡晚张道行敬拜

四、廿

国内地址：南京外交部张道行

Dr. Chang Tao-shing

Ministry of Foreign Affairs

Nanking，China

六

（1946 年 6 月 15 日）

欣老钧鉴：

行于四月廿五日离荷，卅日即飞，五月五日抵京，适获参加还都典礼，甚为欣慰。惟国民大会延期，目前尚无召开可能，不胜怅然。行或一时暂留国内，以待政局之明朗，藉机得返乡小住，抑亦快事也。

委座已见过，尊件亦为面呈，渠垂询尊况甚详，行当据所知，一一奉告。月末少公亦在京沪，调美已成事实，多年愿望得以实现，同人均为欣慰，将来长部，当非不可能之事也。我公近膺教界新命，至深庆贺，但不知如何称呼，拟请赐示。今后尚盼不遗在远，教言时颁，俾有遵循。专颂崇安。

晚张道行上于南京六月十五日

七

(1947 年 3 月 24 日)

欣老前辈钧鉴：

前奉十一月十二日手谕，敬悉崇座尊躬康泰，至为欣慰。

晚自去年四月返国，已近一载，中曾参加国民大会，对于行政与立法之关系、国民大会之权力，以及宪法施行前之过渡办法，均曾有所献替。自大会于去年年底闭幕之后，晚仍返部工作，襄助部长处理部中各种报告暨校阅美洲、条约二司之公事，尚感兴趣。惟晚自民国二十三年在美修毕博士学位返国，充任大学教授五载，而后于二十九年入外部，任简任秘书。三十一年主席兼理部务时，并奉派兼使领人员研究班教育长。三十三年奉派赴伦敦、充任驻荷大使馆参事，并兼联合国大会中国代表团顾问等职，故前后在外交界服务已有八载之久，意欲得一栖枝之所，俾对国家作进一步之报效。幸月前已得翁文灏、陈立夫之提及，分向主席及部长吹嘘。适我与哥伦比亚又将互派专任公使，晚颇嘱意于此，特函奉闻，倘荷我公亦向主席暨王雪艇部长予以嘘植，则崇座乃外交前辈，国之耆宿，一言九鼎，定必有成。他日倘获寸长铢重，则将永感我公之盛德也。

另邮寄奉我国新宪法一本，尚祈鉴察赐存为祷。专此。敬请崇安。

晚张道行书上

三、廿四

张充仁*函

（1935 年 3 月 25 日）

我邑可爱可佩充仁世兄惠存，以志海外相逢之乐。

充仁世兄素好美术，不远千里而来比京美术院肄业。初习油画，致力于人物山水，后专攻雕刻，皆能曲尽其妙，得第一奖（Premier Prix）数次。各报登其作品，并兼述其学力、品行之纯粹，一时传诵殆遍。暇日复出其余资，大购美术图书及著名塑像，以为将来归国后供诸社会之用。其造诣既精，而又有如此之深识远虑，解诺华（Canora）恐不得专美于前；而罗马历史上有名大博物院克比朵尔（Capitou），想亦不难发现于我国。充仁年富力强，成效若此，以视祥之少壮失学、老大伤悲，晚年始入修院，补读辣丁、神哲、道德等学，如再作留学生一样，而忆力、目力就衰微，深惧难以成功，其相去何其远也。充仁将于本年夏秋之间东归，兹特检出李、张、陈、朱四君所赠克比朵尔收藏名物影像全份四册转赠，以作纪念，藉资砥砺焉。

陆征祥识赠（章），廿四、三、廿五

圣母领报佳节

---

* 张充仁（1907～1998），上海市人，留学比利时皇家美术学院，画家、雕塑家。

致张国淦[*]函

（1922 年）

海天辽阔，音问多沈。依望京华，时殷怀旧，遄闻荣长内部，不胜欣贺，亿见新猷硕画，彪炳中外，遥企丰神，弥深想望。

兹敬有恳者：弟于民国六七年，先后在京师阜成门外北驴市口购地十亩有奇，为先人兆域，并捐资修葺由墓门东经栅栏大街、西经旧营北门大街土路，曾于九年十二月函请外交部转咨步军统领衙门，饬该管营汛随时保护修理，并更名曰陆公墓街在案。惟郊外土路，雨淋日炙，本难持久，加以重车往来不息，尤多坍塌，因拟改筑马路，为一劳永逸之计。查贵部市政定章，修筑公路得由公家与地主按成摊费。为此拟援成例，恳准由敝处与市政公所合资共修，并予立案保护，永远禁止笨重车辆通行，以免损坏。伏以先人魂魄所依，不敢不为久远之计，倘蒙我公推孝思不匮之心，允予成全，但存者感激，即先二亲九原有知，亦当结环以报。谨布区区，尚惟裁夺示复为荷。

弟本无心出岫，忝膺使命，不获遂初。幸瑞士事简地僻，犹

---

* 张国淦（1876~1959），字乾若，湖北蒲圻人，时任北京政府内务部总长。

得藉为藏修息游之所，退食有暇，并望时锡箴言，匡我不逮，是所至祷。

　　再启者：查阜成门外栅栏有圣母文学会师范学校。校前原有土路，西起京张铁路，东迄陆公墓街，为该校学生往来要道，西人访谒利玛窦、汤若望、南怀仁墓者，亦所必经。年年之旱则扬尘，雨则泥潦，行人苦之。弟曩在京曾面陈徐前总统，蒙饬地方修理在案。今思既将陆公墓街改筑马路，不妨延长路线，将由陆公墓街至京张铁路一段，一并改筑马路，俾入学、谒墓之人皆蒙其利。至筑路之费，该校恐无力担任，应由地主缴纳若干成之，拟由弟捐助，与公家合资共筑，务望一并照准，与陆公墓街同时办理为荷。

张群*函

（1937 年 1 月 22 日）

子欣先生道鉴：

　　钦迟德矩，隔阔海天，景星庆云，每殷劳伫先浚，展荷惠书，敬承法铎宏宣，德辐精进，重溟远企，增慰无任。前者赠诗善勃赫博士，钦其术学，聊识景行，尚辱谢词，愈诵谦德。我公道力弥纶，勇猛精进，欣闻晋铎，庆贺特深。诸品遥颁，足资纪念，甚幸甚谢。

　　西安之变，中外震惊。幸屯剥之运，不远而复。蒋公平安返节，中外同欢。承闻每日祈祷，以此功德回向祖国，精诚所格，自致祥和，为意至盛也。裁书布膈，不尽倾驰。敬候道祺。

张群拜复

一月廿二日

---

　　* 张群（1889~1990），字岳军，四川华阳人。时任南京国民政府外交部长。

张润波[*]函

（1935 年 6 月 22 日）

兴老神父尊鉴：

辱荷笺召，敬谢盛意。

刚公已于昨日离罗，在 Spezia[①] 小住，即过法赴比，至何日何时到着，事前定有电报。弟原拟追随前往，惟以考试关系，本月廿六号前不能动身，且下月四号，即须赶回罗马，因五号尚有一考试也。然无论如何，本月廿八号，定当赶到，盖我公晋铎之空前旷典，得获参加，荣幸万分矣。

为庆祝为纪念此次盛典，弟代表传大诸同学，恭请御容奏恳当今圣教宗，特颁予我公以宗徒匪福。祝公允符宠召，圣业无疆，为圣教荣，为祖国光。当将此意译为辣丁文（原文附呈）。圣父览奏之下，欣然俯允，且以 Peramanter perque libenter[②] "至爱至愿"之俞允式，御笔签署。此诚大可代表弟等庆祝之热忱，而兼为此次盛典之永久纪念品也。降福御容，已另行付邮寄奉，祈察收为荷。匆此布谢。顺叩道安。

弟张润波谨上

圣心月廿二号，圣京

---

* 张润波，天津武清人，罗马传信大学博士，宣化教区主教。

① La Spezia，拉斯佩齐亚，意大利城市。

② 自由漫游。

张绍曾[*] 函

（1912 年 12 月 16 日）

子欣总长阁下：

　　正拟裁笺布悃，适承藻翰先颁，既奖誉之殷勤，复执谦之过当，回环庄诵，且悚且惭。库约发生，举国震骇，外交棘手，应付为难。先生再掌钧衡，力揭危局，艰难国步，重仰贤劳，诚以物望所归，遗大投艰，非公莫属。此后折冲樽俎，捭阖群雄，旋乾转坤，荩筹攸赖。

　　绍曾出塞以来，旸逾两月，边防吃紧，饷绌兵单。际此时艰，深虞陨越，惟有竭愚殚虑，力筹攘外安蒙。所幸伊乌两盟近日渐消反侧，西蒙全体，谅保无虞。惟逆库跳梁，暴俄勾煽，此次竟成协约，实冒中外不韪，冀破世界和平。细揣外情、近来风云，交涉方始，革命思想弥漫全俄，应接不暇，遑言用武，虚声恫吓是彼惯长。鄙意中央计画似宜表示镇静，一面严密备战，着着进行，操纵在心，外交得手，和平解决，亦未可知。

　　公以外交巨眼，俯瞰机宜，浩大时艰必能挽救，一身全国，

---

　　* 张绍曾，字敬舆，曾任民国北京政府陆军次长、国务总理，时任绥远将军。

珍重维宜。天际匪遥，远祈廑教。专肃奉复，敬颂勋祺。

张绍曾鞠躬

十二月十六号

与张元济*往来函

一

（1913 年 10 月 13 日）

子兴先生伟鉴：

七月初上书，为美国教育展览会征集初级小学成绩品出口免税一节，辱赐环畲，纫感弗谖。嗣闻忧国忧民，苶神劳瘁，暂弛担荷，养望东山，惟国务需才，政躬想已健复，深盼大云再起，利济苍生，敬为我新造民国馨香祝之。

近阅日报，知公提倡国际法学会，造端宏大，非大贤豪不办，下风崇拜，莫喻拳拳。吾国人民素于政治思想、法律知识未能深造，今幸承风向化，民智日新，不能不藉灌输以资研究。各省法政学校，公私虽迭有建设，而资额有限，未免向隅。鄙意拟与同志诸君发起法政讲习社，招集通才，编辑讲义，分配科目，按期刊行，备课余之研求，为校外之补助，似于经纪［济］困难不能就学者不无裨益。惟公热忱胞与，稔悉寒畯向学之殷，可

---

* 张元济（1867～1959），字筱斋，号菊生。浙江海盐人。历任商务印书馆编译所长、经理、董事长等。

否恳请大力提倡，署名发起，俾得风行海内，振起学界精神，凡
我国民同拜嘉惠，正不独弟等荷蒙指导也。鹄候示复遵行，无任
跂祷。专泐。祗颂起居万福。

弟张元济顿首

十月十三日

二

（1922 年 11 月 2 日）

菊生仁兄先生阁下：

久违麈教，时切遐思，敬维履祉清娱，定符私颂。兹有恳
者，弟于上月忝任政府代表，出席国际劳工大会，深佩近年来欧
西各国对于保护工人一项，法令详备，进步之速。惟惜于我国劳
动情形知者较少，拟搜集此项材料，译成洋文，广为传布，以明
真相而免误会。贵馆著述宏富，如有关于国内劳动情形之出版物
之记载，无论其为何人之论述，及记载政府之法令、公司之条
例、工作条件之习惯、雇主与佣工之契约、行会之组织章程，亦
不论其包含全体，或限于一隅，或一职业，敬恳代为选择检寄。
书价及寄费若干，乞示知，即当照汇。素仰热心公益，想不以繁
琐为却也。专恳。敬请台安。

三

（1924 年）

菊生先生阁下：

敬启者：驻和王劼孚公使之世兄念祖，现值乞假回国省亲，

祥托其在沪觅购旧书数种，并向贵印书馆代购有关瑞士联邦之出版品，凡法律、历史、商务、实业及地理、风景等类，皆所不拘。特嘱趋谒台端，务恳拨冗接见，指导一切，无任感益。

　　祥滞迹熊城，瞬逾两载，贱躯托庇粗适，堪抒远注。惟内人年来多病，行动需人，殊苦不便，幸眠食尚称照常，当不致另生枝节，并以附及。附上文定通告及年片各一，敬祈察收。专此。祗候近安。

四

（1948 年 7 月 7 日）

子兴先生道座：

　　干戈俶扰，岁月如流，远念清晖，我劳曷已。前由刘符翁处转来尊著西文自传一书，盥诵之余，极为钦佩。仁者以我孔子中庸之道与耶稣之博爱合一救世，弘情伟愿，实践躬行，诚人类之慈航，抑尼山之瑞象。兹敝馆已属徐诚斌君移译中文，约于短期内竣事。将来排印出版，广为传布，届时谨奉致一次版税国币一千万元。戋戋束帛，聊备左右布道之需。仍托符翁转上，至乞哂存是幸。专此复谢。祗颂教祺不备。

弟张元济拜启

三十七年七月七日

郑天锡[*]函

一

（1939 年 5 月 9 日）

子欣先生道鉴：

　　昨自伦敦返海牙，奉诵五月二日手教，敬悉道履绥和，无任欣慰。承赐刊件，自当珍藏。雅意拳拳，尤为感谢。锡与先生虽缘悭一面，但四海之内皆兄弟，古之明训，况久仰大名，今荷赐教，更获益良多矣。专复。敬候道安。

郑天锡顿首
廿八、五月九日

二^{**}

（1940 年 3 月 2 日）

欣老赐鉴：

　　承惠比王亲笔书印本，拜读之余，无任欣幸。专此鸣谢，并

---

　　*　郑天锡（1884~1970），号茀庭，广东香山人。曾任民国大理院大法官、国际联盟法官，后任驻英大使。

　　**　此函为明信片。

候道安。

郑天锡顿首

廿九、三、二

三

（1946 年 11 月 10 日）

欣老道席：

承赐教皇与吴公使全家摄影十二帧，一片肃穆祥和之气，望之令人生向往之心。顷已分赠此间友人，以广流传。专此深谢。敬颂道安。

弟郑天锡顿首

十一月十日

四

（1 月 8 日）

欣老道席：

奉手示及所赐圣母像摄影数帧。敬悉法履康和，并仰念切国休，关怀世运，佩仪之余，予深引领耳。所嘱之件，遵已妥办，即以奉赠戈戈之物，聊以将意。兹托由我驻比大使馆瞿代办转致，尚祈哂纳为幸。专此布复，敬祝年禧。

郑天锡顿首一月八日

致中华公教青年

（1929 年冬）

我国极可爱公教青年，参加公教进行之时期已正式发轫矣。

何为公教进行？政治活动乎？社会活动乎？经济活动乎？家庭活动乎？抑各人企业之组合，以图共利乎？

公教进行非他，即公教同胞之宗教活动耳。以规定神人关系之原则为依据，以耶稣降世默示之道理为准绳，期教理之完全实践，非特使人深入内修，且当诚中发外，以贯彻整个底人生。公教进行，使吾人发奋兴起，以救主所赐之恩宠，转以施人，且效其为人牺牲己身之精神。

故吾国公教青年，最大之任务，在甘心牺牲，以拯救同胞灵魂，为祖国造幸福，为圣教增光荣。

公教进行，念天主不弃人之卑污，擢升义子，特充满钦崇与孝爱之情。知人均有获常生、邀主简之资格，故对待同胞，一视同仁，深怀敬意。

公教进行，且教人谦下居心，以事主益人，事无巨细，唯主是依，不求虚荣，不矜近功，只黾勉以承行主旨，效力人群。本此精神，以从事公教进行之青年，必可因主助佑，完成伟绩。谦蔼待人，则观感兴起，引侪辈之向化；守分孝亲，则熏陶渐染，树家庭之模范。

犹有进者，此英俊之青年。与侪辈相携手，听诸神长之指挥，欣欣踊跃，百折不回，努全力于国人、社会、宗教与伦理之改善，所谓平民传教者，即肇端于此。

因爱德之慈祥与活力，公教进行，在社会上、经济上，渐能结生美果，医疮痍，解倒悬，示社会以人生之正则，作国家最健全、最有力之分子，化禹域神州，一道同风。诚以公教之进行，不图己私，只为荣主救人而努力，则爱德之所在，即天主之所在也。

以上所言，乃我国新进公教进行会之目标，而青年同志，所当实践力行者也。

近年来，圣座特派刚大主教驻华，总摄教务，我国所受之惠，擢发难数，既统率六位华牧，在罗玛亲受教宗祝圣，近复与我政府，正式联络，藉敦睦谊，使侵犯我国主权，妨碍公教会之神圣独立者，亦因其德化而慑服，秉主赋之奇才，蒙圣座之依重，刚总主教之有造于我国教务进行也，尚可限量哉！

谨掬诚，希望我国公教青年，服从教皇庇约十一，及刚代表，各主教，司铎之指导，以事主救人，善尽己职，一心一德，固结团体，奋勉努力，庶出同胞于黑暗，登全国于光明，可操左券矣。经云：先求天主国，及其义德，即其余要件，俱加于汝。青年同志乎，其本敬主救人之精神，努力前进，我国之归化与发展，全球民众之神益，均利赖焉。

深望耶稣基利斯督，暨中华圣母，俯鉴微衷，降福此矢忠效命之青年，助成其善志，以造成中国教史上最光荣的一页，则中华幸甚，圣教幸甚。

民国十八年冬本笃会后学子兴陆征祥

（原名《我国极可爱公教青年》，

载于《中华公教青年会季刊》1929年第1期）

周超函

(1935 年 7 月 5 日)

征祥神父大人座右：

　　比阅报章，欣悉钧座已荣膺司铎尊位，无任雀跃。并闻德旌在最近将来起程返国，为主宣劳，尤深翘企。窃吾中华教务比年以来虽仗刚前钦使及现蔡总主教之热诚督促，已现突飞猛进之情况，而因种种环境之牵缠，迄未能普化遐迩，诱掖愚昧，其故盖在教中人士未能致力于智识阶级之吸收运动。自去春蒋委员长发起新生活运动，以恢复民族固有道德及提倡礼义廉耻、改革民风后，曾于去冬北上巡视之际，特在绥远行辕敦请当地神父等，嘱托以协助新运之工作。晚是时即以吾国圣教会与政府当局渐开合作之机会，乃先后上书蒋委员长及蔡总主教，请以复兴民族道德之工作由我公教担任，必能操获左券，已蒙公进总监督于大司铎复函，认为可能。惟兹事体大，敬仰钧座回国后指示方针，以促国内公教青年群策群力以赴之也。

　　晚供职军会，已有年余，碌碌乏能，陨越时虞，窃愿竭其棉〔绵〕力，贡献教国。钧座以为可教而辱教之幸甚。德旌何时启节，又祈赐示为祷。专肃。敬请德安。

晚周超谨肃
中华民国廿四年七月五日

通讯处南京汉西门天主堂转交

周自齐[*]函

（1911 年 10 月 12 日）

子兴砚兄星使大人阁下：

　　前奉惠缄，俗冗未及即复，罪甚罪甚。近维勋猷日茂，祉福时增，至颂至颂。武汉起事，匝月之间各省纷扰，几无安日。刻下汉阳克复，抚局重提，东南独立，时闻内讧，朝政果能更新，借款果能到手，当不难和平解决。特是天意人事息息相关，此则未敢遽能信心者耳。山陕乱匪猖獗异常，河南土寇亦相响应，若无得力军队认真痛剿，势必变成流寇，不易扑灭也。东三省大局岌岌，彼人在南满施行种种手段、利用种种机关。西藏有强邻之借端侵入，蒙古有外人之自由行动，长江流域又有从中操纵、意在叵测者，即使各省翻然改悔，复事圣清，亦恐外交之来无从排解矣。

　　本届使费勉强凑集，仅汇两月，部中经费将罄，银行不能提款，公私交困，未有甚于此时者也。

　　俄约闻将就绪，非两公折冲于尊俎之间，岂易得此耶。士兄何时赴和，心如部盼甚殷，已连电促其就道，权通译承栽植感

---

　　* 周自齐（1869~1923），字子廙，山东单县人。清末曾任外务部右丞，后任民国北京政府财政总长、农商总长、署理国务总理等。

甚。前电系霁生与弟合衔"齐逖"也。

　　闻尊体少有不适，想吉人天相，必无恙矣。时事方艰，引退恐不易易，或者量移和暖之地，于尊恙必有益。惟强俄要地，正仗槃才，列堂亦颇踌躇也。植之美行尚未能定，川资无着，经费待筹，固不欲贸贸然作远游也。心绪恶劣，拉杂奉书，恕其无次。敬请轺安，并叩。

研小弟制自齐顿首
十月十二日

士熙、砚兄星使大人均安，请以此信示之，不另作矣。

朱鹤翔*函

（1947 年 6 月 7 日）

欣老司铎院长钧鉴：

自比叩别以来转瞬已十载余矣。其间世变之巨，为意料所不及。翔托庇钧座祈祷之福，得免于难，虽东奔西走，备尝艰苦，然始终未被诱惑所累，淡白之志，坚守不逾，此可为钧座安慰者也。

惟抗战胜利以来，将届二年，而□□党受苏联之命，造乱至今，以致一切建设计划均无由进行，言之殊堪痛恨。以翔看法，目前世界大势之趋向即和平或捣乱，全在美苏势力之优劣为标准。我国□党之作乱，亦不能例外，倘今后美苏两方能获得一种谅解方式，全世界亦可苟安一时，否则数年之后，第三次世界大战仍恐不可避免耳。未识钧座以为然否。

翔现以外交部顾问名义驻沪，拟待国内局势好转，再行设法外放，为国效力。届时深望钧座亦返国主持教政，为国人造福也。刘荩忱兄现在欧洲，谅已晤及矣。承赠钧座就院长职典礼记载一册，已由颜骏老大使送来。谢谢。专肃。敬

---

* 朱鹤翔，字凤千，江苏宝山人。历任外交部秘书、参事、政务司长，驻比利时公使等。

请崇安。

朱鹤翔谨启卅六、六、七①

---

① 　旁注："七、十一到。"

陆征祥通启

一

（1931 年 8 月 15 日）

窃维祥于三十年前本有便血之症，不意本年三月十八日晨起，旧恙复萌，便中流血。本院医士睹状作色曰："势迫矣，宜于二十四小时内抑止之。"嗣是卧床四十日，便血忽流忽止，再后忽见紫色大块瘀血，排尿管而直下。当其梗塞之际，疑为尿闭，异常惊恐，幸经世界知名之专科医博士善勃赫（Iéminent prolesseur Sebreths de Bruges de réputation mondiale）诊治，而血方止。屈指诊治之期不满四月，便已转清［轻］。其时精力虽未复元，而中外友人之莅院存问者，咸谓面无病容，而病体复元又若是其神速，相与称异不置。兹特就病中简单祷语照录如后，以示来者。

我主、我天主、我信主、我望主、我爱主、在万有之上圣母玛利亚，我求圣母转求我主，赏我病痊并赏我改过自新之能力至我死日。亚孟。

中华民国二十年八月十五日圣母升天节本笃会修士陆征祥敬述

二

（1931 年 8 月 15 日）

中华民国二十年八月十五日圣母升天节晨七时，祥进堂跪领圣体毕，神往祖国，追念先父母暨先师许文肃公，而复追念先室培德。

窃维生平素愿，本期携眷回国，筑庐于先墓之旁，慕亲事亲，以卒余年。讵料上主不我许，命我入院苦修，昭示我主厚意，俾我以衰老余生作祭品，供献于我在天大父之前，敬谢上主赐我一生之特宠。今日既蒙默启，祥敬谨承旨遵命而行，即以慕先人者慕主、事先人者事主，故先墓旁之慕庐，一变而为修院中之慕庐也。述其缘起，以告来兹。

本笃修士陆征祥敬述

三

（1935 年 5 月 15 日）

敬启者：

本会院长准于六月二十九日，恭邀前任驻华宗座代表刚恒毅总主教莅临本院大礼堂，亲授铎品，以隆典礼。兹以年岁关系，加以目力、忆力、腿力，日就衰微，不得已吁请本院神长允准于两个月前，与神学教授爱德华神父（Don Edouard Neut）每晨练习弥撒三小时，曾于四月三十日开始练习工作，每晨于此三小时间，目注大字经本，口诵辣丁经文，心神专静纯一，两手以拇指、食指，恭执祭饼，右手须夹圣盘于食指、将［拇］指之间，口诵祝圣经文，手画十字圣号，双手高举祭饼祭爵，腿须屈膝致敬，口须接吻祭台，最后恭食饼（成为圣体），饮酒水（成为圣血）。全体整齐严肃，五官齐到，并用在此事主飨天尊严之练习工作中。祥以衰年弱体之肤、筋、骸，勇赴于此三小时间，全身不觉为之震悚。然退堂后，困惫已极，非熟睡一二小时，不克复其常态。现已练习多日，既有上述情形，深恐贱躯发生枝节，面求本院神长恳托全院修士代祷，同时函恳尊处转请国内国外教胞虔诚祈祷，俾上主圣宠有加无已，平稳度过此练习时期，顺利晋铎，躬献圣祭。虔祷祖国复兴、世界平和，幸甚感甚。专函奉恳，祗请台安。

陆征祥拜启

二十四，五，十五

四

（1935 年）

敬再启者：

回溯祥晋受神职五品六品时之准备工作，乃限于朗诵宗徒书牍及天主福音，伴祭礼节仅圣祭之一部分，现七品神职，包含圣祭全部全体礼节，先有五品时，实习期六个月，后有六品时，实习期十四个月，此二十个月之实习期，获益实匪浅鲜。盖祥年逾六旬，极端近视，能在圣堂内盘旋如仪，在祭台前进退合序，毫无错乱，皆长期实习之功也。计自民国十六年入院，至民国二十四年共八周年，其间患便血症调治二年，前后工作实仅六年，惟此八年期，适在五十六岁至六十四岁之间。祥自幼体质孱弱，暮年暮气，焉敢有作修士晋铎品之奢望，故八年前，由多明我会修士密宁神父（Révérend Père de Munnsnck）介绍本会南文院长时，只求入院充任一寄身修院之本笃会员，洋名 Oblat régulier bénédictin，既可免补读辣丁文、神、哲各学之困难，复可避免守严格会规之拘束。嗣后变更原议，自请愿班（三月），学习班（一年），三年愿班（三年），终身愿班，经此四级而作正式修士者，完全出诸南文院长博爱精神爱护之意，由寄身修院本笃会员，一变而为本院正式修士，兼晋铎品，既非祥所敢奢望，复出密宁神父预料之外。以上种种难关，幸蒙主佑，平稳度过，值此为山九仞、功亏一篑之际，尚祈共同祈祷，冀获最后宠恩，不胜感祷，盼切之至。凡此经过情形，缕细条述，用表深谢主恩，而显主荣之至愿也。专函，再颂日祉。

征祥再启同日

五

○○爱鉴：

项间寄上比京晚报《星期画报》（*Le Soir Illustré*）一份，祈晒存是幸。

窃念本院神长此次破格允准出世修士接晤晚报通讯员顾凯君，并许发表登刊谈话、相片，举扬祖国，实出院长爱护中华热诚，令人可感。值此强邻以高压手段令我人以难堪之际，尤足证明我院长一视同仁之心迹，更令人敬佩交集。祥忝承其荣，自愧自笑，然非上主安排，曷克臻此哉。

惜目下院内深感世界经济恐慌，无力购致分赠各界，未识○处能否设法向该报馆商购，寄赠海内外相识同胞，藉联感情以资团结，增一趣闻，聊解愁闷何如？虽系西文刊件，然有相片涂鸦，谅我相知不相知同胞，亦乐闻海外遁士牺牲自由、志愿幽闭之境况也。尚祈大酌是幸。

又，报馆通例，半页三行已属不易得，今予我以全页六行，十足面子，且布局措词大方得体，尤为难得，并以及之。专肃。祗请安。

六

（1946 年）

敬肃者：

征祥藏拙修院十九载于兹，于朝夕诵经外，并补读辣丁文字暨神、哲各学，造诣尚浅，骤晋铎品，祥何人斯，受宠若惊。

窃思征祥无先父母无今日，无先师许文肃公无今日，无先室培德无今日，无南文院长亦无今日。凡此皆天主所赐，在世先导楷模，最后加以特宠，畀以铎品，作我主耶稣之代表。默数平生际遇，主恩偏厚，非上智安排，曷克臻此。祥惟有属遵主旨，勉悦主心，日颂主名，至死不渝，仰答主恩于万一耳。

值此在院十九度，耶稣苦难被钉十字架，完成起地立天、开生灭死之使命周期，用特加诚祈祷，默思追念，附呈默思纪念一纸，聊表身托比邦，心存祖国之区区微意云耳。专肃。恭叩崇安。

> 本笃会修士兼司铎陆征祥谨肃
>
> 民国三五年耶稣苦难瞻礼日

附一　先考云峰府君一字遗嘱

　　先考云峰府君，一八九一年赴天津前面告祥曰："凡人依靠人，出自天主，幼则依靠父母之抚育，长则依靠社会之互助及国家之保卫。至人之欲脱离此依靠而谋独立自由者，乃非得已之事，更非出于自然之情境。盖依靠得人，决无是想，如有是想，是依靠不得其人也。世上有溺爱不明之父母，有欺骗诈伪之社会，有鱼肉百姓之国家。凡人在此种依靠之下，何等愁闷！何等灰心！何等痛苦！当此情境临头，即思所以脱离此种依靠而谋独立自由，然不知其流弊与恶劣之依靠相等。盖依靠出自天性，人无依靠如草木之无根本，安能久持而不败，随风而不倒耶！汝读《三字经》'人遗子，金满籯，我教子，惟一经'之句，谅必记忆。今日汝将放洋远行，余仍回天津。父子作别，无以相赠，故以平生经验所得之一字诀遗汝，即以教汝。人有一经，余只有一天字耳。倘汝以此一天字作一经看，作千金看，则余所遗汝教汝者，敢谓不薄，聊足自慰。汝则所得之于此一天字者，亦无穷尽矣。天最可靠。靠人有上述之苦楚，靠天无不得其所之失望。余一生靠天而觉天之可靠。若汝能靠天，将来亦必觉天之可靠也无疑。望汝不以一字之轻，不若一经之重、千金之贵，而忽视之也。"又最后面告一语曰："天下莫如吃饭难。汝今日劝余留上海，每月可寄我二十金赡养费。此汝之孝心，我心领之。然我一日能自食其力，决不受领以自怠自弃也。异日如我残废，汝尽此孝思，未为晚也。我一生靠天吃饭，深以为快。盼汝日后遭遇艰难时，亦发靠天吃饭之思念，万勿作向人乞食之计划，切嘱勿忘。"

祥追述毕，不禁泪涔涔下也。窃念天之为义，诚大矣哉。吾国圣贤，无不以敬天、畏天、法天立教，而靠天吃饭一语，尤与孟子天与、天受之意相同。孟子尝云："舜继尧，禹继舜，皆天与之也。禹荐益于天，而天不受，故启得有天下。"换而言之，舜、禹、益、启，其能否吃天子之饭而为天子，皆靠天也。天子如此，庶民何独不然。西谚亦云"凡事人发其端，而上帝主宰之"，亦此意也。按《说文》"天，从一大"，犹言唯一无二之至大者也。夫唯一无二之至大者，非上主而何？

当吾父语毕去津之时，尚未到法邮船放洋之期，其不肯稍待者，盖爱子以德，不欲作恋恋不舍之态。祥亦以此行虽远，而受教之日正长，故亦未尝特别注意，孰知此一别后，竟成永诀，此祥所以每念及此，辄仰天椎心而泣血者也。虽然，皈公教者，灵魂不死，祥唯有朝夕虔祷，俾主垂怜，令早登天国，骨肉重聚，以享上主恩施于无穷焉。

（刊于《本笃会修士陆征祥最近言论集》）

附二　追念许文肃公

（1929 年 8 月 8 日）

呜呼吾师！自庚子七月初四日吾师捐躯就义，至今已足足三十年矣。回溯在俄时，勉祥学习外交礼仪、联络外交团员、讲求公法、研究条约，冀成一正途之外交官。祥不才，抱持此志，始终不渝，吾师在天之灵想鉴之也。己亥春，祥与培德结婚。吾师笑谓祥曰："汝醉心欧化，致娶西室主中馈，异日不幸而无子女，盖寄身修院，完成一到家之欧化乎？"尔时年少，未有远识，未曾措意。丙寅春，室人去世，祥以孑然一身，托上主庇佑，居然得入本笃会，讲学论道，以副吾师之期望，益感吾师培植之深厚，而为祥布置之周且远也。

呜呼！生我者父母，助我者吾妻，教育以栽成我者吾师也。今先后俱天国，而祥独存，岂不悲哉？虽然祥以衰朽多病之体，自入院后，除朝夕诵经外，与拉丁文、道德学、哲学、神学以及新旧圣书等，无不竭吾智能以略探其精微，历时非为不多，用力非为不勤，数年以来，不唯无病，且日益强健，此上主之赐。九泉之下，吾师当闻之，当亦为之快慰。祥惟有永遵主命，日颂主名，以终吾年耳。

本笃会修士门人陆征祥谨述

夏历己巳七月初四日

附三　许文肃公吃苦二字诀

先师许文肃公一日告祥曰："我辈寒士出身，吃苦二字，系我辈本来面目。当穷秀才时，提了考篮，无论远近，步行赴试。当穷翰林时，坐馆充西席，月得银二两。每月节省一二吊钱，积至数月，始购得《新疆志略》一书。充使臣，每年报销银六万两，已觉耗费。他馆有报十万，甚致［至］有二十万两者不等。他日汝充使臣时，用人用钱，当守'馆员不用私人，公费实用实销'十二字。倘能做到此地，虽无交涉事办了，并不失为称职之使臣矣。我乡俗语有云：'吃得苦中苦，方为人上人。'我以吃苦二字诀遗汝，望汝终身守之，须臾不离。倘能为人上人，我更喜出望外矣。"

附四 明徐文定公灵表

征祥蒙主恩默牗，获以残年入修院修道。经课之余，拜读公集《辨学》一疏，于形上形下之学，辨之綦详。其于正人心、厚风俗，三致意焉。乃至采用西法，制器利用，一洗二千年来腐儒空疏之诮。假使明廷能采公之议，优纳公教，移风易俗，奠邦基于磐石，启世界之文明，则一千九百十九年，巴黎和会，执亚洲之牛耳，以代表黄色人种者，岂异人任哉！征祥盱衡国势，景仰前贤，入公之祠，展公之墓，及公遗留之嘉言懿行，不禁感慨神往，乃申颂曰：

翳维景教，流传大唐，以教弼政，励俗型方。越数百载，文明浸盛，利玛东来，历数改正。公居海上，开风气先，从之求学，尽得其传。不用于朝，而用于野。大道流行，普及天下。公之胤嗣，祖武克绳，学术昌盛，祠宇重新。吴淞灏灏，渤澥悠悠，江河不废，万古常流。

附五　孝字章注解

　　兹取罗马圣门、孔林鲁壁，合成孝字章，盖以寓镕公教、孔道于一炉，作贯通中西文化之象征耳。夫孝为百行先，孔门之明训。耶稣降生，遵圣父之旨，成大孝之典型。孔子之道，合于福音，本无二致焉。

后 记

　　陆征祥往来书简整理工作最初是作为研究生史料学训练的作业，部分内容曾在《近代史资料》刊出。参加前期整理工作的先后有硕士研究生喻乐、蒋铁鑫、席卿循、吴顺、王有佳同学，博士研究生崔彤、张萌、李锐洁同学，其中数量最多的陆征祥与刘符诚往来手札主要由崔彤整理。中国社会科学院世界宗教研究所藏陆征祥致刘符诚手札曾以《陆征祥致刘符诚书信选》为名，在北京市政协编《文史资料选编》第 33 辑刊发了一部分。《台北七年述往》中所录 50 余通陆征祥致罗光书简，虽然整理错误及可疑之处颇多，但因该书出版较早、现今存世不多，大陆方面学者尤其难得寻觅，本次也一并收入。由于未能见到原手稿，无法准确核校，故仅将明显错讹及存疑拟改之处标注，希望读者使用中注意。本次整理出版，再将上述整理稿由刘萍、卞修跃、李学通，以及关康、张淑贤重新核校，增补了部分注释，任雯婧博士翻译了部分法文书信或信中法文名词。李学通最后统稿完成。

　　虽然现存陆征祥友朋书简数量并不庞大，但搜集和整理工作并不容易。在这项工作进行过程中，我们曾获得多方面的支持和帮助。最初赴布鲁日修道院的工作，即获得比利时孔子学院冯浩烈（Philip Vanhaelemeersch）先生和比籍华人外交家魏大使先生及夫人的鼎力支持与帮助。姜涛研究员、黄庆华研究员、赵晓阳研究员全程参与完成修道院所存陆征祥资料的整理复制。世界宗教研究所存陆征祥致刘符诚手札的搜集工作，则得到刘国鹏研究员、金延林研究员慷慨无私的支持。当然，上述工作都是在王建朗、金以林等研究所领导的指示、支持下实施和完成的，杜继东处长始终给予了多方面的帮助。也还有许多人曾经以各种形式、从各方面给予这项工作大力支持和帮助，虽然没有一一列举，但我们也都心存感激，在此一并表示诚挚的谢意。更要感谢中国社会科学院创新工程学术出版资助项目提供出版资助；感谢社会科学文献出版社，感谢历史学分社宋荣欣总编辑及责任编辑石岩老师的热心支持和认真精细的编辑工作。

由于手书函札时间较久，保存情况并不理想，包括受浸洇造成的模糊等原因，更增加了原稿文字的辨识难度。整理者虽全力以赴，然错讹之处或仍难免，不当之处还请读者赐教指正。

整理者

2022 年 11 月 18 日

图书在版编目（CIP）数据

陆征祥往来书简 / 李学通主编；中国社会科学院近代史研究所史料学研究室编. --北京：社会科学文献出版社，2024.1

ISBN 978-7-5228-2646-2

Ⅰ.①陆… Ⅱ.①李… ②中… Ⅲ.①陆征祥（1871-1949）-书信集 Ⅳ.①K827＝6

中国国家版本馆 CIP 数据核字（2023）第 201706 号

陆征祥往来书简

主　　编 / 李学通
编　　者 / 中国社会科学院近代史研究所史料学研究室

出 版 人 / 冀祥德
组稿编辑 / 宋荣欣
责任编辑 / 石　岩
责任印制 / 王京美

出　　版 / 社会科学文献出版社·历史学分社（010）59367256
　　　　　地址：北京市北三环中路甲 29 号院华龙大厦　邮编：100029
　　　　　网址：www.ssap.com.cn
发　　行 / 社会科学文献出版社（010）59367028
印　　装 / 三河市东方印刷有限公司

规　　格 / 开　本：889mm×1194mm　1/32
　　　　　印　张：23.25　插　页：0.25　字　数：536 千字
版　　次 / 2024 年 1 月第 1 版　2024 年 1 月第 1 次印刷
书　　号 / ISBN 978-7-5228-2646-2
定　　价 / 168.00 元

读者服务电话：4008918866

▲ 版权所有 翻印必究